모든 국민들이 공수처에 보낸 숙제

공정과 정의

도서출판 대학서림

머리말

preface

우리 국민들은 공정과 정의, 옳고 그름, 거짓과 진실에 관해 정확하게 판단하고 실천하기를 기대한다. 왜냐하면 공동주택에 살면서 사기 분양, 부실 공사, 관리 비리 등 조직적인 아파트 비리로 피해를 입고 있는데 주거문화공간을 관리 보전한다며 놀랍게도 공공의 적이 이웃에 함께 거주해 어떻게 속이는지 모른다.

조직적인 아파트 비리는 건설회사, 입주자대표, 감독관청이 계획적으로 공모해 저질러 완전범죄로 은폐하였다. 더구나 경찰, 검찰, 법원은 국민의 골키퍼 역할을 하지 못하고 건설회사와 입주자대표가 선임한 변호사의 거짓 진술, 준비서면, 증거서류, 탄원서에 속아서 오판해 진실이 완전히 왜곡된 수사와 재판을 통한 합법적인 방법으로 감쪽같이 숨겨졌다.

입주자대표는 애당초 입주자들의 이익을 대변할 생각조차 없었기 때문에 정보전달수단을 완전히 통제하고 불법선거로 승계해 불법 관리를 하면서 진실을 교묘하게 숨기며 완전범죄로 은폐하였다. 이에 더해 입주자들의 이익을 대변해 주려는 비대위원장을 명예훼손, 업무방해, 협박, 폭행으로 위장해 선량한 피해자를 악질적인 가해자로 만들어 억울하게 죄를 뒤집어씌웠다.

따라서 필자는 전국적으로 숨겨진 조직적인 아파트 비리를 척결하기 위해 현황과 문제점, 대책을 심층적으로 분석하였다. 경영학

박사로서 금융감독원의 국장과 H아파트의 비상대책위원장을 지내며 10년이 넘도록 분양 당시부터 체험한 숨겨진 조직적인 아파트 비리를 낱낱이 파헤치었다. 왜냐고? 모든 국민들이 억울하게 당하지 않기를 바라기 때문이다.

H건설은 H아파트를 건축한 한원광장(paper company)의 2대 대주주이고 시공사이며 공동사업주체이다. 그런데 H건설은 2009.10.12. 분양하면서 사업부지 중 161 ㎡가 인근 주민이 불법 점유한 것을 알면서도 원상복구하지 않았다. 오히려 입주자들이 636.8 ㎡까지(161 ㎡ 포함) 출입과 사용을 하지 못하게 빼고 설계도, 모형, 카탈로그에 표시해 공지하여 분양하였는데 분양대금 82억 원을 받아 가는 사기 분양을 하였다.

그런 후에 90 ㎡는 물래 한원광장이 편취하였고, 113 ㎡는 김○석에게 매각하였으며, 433.8 ㎡는 한원광장과 김○석이 사용하도록 펜스를 경계 안쪽 4 m지점에 부실 공사해 입주자들은 출입조차 하지 못하며 매년 재산세만 납부하고 있다. 그러함에도 H건설, 입주자대표, 광진구청은 2012.3.30. 입주한 이후에 분양 당시 토지 636.8 ㎡를 빼고 만든 설계도, 모형, 카탈로그를 보여주면서 그대로 시공한 것이므로 사기 분양이 아니고, 현재 펜스가 아파트의 경계라며 무조건 속였다.

더구나 입주자대표는 불법선거로 선출해 승계하고 정보전달수단을 완전히 통제하며 단 한 번도 사기 분양한 토지 636.8 ㎡를 찾아야 한다고 알려주지 않았다. 또한 광진구청은 사기 분양하도록 사업허가, 제척승인, 사용검사승인을 해 주었고, 입주자대표가 무자격자인데 불법선거로 선출한 선거인명부를 검증해 주지 않았음에도 묵인하며 공정선거라고 승인해 주었다.

사기 분양한 토지 636.8㎡는 현장이 서쪽 경계 펜스 밖에 확실하게 증거로 잘 보존되어 있고 재건축할 때까지 증거인멸을 할 수 없음에도 돌려주지 않고 뭉개고 있는 천인 공로할 조직적인 사기 분양 사건이다. 따라서 입주자들은 입주자대표에게 심한 배신감을 느끼고 분노해 2015.9.2. 비상대책위원회를 결성하여 빼앗긴 소중한 재산을 찾기 위해 백방으로 시도하였다.

필자는 비대위원장을 하면서 조직적인 아파트 비리가 H건설, 입주자대표, 광진구청이 공모해 악질적으로 저질러졌고 경찰, 검찰, 법원이 변호사의 거짓 변론에 속아서 중대한 오판을 하여 진실이 완전히 왜곡된 것을 확실히 증명하였다. 저들의 위법행위를 파악하지 못하고 속았거나 묵인해 저들의 손을 들어주었다는 것을 정확한 수많은 증거를 들이대며 반론하였다.

이러한 사실을 강산이 변화하도록 고독한 싸움을 극복하면서 낱낱이 찾아내었다. 독자는 내 말을 믿기 어려울 것이다. 필자도 잘 안다. 필자 역시 처음에 조직적인 아파트 비리를 믿지 않았다. 뒤늦게 놀라운 사실을 알게 된 비대위원장은 서울특별시, 경찰청, 검찰청, 국민권익위원회, 청와대 등에 진정서를 수없이 제출하였다. 수사를 10회 이상 받았고, 재판을 20회 이상 하였다. 어처구니없는 지루한 싸움은 강산이 변화했지만 끝이 없다.

이 사건은 분양할 때부터 사기 분양한 토지 636.8㎡를 빼고 설계해 공지하여 시공하였기 때문에 광진구청이 공정한 감독만 하였으면 사기 분양을 방지할 수 있었다. H건설과 입주자대표가 공모해 완전범죄로 꿈꾸지 못하도록 완전히 원천봉쇄를 할 수 있었다. 그런데도 광진구청과 입주자대표는 오히려 H건설 편에서 조직적으로 공모해 완전범죄로 은폐하였다.

필자는 흑수저로 주경야독하면서 성실과 끈기가 최선의 비법이라고 간직한 초심을 잊지 않고 숨겨진 사기 분양, 부실 공사, 관리 비리에 대한 조직적인 적폐를 척결할 대책을 지난 10년이 지나 강산이 변화하도록 심도 있게 끊임없이 연구하였다. 필자 개인의 손해만이 아니고 공공의 이익을 위해 중차대한 국가사업이므로 조직적인 아파트 비리를 통해 검찰개혁, 경찰개혁, 사법개혁, 언론개혁, 재벌개혁에 대한 불가피성을 증명하였다.

세상은 아는 만큼 보인다고 한다. 모든 국민들은 숨겨진 아파트 비리에 대한 조직적인 수법을 확실히 알고 효율적으로 대처하여야 한다. 이 책은 공공의 이익을 위해 실제로 발생했던 진실을 정확하게 알려주고자 사실대로 기술하였고, 명예훼손을 할 어떤 목적이 전혀 없다는 점을 분명히 밝히므로 착오 없기 바란다.

필자처럼 조직적인 수법에 의해 막대한 피해를 입지 말고, 품격 높은 아파트를 만들어 이웃과 함께 더불어 살아가기를 간절히 기도한다. 지난 10년 동안 지옥에서나 겪게 된다고 생각했던 인간한계를 순수한 봉사정신으로 극복한 피눈물 나는 체험과 효율적인 대처방법을 이미 **"숨겨진 아파트 비리 완전정복"**에서 알려드렸고, 이번에는 대한민국이 선진 법치국가로 진입하기 위해 반드시 척결할 **"모든 국민들이 공수처에 보낸 숙제"**를 공개적으로 소개한다.

차 례

contents

제1부

사기 분양한 토지 636.8 ㎡에 대한 발견과 증명

1. 사기 분양한 것을 발견

비대위원장은 H아파트 1404동(1층) 빌라가 당첨되었는데 1층에 거주할 경우 프라이버시 침해가 걱정되어 당첨을 포기하려고 하였다. 그러나 부인은 계약을 체결할 때까지 1주일이 남아 있으므로 모델하우스에 가서 자세히 알아보고 결정하자고 하였다. 따라서 비대위원장 부부는 모델하우스에 3차례 방문하며 자세히 확인하였다.

H건설[1]의 현장소장(박○훈)은 1404동 뒤를 설계도, 모형, 카탈로그에 표시해 공지한 것처럼 수직옹벽을 시공해 출입이 차단되어 프라이버시 침해가 없고 전원주택과 같이 조용히 거주할 수 있다며 설명하였다. 그리고 박 소장은 본사에 보관한 설계도에 수직옹벽을 시공한다고 확인해 주어 비대위원장이 2009.11.3. 분양계약을 체결하였다.

그러나 비대위원장은 박 소장이 1404동 뒤를 수직옹벽이 아닌 계단과 산책로를 시공한 것을 2011.9월경. 발견하였다. 따라서 비대위원장은 박 소장에게 분양계약을 명백히 위반한 것이므로 수직옹벽으로 시정하라고 요구하였다. 그런데 박 소장은 입주자대표(당시 입주예정자대표 전○수, 이○욱, 김○복)가 수직옹벽 대신 계단과 산책로를 설치해 달라고 요구하였다는 어처구니없는 핑계를 대었다.

하는 수 없이 비대위원장은 박 소장과 입주자대표에게 분양계약을 명백히 위반한 것이므로 2단산벽을 수직옹벽으로 시정하지 않으면 공동책임을 묻겠다고 통보하였다. 그런 후에 박 소장과 입주자대표는 차일피일 미루다가 계단을 2단산벽으로 시정해 2012,3,28. 사용검사승인을 받았고, 산책로를 2012.8월경. 철거하였다.

---

1) H건설은 H아파트를 건축하고자 설립한 한원광장의 지분 19.9%를 소유한 2대 대주주로서 시공사이고(H그룹은 H자동차그룹이 인수한 2011.3.31. 이전에 계열사인 현○증권의 19%를 포함해 38.9% 소유), 도급계약서에 의거 실질적인 분양, 홍보, 시공, 지급보증, 자금관리업무를 수행하는 공동사업주체이다. 반면에 한원광장은 H아파트를 건축하고자 일시적인 특정 목적의 Paper Company로서 시행사이다. 따라서 H건설은 한원광장과 공동사업주체이기 때문에 당연히 연대책임을 지어야 한다.

그렇지만 비대위원장은 분양계약대로 2단산벽을 수직옹벽으로 시정해 달라고 계속 통보하였는데 박 소장과 입주자대표가 수직옹벽으로 시정하지 않고 무조건 버티었다. 그래서 비대위원장은 2012.3.30.부터 입주를 시작하였지만 빌라를 해약 통보하였다. 그러나 박 소장은 해약을 해 주지 않았고, 비대위원장은 이사하지 않으며 비워두었다.

그리고 비대위원장은 박 소장이 분양계약을 위반하면서 수직옹벽을 시정하지 않는 이유를 조사하였다. 2단산벽을 수직옹벽으로 시정하면 2012.1월경. 강○성산교회에서 불법으로 설치한 가건물과 맞닿기 때문에 시정할 수 없는 것을 발견하였다. 이는 H건설이 2011.9월경. 아파트의 경계 안쪽 4 m지점에 펜스를 시공하였고, 강○성산교회가 2012.1월경. 가건물을 경계에 일치해 설치하면서 지붕은 약 1 m 정도 경계를 침범해 시공하여 빗물이 아파트에 떨어지게 하였다.

그러나 박 소장은 강○성산교회에 가건물을 철거하라고 요구하지 않았고, 2단산벽을 경계에 수직옹벽으로 시정하지 않았다. 이것은 누가 봐도 명백한 위법행위이고 사기 분양을 한 것이 틀림없다. 이는 내 집 하나 장만하겠다는 선량한 서민들의 고단한 마음에 깊은 상처를 입히는 조직적인 위법행위이며, 분양계약대로 경계에 수직옹벽을 시공하여야 함에도 경계 안쪽 4 m지점에 2단산벽으로 시공한 것을 비대위원장이 우연히 발견하였다. 이 2단산벽을 발견해 앞으로 설명할 서쪽 경계 펜스 밖의 제척토지 203 ㎡와 불용토지 433.8 ㎡가 사기 분양된 것과 아파트 비리(사기 분양, 부실 공사, 관리 비리)를 찾아낼 수 있게 되었다.

2. 사기 분양한 사실

H건설(한원광장)은 H아파트를 건축할 사업부지 6필지를 대한지적공사에서 2007.11.14. 측량하였는데 서쪽 경계 2단산벽(수직옹벽 설계)을 기

점으로 볼 때 북쪽에는 고도차가 2 m 이상 나는데 나◯용이 수직석축 밖에 48 ㎡를 불법 점유하였고, 남쪽에는 평지인데 김◯석이 콘크리트 담장 밖에 113 ㎡를 불법 점유하는 것을 확인하였다(161 ㎡를 불법 점유).

그러나 H건설은 2009.10.12. H아파트를 분양하면서 서쪽 경계에 불법 점유하고 있던 토지 161 ㎡를 원상복구하지 않았다. 오히려 토지 636.8 ㎡(161 ㎡ 포함)까지 빼고 설계도, 모형, 카탈로그에 표시해 공지하여 시공하였음에도 분양대금 82억 원[2]을 받아 가는 수법으로 사기 분양을 하였다(더사모카페 http://cafe.naver.com/withneighbors 참조).

그런 후에 토지 203 ㎡는 분할하여 제척해 한원광장이 90 ㎡를 편취하였고, 김◯석에게 113 ㎡를 매각하였다. 또한 토지 433.8 ㎡는 한원광장과 김◯석이 사용하도록 203 ㎡를 분할하여 제척한 후의 경계 안쪽 4 m 지점에 펜스를 시공해 입주자들은 출입조차 하지 못하며 매년 재산세만 납부하게 부실 공사를 하였다.

그런데도 H건설, 입주자대표, 광진구청[3]은 입주한 2012.3.30. 이후에 토지 636.8 ㎡를 빼고 만든 설계도, 모형, 카탈로그를 보여주면서 그대로 시공한 것이므로 사기 분양이 아니라며 속였다. 또한 현재 펜스가 아파트의 경계라고 속이며 입주자들에게 사기 분양한 토지 636.8 ㎡를 돌려주지 않고 완전범죄로 은폐하였다(이하 '사기 분양'이라고 한다).

3. H건설과 한원광장의 관계

한원광장은 H아파트를 건축할 목적으로 일시적인 특정 업무를 수행

2) 분양대금 82억 원(1세대 평균 1천8백만 원)은 서쪽 경계 펜스 밖의 토지 636.8 ㎡에 해당하고, 각 세대별로 환산할 때 5년 동안 관리비를 전혀 부담하지 않으며 무상으로 거주할 수 있는 금액이다.

3) 입주자대표라고 함은 아파트의 관리업무를 수행하는 입주자대표, 선거관리위원, 봉사회원, 통장, 관리소장과 관리사무소 직원을 말한다. 그러나 이들은 무자격자임에도 불법선거로 승계해 불법 관리를 하면서 입주자들에게 아파트의 정보전달수단을 완전히 통제하며 속였고, 입주자들의 이익을 대변하지 않았으며, 사기 분양한 서쪽 경계 펜스 밖의 토지 636.8 ㎡를 못 찾게 조직적으로 방해하였다.

하기 위한 Paper Company이며 시행사이고, (주)한원 56.1%, H그룹 38.9%(H건설 19.9% 및 H증권 19%), 한원건설 5%를 각각 출자하여 설립하였다. H건설은 H아파트를 건축하기 위한 시공사이고, 계열사인 H증권과 공동출자하여 한원광장의 38.9% 지분을 소유하고 있는 2대 대주주이다. 그리고 아파트의 분양업무, 분양광고, 홍보업무. 자금관리, 지급보증, 예금계좌 공동관리, 청산 업무, 공사이익금의 배당 등 총체적인 핵심 업무를 수행한 실질적인 공동사업주체이다.[4)]

따라서 입주자들은 H아파트를 일시적으로 설립한 한원광장을 믿고 계약한 것이 아니라 건설부문 도급순위 1위 업체인 H건설을 신뢰하였기 때문에 계약하였다. 더구나 H건설은 아파트를 분양하면서 그동안 명성과 H그룹이 한원광장의 2대 대주주인 것을 적극적으로 홍보하였다.

따라서 입주자들은 H건설이 최고의 입지조건과 주변 환경에 걸맞게 명품 아파트를 건축한다며 홍보하여 분양가상한제의 조건으로 분양계약을 체결하였다. 또한 모델하우스에서 안내원이 모형, 카탈로그를 보면서 상세하게 설명한 것을 신뢰해 분양계약을 체결한 것이기 때문에 한원광장에게 책임이 있으면 H건설에도 당연히 연대책임이 있다.

4. 사기 분양한 것을 증명

가. 조정 신청

비대위원장은 H건설이 입주자들에게 분양계약을 위반하였으므로 사기 분양한 토지 636.8㎡를 찾고, 2단산벽을 수직옹벽으로 시정해 달라고 요구하였는데 입주자대표가 현재 펜스가 아파트의 경계라며 분양계약

4) H건설은 한원광장과 체결한 공사도급계약서 제15조(분양업무)에 의하면 분양 및 분양계약업무 일체, 분양대금 수금 및 관리, 분양광고 및 홍보 관련 업무, 청산 업무를 위임받아 수행한다고 규정되어 있다. 또한 한원광장은 분양관련 홍보물, 분양계약서, 분양대금수납영수증 등 제반서식의 조건 내용 등을 H건설의 동의 없이 제작, 배포할 수 없다고 규정되어 있다. 따라서 수분양자들은 H건설의 명성을 신뢰하고 분양계약을 체결한 것이고, 한시적인 한원광장을 신뢰해 분양계약을 체결한 것이 아니다.

을 위반하지 않았다고 감쪽같이 속였다. 하는 수 없이 비대위원장은 공공의 이익을 위해 분양 당시 아파트의 경계가 펜스 밖의 토지 636.8 ㎡까지라는 것을 증명하기 위해 개인적으로 2012.8.23. 대륙아주 조 대표변호사님(대법관)에게 변론을 부탁하여 H건설(한원광장)을 상대로 서울중앙지방법원에 조정신청서를 제출하였다.

아파트의 경계가 제척토지 203 ㎡까지라는 것을 증명하면 H건설이 토지 636.8 ㎡를 빼고 설계도, 모형, 카탈로그에 표시해 분양한 것, 토지 203 ㎡를 분할하여 제척해 한원광장이 90 ㎡를 편취하고 김○석에게 113 ㎡를 매각한 것, 경계 안쪽 4 m지점에 펜스를 시공해 불용토지 433.8 ㎡를 출입조차 하지 못하고 있는 것, 수직옹벽이 아닌 2단산벽으로 시공한 것이 증명되기 때문이다. 특히 토지 90 ㎡와 113 ㎡를 분할하여 제척한 것을 증명하면 서쪽 경계 펜스 밖의 토지 636.8 ㎡까지 아파트의 경계라는 것을 확실하게 증명할 수 있다.

박 소장은 분양 당시 모델하우스에서 비대위원장 부부에게 모형과 카탈로그를 보여주면서 빌라의 주변 환경과 입지조건에 관한 질문에 자세히 답변해 주었다. 그런데도 의문이 풀리지 않으면 본사에 보관한 설계도까지 알아보고 상세히 답변해 주었기 때문에 비대위원장 부부가 토지 636.8 ㎡까지 경계라는 것을 잘 알고 있다. 그러나 박 소장은 분양 당시 설명했던 것과는 판이하게 달리 분양계약을 위반해 시공하였다.

더구나 박 소장은 분양계약을 위반해 서쪽 경계 안쪽 4 m지점에 설치한 계단을 2단산벽으로 변경하였지만 수직옹벽으로 시정해 주지 않고 버티었다. 따라서 비대위원장은 H건설에 내용증명을 13회를 보내 분양계약대로 수직옹벽으로 시정해 달라고 요구하였다. 그러나 박 소장은 시정해 주지 않고 버텼다. 이때 박 소장이 2단산벽을 경계까지 수직옹벽으로 시정해 주었으면 비대위원장은 사기 분양한 토지 636.8 ㎡와 관련해 서울중앙지방법원에 정식재판을 청구하지 않았다.

나. 민사재판 청구

비대위원장은 분양계약 당시 박 소장이 모델하우스에서 강력히 권유한 대로 1403동 아파트는 입주 이전에 분양권 상태로 매각하고, 1404동 빌라는 입주해 거주할 계획으로 2009.11.3. 빌라와 아파트를 분양계약하였다. 그러나 H건설은 1404동 빌라의 뒤쪽을 수직옹벽이 아닌 2단산벽으로 시공하였고, 토지 636.8㎡에 대하여 분양계획을 위반해 누가 보아도 공정하지 못하게 확실히 사기 분양을 하였다.

분양 당시 비대위원장은 빌라(1층)에 입주하면 발생할 프라이버시 침해 등 사생활 방해를 걱정하였기 때문에 당첨을 포기하려고 망설였다. 그때 나타난 박 소장은 그토록 확실하고 강력하게 빌라 주변에 관한 설계도, 모형, 카탈로그를 보여주면서 1404동 빌라 뒤를 수직옹벽으로 시공할 것을 확언하며 장담하지 않았더라면 그 당시 생각했던 대로 빌라의 당첨을 포기하고 아파트만 계약을 하였다.

그러나 박 소장은 당첨을 포기하려는 비대위원장 부부에게 수직옹벽으로 시공한다고 설명하며 분양계약을 체결하도록 유도하였다. 더구나 입주 시기가 가까올 무렵부터 분양대금을 받아간 때와 생판 다른 시공을 하였다. 그리고 토지 636.8㎡를 빼고 만든 설계도, 모형, 카탈로그를 보여주면서 그대로 시공한 것이므로 사기 분양이 아니라며 거짓주장을 하는 것은 천인공노할 노릇이 아니고 무엇이겠는가?

비대위원장은 분양계약한 대로 수직옹벽을 펜스 밖의 경계까지 시공하라고 강력히 요구하는 내용증명을 수없이 보냈다. 그러나 H건설, 입주자대표, 광진구청은 모두 한통속이 되어 시정하지 않고 뭉갰고, 책임지려고 하지 않으며 회피하였다. 오히려 입주자대표(당시 입주예정자 모임)는 수직옹벽대신 계단을 자신들이 시공해 달라고 요구하였다는 회피성 핑계를 대면서 눈 하나 깜짝이지 않고 거짓말로 일관하였다.

저들이 무엇으로 보나 명백하게 분양계약을 위반한 위법행위를 하면서 수직옹벽으로 시정해 주지 않았기 때문에 비대위원장은 빌라에 들어가 거주할 마음이 전혀 들지 않았다. 비대위원장은 빌라에 대한 분양계약을 해지하겠다는 뜻을 내용증명으로 H건설에게 통보하였다. 그리고 2012.3.30. 입주하기 이전에 분양권 상태로 매각하려고 계획했던 아파트(14층)로 2012.5.1. 이사할 수밖에 없었다.

그러나 H건설은 비대위원장에게 분양계약의 해지통보를 받았음에도 빌라에 대한 중도금을 이미 납부하였기 때문에 해지가 불가능하다는 핑계를 대면서 조정신청을 수용하지 않았다. 비대위원장은 공공의 이익을 위해 하는 수 없이 서울중앙지방법원에 정식재판을 청구하였다.

① 서울중앙지방법원 판결

비대위원장은 공공의 이익을 위하여 개인적으로 사기 분양한 토지 636.8 ㎡를 찾기 위해 소송을 제기하였는데 서울중앙지방법원 민사 제19부에 배정되었다. 따라서 아파트의 경계는 현재 펜스가 아니고 펜스 밖의 제척토지 203 ㎡까지라고 증명하면 된다. 왜냐하면 H건설이 203 ㎡를 분할하여 제척한 후에 한원광장이 90 ㎡(427-21번지)을 편취하였고, 김○석에게 113 ㎡(427-22번지)을 매각하였기 때문이다. 이와 같이 제척토지 203 ㎡를 증명하면 203 ㎡부터 펜스까지 불용토지 433.8 ㎡가 아파트의 소유라는 것도 증명되기 때문이다.

H건설은 사기 분양한 토지 636.8 ㎡를 솔직히 인정하고 돌려주어야 한다. 그러나 어찌된 일인지 서울중앙지방법원은 중대한 오판을 하여 한원광장에게 토지 636.8 ㎡ 중에서 69.3 ㎡만 손해배상책임이 있다고 판결하였다. 더구나 H건설에게는 손해배상책임이 전혀 없다고 판결하였다. 이는 단순히 분양면적에서 등기면적을 차감한 69.3 ㎡만 손해배상책임을 인정하였다. 그러나 한원광장이 사업부지를 분할하여 제척해 편취하거나 매각한 203 ㎡ 중에서 공부정리절차로 증가한 133.7 ㎡를 차감한

69.3 ㎡만 인정하는 중대한 오판을 한 것이다.

그렇지만 비대위원장은 공부정리절차로 증가한 133.7 ㎡가 입주자들에게 자동적으로 귀속되기 때문에 133.7 ㎡에다가 등기면적이 분양면적에 비해 부족한 69.3 ㎡를 더한 203 ㎡까지 한원광장과 H건설에게 공동으로 손해배상책임을 물어야만 정당한 것이라고 판단하였다. 따라서 서울중앙지방법원은 제척토지 203 ㎡를 선고하여야 함에도 69.3 ㎡만 선고함으로써 오히려 펜스가 경계에 올바로 시공한 것을 인정해 주도록 중대한 오판을 하였다. 그러나 비대위원장은 서울중앙지방법원의 중대한 오판을 제대로 선고받아 제척토지 203 ㎡를 인정받으면 펜스를 제척토지 203 ㎡까지 설치하여야 하고, 그러면 불용토지 433.8 ㎡를 입주자들이 출입할 수 있게 되기 때문에 서울고등법원에 항소를 제기하였다.

② 서울고등법원 판결

비대위원장은 서울고등법원에서 H건설이 사업부지 203 ㎡를 분할하여 제척해 한원광장이 90 ㎡(427-21번지)을 편취하고 김○석에게 113 ㎡(427-22번지)을 매각한 것을 심리하는데 집중하였다. 왜냐하면 H건설은 입주자들이 분양대금을 납부한 토지 203 ㎡를 몰래 분할하여 제척해 돌려주지 않고 채무를 이행하지 않았기 때문이다.

그 결과 서울고등법원은 2015.2.10. 한원광장에게 토지 203 ㎡에 대한 손해배상책임이 있다고 판결하였다. 그러나 H건설에게는 손해배상책임이 없다고 중대한 오판을 하였다. 하지만 이는 서울중앙지방법원이 토지 69.3 ㎡만 인정한 판결에 비하면 203 ㎡를 인정한 것만으로도 입주자들에게 매우 중요한 의미를 제공한 판결인 것이다.

왜냐하면 서울고등법원은 토지 203 ㎡에 대하여 손해배상책임이 있다고 판결한 근거가 203 ㎡에 대한 위치를 정확하게 지적해 주었기 때문이다. 즉 토지 203 ㎡는 한원광장이 편취한 90 ㎡(427-21번지)와 김○석에게 매각한 113 ㎡(427-22번지)을 확실하게 명시해 주었기 때문에 아파트의 경계가 203 ㎡까지라고 정확히 증명해 주었다.

따라서 제척토지 203 ㎡부터 펜스까지 불용토지 433.8 ㎡가 한원광장과 김○석이 사용하도록 경계 안쪽 4 m지점에 펜스를 시공해 입주자들은 출입조차 하지 못하며 매년 재산세만 납부하고 있기 때문에 펜스 밖의 토지 636.8 ㎡가 사기 분양된 것을 확실히 증명해 주었다.

이처럼 H건설은 서울고등법원의 판결로 인해 분양 당시 고의로 토지 636.8 ㎡를 빼고 설계도, 모형, 카탈로그에 표시해 공지하였고, 그대로 시공하였음에도 분양대금 82억 원을 받아 가는 수법으로 사기 분양을 하였다. 이는 H건설이 H아파트를 분양하기 위해 2007.11.14. 대한지적공사에서 측량하였는데 2단산벽(수직옹벽 설계)을 기준으로 볼 때 북쪽에는 고도차가 2 m 이상 나는데 나○용이 수직석축 밖에 48 ㎡(427번지 20,594 ㎡ 중)을 불법 점유하였고, 남쪽에는 평지인데 김○석이 콘크리트 담장 밖에 113 ㎡(427-8번지 1,867 ㎡ 중)을 불법 점유한 것이다.

그런데도 H건설은 2009.10.12. H아파트를 분양하면서 불법 점유한 토지 161 ㎡를 원상복구하지 않았다. 오히려 토지 636.8 ㎡(161 ㎡ 포함)까지 빼고 설계해 시공하였음에도 분양대금 82억 원을 받아 가는 수법으로 사기 분양을 하였다. 그리고 제척토지 203 ㎡와 불용토지 433.8 ㎡를 돌려주지 않고 완전범죄로 은폐하려고 하였다.

③ 대법원 판결

비대위원장은 공공의 이익을 위해 토지 636.8 ㎡가 사기 분양된 것을 증명하고자 개인적으로 소송을 제기하였다. 그리고 2015.2.10. 서울고등법원에서 제척토지 203 ㎡를 인정받았다. 또한 2012.8.6. 대한지적공사에서 측량해 제척토지 203 ㎡부터 펜스까지 불용토지 433.8 ㎡가 입주자들의 소유라는 것을 증명하였다. 이와 같이 비대위원장은 분양대금 82억 원을 납부한 서쪽 경계 펜스 밖의 토지 636.8㎡를 출입조차 하지 못하고 돌려받지 못한 것을 확실히 증명하였다.

그런데도 한원광장은 서울고등법원에서 203㎡에 대해 손해배상을 하라는 판결을 인정하지 않고 대법원에 상고하였다. 왜냐하면 한원광장은 대표이사 고○현이 배임죄로 형사재판을 받고 있었는데 상고해 재판을 유리하게 이끌려는 꼼수를 부렸기 때문이다. 서울중앙지방법원에서 69.3㎡만 손해배상책임이 있다고 인정하였는데 서울고등법원에서는 203㎡를 인정하였기 때문에 이를 부인해 진행 중인 형사재판에서 무죄를 선고받고자 꼼수를 부리기 위해 대법원에 상고하였다.

그러나 대법원은 2015.6.23. 서울고등법원에서 203㎡에 대한 손해배상책임을 인정한 원심판결이 정당하다고 기각하였다. 따라서 H건설(한원광장)은 분양 당시 토지 636.8㎡를 빼고 설계도, 모형, 카탈로그에 표시하여 시공하고 사용검사승인을 받았음에도 분양대금 82억 원을 받아가는 수법으로 사기 분양을 한 것을 증명하였다.

그런데도 입주자대표는 형식적으로 H건설(한원광장)을 고소한 후에 경찰과 검찰의 수사과정에서 분양 당시 고의로 사기 분양한 토지 636.8㎡를 빼고 설계하여 공지해 시공하였는데 분양대금 82억 원을 받아간 매우 중대한 위법행위에 관해 전혀 진술하지 않았고, 법정에도 출석하지 않으며 소극적으로 대처하였다.

이와 같이 입주자대표 2명(전○수, 유○운)은 사기 분양한 토지 636.8㎡를 찾아야 한다며 형식적으로 고소한 후에 중대한 위법행위를 진술하지 않았기 때문에 H건설이 무혐의 처분을 받게 되었고, 한원광장이 형사재판(1심 및 2심)에서 무죄로 선고받게 되었다.

결론적으로 H건설은 입주자들에게 분양대금 82억 원을 받아간 후 한원광장이 90㎡를 편취하였고, 김○석에게 113㎡를 매각하였고, 불용토지 433.8㎡를 한원광장과 김○석이 사용하면서 입주자들은 출입조차 하지 못하며 매년 재산세만 납부하는 것이 증명되었다. 이와 같이 H건설(한원광장)이 악질적인 사기 분양을 하였음에도 입주자대표는 입주자들의 이익에 반해 위법행위를 저질러 H건설이 무혐의 처분을 받게 하였고, 한원광장이 무죄를 선고받게 하였다. 따라서 입주자들은 H건설, 입주자대표, 광진구청, 경찰, 검찰, 법원을 전혀 신뢰하지 않는다.

5. 토지 636.8 ㎡가 사기 분양된 것을 확실하게 증명

비대위원장은 대륙아주 조 대표변호사님(대법관)이 변론해 분양대금을 받아간 이후에 토지 203 ㎡를 몰래 분할하여 제척해 편취하거나 매각하였는데 입주자들의 소유라는 것을 2015.2.10. 서울고등법원에서 인정받았다(대법원에서 2015.6.23. 확정). 그리고 2012.8.6. 대한지적공사에서 측량해 제척토지 203 ㎡부터 펜스까지 불용토지 433.8 ㎡가 아파트의 소유라는 것도 증명하였다. 따라서 서쪽 펜스 밖의 경계까지 수직옹벽을 시공하여야 함에도 분양계약을 위반해 경계 안쪽 4 m지점에 2단산벽을 시공하는 부실 공사를 하였다는 것을 증명하였다.

이와 같이 H건설은 분양 당시 토지 636.8 ㎡를 빼고 설계도, 모형, 카탈로그에 표시해 시공하였기 때문에 입주자들에게 분양대금 82억 원을 받아 가면 절대로 안 된다. 설령 받아 갔으면 펜스를 636.8 ㎡까지 출입하도록 설계해 시공하였어야 한다. 그러나 H건설은 악질적인 수법으로 완전범죄를 노리고 사기 분양을 한 이후에도 입주자들에게 토지 636.8 ㎡를 출입조차 하지 못하도록 돌려주지 않았고, 분양대금 82억 원을 환불하지 않으면서 완전범죄로 은폐하였다.

비대위원장은 입주자대표에게 입주 초기에 제척토지 203 ㎡와 불용토지 433.8 ㎡를 찾고, 1404동 빌라 뒤를 수직옹벽으로 경계까지 시공해 달라고 강력히 요구하였다. 그러나 입주자대표는 토지 636.8 ㎡를 못 찾게 방해할 목적으로 분양 당시 토지 636.8 ㎡를 빼고 만든 설계도, 모형, 카탈로그를 보여주면서 그대로 시공한 것이므로 사기 분양이 아니며, 현재 펜스가 아파트의 경계라고 속였다.

또한 입주자대표는 H건설 및 광진구청과 공모해 토지 636.8 ㎡를 못 찾게 방해하기 위해 다음카페, 게시판, 엘리베이터 공지, 안내방송 등 정보전달수단을 완전히 통제하고 진실을 전혀 알려주지 않았다. 이때 비대위원장이 정확히 조언한대로 사기 분양한 서쪽 경계 펜스 밖의 토지 636.8 ㎡를 찾아주고 빌라 뒤를 수직옹벽으로 시정하였으면 문제가 완전히 해결되어 더 이상 확대되지 않았다.

더구나 입주자대표는 진실이 밝혀질까 두려워 2015.7.18. 비대위원장을 다음카페에서 강제로 퇴출시키고 못 찾게 방해하였다. 만약 입주자대표가 2015.2.10. 서울고등법원 판결 이후에라도 자신들의 잘못을 솔직히 반성하고 찾아주었으면 불필요한 고소, 고발. 수사, 재판이 없었고, 서로 화목한 이웃으로 함께 생활할 수 있었다.

6. 입주자대표가 대법원의 판결 이후에도 못 찾게 방해

비대위원장은 2012.8.6. 대한지적공사에서 측량을 하였고, 2015.2.10. 서울고등법원에서 판결을 받아서(대법원에서 2015.6.23. 확정) 토지 636.8 ㎡가 사기 분양된 것을 확실히 증명하였다. 그러나 비대위원장은 한원광장에게 손해배상책임이 있지만, H건설에게는 책임이 있다는 것을 인정받지 못했다. 왜냐하면 서울고법은 중대한 오판으로 인해 203 ㎡에 대한 책임을 한원광장에게만 인정하였기 때문이다.

H건설은 한원광장의 지분을 19.9% 소유한 2대 대주주(H증권을 포함하면 38.9%임)이며 시공사이고 공동사업주체이다. 더구나 분양 당시 나○용과 김○석이 수직석축 및 콘크리트 담장 밖에 토지 48 ㎡ 및

113 ㎡를 불법 점유하였는데 원상복구하지 않았다(161 ㎡ 불법 점유). 오히려 사기 분양한 토지 636.8 ㎡(161 ㎡ 포함)까지 출입조차 하지 못하게 빼고 설계도, 모형, 카탈로그에 표시하여 공지해 시공하였음에도 분양대금 82억 원을 받아 가는 수법으로 사기 분양을 하였다.

그런 후에 H건설은 토지 636.8 ㎡를 출입조차 하지 못하게 펜스를 경계 안쪽 4 m지점에 시공하였기 때문에 한원광장이 203 ㎡를 분할하여 제척해 90 ㎡를 편취하거나 113㎡를 김○석에게 매각할 수 있었다. 또한 불용토지 433.8 ㎡를 한원광장과 김○석이 사용하도록 부실시공을 하였다. 그리고 H건설은 김○석에게 토지 113 ㎡를 매각한 대금 중에서 2대 대주주에 대한 배당금을 수령해 갔다. 이와 같이 H건설은 불법으로 사기 분양을 한 후 한원광장에게 특혜를 주었고, 배당금까지 받았기 때문에 한원광장과 연대책임을 지어야 한다.

따라서 비대위원장은 사기 분양한 토지 636.8 ㎡를 찾아달라고 요구하였음에도 입주자대표가 위법행위를 저질러 못 찾게 조직적으로 방해하였다. 이러한 사실을 입주자들도 알아야 한다고 생각한 비대위원장은 공공의 이익을 위해 2015.6.30. 및 7.10. 다음카페에서 사기 분양한 토지 636.8 ㎡를 찾아야 한다고 알려주었다.

그러나 입주자대표는 알려주지 못하게 비대위원장을 2016.7.18. 다음카페에서 강제로 퇴출시켰다. 그리고 온갖 인신공격과 날조된 유언비어를 퍼트리며 명예훼손, 업무방해, 협박, 폭행을 하였다고 위장해 괴롭혔다. 더구나 변호사를 앞세워 거짓의 진술, 준비서면, 증거자료, 탄원서를 제출해 경찰, 검찰, 법원이 속아서 오판하도록 위법행위를 저질러 진실을 완전히 왜곡하여 완전범죄로 은폐하였다.

그것도 모자라 불법선거로 승계해 불법 관리를 하면서 게시판, 엘리베이터 공지, 안내방송, 다음카페 등 정보전달수단을 완전히 통제하고 진실을 왜곡하며 악질적인 위법행위를 저질러 사기 분양한 토지 636.8 ㎡

를 못 찾게 다음과 같이 조직적이며 집단적으로 방해하였다.

비대위원장이 공공의 이익을 위해 사기 분양한 토지 636.8㎡를 찾기 위한 목적으로 엘리베이터와 게시판에 공지하거나 우편함에 안내문을 넣어두면 경비원이 CCTV를 지켜보고 있다가 즉시 철거하거나 회수당하기 일쑤였다. 입주자대표에게 공지문과 안내문을 철거하거나 회수하지 말라고 항의하면 무조건 무시하고 들은 척도 하지 않았다.

관리소장에게 사기 분양한 토지 636.8㎡를 찾아야 한다는 안내방송을 해달라고 요청하면 방송장비를 감추거나 고장 났다며 방송하지 못하게 방해하였다. 인터폰으로 입주자들에게 연락하려고 해도 불통되도록 차단하였으며, 커뮤니티센터에서 입주자총회를 하려고 하면 출입문을 잠가버렸다. 커뮤니티센터의 사용료를 납부하고 입주자총회를 개최하려고 하여도 연락하지 못하게 방해하였다.

비대위에서는 어렵게 입주자총회를 개최하였는데 입주자대표가 집단적인 의사진행발언을 하면서 총회 진행을 힘들게 만들었다. 입주자들에게 사기 분양한 토지 636.8㎡를 함께 찾자는 현수막을 아파트 단지에 달아놓으면 즉시 철거하였고, 헬스장 및 골프연습장 등에서 안내문을 돌리면 집단적으로 달려들어 빼앗아 갔다.

입주자대표는 관리소장, 직원, 경비원을 수시로 교체해 사기 분양한 사실을 알지 못하게 숨겼고, 사기 분양한 토지 636.8㎡를 찾지 못하게 철저히 은폐하였다. 입주자총회를 개최하는 커뮤니티센터의 사용료까지 받았고, 경비원이 CCTV로 비대위원의 동태를 파악하며 단체모임을 하지 못하게 방해하였다. 비대위원이 세대를 방문하기 위해 인터폰을 누르면 작동이 안 되게 차단까지 하였다.

입주자대표는 다음카페에서 아이디를 바꾸어 가면서 진실을 거짓으로 은폐하였고, 아파트의 정보전달수단을 완전히 통제하고 사기 분양한 토지 636.8㎡를 찾아야 한다는 것을 입주한 2012.3.30. 이후로 단 한 번도 알려주지 않으며 속였다. 입주자들의 편에 서서 입주자들의 이익을 대변할 입주자대표가 입주자들 스스로 의사결정을 할 수 없도록 온갖 위법행위와 갑질을 서슴지 않고 악질적으로 방해하였다.

또한 입주자대표는 비대위원장에게 "밤길 다닐 때 조심하고 가족들 역시 조심시키라"고 공갈 협박하거나 "청량리 정신병원에 가서 치료나 받지 그러느냐"며 비인간적인 막말을 일삼았다. 험악하고 흉물스런 문신사진 등을 문자로 보내면서 위협하였고, 전화를 걸어 말로 담기 어려운 폭언을 해서 겁에 질리게 만들기도 했다.

야밤에 수없이 집에 찾아와 얼굴을 손바닥으로 가리고 인터폰에 얼굴을 비추면서 문을 열라며 협박하기도 하였다. 어디 그뿐이었겠는가? 민·형사사건과 관련된 재판이 열리는 법정에 집단으로 몰려와서 비대위원장을 위한 증언을 하지 못하게 방해하였으며, 법정에서 몰래 녹음하고 소란을 피워 경고와 퇴장명령을 수없이 받는 등 재판을 고의로 방해하였다. 비대위원장의 법정출두를 막기 위해 위협과 협박을 일삼았고, 아무런 잘못이 없는 비대위원장을 광진경찰서에 수없이 고소해 수사와 조사를 받고 법정에 출석하도록 악질적으로 괴롭혔다.

그리고 비대위원장이 입주자대표에게 서쪽 경계를 확실히 표시해 아파트의 경계라는 것을 알 수 있도록 조치해 달라고 요구하면 소란을 피우며 업무방해를 한다고 광진경찰서에 신고하였다. 비대위원장이 관리소장에게 사기 분양한 토지 636.8㎡를 같이 찾자고 제안하면 뜨거운 물을 뿌리면서 관리사무소 밖으로 밀어내었음에도 오히려 자신을 폭행하였다며 위장해 비대위원장을 광진경찰서에 고소하였다.

더구나 비대위원장이 토지 636.8㎡를 찾기 위해 입주자대표의 임기가 2016.6.21. 만료된 후, 2016.6.26. 게시판과 엘리베이터 공지에 선거홍보물을 부착하자 입주자대표가 무단 철거해 방해하였음에도 오히려 비대위원장이 협박을 하였다고 광진경찰서에 고소하였다. 비대위원이 불법선거한 선거인명부 등 관리서류를 열람하려고 신청하면 전혀 보여주지 않았고, 비대위원이 토지 636.8㎡를 찾자는 유인물을 배포하면 집단으로 위협하고 포위하면서 돌리지 못하게 방해하였다.

아파트 정보전달수단을 통제하고 입주자들에게 토지 636.8㎡를 찾아야 한다는 것을 입주한 2012.3.30. 이후로 단 한 번도 알려주지 않으며 속였고, 입주자대표회장이 더 이상 거짓으로 입주자들을 속이는 것이 불가능하게 되자 후환이 두려웠던지 몰래 이사를 갔다. 이사한 뒤에도 주소를 숨기고 회사주소로 비대위원장을 고소하며 법정까지 찾아와 괴롭혔고, 법정에서 불법 녹음을 하다가 여러 차례 붙잡혔으며, 관리소장에게 토지 636.8㎡를 찾자고 하면 묵묵부답으로 무조건 뭉갰다.

입주자대표에게 수없이 토지 636.8㎡를 찾자며 내용증명을 보냈음에도 수취거절하며 회신조차 하지 않았고, 비대위원장이 더사모카페에서 사기 분양한 토지 636.8㎡를 찾자고 호소하며 답변을 요구하여도 묵묵부답이었다. 입주자대표는 함께 더불어 살아갈 이웃 입주자들에게 절대로 해서는 안 될 악질적인 위법행위와 파렴치한 갑질을 일삼았고, 공갈협박을 서슴지 않았으며, 사기 분양한 토지 636.8㎡를 못 찾게 위법행위를 저질러 완전범죄를 노리며 조직적으로 은폐하였다.

제2부

비대위원장이 봉사하게 된 이유

1. H아파트를 청약한 동기

대학교 입시 내신제도가 절대평가에서 상대평가로 바뀌었다. 따라서 대원외국어고등학교 선생님들은 학생들을 국내대학교에서 외국대학교로 보내기 위한 입시전환이 필요하였고, 비대위원장에게 외국대학교에 관한 진학상담을 받기를 원했다. 그런 이유로 비대위원장은 대원외국어고등학교와 워커힐호텔 커피숍에서 자주 만났다. 왜냐하면 비대위원장 부부가 미국 대학교의 입학전형에 관해 잘 알고 있었기 때문이다. 더구나 남매가 당시 대원외국어고등학교에 다니고 있었고, 미국대학으로 진학을 가기 위한 유학반에서 공부하고 있었다.

비대위원장 가족은 미국에 살 때 교육에 관심이 많았기 때문에 아이비리그대학교를 방문해 입학전형요강과 선발방법 등에 대하여 많은 자료들을 수집해 잘 알고 있었다. 따라서 비대위원장은 유학 상담을 위해 대원외국어고등학교와 워커힐호텔을 방문할 때마다 아차산과 한강 주변의 경관이 매우 아름답다는 것을 공감하였다. 그러한 예쁜 경관을 매일 보고 즐길 수 있는 광장동에서 여생을 보낼 수 있다면 무척 평화롭고 행복할 것 같다는 생각을 갖게 되었다.

그러던 차에 매스컴을 통해 H아파트 12차를 분양한다는 반갑고 기쁜 뉴스를 듣게 되었다. 당시 비대위원장은 가족들과 함께 거주할 50평형을 청약하였다. 그러나 인기가 매우 높아 20:1 이상의 치열한 경쟁률로 당첨에 실패하였다. 서운한 마음 금할 길이 없었지만 다음에 더 좋은 기회가 있을 것이라고 생각하면서 지속적으로 관심을 갖고 광장동에 관한 분양 소식을 기다리고 있었다.

그런 후에 7년 정도의 세월이 지났는데 2009.10.12. H건설이 당시 『한국화이자』가 있던 위치에 H아파트(14차)를 분양한다는 신문기사를 보게 되었다. 지난번 청약실패의 여운이 남아 있던 비대위원장은 청약하기로 결심을 하였다. 공고에 표시된 분양대금을 살펴보니 일부가 부족했지만 은행에서 대출을 받아 보충하면 입주할 수 있겠다고 생각하였다.

마침 남매가 미국에서 대학교를 조기졸업하고 귀국해 좋은 직장에 다니고 있었다. 남매는 흔쾌히 대출금 상환을 돕겠다며 아파트 청약을 하라고 거들었다. 더구나 청약하려는 아파트가 자신이 다닌 모교 근처에 있다며 좋아하였다. 가족회의를 거쳐 미래계획을 마친 비대위원장 가족은 H아파트에 청약하기로 의견 일치를 보았다.

비대위원장 가족은 이번에 분양하는 H아파트 중에서 뒤쪽에 위치한 빌라가 앞쪽의 아파트보다는 더 선호해 높은 경쟁률이 예상되었다. 그러므로 부부가 청약예금에 가입해 두었는데 비대위원장은 빌라에 신청하고, 배우자가 아파트에 신청해 그중에서 하나라도 당첨이 되면 좋겠다는 마음으로 간절히 기도하였다.

만약을 위해 비대위원장 가족은 두개를 신청해 하나라도 되도록 하였다. 특히, 빌라(4층)에 당첨이 안 되면 아파트(25층)라도 당첨되기를 원했다. 그러나 둘 다 안 될 수도 있다고 생각하면서 하나라도 당첨되길 간절히 기도하였다. 이와 같이 비대위원장 가족은 모교 근처이고 아차산과 한강을 산책할 수 있으며, 워커힐호텔, 동서울터미널, 어린이대공원, 광나루역, 강변역을 이용할 수 있는 광장동에서 살기를 희망하였다.

2. 당첨자 발표

발표일이 되어 고대하던 당첨자명단을 신문에서 확인하였다. 그런데 운이 매우 좋게도 비대위원장은 빌라(1층)에 당첨되었고, 배우자는 아파트(14층)에 당첨이 되었다. 혹시나 하였는데 신청한 두개가 당첨되어 무척 기뻤다. 부부가 봉사하며 더불어 성실하게 살아온 보답으로 하늘에서 행운의 축복을 내려 주었다고 감사하게 생각하였다.

그렇지만 빌라가 1층에 당첨되었기 때문에 거주할 경우 생길 수 있는 다양한 프라이버시 침해를 걱정하지 않을 수 없었다. 그래서 비대위원장은 배우자에게 1층 빌라를 포기하고 14층 아파트를 계약해 살자고 권유하였다. 그러나 배우자는 계약기한까지 일주일의 여유가 있으므로 모델하우스에 직접 가서 자세히 알아본 후에 결정하는 것이 더 좋을 것 같다는 의견을 제시하였다.

따라서 비대위원장 부부는 당첨자를 발표한 후 계약체결을 할 때까지 모델하우스에 세 차례나 방문하면서 주변의 주거조건과 입지환경 등을 구체적으로 확인하였다. 부부가 모델하우스에서 모형과 카탈로그를 보며 안내원에게 빌라의 주변 환경에 관해 다양한 질문을 구체적으로 하였다. 그러나 그 안내원은 질문에 대하여 답변하지 못하고 당황하였다.

그때 오십대로 보이는 남자가 CCTV를 보고 있다가 다가와 무엇이 궁금하냐며 도와주겠다고 하였다. 몇 개월이 지난 후 H아파트의 홈페이지에 들어가 계약금 및 중도금을 납부한 사항을 확인하였는데 그때 홈페이지에 실린 사진을 보고나서 모델하우스에서 설명해 준 사람이 H건설의 현장소장이라는 것을 정확히 알게 되었다.

비대위원장 부부는 모델하우스에서 모형과 카탈로그를 보며 박 소장과 안내원의 자세한 설명을 들었다. 앞에는 중앙공원과 놀이터, 뒤에는 강○성산교회, 옆에는 어린이집과 필로티 등 빌라의 주변 환경은 프라이버시가 매우 염려되었다. 특히, 빌라 뒤를 수직옹벽으로 시공해 출입을 완전히 통제한다는 설명을 들었지만 역시 사생활의 심각한 침해가 걱정되어 빌라를 포기하고 아파트를 계약하겠다고 하였다.

그러자 박 소장은 빌라가 1층에 있지만 바로 앞에 개인화단이 딸려있고, 뒤를 수직옹벽으로 시공해 주변이 넓은 화단과 공원에 둘러 쌓여있어 사생활에 대한 침해를 전혀 걱정할 필요가 없고, 전원주택처럼 아주 조용하게 생활을 할 수 있다고 자세히 설명해 주었다. 더구나 빌라는 4층 구조로써 전체 25세대만 별도로 구성되어 인기가 높아 앞으로 프리미엄이 많이 붙게 될 것이므로 당첨을 절대로 포기하지 말라고 강조하였다.

비대위원장 부부는 박 소장에게 수직옹벽을 설치해 출입이 완전히 차단된다는 설명을 듣고 난 후에도 프라이버시 침해로 결정을 내리지 못했다. 그래서 당첨자 발표한 때부터 분양계약을 체결할 때까지(일주일 동안) 모델하우스를 세 차례나 방문하여 빌라 주변의 열악한 환경에 관해 자세히 질문을 하면서 면밀하게 검토하였다.

특히, 박 소장은 직원들과 함께 빌라의 주변을 설명해 주면서 넓은 화단으로 시공하고, 설계도, 모형, 카탈로그에 표시되어 있는 대로 뒤쪽에는 수직옹벽을 시공해 입주자들의 출입을 완전히 차단하기 때문에 전원주택처럼 매우 조용한 분위기에서 안락한 생활을 즐길 수 있다고 강조하며 비대위원장 부부를 설득하였다.

이와 같이 비대위원장 부부는 박 소장과 안내원이 자세하게 설명해 안심을 시킨 덕분에 많은 의문점들이 풀리게 되었다. 더불어 박 소장은 빌라에 관해 자세하게 설명한 뒤, 이곳은 인기가 매우 높아 프리미엄이 많이 붙을 것이므로 입주해 살고, 아파트를 계약하여 분양권 상태로 입주하기 이전에 매각하라고 설명해 주었다.

그러나 비대위원장은 여유자금이 없어 빌라를 포기하고 아파트만 계약을 하겠다고 망설이자, 박 소장은 중도금대출을 해주고 있으니 걱정하지 말라고 강조해 말했다. 모두 계약해 빌라에 거주하고, 아파트는 전매기한(1년)이 지난 후 분양권을 처분하면 절대로 후회하지 않는다고 강조하면서 분양계약을 체결하라고 설득하였다.

따라서 비대위원장 부부는 박 소장이 어린이집과 빌라 뒤를 설계도 및 카탈로그에 표시한 대로 수직옹벽으로 설치하고 3면을 화단으로 시공하며, 빌라 앞으로 개인화단과 중앙공원이 있어 전원주택처럼 조용하게 거주할 수 있고, 중도금 대출을 해준다는 설명에 관심이 끌렸다.

3. 분양계약 체결

박 소장이 모델하우스에서 본사에 연락하며 빌라에 관한 설계도를 알아보고 자세히 설명해 주자, 비대위원장 부부는 박 소장을 신뢰하였다. 그리고 박 소장이 빌라 뒤를 수직옹벽으로 시공한다는 설명을 듣고 나서 2009.11.3. 빌라와 아파트를 모두 계약하였다. 왜냐하면 박 소장이 수직옹벽 시공과 중도금 대출을 해 주니까 빌라에 살고, 아파트는 전매기한이 경과하면 분양권을 매각하라고 조언하였기 때문이다.

따라서 분양계약을 체결하여 빌라에 입주해 행복한 생활을 누릴 부푼 생각을 하면서 현장을 자주 방문하며 공사 진행사항을 수시로 살펴보았다. 비대위원장은 분양계약을 체결한 날 모델하우스 안에서 가입했던 다음카페에 자주 들어가 올라온 글들을 확인하였다. 부실 공사를 하는 것은 아닌지, 당초 분양계획을 체결한대로 공사가 제대로 진행되는지 관심을 가지고 주의 깊게 살펴보았다.

비대위원장은 박 소장이 분양 당시 설명한대로 전매제한기한이 경과한 후에 아파트를 분양권 상태로 매각하고 빌라에 이사해 여생을 보낼 계획이었다. 그래서 분양한지 1년 6개월 정도 지났을 때 공인중개사무소에 확인하였는데 아파트 분양권의 시세가 분양가격보다 낮게 거래되고 있었다. 하는 수 없이 분양권을 손해 보면서 매각할 수 없어 입주시점까지 기다려 보고 매각 할 시기를 다시 결정하기로 수정하였다.

4. 다음카페 가입

비대위원장 부부는 2009.11.3. 모델하우스를 방문해 당첨된 빌라와 아파트를 계약하였는데 입주자대표(다음카페의 운영진)을 모델하우스 안에서 처음 만났다. 입주자대표는 분양계약을 체결하기 위해 방문한 당첨자들에게 커피와 음료수를 나누어 주고 반갑게 맞으며 H건설이 부실 공사를 많이 하기 때문에 입주예정자들이 똘똘 뭉쳐 막아야 한다고 다음카페에 가입할 것을 권유하였다.

입주자대표가 입주예정자들을 위해 유익한 봉사를 한다고 생각한 비대위원장 부부는 주저할 것 없이 즉석에서 다음카페에 가입신청서를 작성해 주었다. 그 후에 비대위원장 부부는 다음카페의 운영진들과 모임을 통해 자주 만났고, 그때 장래 입주자들을 위해 수고를 많이 한다며 차와 식사를 정성껏 대접하고 고맙다는 감사의 인사를 전했다.

그러나 입주자대표는 입주예정자들에게 인적사항을 자세하게 물어 보면서도 자신들의 인적사항에 관해 전혀 알려주려 하지 않았다. 겨우 다음카페의 아이디만 알려주고 이름과 연락처를 알려주지 않아서 비대위원장은 그때부터 입주자대표에 관한 의구심이 서서히 들기 시작했다.

H아파트의 공사가 한창 마무리 단계에 있을 무렵(2011. 9월경)에 아파트의 정보전달수단[5]인 다음카페에 글이 올라왔다. 1404동 빌라 뒤로 수직옹벽을 시공하는 대신에 분양계약을 위반해서라도 계단과 산책로를 설치해 달라는 황당한 글이었다. 더구나 입주자대표 회장 전○수(다음카페의 운영진)는 댓글로 입주자들의 제안을 받아들여 계단과 산책로를 설치하겠다고 답변하였다. 이는 사기 분양한 서쪽 경계 펜스 밖의 토지 636.8 ㎡(제척토지 203 ㎡와 불용토지 433.8 ㎡)를 은폐하기 위한 교묘한 술수인데 비대위원장이 정확히 알지 못했다.

그러나 상황이 너무 이상했던 비대위원장은 다음카페에 댓글을 달았다. 아파트의 분양계약을 체결할 당시에 자세히 확인한 바에 의하면 설계도, 모형, 카탈로그에 수직옹벽을 설치하기로 되어 있는데도 분양계약을 위반해 계단과 산책로를 설치하면 1404동 입주자들의 프라이버시가 심각하

5) 정보전달수단이라고 함은 입주자들이 아파트에서 생활하면서 꼭 알아야 할 생활정보를 다음카페, 게시판, 엘리베이터 공지, 안내방송, 유인물, 개인정보(성명, 동 · 호수, 휴대폰번호, e메일), 관리비부과 내역서 등을 통해 전달받거나 안내를 받아 아파트에서 필요한 각종 정보를 전달하는 수단을 말한다.

게 침해되고, 빌라의 가치도 현격하게 하락하기 때문에 강력히 반대한다는 의견을 확실하게 밝혔다.

그러나 한 달 후에 현장을 방문해 확인한 비대위원장은 자신의 의견이 완전히 무시되고, 분양계약을 위반해 1404동 빌라 뒤로 계단과 산책로를 설치한 것을 목격하였다. 입주자들이 계단을 이용해 밤낮으로 지나다니면 비대위원장이 살고 있는 빌라(1층)의 내부가 훤히 보일 것이 확실했다. 이는 분양계약을 위반해 프라이버시가 심각하게 침해되는 것이고, 재산적 가치가 현격히 하락할 것이 분명했다. 따라서 그때부터 비대위원장은 매우 걱정되어 밤잠을 이룰 수가 없었다.

박 소장이 서쪽 경계 펜스 밖의 사기 분양한 토지 636.8㎡를 은폐하기 위해 1404동 빌라 뒤쪽에 계단을 설치하려고 사전에 입주자대표와 계획한 것이 분명했다. 따라서 입주예정자가 분양계약을 위반해 계단과 산책로를 개설해 달라고 요구한 것처럼 다음카페에 글을 올리도록 미리 각본을 짜서 실행하였다고 생각할 수밖에 없었다.

왜냐하면 H건설은 2012.1.31. H아파트의 서쪽 경계 사업부지 203㎡를 몰래 분할하여 제척한 후에 2012.3.28. 사용검사승인을 받았다. 이를 위해 2011.9월 이전에는 203㎡를 분할하여 제척하려고 계획적으로 경계 안쪽 4m 지점에 이미 펜스를 시공하여 433.8㎡를 불용토지로 만들었다. 이 불용토지 433.8㎡는 한원광장이 90㎡를 편취한 곳, 김○석에게 113㎡를 매각한 곳, 강○성산교회가 기존 건물과 연결해 가건물을 설치하여 수직옹벽이 아닌 2단산벽을 시공한 곳과 연결되어 있다.

특히, 한원광장이 90㎡를 편취한 곳은 나○용이 수직석축 밖에 48㎡만 불법 점유하였는데 추가로 42㎡를 헐어 낸 후에 90㎡까지 분할해 제척하였고, 이곳과 연결된 불용토지를 한원광장이 사용하도록 고의로 경계 안쪽에 펜스를 시공하였다. 또한 김○석에게 113㎡를 매각한 곳은 콘크리트 담장 밖에 113㎡를 불법 점유하였는데 분할하여 제척하였고, 이곳과 연결된 불용토지를 김○석이 사용하도록 고의로 경계 안쪽에 펜스를 시공하였다.

더구나 분양계약을 위반해 수직옹벽이 아닌 2단산벽을 시공한 곳은 강○성산교회가 불법으로 빌라의 경계와 일치해 가건물을 세우고 지붕을 약 1 m 침범하도록 시공해 가건물의 빗물이 빌라의 토지에 떨어지게 하였다. 이것은 분양 당시 설계한 대로 수직옹벽을 시공하지 않은 것이기 때문에 명백한 분양계약 위반이다.

따라서 박 소장은 토지 636.8 ㎡에 대한 분양계약을 위반한 것을 은폐할 목적으로 서쪽 경계 안쪽 4 m지점에 펜스를 시공하였고, 펜스 안쪽으로 계단을 설치하였는데 입주자대표가 요구해 부득이 분양계약을 위반해 시공한 것이라며 비대위원장의 불만을 잠재우려고 꼼수를 부렸다.

그런데도 입주자대표는 입주한 2012.3.30. 이후에도 강○성산교회의 가건물이 경계를 약 1 m 침범해 설치된 것을 알면서 가건물의 철거를 요구하거나 항의하지 않았다. 비대위원장은 박 소장, 입주자대표, 광진구청과 사전에 사기 분양한 토지 636.8 ㎡를 은폐할 목적으로 636.8 ㎡를 빼고 펜스를 설치한 후에 펜스 안쪽 4 m지점에 계단을 시공해 빌라의 앞과 옆, 뒤의 화단면적이 대폭 축소되게끔 모의하였다고 생각한다.

비대위원장 부부는 박 소장과 입주자대표를 만나 분양계약을 명백하게 위반한 것에 대하여 강력히 항의하면서 불법으로 시공한 계단을 즉시 철거해 달라고 요구하였다. 그러나 박 소장과 입주자대표는 시정하지 않고 계속 뭉개면서 버티다가 2012.3.28. 사용검사승인을 받기 직전에 계단을 2단산벽[6]으로 변경하고 사용검사승인을 받았다.

그러나 비대위원장 부부는 2단산벽을 수직옹벽으로 시정하라고 내용증명을 통보한 뒤에 빌라에 입주하지 않았다. 이후에도 비대위원장은 2단산벽을 철거하라고 요구하였지만 박 소장과 입주자대표는 꿈쩍도 하지 않

6) 경사진 곳을 건축하기 위한 공법은 콘크리트 시공, 조경석 쌓기, 산벽 시공 등이 있다. 이곳은 분양 당시 설계도, 모형, 카탈로그에 수직 콘크리트를 시공하기로 설계하고 표시해 공지하였다. 그러나 분양계약을 위반해 2단산벽으로 시공하여 불용토지 12.6 ㎡가 발생하게 되었다.

았다. 분양계약을 위반한 것도 모자라 시정조차 하지 않아 빌라에 살 수 없다고 생각하였다. 비대위원장은 2012.3.30. 빌라에 입주하려고 하였는데 기다리다가 당초 계획을 포기하고 2012.5.1. 분양권 상태로 매각하려던 아파트(14층)로 입주할 수밖에 없었다.

그리고 H건설에서 분양계약을 고의로 위반해 2단산벽을 설치한 것이므로 2단산벽을 철거하던지 아니면 분양계약을 해지해 달라는 내용증명을 보냈다. 비대위원장이 분양계약 위반에 관해 H건설과 내용증명을 여러 차례 주고받는 동안 2012.3.28. 사용검사승인을 받고 5개월이 지난 2012. 8월경에 산책로만 철거하였다. 그러나 설계도에 표시한 것과 같이 수직옹벽으로 시정되어야 할 2단산벽은 시정하지 않고 뭉갰다.

박 소장은 입주자대표가 계단을 설치해 달라고 요구한 것을 들어준 것이라며 핑계를 댔지만 펜스 밖의 사기 분양한 토지 636.8 ㎡를 은폐할 목적으로 박 소장, 입주자대표, 광진구청이 사전에 공모하였다. 이곳은 분양 당시 설계도, 모형, 카탈로그에 표시한 대로 수직옹벽으로 시공하여야 정당한 것임에도 박 소장이 분양계약을 위반하면서 일방적으로 계단과 산책로를 설치한 것이다.

그런 후에 입주자대표는 H건설이 분양계약을 위반한 것을 인정하고 2012. 8월경에 산책로를 철거하였다. 분양계약을 위반해 시공했던 계단은 2012.3.28. 사용검사승인 이전에 2단산벽으로 변경하였다. 그런데도 불구하고 입주자대표는 2018.9.21. 위법행위를 저지르며 기존에 잘못 시공했던 2단산벽 위에다가 또다시 계단과 산책로를 설치하였다. 이런 것을 보더라도 입주자대표와 H건설은 사기 분양한 서쪽 경계 펜스 밖의 제척토지 203 ㎡와 불용토지 433.8 ㎡를 은폐할 목적으로 서로 공모해 2012.3.28. 사용검사승인 이전에 경계 안쪽 4 m지점에 계단과 산책로를 설치했던 것이 확실하게 증명되었다.

5. 분양계약 위반을 발견

비대위원장 부부는 H아파트의 1404동 빌라 1층에 당첨되어 사생활의 침해가 매우 우려되므로 포기하려고 생각했다. 따라서 모델하우스를 세 차례나 방문해 박 소장의 안내로 앞과 뒤, 양옆의 주변 환경에 관해 설계도, 모형, 카탈로그를 자세히 살펴보았고, 빌라 뒤를 수직옹벽으로 시공한다는 구체적인 설명을 듣고 분양계약을 체결하였다.

그러나 비대위원장은 H건설이 2011. 9월경(2012.3.28. 사용검사승인) 분양계약을 위반해 빌라 뒤를 수직옹벽이 아닌 계단과 산책로를 시공한 것을 발견하였다. 이는 분양계약을 위반해 심각한 사생활 침해와 재산적 가치 하락을 야기한 것이다. 따라서 비대위원장 부부는 현장사무소를 여러 차례 찾아가 박 소장에게 설계도, 모형, 카탈로그에 표시한 대로 수직옹벽으로 시정할 것을 강력히 요구하였다.

하지만 박 소장은 입주자대표(당시 입주예정자)가 요구해 설치한 것이라는 핑계를 대면서 요리조리 책임을 회피하였다. 비대위원장은 분양계약을 위반한 것을 자세히 설명하기 위해 박 소장에게 입주자대표의 연락처를 알려달라고 하였다. 그러나 박 소장은 입주자대표가 비대위원장에게 직접 전화를 걸도록 하겠다며 연락처를 알려주지 않았다. 한 달 이상을 기다렸지만 입주자대표에게 연락이 오지 않았다.

비대위원장은 박 소장을 다시 찾아가서 아무리 기다려도 연락이 오지 않는다며 입주자대표의 연락처를 알려달라고 항의하였지만 계속 알려주지 않았다. 그때 입주자대표 이○욱(다음카페지기)이 입주예정자 모임을 개최한다는 안내의 글을 다음카페에 올린 것을 확인하였다. 따라서 비대위원장 부부는 입주자대표를 만나기 위해 다른 모든 일정을 취소하고 입주예정자 모임에 참석하였다.

입주자대표를 만난 비대위원장은 박 소장에게 분양계약을 위반하면서 계단과 산책로를 설치해 달라고 요구하였냐고 물어보았다. 그러나 입주자대표는 비대위원장의 질문에 머뭇거리며 답변을 회피하였다. 그때까지만 해도 비대위원장은 입주자대표가 사기 분양한 토지 636.8 ㎡와 관련해 박 소장과 공모한 것을 전혀 모르고 있었다.

비대위원장은 입주자대표에게 분양계약을 위반해 계단과 산책로를 설치하였기 때문에 사생활 침해가 매우 심각하고 빌라의 가격하락이 예상되니 즉시 철거하라고 강력히 요구하였다. 만약 수직옹벽을 설치하지 않을 경우에는 H건설과 입주자대표에게 연대책임을 물어 부득이 손해배상금을 청구할 수밖에 없다고 통보하였다. 그런 후에 비대위원장은 H건설이 계단과 산책로를 설치한 것 이외에도 분양 당시 설명했던 것과 다르게 분양계약을 위반한 것을 추가로 발견하였다.

비대위원장 부부는 빌라에 당첨된 후에 분양계약을 체결할 때까지 3차례나 모델하우스를 방문해 박 소장에게 설명을 듣고 설계도, 모형, 카탈로그를 자세히 보면서 확인한 후에 계약을 체결하였기 때문에 설명과 비교하면 분양계약을 위반한 것을 쉽게 발견할 수 있었다. 예를 들면, 이런 것들이 분양 당시 설명한 것과 차이점이다.

빌라 뒤에 수직옹벽을 설치하기로 되어 있는데 계단과 산책로를 설치한 것, 거실 앞 화단거리가 10 m라고 설명하였는데 6 m로 시공된 것, 뒤쪽에 강○성산교회까지 화단거리가 10 m라고 하였는데 6 m로 시공된 것, 양진초교앞 도로가 왕복 2차선이라고 설명하였는데 1차선으로 시공한 것, 정문 앞 도로가 4차선이라고 하였는데 3차선으로 시공한 것 등이다.

이는 사기 분양한 서쪽 경계 펜스 밖의 제척토지 203 ㎡와 불용토지 433.8 ㎡를 출입조차 하지 못하게 펜스를 경계 안쪽 4 m지점에 설치한 것, 분양계약을 위반해 수직옹벽이 아닌 계단과 산책로를 시공한 것과 매우 밀접하게 연관된 분양계약위반사항이다.

박 소장은 분양 당시 토지 636.8 ㎡를 빼고 만든 설계도, 모형, 카탈로그를 보여주면서 그대로 시공한 것이므로 분양계약을 위반하지 않았다고 발뺌하며 완강히 부인했다. 그러나 H건설은 2009.10.12. 분양하면서 사업부지 636.8 ㎡를 빼고 설계도, 모형, 카탈로그에 표시해 공지하여 시공해 사용검사승인을 받았음에도 분양대금 82억 원(1세대 평균 1천8백만 원)을 받아 가는 수법으로 사기 분양을 하였다.

그런 후에 636.8 ㎡ 중에서 203 ㎡를 분할하여 제척해 한원광장이 90 ㎡를 편취하였고, 김○석에게 113 ㎡를 매각하였다. 또한 433.8 ㎡를 한원광장과 김○석이 사용하면서 입주자들은 매년 재산세만 납부하도록 완전범죄로 은폐하려고 펜스를 경계 안쪽에 부실 공사를 하였다.

이는 H건설이 2007.11.14. 사업부지를 대한지적공사에서 측량하였는데 나○용이 수직석축 밖에 48 ㎡(427번지 중)을 불법 점유하였고, 김○석이 콘크리트 담장 밖에 113 ㎡(427-8번지 중)을 불법 점유한 것을 확인하였다(161 ㎡ 불법 점유). 그런데도 2009.10.12. 분양하면서 불법 점유한 토지 161 ㎡를 사업부지로 원상복구하지 않았다. 오히려 토지 636.8 ㎡(161 ㎡ 포함)까지 설계도, 모형, 카탈로그에 표시해 공지하여 시공하였음에도 분양대금 82억 원을 받아 가는 사기 분양을 하였다.

이와 같이 H건설은 2007.11.14. 사업부지에 161 ㎡가 불법 점유된 것을 알면서도 2009.10.12. 분양하면서 고의로 636.8 ㎡까지 출입조차 하지 못하게 빼고 설계해 시공하였음에도 분양대금 82억 원을 챙겨갔다. 이것이 사기 분양이 아니라면 무엇이란 말인가? 이는 악질적인 사기행각이고, 명백한 위법행위를 저지른 것이다.

이것은 평생 내 집 하나 장만해 보겠다며 허리끈을 조이고 성실히 살아온 선량한 서민들을 울리는 그악스런 횡포이다. 그런데도 인면수심 H건설은 분양 당시 빼고 만든 설계도, 모형, 카탈로그를 보여주면서 그대로 시공한 것이므로 사기 분양이 아니라고 뻔뻔스럽게 부인하며 입주자대표를 앞세워 토지 636.8 ㎡를 못 찾게 조직적으로 방해하였다.

6. 내용증명 통보 및 회신

비대위원장은 H건설에게 빌라 뒤에 계단과 산책로를 철거하고 분양계약대로 수직옹벽을 시정할 것과 사기 분양한 토지 636.8 ㎡를 출입하도록 돌려 달라는 내용증명을 13회에 걸쳐 통보하였다. 그러나 H건설은 입주자대표 및 광진구청과 공모해 수직옹벽으로 설치하는 것과 토지 636.8 ㎡를 돌려주어야 하는 것을 무조건 뭉개고 있다.

하는 수 없이 비대위원장은 공공의 이익을 위하여 사기 분양한 것을 증명하기로 했다. 왜냐하면 앞으로 이런 일로 누구든지 피해를 입지 않도록 하기 위한 것이다. 따라서 비대위원장은 2012.8.6. 대한지적공사에서 측량을 하여 203 ㎡를 제척해 한원광장이 90 ㎡를 편취하였고, 김○석에게 113 ㎡를 매각하였으며, 경계 안쪽 4 m지점에 펜스를 시공해 불용토지 433.8 ㎡가 아파트의 소유인데 출입조차 하지 못하는 것을 증명하였다. 또한 2015.2.10. 서울고등법원에서 판결을 받아서(대법원에서 2015.6.23. 확정) 또 다시 증명을 하였다.

그런데도 입주자대표는 사기 분양한 토지 636.8 ㎡를 못 찾게 조직적으로 방해하였다. 비대위원장은 입주초기에 등기면적이 분양면적보다 69.3 ㎡가 적다고 밝혀내자 입주자대표가 세대별로 환산하면 소수점 이하이므로 정산하지 않는다고 속였다. 그래서 비대위원장은 사업부지에서 203 ㎡를 분할하여 제척해 편취하거나 매각한 것을 찾아내자 입주자대표가 차일피일 미루며 못 찾게 조직적으로 방해하였다.

이처럼 입주자대표는 분양 당시 토지 636.8 ㎡를 빼고 만든 설계도, 모형, 카탈로그를 보여주면서 그대로 시공한 것이므로 사기 분양이 아니라며 앵무새처럼 H건설을 대변하고 못 찾게 조직적으로 방해하였다. 비대위원장은 H건설에게 13회에 걸쳐 내용증명을 통보해 사기 분양한 토지 636.8 ㎡를 돌려달라고 강력히 요구하였다. 그러나 H건설은 분양 당시 토지 636.8 ㎡를 빼고 만든 설계도, 모형, 카탈로그를 보여주며 그대로 시공한 것이므로 사기 분양한 것이 아니라고 거짓 주장하였다.

비대위원장은 거짓으로 일관하려는 H건설의 회신에 대하여 "그동안 진행 경과"를 첨부해 지속적으로 내용증명을 보내면서 답변을 받았다. 반복적인 거짓말을 계속 정리해 통보함으로써 서쪽 경계 펜스 밖의 636.8 ㎡가 사기 분양된 잘못을 인정하도록 만들었다. 내용증명을 주고받는 횟수가 늘어날수록 "그동안 진행 경과"에 대한 거짓의 답변이 추가로 계속 늘어났다. 또한 내용증명의 오고 간 횟수가 증가할수록 질문과 답변이 서로 모순되는 등 "그동안 진행 경과"에 대한 내용이 증거로서 636.8 ㎡가 사기 분양된 것을 확실히 입증할 수 있다.

비대위원장은 13회에 걸쳐 주고받은 내용증명으로 사기 분양한 토지 636.8 ㎡를 입증하는 중요한 증거자료가 확보되었다. 그리고 비대위원장은 빌라에 대한 계약을 해지하겠다고 통보한 후에 계획을 바꾸어 2012.5.1. 아파트(14층)로 이사를 하였다. 그러나 H건설은 비대위원장의 빌라 계약을 해지해 주지 않았고 고의로 시간만 끌며 피해가 증가하도록 유도하였다. 참는 것도 한계가 있다고 생각한 비대위원장은 공공의 이익을 위해 사기 분양을 증명하고자 소송을 제기하였다.

입주자대표는 사기 분양한 서쪽 경계 펜스 밖의 토지 636.8 ㎡가 공유부지임으로 찾아주어야 마땅하고 입주자들의 이익을 위해 당연히 앞장서야 함에도 불구하고 비대위원장이 636.8 ㎡를 찾기 위해 개인적으로 소송한 재판에 전혀 협조하지 않았다.

이에 더하여 입주자대표는 불법선거로 승계해 불법 관리를 하면서 사기 분양을 안했다는 H건설의 거짓주장만 대변하였다. 그리고 다음카페 등 정보전달수단을 완전히 통제하며 진실을 감쪽같이 속이고 수직옹벽 설치와 토지 636.8 ㎡를 못 찾게 조직적으로 방해하는데 급급하였다.

7. 사용검사승인

H건설은 1404동 빌라 뒤를 분양계약대로 2단산벽을 수직옹벽으로 설치하여야 하고, 토지 636.8 ㎡를 입주자들에게 돌려주어야 함에도 불구하고 입주자대표와 공모하면서 감쪽같이 속였다. 더구나 H건설은 분양 당시 636.8 ㎡를 빼고 만든 설계도, 모형, 카탈로그를 보여주면서 사기 분양한 것이 아니며 현재 펜스가 아파트 경계라고 속였다.

또한 광진구청은 사기 분양을 하지 못하도록 관리감독을 철저히 하여야 함에도 H건설이 토지 636.8 ㎡를 빼고 시공하도록 묵인하며 사업허가, 제척승인[7], 사용검사승인을 해 주었다. 이것은 H건설, 설계, 감리, 입주자대표, 광진구청이 공모하며 토지 636.8 ㎡를 사기 분양한 것이고, 이후에는 못 찾게 조직적으로 방해한 것이다.

그런데도 입주자대표는 입주자들의 이익을 대변하기는커녕 H건설의 이익만 대변하였고, 오히려 정보전달수단을 완전히 통제하고 사기 분양을 하지 않았다며 속였다. 그리고 입주자대표는 완전범죄를 노리며 입주자들이 토지 636.8 ㎡를 찾지 못하도록 조직적으로 방해하였다.

따라서 비대위원장은 공공의 이익을 위하여 개인적으로 2012.8.6. 대한지적공사에서 측량하여 분양계약을 위반해 서쪽 경계 펜스 밖의 토지 636.8 ㎡가 사기 분양된 것과 수직옹벽을 경계까지 시공하지 않은 것을 확실히 증명하였다. 또한 2015.2.10. 서울고등법원에서 판결을 받아서 또 다시 증명하였다.

그리고 비대위원장은 사기 분양한 토지 636.8 ㎡를 찾아야 한다고 2015.6.30. 및 7.10. 다음카페에서 진실을 알려주었는데, 입주자대표가 다음카페에서 진실을 알려주지 못하게 비대위원장을 2015.7.18. 강제로

---

7) 제척승인은 사업부지에서 제외하도록 승인하는 것을 말한다. 광진구청은 H건설이 사업부지 2필지에서 나○용과 김○석이 불법 점유한 161 ㎡에다가 42 ㎡를 추가한 203 ㎡를 분할하여 제척(제외)하도록 승인하였다. 이로 인해 한원광장은 90 ㎡를 편취하였고, 김○석에게 113 ㎡를 매각할 수 있었다.

퇴출시켰다. 그런 후에 입주자대표는 비대위원장에 대한 인신공격과 날조된 유언비어를 퍼트리며 명예훼손을 서슴지 않았다. 그뿐만이 아니었다. 다음카페 등 정보전달수단을 완전히 통제하고, 입주한 2012.3.30. 이후로 단 한 번도 사기 분양한 토지 636.8㎡를 찾아야 한다며 진실을 알려주는 어떠한 글을 올린 적이 없다.

8. 공공의 이익을 위해 봉사하려고 다짐

H건설은 분양 당시 서쪽 경계 펜스 밖의 토지 636.8㎡를 빼고 설계도, 모형, 카탈로그에 표시해 시공하였는데 분양대금 82억 원을 받아 가는 사기 분양을 하였음에도 2012.3.30. 입주하면서 입주자들에게 토지 636.8㎡를 돌려주지 않았다. 또한 1404동 빌라 뒤를 분양계약을 위반해 수직옹벽으로 시공하지 않고 계단과 산책로를 시공하였다.

이와 같이 H건설이 토지 636.8㎡를 사기 분양하지 않았다며 발뺌하였고, 광진구청은 사기 분양을 묵인하며 사업허가, 제척승인, 사용검사승인을 해 주었다. 더구나 입주자들의 이익을 성실하게 대변해 주어야 할 입주자대표는 정보전달수단을 완전히 통제하며 감쪽같이 속이고 사기 분양한 토지 636.8㎡를 못 찾게 저들과 합세해 방해공작만 하였다. 이와 같은 수법으로 H건설, 입주자대표, 광진구청은 공모해 입주자들의 입과 귀와 눈을 막고 완전범죄를 노리며 은폐하였다.

그래서 비대위원장은 공공의 이익을 위하여 입주자들이 억울하게 사기 당한 토지 636.8㎡를 찾아주려고 굳게 결심하였다. 또한 1404동 빌라 뒤는 분양계약대로 수직옹벽으로 시정하여야 하고, 부실 시공한 것을 공정하게 하자보수를 받아야 하며, 불법 관리를 하는 적폐를 기필코 척결하여야 한다는 마음을 확고히 가질 수밖에 없었다.

인정 있는 이웃과 함께 더불어 사는 사회, 다 같이 행복하고 화목하게 살 수 있는 세상을 만들겠다고 각오를 하였다. 그렇게 되어야만 올바른 공정과 정의로운 사회로 도약한다. 그러나 입주자대표가 입주자들의 이익을 전혀 대변하지 않고 불법선거로 승계해 불법 관리를 하면서 정보전달수단을 완전히 통제하였고, H건설과 광진구청이 선량한 서민들을 거짓으로 우롱하고 기만하였으며, 경찰, 검찰, 법원이 조직적인 비리를 척결하지 않고 교묘하게 은폐하였다.

비대위원장은 과거 박사과정을 밟기 위해 대학교로 파견되었을 때 재개발아파트의 잔여분을 일반분양 받아 입주하였다. 그런데 입주초기 지하주차장에 세워둔 자동차의 카스테레오를 집단적으로 도난당했다. 입주자들은 CCTV가 작동하지 않은 책임에 관해 손해배상을 하라며 관리소장과 조합장에게 항의하였는데 책임회피를 하였다. 따라서 비대위원장이 논리적으로 설득해 손해배상금을 받아 주었다. 그로 인해 입주자들은 아파트 등기 및 조합청산 지연에 관해 하소연하였다.

그리고 비대위원장에게 입주자대표회장을 맡아 해결해 달라고 간절히 애걸하였다. 학업을 위해 계속 거절을 하였지만 막무가내로 억울한 주민을 위해 봉사해 달라고 부탁하여 허락할 수밖에 없었다. 따라서 비대위원장은 건설회사와 조합을 설득해 아파트 등기를 해 주었고, 조합청산을 신속히 하도록 유도하였으며, 금융기관에서 대출을 받게 해주었고, 관리업무를 체계적으로 잡아주었다.

이러는 과정에서 조합장은 자신의 이익을 위해 청산을 지연시킬 목적으로 비대위원장이 명예훼손을 하였다고 위장해 고소하여 약식 기소되었다. 이때 비대위원장은 공공의 이익을 위한 것이므로 정정당당히 정식 재판을 청구하였는데 무죄가 아닌 선고유예(벌금 1백만 원)로 억울하게 판결을 받았다. 과거 건설회사 및 조합장과 끝까지 싸웠던 것처럼 이번 H아파트에서도 공공의 이익을 위해 입주자대표와 반드시 성공할 수밖에 없는 길고 지루한 앞으로 전개될 공방전이 본격적으로 시작되었다.

제3부

H건설이 아파트 비리를 은폐

1. H건설이 사기 분양 및 부실 공사를 은폐

H건설은 H아파트를 단순히 건축하기 위한 시공사가 아니고, 한원광장의 2대 대주주로서 아파트의 분양업무, 분양광고, 홍보업무. 자금관리, 지급보증, 예금계좌 공동관리, 청산 업무, 공사이익금의 배당 등 아파트에 관한 핵심업무를 총체적으로 수행한 실질적인 공동사업주체이다. 반면에 한원광장은 형식적인 시행사이고 H아파트를 건축하기 위해 일시적으로 설립한 Paper Company에 불과하다.

H자동차그룹은 2011.3.31. H건설을 H그룹에서 2대 대주주 지분을 매수하였는데, 이때까지 H그룹은 한원광장의 지분을 H건설이 19.9%, H증권이 19%를 소유해 H아파트를 건축하여 발생한 이익을 배당금으로 회수해 갔다. 따라서 한원광장이 잘못한 손해배상책임에 대하여는 H건설에게 연대해 손해배상책임이 있다.

H건설은 분양 당시 서쪽 경계 펜스 밖의 토지 636.8 ㎡를 빼고 설계도, 모형, 카탈로그에 표시하여 시공하고 사용검사승인을 받았음에도 분양대금 82억 원을 고스란히 받아 가는 수법으로 사기 분양을 하였다. 또한 1404동 빌라 뒤를 수직옹벽으로 시공하기로 설계하였음에도 사기 분양한 것을 은폐하기 위해 2단산벽을 시공하였다.

입주자대표(입주예정자 모임)는 분양 당시 모델하우스에서 수분양자를 상대로 커피와 음료수를 대접하면서 똘똘 뭉쳐 부실 공사를 막자며 다음카페의 회원을 모집하였다. 이처럼 분양 당시부터 다음카페의 활동을 통해 회원들의 신분, 연락처, 불만사항 등을 수집하고 관리하면서 자신의 아이디만 알려주고 성명, 연락처를 알려주지 않았다.

더구나 입주자대표는 수분양자들에게 다음카페에 가입하여 H건설의 부실 공사를 방지하자고 제안하며 회원들을 모집한 후 마치 수분양자들을 위해 성실하게 봉사하는 것처럼 위장하면서 열심히 홍보에 주력하였다. 그리고 2012.3.30. 아파트에 입주한 이후에도 입주자대표가 수분양자들을 위해 다음카페 등의 정보전달수단에서 열심히 봉사하는 것처럼 보이도록 함으로써 입주자들은 아무런 의심 없이 그들을 선량한 봉사자로 알고 자연스럽게 선출해 주었다.

그러나 입주자대표는 사기 분양한 서쪽 경계 펜스 밖의 토지 636.8 ㎡를 찾아야 한다는 것을 2012.3.30. 입주한 이후로 단 한 번도 알려주지 않았다. 더구나 H건설을 찾아가 돌려달라고 항의하거나 찾아주려는 어떠한 단체행동을 실행하지 않았다. 이처럼 입주자들을 위해 대처하지 않은 것만 보더라도 H건설의 이익을 위해 얼마나 음성적인 방법으로 사기 분양한 것을 은폐하였는지 확실히 증명한다.

입주자들의 이익을 대변하기 위한 공식기구로 선출된 입주자대표는 모든 법적권한과 보호를 확보하였다. 그런 후에 이들은 마치 입주자들의 이익을 위해 적극적으로 대변하는 것처럼 위장하면서 아파트의 정보전달수단을 완전히 통제하고 실제로는 H건설의 사기 분양과 부실 공사, 자신의 관리 비리 등 아파트 비리[8]를 은폐하는데 몰두하였다.

특히, 입주자대표는 분양 당시 토지 636.8 ㎡를 빼고 만든 설계도, 모형, 카탈로그를 보여주면서 그대로 시공한 것이므로 사기 분양이 아니라며 거짓으로 속였고, 현재 펜스가 경계라며 알려주었다. 그러나 비대위원장은 등기면적이 분양면적보다 69.3 ㎡가 적다는 것을 밝혀내자 세대별로 환산하면 소수점 이하이므로 정산하지 않는다고 속였다. 사업부지에서 203 ㎡를 분할하여 제척해 한원광장이 90 ㎡를 편취하였거나 김○석에게 113 ㎡를 매각한 것을 찾아내자 소송을 제기하여 찾자며 유도하고

8) 아파트 비리라고 함은 사기 분양, 부실 공사, 관리 비리를 말한다. 사기 분양은 아파트를 분양할 때 토지 636.8 ㎡를 출입조차 하지 못하게 빼고 설계도, 모형, 카탈로그에 표시하여 시공하였는데 분양대금 82억 원을 받아간 것을 말한다. 부실 공사는 설계도, 모형, 카탈로그에 표시해 놓고 실제로 시공하지 않거나 생활편의상 시공해 주어야 함에도 공사를 하지 않았고 하자보수를 해 주지 않은 것을 말한다. 관리 비리는 입주자대표가 입주자들의 이익을 대변하지 않고 불법선거로 승계해 불법 관리를 하면서 정보전달수단을 완전히 통제하며 위법행위를 저질러 입주자들에게 막대한 피해를 입힌 것을 말한다.

입주자들에게 모든 권리를 위임받았다.

그리고 소송을 진행하면서 법정에 참석하지 않았고, 중대한 위법행위를 지적하지 않았다. 그 결과 서울동부지방법원은 토지 636.8㎡ 중에서 69.3㎡만 한원광장에게 손해배상책임이 있고 H건설에는 손해배상책임이 전혀 없다고 오판하였음에도 기다렸다는 듯이 박수부대를 동원해 일사천리로 조직적인 방해를 하면서 항소포기를 하였다.

이처럼 H건설은 사기 분양한 서쪽 경계 펜스 밖의 토지 636.8㎡를 완전범죄로 은폐하기 위해 진실을 완전히 속이고 오판하도록 재판을 진행한 반면에, 입주자대표는 입주자들의 이익을 전혀 대변하지 않고 중대한 위법행위를 지적하지 않으면서 형식적으로 재판을 진행하였다. 더구나 입주자대표는 입주자들이 스스로 항소를 포기한 것이라고 뻔뻔스럽게 속이며 모든 책임을 전가하였다.

또한 항소포기를 항의하는 입주자들에게 밤길을 조심하라는 으름장을 놓고 못 찾게 공갈협박을 하였다. 이러한 악질적인 수법으로 사기 분양한 토지 636.8㎡ 중에서 69.3㎡만 찾아주었음에도 변호사에게 승소사례금까지 지급하고 자신들이 이루어낸 공로라며 거짓 선전한 반면에 사기 분양한 토지 636.8㎡를 회수하지 못하게 정보전달수단을 완전히 통제하고 진실을 은폐하며 거짓으로 속였다.

이와 같이 입주자대표는 H건설의 이익을 적극적으로 대변하며 조직적으로 각자의 역할을 분담하면서 은밀하게 완전범죄로 은폐하였다. 이처럼 입주자들은 사기 분양한 것을 발견하기가 매우 어려운 것이 사실이다. 설령 입주자가 개인적으로 분양계약을 위반한 위법행위를 발견하여 다음카페를 통해 알리더라도 입주자대표가 조직적이며 집단적으로 글과 댓글을 달아 사기 분양한 것이 아니라고 적극적으로 부인하였다. 그리고 불평하는 의견들이 가라앉지 않으면 다음카페에 글과 댓들을 올려 항의하지 못하게 차단하고 강제로 퇴출시켰다.

2. 관리소장이 사기 분양 및 부실 공사를 은폐

H건설은 입주자들이 2012.3.30. H아파트에 입주를 시작하기 이전에 위탁관리회사를 이미 국제경보산업(주)[9]으로 선정하여 입주자들이 이사를 들어오도록 대비하였다. 그리고 관리소장 최○현을 국제경보산업(주)에서 파견을 받아 입주할 모든 준비를 하였다. 최 관리소장은 H건설의 계열사에서 근무하다가 퇴직한 후 국제경보산업(주)에 입사하였다.

따라서 최 관리소장은 H건설이 분양 당시 설계도, 모형, 카탈로그에 토지 636.8 ㎡를 빼고 표시해 시공하고 사용검사승인을 받았음에도 분양대금 82억 원을 챙겨가는 수법으로 사기 분양을 한 것을 알고 있다. 또한 사기 분양한 토지 636.8 ㎡ 중에서 203 ㎡는 분할하여 제척해 90 ㎡를 한원광장이 편취하였고, 113 ㎡를 김○석에게 매각한 것도 알고 있다. 그리고 433.8 ㎡는 한원광장과 김○석이 사용하도록 203 ㎡를 분할하여 제척한 후의 경계 안쪽 4 m지점에 펜스를 시공해 입주자들이 출입조차 하지 못하면서 매년 재산세만 납부하게 부실 공사를 한 것도 알고 있다.

더구나 광진구청은 636.8 ㎡에 대하여 사기 분양을 하도록 사업허가, 제척승인, 사용검사승인을 해 주었고 입주자들이 사기 분양한 것조차 모르고 2012.3.30. 입주한 것을 잘 알고 있다. 최 관리소장은 H건설의 계열사에 근무하다가 관리사무소에서 근무하고 있는데, 입주자들이 입주할 때에 작성하여 관리사무소에 보관하고 있는 입주자카드를 보면서 입주자들의 신상정보를 자세하게 파악하였다.

또한 최 관리소장은 사기 분양, 부실 공사, 관리 비리를 은폐하기 위해 입주자들의 신상정보를 언제든지 참고자료로 사용할 수 있다. 더구나 입주자들에게 정보고지의 의무가 있음에도 불구하고 정보전달수단을 완전

9) 국제경보산업(주)은 H건설 및 계열사의 퇴직자로 구성된 아파트 관리용역업체인데 입주자들이 H아파트 입주당시부터 관리업무를 수행하였다. 그러나 H건설의 사기 분양, 하자보수를 해결하여 주어야 함에도 입주자들의 이익을 전혀 대변하지 않고 H건설의 이익만 대변하였다.

히 통제하고 사기 분양한 서쪽 경계 펜스 밖의 토지 636.8 ㎡를 찾아야 한다는 진실을 알려주지 않고 은폐하였다.

그리고 최 관리소장은 입주자들이 2012.3.30. 입주한 이후에 최우선으로 분양 당시 다음카페에서 열심히 활동한 입주예정자 모임을 중심으로 선거관리위원 3명을 위촉하여 선거관리위원회를 구성하였다. 또한 입주예정자 모임을 주축으로 입주자대표 5명을 선출해 입주자대표회의를 구성하였다. 그 후에는 입주예정자 모임에서 회원을 위촉하여 봉사회를 구성하였다, 그런 다음에 최 관리소장은 정보전달수단을 완전히 통제하면서 입주자대표와 함께 사기 분양한 서쪽 경계 펜스 밖의 토지 636.8 ㎡를 찾아야 한다고 진실을 알려주지 않았다.

더구나 사기 분양한 토지 636.8 ㎡를 찾아주려는 비대위원장을 참여하지 못하게 막고 입주자대표에게 형식적으로 민 · 형사재판을 유도한 후에 이들을 대신해 재판에 참석하며 H건설의 이익을 대변하는데 앞장섰다. 그리고 비대위원장을 따돌리고 담당변호사의 사무실을 수시로 찾아가 재판진행에 관해 협의를 하였다. 법원에 제출할 준비서면을 작성하는데도 비대위원장이 의견조차 낼 수 없게 차단하고 입주자들의 이익을 전혀 대변하지 않았기 때문에 재판에서 패소하였다.

또한 관리소장은 입주자들에게 관리업무에 관해 투명하게 공개하지 않았다. 중요한 정보열람을 거부하며 진실을 완전히 은폐하였고, 불법선거한 선거인명부를 검증해 주지 않았다. 입주자들은 위임장에 55%가 서명해 비대위원장에게 회계감사를 받으라고 명령하였음에도 관리소장이 완강히 거부하며 회계감사를 받지 않았다. 그리고 사기 분양한 토지 636.8 ㎡를 찾기 위한 민 · 형사재판과 관련된 모든 관리서류를 전혀 보여주지 않고 토지 636.8 ㎡를 못 찾게 조직적으로 방해하였다.

이에 더하여 관리소장은 입주자대표회의를 밀실에서 개최하도록 유도해 입주자들이 진실을 알 수 없게 숨겼고, 입주자들이 입주자대표회의에 참관하지 못하도록 커뮤니티센터에서 개최하지 않았다. H건설이 입주초기에 관리규약을 입주자들의 이익을 대변하지 못하도록 잘못 만들었음에도 전혀 개정하지 않았고, 입주자들이 합리적으로 개정하여 달라고 요구하였는데 계속 미루며 회피하고 들어주지 않았다.

또한 관리소장은 자신의 집무실을 직원들과 차단되게 밀실을 만들어 수시로 입주자대표와 H건설에 연락을 취하면서 사기 분양한 토지 636.8 ㎡를 못 찾게 방해하는 대책을 강구하였다. 직원들이 알지 못하도록 관리서류를 직접 보관하며 챙겼고, 공개해 주지 않았으며, 입주자들이 관리서류를 열람해 달라고 요청하면 교묘히 거부하고 진실을 감추었다.

그러나 비대위원장은 금융감독원에서 약 40년간 감사업무를 수행하다 국장으로 정년퇴직한 고도의 감사전문가였다. 따라서 그동안의 노하우와 경험을 살려서 합법적이며 효율적인 방법으로 공정하며 능동적으로 대처하여야 한다고 판단하였다. 때문에 사기 분양과 관련된 증거자료를 효율적으로 확보하고 입주자들의 이익을 성실히 대변하며 사기 분양한 토지 636.8 ㎡를 찾기 위해 적극적으로 대처하였다.

H건설은 H아파트를 제외한 다른 재판에서 모두 승소하였다. 왜냐하면 H건설은 입주자대표, 광진구청과 공모해 관리소장을 수시로 교체하며 잘못한 것을 완전범죄로 은폐하였고, 관리소장이 입주자대표와 서로 협의해 정보전달수단을 완전히 통제하면서 계획적 지능적 조직적으로 입주자들을 감쪽같이 속였기 때문에 가능했다.

이와 같은 수법으로 이들은 관리소장을 14명이나 교체하면서도 조직적인 수법을 동원해 완전범죄로 은폐하려고 시도하였다. 또한 입주자대표는 사기 분양, 부실 공사, 관리 비리를 완전범죄로 은폐하기 위해 관리소장과 공모하였는데 그중에서도 악질적인 위법행위를 저질러 입주자들에게 막대한 피해를 입힌 관리소장 중에는 최○현, 윤○형, 양○윤, 최○철, 임○화 등이 있다. 이들은 입주자들에게 거짓이 더 이상 통하지 않았기 때문에 잘못을 계속 속일 수 없고 관리 비리에 대한 중대한 책임을 물으려는 것을 스스로 잘 알고 있었다.

그리고 현재 근무하고 있는 관리소장 서○태는 전임 관리소장들처럼 2016.8.11.부터 불법선거로 승계해 계속 불법 관리를 하면서 입주자대표와 공모해 정보전달수단을 완전히 통제하고 관리서류의 열람 및 공개를 차단하며 진실을 알려주지 않았다. 또한 사기 분양, 부실 공사, 관리 비리를 사기 분양한지 10년이 지나도록 해결하여 주지 않으면서 입주자들의 숙원사업인 조직적인 아파트 비리에 관해 질문한 내용증명에 대하여 전혀 답변하지 않았고, 완전범죄로 은폐하고 있다(p459 입주자대표 등에게 보낸 내용증명 참조).

제4부

입주자대표 등이 아파트 비리를 은폐

1. 다음카페에서 거짓으로 아파트 비리를 은폐

입주자대표는 분양 당시 모델하우스 안에서 회원을 모집해 다음카페를 개설하여 입주예정자 모임을 만들었다. 명목상으로는 H건설이 부실 공사를 많이 하니까 함께 힘을 모아 방지하자고 홍보하며 가입을 적극 권유하였다. 그리고 입주예정자들에게 간간이 공사 진행사항을 알려주면서 H건설의 부실 공사를 철저하게 견제한다며 선전하였다.

또한 입주자대표는 입주예정자들과 친목을 도모하면서 개인정보(성명, 휴대폰번호, 주소, e메일 등)와 불만사항을 수집하는데 치중하였다. 입주예정자들의 이익을 위해 봉사한다고 홍보하여 아무런 거부감 없이 자연스럽게 입주자대표로 선출해 주었다. 이처럼 입주자들은 입주자대표가 사기 분양한 토지 636.8 ㎡를 찾아주고, 하자보수를 철저히 받아주며, 관리업무를 성실히 수행할 것으로 굳게 믿었다.

입주자들은 입주자대표를 철석같이 믿었기 때문에 사기 분양한 토지 636.8 ㎡를 찾기 위한 민 · 형사 재판에 관한 모든 권한을 위임해 주었다. 그러나 서울동부지방법원이 한원광장에게 토지 636.8 ㎡ 중 69.3 ㎡만 손해배상책임이 있고, H건설에는 손해배상책임이 전혀 없다고 중대한 오판을 하였다. 그런데도 입주자대표는 기다렸다는 듯이 박수부대를 동원해 일사천리로 항소를 포기한 후에 사기 분양한 토지 636.8 ㎡를 찾지 못한 일체의 책임을 입주자들에게 전가하였다.

하지만 비대위원장은 공공의 이익을 위해 개인적으로 2012.8.6. 대한지적공사에서 측량을 하였고, 2015.2.10. 서울고등법원에서 판결(대법원에서 2015.6.23. 확정)을 받아서 제척토지 203 ㎡와 불용토지 433.8 ㎡가 아파트의 소유인데 출입조차 하지 못하는 것을 증명하였다. 그런 후에 비대위원장은 사기 분양한 토지 636.8 ㎡를 찾아달라고 요구하였는데 입주자대표가 비대위원장의 노력과 요구에도 아랑곳하지 않고 증거가 확실한 토지 636.8 ㎡를 못 찾게 조직적으로 방해하였다.

따라서 비대위원장은 사기 분양한 토지 636.8 ㎡를 못 찾게 방해하는 심각성을 입주자들이 정확하게 알아야 한다고 입주자대표가 운영하는 다음카페에서 2015.6.30. 및 7.10. 찾아야 한다며 진실을 정확하게 알려주었다. 그러나 비밀이 폭로될까 두려운 입주자대표는 비대위원장을 다음카페에서 2015.7.18. 강제로 퇴출시켰다.

그리고 입주자대표는 아이디를 바꾸어 가며 진실을 속이는 글과 댓글로 포장하였다. 이에 더하여 입주자대표는 비대위원장이 다음카페에서 사기 분양과 관련한 글을 쓸 수 없도록 완전히 막아놓고 퇴출시킨 뒤에 토지 636.8 ㎡를 못 찾게 인신공격과 날조된 유언비어를 퍼트리며 조직적으로 방해하고 명예훼손을 하였다.

하는 수 없이 비대위원장은 공공의 이익을 위하여 2015.8.24. 네이버에 더사모카페를 개설해 토지 636.8 ㎡가 사기 분양된 것을 정확히 알려주기 시작하였다. 그리고 다음카페에서 강제로 퇴출을 당해서 들어갈 수 없으므로 입주자대표를 포함한 모든 입주자들이 언제든지 더사모카페에 들어와 사기 분양한 토지 636.8 ㎡를 찾을 수 있게 글과 댓글을 마음껏 쓰도록 무제한 허용하였다.

특히, 비대위원장은 입주자대표에게 다음카페에서 유언비어와 인신공격을 하지 말고 더사모카페에 수시로 들어와서 무엇이든 말해도 좋다고 알려 주었다. 그러나 입주자대표는 무엇이 두려운지 더사모카페에는 들어오지 못하고 다음카페에서만 위법행위를 저질러 인신공격과 유언비어를 날조하고 명예훼손을 멈추지 않았다.

비대위원장이 더사모카페를 운영하는 목적은 '공공의 이익을 위해 진실을 더불어 사는 이웃에게 알려주기 위한 것'이다. 그리고 더사모카페를 통해 사기 분양한 토지 636.8 ㎡를 찾고, 하자보수를 제대로 받으며, 관리 비리가 없도록 투명하게 관리업무를 수행함으로써 살기 좋고 비리 없는 아파트를 만들려는 목적이다.

그러므로 비대위원장은 입주자대표에게 명예훼손을 할 필요가 없고, 하지도 않았으며, 앞으로도 하지 않을 것이다. 비대위원장은 오로지 분양대금 82억 원을 납부한 토지 636.8㎡를 찾기 위한 것뿐이 없다. 이는 더사모카페에 게시한 글을 읽어보면 정확히 알 수 있다고 광진경찰서에서 수사 받는 중에도 수사관들에게 수없이 진술하였다.

2. 입주자대표가 아파트 비리를 은폐

H건설은 입주자들이 2012.3.30. H아파트를 입주하기 이전에 국제경보산업(주)와 위탁관리계약을 체결하였다. 그리고 국제경보산업(주)은 H아파트에 최○현 관리소장을 파견하였다. 이와 같이 최 관리소장은 H건설에 의해 최초로 선임되어 입주할 준비를 하였다. 그리고 분양 당시부터 다음카페에서 활동한 입주자모임을 주축으로 선거관리위원 3명(정○임, 박○식, 최○정)을 선출해 최초 선거관리위원회를 구성하였다. 최 관리소장은 표준 관리규약에 의하면 정원이 7명인데 입주해 관리규약이 확정되지 않았기 때문에 우선 3명을 선출하였다.

선거관리위원회는 분양 당시 다음카페를 통해 입주예정자 모임에서 활동한 전○수, 이○재, 김○복. 김○섭, 유○운을 입주자대표로 신청을 받았다. 그리고 관리소장은 경비원을 시켜 5개 선거구에서 출마한 단독후보자를 상대로 세대별로 방문투표를 실시해 찬반을 묻고 자연스럽게 최초 입주자대표로 5명을 선출하였다.

이와 같이 최 관리소장은 사기 분양한 토지 636.8㎡를 못 찾게 방해할 목적으로 다음카페에서 활동한 입주자를 주축으로 자연스럽게 제1기 선거관리위원회와 입주자대표회의를 구성하였다. 입주자대표는 다음카페 지기, 건설회사 근무, 노동조합 활동, 학생운동을 한 입주자로 선출하였다. 이들은 주택법 등의 법적보호를 확보한 후에 입주자들의 이익을 위해 대변하는 것처럼 위장하면서 사기 분양, 부실 공사, 관리 비리를 감쪽같이 은폐하기 위해 앞장서서 적극적으로 활동하였다.

또한 최 관리소장은 입주자대표, 선거관리위원, 봉사회원, 통장 등과 공조해 사기 분양한 토지 636.8㎡를 은폐하기 위해 조직적으로 활동하였다. 이들은 정보전달수단을 완전히 통제하고 계획적이며 집단적으로 진실을 교묘하게 속이면서 사기 분양한 토지 636.8㎡를 못 찾게 조직적인 위법행위를 저질러 방해하였다.

입주자대표는 H건설의 거짓주장을 대변하면서 사기 분양한 토지 636.8㎡를 못 찾게 방해하였다. 그렇지만 비대위원장은 등기면적이 분양면적보다 69.3㎡가 적은 것을 밝혀내자 입주자대표가 세대별로 환산하면 소수점 이하이므로 정산을 하지 않는다고 속였다. 더구나 비대위원장이 203㎡를 분할하여 제척해 매각한 것을 찾아내자 입주자대표가 단체 소송해 찾자면서 입주자들에게 모든 권리를 위임받고 나서 정작 재판에 출석하지 않고 중대한 위법행위를 누락하였다.

이와 같이 중대한 비리를 은폐한 결과 서울동부지방법원은 한원광장에게 토지 636.8㎡ 중에서 69.3㎡만 손해배상책임이 있고, H건설에는 손해배상책임이 전혀 없다고 판결하였다. 그런데도 입주자대표는 기다렸다는 듯이 입주자총회를 개최하고 박수부대를 동원해 진실을 알려주지 않고 일사천리로 항소포기를 하였다. 이러한 수법으로 입주자대표는 입주자들을 속이고 재판에 적극 참여하지 않으며 향후 법적대응을 하지 못하게 조직적으로 방해하였다.

그리고 입주자대표는 입주자들이 사기 분양한 토지 636.8㎡를 찾기 위한 의문사항이나 진행상황을 묻는 글을 다음카페에 올리면 집단적으로 댓글을 달아 봉쇄하였다. 그래도 다시 불평하는 글이 올라오면 벌떼처럼 보충하는 반박의 글을 올려 적극적으로 막았다. 그런데도 다시 불만의 글이 올라오면 집단적으로 집에 찾아가 내용도 잘 알지 못하면서 다음카페에 잘못된 글을 올려 입주자간에 심각한 불화를 조성한다고 공갈 협박까지 하며 위협적으로 으름장을 놓았다.

이러한 악질적인 수법으로 위법행위를 저질러 입주자들을 억울하도록 강력히 제압하였다. 이 사실은 비대위원장이 운영하는 '더사모카페의 글'과 입주자대표가 운영하는 '다음카페의 글'을 서로 비교해 읽어보면 입주자대표가 사기 분양한 진실을 은폐하기 위해 얼마나 많은 악질적인 위법행위를 저질렀는지 아주 쉽게 확인할 수 있다.

입주자들은 사기 분양한 토지 636.8 ㎡에 대한 분양대금 82억 원을 납부하였는데 10년이 지난 지금까지도 돌려받지 못했다. 그렇지만 비대위원장이 노력한 결과, 입주자대표가 이러한 와중에서 소송자에게 항소포기를 하며 69.3 ㎡만 손해배상금을 보상받게 하였고, 또한 미소송자에게는 203 ㎡에 대한 손해배상금을 보상받게 해 주면서 433.8 ㎡를 못 찾게 포기 각서까지 써주도록 악질적인 위법행위를 저질렀다.

이와 같이 입주자대표는 정보전달수단을 완전히 통제하며 진실을 알려주지 않았고 민 · 형사상의 모든 권리를 위임받은 후에 박수부대를 동원하여 고의로 항소를 포기해 사기 분양한 토지 636.8 ㎡를 못 찾게 조직적으로 방해하였다. 또한 현안문제에 대한 내용증명을 보내거나 더사모카페를 통해 알려주어도 수취거절하거나 회답하지 않으며 사기 분양한 토지 636.8 ㎡를 못 찾게 집단적으로 방해하였다.

입주자대표가 악질적인 위법행위와 갑질을 저지르며 사기 분양한 토지 636.8 ㎡를 못 찾게 조직적으로 방해하였기 때문에 입주자들은 이에 맞서 억울하게 사기당한 권리를 찾기 위해 2015.9.2. 비상대책위원회를 구성해 정당방위와 정당행위로 적극 대응하였다.

입주자들은 사기 분양한 토지 636.8 ㎡를 찾기 위해 2015.10월. 입주자대표 해임안에 75%가 서명해 사퇴를 요구하였다. 그러나 입주자대표

(전○수, 이○욱, 김○복)는 거부하며 사퇴하지 않고 못 찾게 방해하였다. 이에 선거관리위원장은 해임투표를 시도하였는데, 이것마저도 선거관리위원(박○식, 최○정)이 방해하여 실시하지 못했다. 이때 입주자대표(3명)가 사퇴를 하였거나 선거관리위원(2명)이 해임투표를 실시하였으면 입주자들은 이미 사기 분양한 토지 636.8 ㎡를 찾았다.

더구나 제2기 입주자대표는 임기가 2016.6.21. 만료되어 권한이 완전히 상실되었기 때문에 입주자들은 관리규약, 입주자대표 해임안, 위임장, 주민총회 의결에 의거, 2016.6.26. 제3기 입주자대표를 선출하였다. 그러나 제2기 입주자대표는 불법으로 업무를 인계하지 않았다. 오히려 제2기 입주자대표는 무자격자임에도 불법으로 2016.8.11. 제3기 입주자대표를 부정선거로 선출하여 승계해 불법 관리를 하고 있다. 따라서 입주자대표는 2016.6.22. 이후에는 무자격자임에도 불법으로 계속 입주자대표 업무를 수행하고 있는 것이다.

이에 더하여 입주자대표는 사기 분양한 토지 636.8 ㎡를 못 찾게 방해할 목적으로 입주한지 4년이 넘도록 경로당을 방치해 개방하지 않았다. 그러나 어르신들은 비대위원장의 도움을 받아 노인회의 회칙을 제정하고 임원을 선출하여 경로당을 설치하고자 대한노인회 광진구지회에 등록하였고, 광진구청에 신고까지 마쳤다. 그런데도 입주자대표는 경로당의 등록과 신고를 하지 못하게 민원을 제출해 저돌적으로 방해하였다.

특히, 입주자대표는 노인회를 결성하지 못하도록 관리사무소에 비치한 연락처를 열람할 수 없게 방해하였고, 노인들이 노인회를 결성하지 못하게 억지 주장하며 괴롭혔다. 또한 노인들이 20명 이상 모집해 경로당의 구성요건이 충족되면 임원을 선출하여 오도록 하였고, 임원을 선출해 가면 회칙을 제정하여 오라고 하였다. 이어 회칙을 제정해 가면 입주자대표의 승인을 받는다며 노인회를 결성하지 못하게 미루고 방해하였다.

이를 목격한 광진구청의 사회복지과 김○희 주무관은 H아파트와 같이 입주자대표가 경로당을 앞장서서 개방해 주지는 못하더라도 오히려 개방하지 못하게 할 목적으로 적극적으로 방해하는 경우가 처음 있는 일이라며 매우 의아해 하였다. 이로 인해 H아파트의 노인들은 억울하게 입주한지 4년이 지났는데도 경로당을 개방하지 못해서 운영비 3천만 원 상당(매월 40만 원과 쌀 1포대)을 정부에서 지원받지 못했고, 경로당의 편의시설도 이용하지 못했다.

3. 선거관리위원이 아파트 비리를 은폐

관리소장은 분양 당시부터 다음카페를 통해 입주예정자 모임에서 활동한 입주자들을 주축으로 하여 선거관리위원 3명을 위촉해 최초 선거관리위원회를 구성하였다. 이어서 선거관리위원회에서는 선거관리위원장에 정○임을 선출하였고, 선거관리위원에 박○식과 최○정을 선출하여 최초 입주자대표를 선출할 준비를 하였다.

관리규약에 의하면 선거관리위원회를 7명으로 구성해야 하고, 선거관리위원을 각 단체장(입주자대표회장 1명, 노인회장 2명, 봉사회장 2명, 통장 2명)에게 추천을 받아 위촉하도록 규정하고 있다. 그러나 관리소장은 입주초기라고 핑계를 대면서 노인회와 봉사회를 구성하지 않고 미루며 우선 선거관리위원 3명만 위촉하였다.

더구나 선거관리위원장을 제외한 선거관리위원 2명은 입주자들의 이익을 위해 전혀 대변하지 않았다. 오히려 H건설의 이익을 대변하며 입주자대표와 관리소장의 의견에 공조하면서 사기 분양한 토지 636.8㎡를 못 찾게 선거관리업무를 수행하였다. 또한 제1기의 임기가 2014.6.18. 만료된 후에도 그대로 3명이 제2기에 계속 연임하였다.

따라서 입주자들은 입주자대표와 선거관리위원이 위법행위를 하면서 사기 분양한 토지 636.8㎡를 못 찾게 조직적으로 방해하였기 때문에 해임할 수밖에 없었다. 이들을 해임하기 위한 효율적인 방법으로 입주자들의 75%가 입주자대표 해임안에 서명하였는데 입주자대표(전○수, 이○욱, 김○복)는 사퇴하지 않고 완강히 거부하였다.

이에 더하여 선거관리위원(박○식, 최○정)은 입주자대표의 해임투표를 실시하지 않았다. 관리규약에 의하면 입주자들이 입주자대표 해임안에 10% 이상 동의하면 해임투표를 실시하도록 규정하고 있다. 그런데도 선거관리위원 2명은 사기 분양한 토지 636.8 ㎡를 못 찾게 방해할 목적으로 해임투표를 실시하지 않았다. 이때 입주자대표가 사퇴를 하였거나 선거관리위원 2명이 해임투표를 실시하였으면 입주자들은 이미 사기 분양한 토지 636.8 ㎡를 찾았다.

하는 수 없이 비대위원(민○규)은 사기 분양한 토지 636.8 ㎡를 찾기 위하여 2015.9.9. 1403동 입주자대표 보궐선거에 단독후보로 출마해 당선을 확보하였다. 그러나 입주자대표는 토지 636.8 ㎡를 못 찾게 방해할 목적으로 고의로 유권자의 22%에게만 방문투표를 하고 과반수에 미달하였다며 낙선시켰다. 이때 입주자대표가 방문투표를 입주자들에게 과반수 물었으면 비대위원이 입주자대표로 당선되었기 때문에 입주자들은 이미 사기 분양한 토지 636.8 ㎡를 찾았다.

이와 같이 입주자대표(전○수, 이○욱, 김○복)와 선거관리위원(박○식, 최○정)은 입주자들의 이익을 전혀 대변하지 않고 H건설의 이익을 대변하는 것에 급급했다. 특히, 최○정은 사기 분양한 토지 636.8 ㎡를 못 찾게 방해할 목적으로 제1기 및 제2기 선거관리위원을 마친한 후에도 남편 김○욱에게 제3기 및 제4기 선거관리위원을 물려주었다. 그리고 자신은 봉사회의 총무를 승계 받아 역할을 바꿔가면서 사기 분양한 토지 636.8 ㎡를 못 찾게 끈질기도록 방해하였다.

더구나 제2기 선거관리위원은 임기가 2016.6.18. 만료되었고, 관리규약, 입주자대표 해임안, 위임장, 주민총회 의결에 의거, 입주자들에게 권한을 위임받지 못했기 때문에 2016.6.19.부터는 무자격자임에도 불법으로 계속 선거관리업무를 수행하고 있다.

4. 봉사회원이 아파트 비리를 은폐

관리소장은 입주자대표회의와 선거관리위원회를 구성한 후에 분양 당시부터 다음카페를 통해 입주예정자 모임에서 활동한 입주자들을 주축으로 최초 봉사회를 구성하였다. 봉사회장은 관리규약에 의해 선거관리위원 2명을 추천할 수 있는 권한을 갖고 있다. 그동안 사기 분양한 토지 636.8 ㎡를 못 찾게 방해한 입주자로 봉사회장을 선출하였다. 그리고 봉사회장은 아파트가 5층에 당첨되었는데 H건설에서 17층으로 바꾸어 주었다며 입주자들에게 대놓고 자랑하고 다녔다. 또한 남편이 H건설에서 근무하다가 다른 곳으로 전직하였다고 하였다.

또한 입주자대표와 관리소장은 봉사회에서 실시하는 불우이웃돕기, 알뜰장터, 노래교실 등 공동체행사에 필요한 운영자금을 관리비에서 적극적으로 지원하였다. 그리고 일부 비용은 광진구청과 상가 등에서 후원금 명목으로 협찬을 받기도 하였다. 봉사회장은 입주자대표, 선거관리위원, 관리소장 등이 의도한대로 사기 분양한 토지 636.8 ㎡를 못 찾게 조직적으로 방해하는데 적극적인 공조를 하였다.

봉사회장은 입주자들을 위하여 성실히 봉사활동을 하는 것처럼 위장하면서 사기 분양한 토지 636.8 ㎡를 찾아야 한다는 것을 입주자들에게 입주한 2012.3.30. 이후로 단 한 번도 알려주지 않았다. 또한 봉사회의 운영자금 관리 및 회계업무를 투명하게 집행하지 않았고 총무에게 일임해 맞기지 않으며 직접 관리하였다.

더구나 봉사회장은 집행한 장부와 영수증을 전혀 보관하지 않았고, 사용한 내역과 결산한 결과를 공개하지 않아서 회원들의 불만과 원성이 크게 고조되기도 하였다. 그러나 입주자대표, 선거관리위원, 관리소장은 봉사회장의 불공정한 행위를 방어하며 적극적으로 감싸주었다.

설상가상으로 봉사회장이 물러난 뒤 부회장 공○미는 불법선거한 선거인명부를 검증해 주지 않고 제3기 및 제5기 입주자대표회장을 맡아 사기 분양한 토지 636.8㎡를 못 찾게 방해하였다. 그리고 남편 오○환은 제3기 입주자대표 선거를 할 때 광진구청에서 감사한 결과 보고서(입주자대표 해임안 75% 서명 및 위임장 55% 서명한 것을 확인)를 주택과장 양○승이 비대위원장에게 전달하였는데 관리사무소 앞에서 날치기해 도망가다가 붙잡혔고, 비대위원장이 경영학 박사학위를 표절하였다며 허위 사실을 유포하였다. 이와 같이 입주자대표는 사기 분양한 토지 636.8㎡를 못 찾게 조직적이며 집단적으로 방해하였다.

또한 H건설 간부의 부인인 조○영은 제3기 선거관리위원을 하면서 제3기 입주자대표를 대리투표로 부정선거를 하여 선출하였다. 그리고 제3기 선거관리위원의 임기가 만료된 후에는 봉사회장을 맡았고, 다시 제5기 입주자대표를 부정선거로 당선되어 사기 분양한 토지 636.8㎡를 못 찾게 조직적으로 방해하였다. 비대위원장은 조○영에게 사기 분양한 서쪽 경계 펜스 밖의 토지 636.8㎡를 함께 입주자들을 위해 찾자고 제안하였는데 관심이 전혀 없다며 거절하면서 찾아주려고 하지 않았다.

5. 통장이 아파트 비리를 은폐

통장은 입주자들에게 광진구청 및 광장동사무소의 업무를 전달하고, 사기 분양한 토지 636.8㎡를 찾는 등 아파트의 현안문제를 건의하여 해결하는 중요한 역할을 담당한다. 또한 입주자대표를 선출할 선거관리위원 2명을 추천하는 권한이 주어진다. 그래서 입주자대표는 입주예정자 모임에 소속된 입주자가 통장이 되도록 하기 위해 광장동사무소에서 모집공고가 나오기를 기다렸다가 지원하게 하였다. 그동안 다음카페를 통한 입주예정자 모임에서 활동한 L씨, K씨, 2명의 P씨, 다른 입주자 P씨 등 5명이 통장에 지원하였다.

그러나 입주자대표, 선거관리위원, 관리소장은 전혀 예상하지 못했던 다른 입주자 P씨가 통장으로 위촉되자 매우 당황하였다. 왜냐하면 위촉된 통장은 입주예정자 모임에서 전혀 활동하지 않았기 때문에 입주자대표가 그동안 안면이 없었던 입주자이기 때문이다. 그래서 통장은 입주자대표가 사기 분양한 토지 636.8㎡를 못 찾게 조직적으로 방해하고 있다는 사실을 전혀 알지 못하고 있었다.

그러다가 통장은 사기 분양한 토지 636.8㎡를 찾기 위해 입주자들의 75%가 입주자대표 해임안에 서명하였음에도 입주자대표가 사퇴하지 않았고, 선거관리위원이 해임투표를 실시하지 않으면서 못 찾게 방해하는 것을 직접 목격한 후에 그들이 사기 분양한 것과 깊이 연루되어 있다는 사실을 알게 되었다. 이처럼 입주자대표와 선거관리위원이 사기 분양한 것을 은폐한다는 사실을 알게 된 통장은 토지 636.8㎡를 못 찾게 방해한 어떠한 요구에도 협조하지 않았다.

오히려 통장은 사기 분양한 서쪽 경계 펜스 밖의 토지 636.8㎡를 반드시 찾아야 한다며 입주자들에게 진실을 정확하게 알려주려고 노력하였다. 이와 같이 입주자대표는 통장이 크게 걸림돌이 되자 광장동사무소의 동장을 찾아가서 모함해 스스로 사퇴하게 괴롭혔다. 입주자대표회장은 통장 추천 및 선출에 대한 심사 권한을 가지고 있다.

따라서 입주자대표회장은 후임 통장을 H건설 퇴직자(봉사회 부회장)인 성○남으로 전격적으로 교체하였다. 후임통장은 입주자대표, 선거관리위원, 봉사회원과 한통속이 되어 활동하며 분양대금 82억 원을 납부한 서쪽 경계 펜스 밖의 토지 636.8㎡를 못 찾게 조직적으로 방해하였다.

6. 경비원이 아파트 비리를 은폐

H건설은 H아파트 분양 당시에 KT와 경비용역계약을 체결해 경비원에게 아파트 공사장의 경비업무를 맡겼다. 따라서 경비원은 분양 당시부터 H아파트에 관해 잘 알고 있었다. 입주자들의 인적사항을 파악한 경비원은 사기 분양 및 부실 공사 등에 대하여 시정을 요구하는 비대위원들의 동향을 CCTV로 24시간 주시해 입주자대표에게 보고하였다.

또한 비대위원들이 사기 분양한 토지 636.8 ㎡를 찾기 위하여 입주자총회를 개최하거나 게시판 및 엘리베이터 공지에 안내문을 게시하면 CCTV로 지켜보고 있던 경비원은 입주자총회를 못하게 방해하거나 안내문을 즉시 무단 철거하였다. 또한 경비원은 비대위원들이 각 세대에 배부하려는 유인물의 반입을 아예 허락하지 않았고, 비대위원들이 입주자들의 도움을 받아 출입문을 열고 들어가 우편함에 유인물을 넣어두어도 즉시 회수하여 폐기해 못 보게 하였다.

입주자대표의 지시를 받고 있는 경비원은 사기 분양한 토지 636.8 ㎡를 찾기 위한 비상대책위원회와 관련된 모든 행동에 대하여 수단방법을 가리지 않고 방해하였다. 그리고 입주자대표와 공조해 아파트의 정보전달수단을 완전히 통제하고 입주자들의 눈과 귀를 막았다. 이에 더하여 경비원은 비대위원이 입주자들에게 나쁜 짓을 하고 피해만 준다며 유언비어를 퍼트리고 모함하기도 하였다. 토지 636.8 ㎡가 사기 분양된 것을 전혀 몰랐던 일부 입주자들은 오히려 토지 636.8 ㎡를 찾아주려는 비대위원들에게 허위사실을 유포한다며 비난하고 싸우는 일까지 벌어졌다.

뒤늦게 오해한 것을 정확히 알게 된 입주자들은 비대위원들이 모든 입주자들을 위해 사기 분양한 서쪽 경계 펜스 밖의 토지 636.8 ㎡를 찾아주려고 한 선행인데 이를 잘못 알고 실수한 것을 사과하는 일이 벌어지는 웃지 못 할 상황이 자주 발생하였다.

7. 청소원이 아파트 비리를 은폐

H건설은 입주하기 이전부터 청소용역업체와 계약을 체결하여 아파트를 청소하도록 하였다. 그리고 관리소장은 입주한 이후에도 동일한 청소용역업체와 청소계약을 계속 유지하였다. 비대위원장은 사기 분양, 부실공사, 관리 비리에 대하여 공정하게 시정할 것을 요구하였고, H건설에 대한 손해배상금을 청구하기 위하여 정보전달수단인 게시판 및 엘리베이터 공지에 안내문을 부착하여 정확하게 알려주었다.

그러나 청소원은 입주자대표의 지시에 따라서 비대위원이 게시판 및 엘리베이터 공지에 분양대금 82억 원을 납부한 서쪽 경계 펜스 밖의 토지 636.8 ㎡를 찾아야 한다는 안내문을 부착하기 무섭게 무단으로 떼어 내어졌고, 각 세대의 출입문과 우편함에 배포한 유인물마저 즉시 회수해 폐기하여 입주자들이 볼 수 없게 하였다.

이와 같이 청소원은 입주자대표와 관리소장의 지시로 비대위원이 우편함에 넣어둔 유인물을 무단으로 회수해 사기 분양한 토지 636.8 ㎡를 못 찾게 방해하였고, 게시판 및 엘리베이터 공지에 부착한 안내문을 입주자들의 의사에 반해 마음대로 철거해 보지 못하게 하였다. 뿐만 아니라, 비대위원장이 각 세대별로 배부한 전단지조차 모두 회수하여 폐기하였다. 입주자대표는 조직적이며 집단적으로 합세하여 비대위원장이 사기 분양한 토지 636.8 ㎡를 찾지 못하도록 위법행위와 갑질을 저지르며 악질적인 방해 공작을 지속적으로 하였다.

8. 노인회원이 아파트 비리를 노출

노인들은 사기 분양한 토지 636.8 ㎡를 찾기 위해 입주자대표, 선거관리위원, 봉사회원, 관리소장 등에 맞서 아파트 비리에 적극적으로 대처하였다. 그러자 입주자대표, 선거관리위원, 봉사회원, 관리소장은 사기 분양한 토지 636.8㎡를 못 찾게 방해할 목적으로 4년 동안 경로당을 개방하지 못하게 방해하였다. 하지만 노인들은 비대위원장의 도움을 받아서 노인회의 창립총회를 개최하였다. 그리고 회칙을 제정하고 회장을 선출하여 임원진을 구성해 노인회를 결성하였다. 이어서 노인회 결성과 경로당 개방을 대한노인회 광진구지회에 등록을 하였고, 개방하기 위해 광진구청에 신고를 완료하였다.

그런데도 입주자대표, 선거관리위원, 봉사회원, 관리소장은 경로당 개방을 방해할 목적으로 광진구청에 신고필증을 내주지 말라고 민원까지 제출하자 광진구청이 직접 경로당을 실사하였다. 발기총회 개최, 회원 33명 가입, 회칙을 제정하고, 직접 임원진을 선출한 것을 확실하게 규명한 후에 광진구청은 신고필증을 교부하였다.

입주자대표는 신고필증을 받은 후에도 경로당의 열쇠를 감추고 주지 않는 패륜아적 행위를 저지르자 노인들은 관리사무소에 직접 찾아가 집단적으로 항의하며 반강제로 열쇠를 수령하였다. 더구나 입주자대표와 관리소장은 마땅히 경로당에 지원해 주어야 할 냉장고, TV, 주방용품, 소모품을 지원하지 않았고, 주말엔 난방을 전혀 넣어주지도 않았으며, 필요한 비품조차 마련해 주지 않았다.

이와 같이 입주자대표와 관리소장은 경로당을 4년 동안 방치하며 개설할 수 없도록 조직적으로 방해하였기 때문에 노인들이 억울하게 경로당을 이용하지 못하고 피해를 입은 손실은 최소한 3천만 원(매월 40만 원과 쌀 1포대)이상 된다며 불만을 토로하고 있다. 또한 입주자대표는 노인들이 사기 분양한 토지 636.8㎡를 찾기 위하여 적극적으로 비상대책위원회의 활동을 지원하자 경로당을 개방하지 못하게 방해할 목적으로 봉사회에서 단독으로 경로당을 사용하도록 추진하였는데 노인들이 단독으로 사용하기 위해 강력하게 항의하여 포기한 일도 있다.

이처럼 노인들은 경로당을 어렵게 개방하였는데 사기 분양한 토지 636.8㎡를 찾기 위한 것을 포기하지 않았기 때문에 입주자대표, 선거관리위원, 봉사회원, 관리소장은 경로당을 효율적이며 편안하게 운영하는데 전혀 지원을 해주지 않았다. 이에 더하여 노인들이 경로당을 이용하지 못하게 기회만 되면 봉사회 등이 사용하도록 폐쇄할 궁리를 하고 있어 경로당 활성화가 이루어지지 않고 있다.

제5부

광진구청이
아파트 비리를 은폐

1. 광진구청이 공모해 토지 636.8 ㎡를 사기 분양

H건설은 H아파트를 건축하기 위한 사업부지 6필지를 2007.11.14. 대한지적공사에 의뢰해 측량하였다. 이때 서쪽 경계 2단산벽(수직옹벽 설계)을 기점으로 볼 때, 북쪽에는 고도차가 2 m 이상 나는데 나○용이 수직석축 밖에 48 ㎡(427번지 중 일부)를 불법 점유하고 있었고, 남쪽에는 평지인데 김○석이 콘크리트 담장 밖에 113 ㎡(427-8번지 중 일부)를 불법 점유하고 있는 것을 확인하였다(161 ㎡ 불법 점유).

그러나 H건설은 2009.10.12. 분양하면서 불법 점유된 161 ㎡를 원상복구하지 않았다. 오히려 고의로 636.8 ㎡(161 ㎡ 포함)까지 빼고 설계도, 모형, 카탈로그에 표시하여 공지하였고, 그대로 시공해 사용검사승인을 받았음에도 분양대금 82억 원(1세대 평균 1천8백만 원)을 눈 한번 깜빡이지 않고 챙겨갔다. 이는 중요한 위법행위를 공지하지 않고 계획적으로 완전범죄로 은폐하기 위해 사기 분양을 한 것이다.

이와 같이 H건설은 의도적인 수법으로 서쪽 경계 펜스 밖의 토지 636.8 ㎡를 출입조차 하지 못하게 빼고 설계해 공지하였고, 그대로 시공하였는데 분양대금 82억 원을 받아 가는 수법으로 사기 분양을 하도록 사업허가를 해 주었다. 그리고 토지 203 ㎡를 사업부지에서 분할하여 제척해 한원광장이 90 ㎡를 편취하고, 김○석에게 113 ㎡를 매각하도록 제척승인을 해 주었다. 또한 토지 433.8 ㎡를 한원광장과 김○석이 사용하게 203 ㎡를 제척한 후의 경계 안쪽 4 m지점에 펜스를 시공해 입주자들은 매년 재산세만 납부하도록 사용검사승인을 해 주었다.

이와 같이 광진구청은 철저히 관리감독을 하여야 함에도 H건설이 토지 636.8 ㎡에 대하여 사기 분양을 하도록 사업허가, 제척승인, 사용검사승인을 해 주었다. 만약, 광진구청이 원칙대로 공정한 감독업무를 단 한 번이라도 수행하였으면 사전에 사기 분양을 하지 못하게 위법행위를 완전히 차단할 수 있었고, 부실 공사를 하지 못하게 조치하였다.

그러나 광진구청은 간과 처리하며 모든 위법행위를 묵인하였다. 오히려 H건설과 결탁하지 않았다면 제척토지 203 ㎡와 불용토지 433.8 ㎡가 어떻게 불법적이며 조직적인 위법행위를 통과할 수 있었겠는가?

이와 같이 광진구청은 철저하게 관리감독을 하지 않았고, H건설이 완전범죄로 영원히 은폐할 수 있도록 고의로 사업허가, 제척승인, 사용검사승인을 아무렇지 않게 허용해 준 것이다. 이때 광진구청이 공정한 원칙에 근거해 업무수행을 한 번이라도 하였으면 사전에 토지 636.8 ㎡를 사기 분양하지 못하도록 충분히 방지할 수 있었다.

2. 광진구청이 불법선거를 공정선거로 승인

가. 1403동 입주자대표 불법선거를 공정선거라고 승인

비대위원장은 공공의 이익을 위해 2012.8.6. 대한지적공사에서 측량을 하였고, 2015.2.10. 서울고등법원에서 판결(대법원에서 2015.6.23. 확정)을 받아서 토지 636.8 ㎡가 사기 분양된 것을 증명하였다. 이와 같이 비대위원장은 서쪽 경계 펜스 밖의 제척토지 203 ㎡와 불용토지 433.8 ㎡가 아파트의 소유라는 것을 확실히 증명하였다.

그런 후에 비대위원장은 사기 분양한 토지 636.8 ㎡를 찾아달라고 요구하였는데 입주자대표는 정보전달수단을 완전히 통제하고 비대위원장의 의견을 수수방관하면서 사기 분양한 636.8 ㎡를 못 찾게 조직적으로 방해하였다. 이때 입주자들은 비대위원장이 사기 분양한 토지 636.8 ㎡를 찾아야 한다는 것을 더사모카페를 읽고 뒤늦게 알고 나서 찾기 위하여 2015.9.2. 비상대책위원회를 결성하였다.

그리고 입주자들은 비대위원을 2015.9.9. 1403동 입주자대표 보궐선거에 단독후보로 내세워 사기 분양한 토지 636.8 ㎡를 찾고자 시도하였다. 그러나 입주자대표는 고의로 유권자의 22%에게만 방문투표를 실시하고 과반수에 미달하였다며 낙선시켰다. 이때 선거관리위원장은 22%에게만 방문투표를 실시한 것이기 때문에 명백한 부정선거이므로 재투표를 하기로 결정하였고, 방문투표를 과반수 실시한 후에 그 결과에 의거 당락을 확정하기로 결정하였다. 그렇지만 이것조차 입주자대표와 선거관리위원의 조직적인 방해로 실시하지 못했다.

왜냐하면 입주자대표와 선거관리위원이 사기 분양한 토지 636.8 ㎡를 못 찾게 방해할 목적으로 부정선거를 실시해 고의로 비대위원을 낙선시켰기 때문이다. 만약 토지 636.8 ㎡를 찾아줄 생각이 있었다면 과반수 방문투표를 실시해 단독후보인 비대위원을 당선시켰을 것이다.

더구나 광진구청은 입주자대표가 사기 분양한 토지 636.8 ㎡를 못 찾게 방해할 목적으로 부정선거를 실시해 의도적으로 낙선시킨 것을 잘 알고 있었음에도 오히려 부정선거가 아니라며 눈감아 주고 토지 636.8 ㎡를 못 찾게 방해하였다. 이때 광진구청은 선거관리위원장이 결정한대로 방문투표를 계속 실시하도록 허용하였다면 비대위원이 당선되었고, 사기 분양한 토지 636.8 ㎡를 이미 찾았다.

나. 제3기, 제4기, 제5기 입주자대표 불법선거를 공정선거라고 승인

입주자들은 2015.10월. 입주자대표 해임안에 75%가 서명하였는데 제2기 입주자대표(전○수, 이○욱, 김○복)가 사퇴하지 않았고, 제2기 선거관리위원(박○식, 최○정)이 해임투표를 실시하지 않았다. 따라서 입주자들은 2016.4월. 위임장에 55%가 서명해 제2기 입주자대표, 선거관리위원, 관리소장에게 선거관리업무를 일체 수행하지 말라고 통보하였고, 비대위원장에게 관리규약에 상관없이 선거관리업무 일체를 수행해 달라고 위임하였다. 이는 입주자들이 불법선거를 하지 못하도록 선거관리업무의 권한을 중지시킨 강력한 조치이다.

그런 후에 입주자들은 제2기 입주자대표가 2016.6.21. 임기 만료되어 모든 권한이 완전히 상실되었기 때문에 사기 분양한 토지 636.8 ㎡를 찾기 위해 관리규약, 입주자대표 해임안, 위임장, 주민총회 결의에 의거, 제3기 선거관리위원을 합법적인 방법으로 선출하였다.

그리고 제3기 선거관리위원(위원장 신○휴)은 2016.6.26. 입주자들의 52%가 참여한 비밀투표로 제3기 입주자대표를 선출하였고, 제3기 입주자대표회의를 구성하였다. 그런데도 제2기 입주자대표는 불법으로 제3기 입주자대표에게 업무를 인계하지 않았다. 이는 사기 분양한 토지 636.8 ㎡를 못 찾게 방해한 중대한 위법행위인 것이다.

더구나 제2기 입주자대표는 2016.6.21. 임기 만료되어 권한이 상실되었음에도 불법으로 2016.7.14. 제3기 선거관리위원(위원장 최○호)과 선거관리전담요원(관리과장 김○용)을 지명하였다. 그리고 2016.8.11. 대리투표로 부정선거를 하여 제3기 입주자대표(유○운, 공○미, 임○익)를 다시 선출해 제3기 입주자대표회의(회장 유○운)를 구성하였다.

이처럼 제2기 입주자대표는 2016.6.21. 임기 만료되어 입주자들에게 권한을 전혀 위임받지 못했고, 입주자들이 2016.6.26. 제3기 입주자대표를 선출하였음에도 무자격자로서 불법으로 2016.8.11. 전자투표를 이용해 선거인명부(휴대폰번호)를 20%만 확인한 후, 대리투표로 부정선거를 하여 제3기 입주자대표(유○운, 공○미, 임○익)를 선출하였다. 또한 불법으로 제4기 입주자대표(임○익, 김○연, 이○근, 김○재)를 선출하였고, 제5기 입주자대표(공○미, 송○호, 조○영, 최○호)를 선출해 승계하면서 불법 관리를 하고 있다.

그런데도 광진구청 주택과 김○혁 팀장은 입주자들이 2016.6.26. 공정하게 선출한 제3기 입주자대표회의 구성신고서를 접수해 주지 않고 반려한 반면에, 제2기 입주자대표가 2016.6.21. 임기 만료되어 권한이 상실되었음에도 부정선거로 2016.8.11. 선출한 제3기 입주자대표회의 구성신고서를 접수해 주었다. 이는 김○혁 팀장이 사기 분양한 토지 636.8 ㎡를 못 찾게 방해할 목적으로 직무유기 및 직권남용권리행사방해, 조직적인 비리를 은폐한 것이다.

3. 광진구청이 불법 관리를 은폐

광진구청은 아파트의 관리업무를 철저히 감독할 책임과 의무가 있다. 그러나 사기 분양, 부실 공사, 관리 비리에 관한 관리감독을 묵인하거나 조직적으로 은폐하였다. 특히, H아파트의 경우 사기 분양, 부실 공사, 관리 비리가 발생하였기 때문에 입주자들이 수없이 민원을 제출해 해결을 강력히 요구하였음에도 광진구청은 계속 묵인하고 은폐하였다.

더구나 광진구청은 입주자들이 감사를 실시해 달라고 지속적으로 민원을 제출하며 요구하였는데, 계속 미루다가 박○아 반장 등 8명이 감사팀을 구성해 2016.7.27.부터 2016.7.29.까지(3일간) 불법 및 부정선거 등 H아파트에서 발생한 비리를 감사하였다. 이때 입주자들이 사기 분양한 토지 636.8 ㎡를 찾기 위해 관리규약, 입주자대표 해임안, 위임장, 주민총회 의결에 의거, 제2기 입주자대표의 임기가 2016.6.21. 만료되었기 때문에 2016.6.26. 입주자들의 52%가 참여한 비밀투표로 제3기 입주자대표를 선출한 것을 확인하였다.

또한 광진구청은 제2기 입주자대표가 2016.6.21. 임기 만료되어 권한이 완전히 상실된 후 무자격자임에도 2016.8.11. 부정선거로 제3기 입주자대표를 다시 선출하여 승계한 것을 확인하였음에도 공정선거를 하였다고 승인해 주었다. 이때 광진구청은 제3기 입주자대표가 불법 및 부정선거로 승계한 것을 승인해 주지 않았으면 입주자들이 이미 사기 분양한 서쪽 경계 펜스 밖의 토지 636.8 ㎡를 찾았다.

4. 광진구청이 봉사단체를 이용해 비리 은폐

광진구청은 H아파트의 봉사회가 주관하여 행사하는 알뜰시장, 노래교실, 교양강좌 등에 적극적인 지원을 해 주었다. 이와 같이 광진구청이 알뜰시장 개최 등을 지원하는데 우호적으로 찬조해 주는 것은 입주자들에게 실질적인 도움을 주기 위한 목적에 부합하여야 한다. 또한 입주자들의 정서함양과 친목에 도움을 주기 위해 무료 강사를 노래교실에 파견하였고, 다양한 교양강좌를 실시해 지적 향상과 일상생활에 전반적인 도움을 주기 위한 목적이다.

그러나 이러한 순수한 목적을 하기 위한 지원이 아니었다. 진정으로 입주자들을 위한 순수한 목적의 지원이라면 입주자들에게 더 많은 혜택이 돌아갔어야 한다. 왜냐하면 봉사회의 회장과 총무 등은 토지 636.8 ㎡에 대한 사기 분양, 부실 공사, 관리 비리 등의 검은 속내를 감쪽같이 은폐하기 위한 목적으로 유도하며 악용하였을 뿐이다.

광진구청이 그동안 서쪽 경계 펜스 밖의 토지 636.8 ㎡에 관해 사기 분양을 하도록 묵인하며 고의로 사업허가, 제척승인, 사용검사승인을 해 주면서 위법행위를 저질러 완전범죄로 영원히 은폐하기 위해 입주자들에게 환심을 사기 위하여 편법수단으로 악용하는 것에 불과한 것이다.

특히, 광진구청은 한국관리사무소장협회 회장(강○만)을 민원처리담당관으로 위촉하고, H아파트의 관리소장과 아파트 등에서 은밀하게 접촉하면서 동태를 파악해 현안문제를 은폐하기 위해 앞장섰다. 왜냐하면 강회장은 비대위원장의 고등학교 선배인데 사전에 비대위원장에 관한 많은 정보를 수집해 잘 알고 있었다. 이를 뒤늦게 알게 된 비대위원장은 강회장을 만나서 광진구청이 사기 분양한 것과 불법선거로 승계해 불법 관리를 하는 것에 깊숙이 관여된 심각한 문제점을 설명해 주면서 조직적인 비리를 은폐하지 말라며 권고하고 앞으로 사기 분양한 토지 636.8 ㎡를 못 찾게 방해를 계속하면 강력한 조치를 강구할 수밖에 없다며 통보하였고, 나쁜 짓에 당장 손을 떼라며 조언하였다.

이와 같이 광진구청은 자신들이 고의적으로 저지른 H아파트와 관련된 토지 636.8 ㎡에 대한 악질적인 사기 분양을 한 것뿐만 아니라 불법선거 등 관리 비리를 공모해 완전범죄로 수면 밑에 묻어 두려고 얄팍한 꼼수를 부리며 지속적으로 획책을 하였던 것이 모두 밝혀졌다.

5. 광진구청이 폭행하였다고 비대위원장을 허위 신고

광진구청은 H건설이 토지 636.8 ㎡에 대하여 사기 분양을 하도록 사업허가, 제척승인, 사용검사승인을 해주었고, 입주자대표가 사기 분양한 토지 636.8 ㎡를 못 찾게 방해하도록 불법선거로 승계해 계속 불법관리를 하는 것을 공정선거라고 승인해 주었다. 그러나 비대위원장은 2012.8.6. 대한지적공사에서 측량을 하였고, 2015.2.10. 서울고등법원에서 판결을 받아서 토지 636.8 ㎡가 사기 분양된 것을 증명하였다. 그리고 비대위원장은 토지 636.8 ㎡를 찾아 달라고 하였는데 입주자대표가 못 찾게 조직적으로 방해하였다.

따라서 비대위원장은 사기 분양한 토지 636.8 ㎡를 찾기 위해 제2기 입주자대표의 임기가 2016.6.21. 만료되었기 때문에 관리규약, 입주자대표 해임안, 위임장, 주민총회 의결에 의거, 2016.6.26. 제3기 입주자대표를 선출하였다. 그러나 제2기 입주자대표는 불법으로 제3기 입주자대표에게 업무를 인계하지 않았고, 불법선거한 선거인명부를 검증해 주지 않았다. 이와 같이 입주자대표는 2016.6.21. 이후부터 무자격자인데 불법으로 제3기, 제4기, 제5기 입주자대표를 선출해 승계하였고, 불법 관리를 하면서 사기 분양한 토지 636.8 ㎡를 못 찾게 방해하고 있다.

따라서 비대위원장은 국민신문고에 진정서를 제출해 사기 분양한 토지 636.8 ㎡를 찾고, 불법선거로 승계한 것에 대하여 업무중지를 시켜달라고 요구하였다. 이 진정서는 광진구청에 이첩되었다. 광진구청 행정팀 백○준 주무관은 진정서를 처리하기 위해 건축담당 류○완 주무관과 함께 현장검증을 갈테니까 사기 분양한 토지 636.8 ㎡에 관한 현장을 설명해 달라고 유인한 후에 자신의 행정팀 소속 부하직원인 조○환과 나왔다. 비대위원장이 2단산벽을 설명하는 도중에 갑자기 복귀한다고 하면서 폭행을 하였다며 위장해 112에 허위 신고를 하였다.

이와 같이 광진구청 백○준 주무관은 진실을 완전히 왜곡해 폭행하여 공무집행방해를 하였다고 112에 허위 신고해 사기 분양한 토지 636.8 ㎡를 못 찾게 조직적으로 방해하였다. 그러나 서울동부지법에서 재판이 진행 중이므로 백○준이 허위 신고한 진실이 확실히 밝혀질 것이다.

제6부

입주자들이 아파트 비리를 척결하기 위해 시도

비대위원장은 공공의 이익을 위해 사기 분양한 서쪽 경계 펜스 밖의 토지 636.8 ㎡를 입주자들에게 찾아주려고 헌신적으로 노력하였다. ① 사업부지를 분할하여 제외한 제척토지 203 ㎡를 찾고, ② 제척토지 203 ㎡부터 펜스까지 사이를 출입조차 하지 못하는 불용토지 433.8 ㎡를 시정하여야 하며, ③ 1404동 빌라 뒤 2단산벽을 경계 안쪽 4 m지점에 설치하였는데 수직옹벽을 경계까지 설치하여야 한다. 그러나 입주자대표는 H건설의 이익만 대변하면서 정보전달수단을 완전히 통제하고 진실을 알려주지 않으며 못 찾게 조직적으로 방해하였다.

또한 입주자대표는 아파트 지하주차장에 심각한 크랙이 발생하고, 빗물이 새어 자동차가 녹이 슬고 부식되는가 하면 고사목이 화단에 오랫동안 방치되어 있어도 교체하지 않았다. 그리고 H건설에서 부실 공사에 대한 하자보수를 해 주지 않는다면서 시간을 끌다가 독촉하는 척하고 차일피일 미루기만 하였다. 이들은 입주자들이 납부한 관리비에서 급여, 수당, 판공비, 회의비, 업무추진비, 격려금을 받으면서도 당연히 처리해 주어야 할 것을 하지 않고 방치하였다.

입주자대표는 입주초기에 사기 분양을 전혀 안했다며 감쪽같이 속였다. 그러나 비대위원장은 등기면적이 분양면적보다 69.3 ㎡가 적은 것을 밝혀내자 입주자대표가 세대별로 환산하면 소수점 이하이므로 정산하지 않는다고 속였다. 또한 사업부지 203 ㎡를 분할하여 제척해 매각한 것을 찾아내자 단체 소송해 손해배상을 받자고 입주자들을 유인하였다.

이처럼 입주자대표는 입주자들에게 모든 권한을 위임받은 후에 서울동부지방법원에서 사기 분양한 토지 636.8 ㎡ 중 69.3 ㎡만 인정해 오판하였는데 기다렸다는 듯이 입주자총회를 개최하고 박수부대를 동원해 고의로 항소포기를 하며 못 찾게 조직적으로 방해하였다.

입주자대표는 H건설(한원광장)을 형식적으로 고소한 후 토지 636.8 ㎡를 빼고 설계하였음에도 분양대금 82억 원을 받아간 중대한 위법행위를 적극적으로 대처하지 않았고, 법정에도 제대로 출석하지 않았다. 그 결과 H건설은 무혐의 처분을 받았고, 한원광장은 무죄를 선고받았다.

이에 더하여 입주자대표는 입주자들에게 개별적으로 항소하면 사기 분양한 토지 636.8 ㎡를 찾을 수 있다고 알려주지 않았고, 비대위원장이 공공의 이익을 위해 개인적으로 항소하여 서울고등법원에서 재판을 진행하고 있는 것과 항소할 경우 토지 636.8 ㎡를 찾을 수 있다는 것을 알려주지 않고 박수부대를 동원해 일사천리로 항소포기를 하여 사기 분양한 토지 636.8 ㎡를 못 찾게 방해하였다,

이와 같이 입주자대표는 2012.3.30. 입주한 이후에 정보전달수단을 완전히 통제하고 사기 분양을 안했다며 속였고, H건설의 위법행위를 적극 대처하지 않았다. 반면에 완전범죄를 노린 H건설은 모델하우스에서 사기 분양한 토지 636.8 ㎡를 빼고 설계하여 공지해 시공하면서 교묘하게 속였고, 악질적인 수법으로 능란하게 대처하였다. 이처럼 H건설은 모든 재판에서 교묘한 수법으로 대처해 패소한 경우가 한 건도 없다.

그래서 비대위원장은 H아파트의 재판을 철저히 준비하였다. 또한 대륙아주 조 대표변호사님께서는 토지 636.8 ㎡를 사기 분양한 것과 비대위원장이 명예훼손을 하지 않았다는 것을 공정하게 변론해 준 덕분에 승소할 수 있었다. 이는 비대위원장이 입주자대표에 의해 2015.7.18. 다음카페에서 강제로 퇴출을 당한 후에 2015.8.24. 더사모카페를 개설하여 진실을 정확하게 알려준 헌신적인 노력의 결과에 기인한다.

H건설은 입주자대표, 광진구청과 공모하면서 계획적이고 조직적이며 지능적인 다양한 수법을 동원해 사기 분양, 부실 공사, 관리 비리를 감쪽같이 속이며 완전범죄로 은폐하려고 적극적인 방어를 하였다. 이와 같이 사기 분양한 토지 636.8 ㎡가 서쪽 경계 펜스 밖에 현장보존이 잘 되어 있고 재건축할 때까지 증거인멸을 할 수 없는데도 입주자들의 눈과 귀와 입을 막고 완전범죄로 은폐하기 위해 방해공작을 서슴지 않았다. 그럼에

도 불구하고 이 사건은 입주자들이 H건설을 상대로 벌인 재판 중에서 처음으로 승소하였고, 사기 분양한 수법을 완전히 찾아내어 전국적인 아파트 비리를 척결하는데 기여한 사건이다.

H건설은 사기 분양, 부실 공사, 관리 비리에 대하여 교묘한 수법을 동원해 감쪽같이 속이면서 은밀하게 대처하는 방법을 잘 알고 있다. 따라서 입주자들이 H건설을 상대로 효율적이며 능동적으로 대처하기 위해서는 반드시 철저하고 적극적인 준비가 필요하다.

먼저 분양단계부터 모형, 카탈로그, 설계도를 확보하여 면밀히 검토하여야 한다. 주변 환경에 맞게 효율적인 설계가 되었는지 조사를 하여야 하고, 설계한 대로 시공하였는지 점검하여야 한다. 그리고 분양계약을 위반한 것에 대하여 내용증명을 보내 답변을 받아야 한다. 위반사항을 시정해 주지 않을 경우에는 재시정을 요구하는 내용증명을 보내고 책임소재의 범위를 명확하게 구분해야 한다. 필요에 따라서는 지적도 및 등기부등본 등을 확인하고 전문가와 상의하여 증거자료를 꼼꼼히 확보해 다양한 법적인 문제에 철저하게 대비하여야 한다.

소송을 제기할 때에는 해당분야의 전문변호사와 상세히 상담하고, 어떻게 대처하여야 효율적인지 면밀하게 검토하여야 한다. 전문변호사에게 소송을 의뢰하였다고 할지라도 전적으로 변호사만 의존하지 말고 준비서면과 증거자료를 직접 챙기며 대처하여야 한다. 법정에 증인신청을 할 때도 담당변호사의 조언을 참고하여 사전에 쟁점사항을 미리미리 챙겨두어야 효율적이며 능동적으로 대처할 수 있다.

특히, 변호사가 요구하는 대로 무조건 따라 하지 말고 조언을 참고해 효율적이고 유리한 방법을 모색하며 적극적으로 대처하여야 한다. 그리고 법정에 반드시 출석하여 재판진행과정을 면밀히 살펴보고 선제적으로 대처하여야 승소할 수 있다. 사건을 맡은 담당변호사가 충분한 시간을 할애하지 못할 경우도 있고, 다른 사건을 수임하는 경우를 예상하여 문제점과 대책을 직접 챙기고 세심하게 관리하며 효율적으로 대처하여야 만족할 정도의 재판결과를 기대할 수 있다.

이와 같이 입주자들은 입주자대표로 하여금 공공의 이익을 위해 성실하게 대변하도록 유도하고, 복합적인 다양한 수법으로 아파트의 정보전달수단을 통제하며 진실을 숨기지 않도록 철저히 감시하여야 한다. 또한 관리규약과 선거관리규정, 회계규정 등을 투명하고 공정하게 제정 및 개정하여 집행하도록 지속적인 관심을 가져야 한다. 그리고 입주자대표가 입주자들의 이익을 적극적으로 대변하기 위하여 성실하게 업무를 수행할 수 있는지, 관리업무를 효율적이며 공정하게 이행하는지 등에 관해 수시로 관리하고 감독을 철저히 하여야 한다.

1. H건설(한원광장)에 대한 대처

H건설은 분양 당시 토지 636.8 ㎡를 빼고 설계도, 모형, 카탈로그에 표시하여 시공하고 사용검사승인을 받았음에도 분양대금 82억 원을 받아가는 사기 분양을 하였다. 그리고 1404동 빌라 뒤를 분양계약을 위반해 수직옹벽이 아닌 2단산벽을 경계 안쪽 4 m지점에 시공하였다.

더구나 H건설은 지하 주차장에 심각한 크랙이 발생하고, 빗물이 새어 녹물이 주차된 자동차에 떨어지는 등 심각한 부실 공사를 하였음에도 하자보수를 제대로 처리해 주지 않고 미루기만 하였다. 그리고 고사목이 화단에 오랫동안 방치하고 있는데 전혀 교체해 주지 않았다. 그런데도 입주자대표는 입주자들의 이익을 위해 전혀 대변하지 않았고, 오히려 사기 분양, 부실 공사, 관리 비리를 감쪽같이 속이면서 H건설의 이익만을 챙기기며 대변하기에 급급하였다.

따라서 비대위원장은 H건설의 악질적인 위법행위를 찾아내어 손해배상을 받기 위해 설계도, 모형, 카탈로그, 지적도, 등기부등본, 허가 신청서류, 사용검사승인도면, 최초 설계도 및 설계변경서류 등을 면밀히 비교 · 검토하였다. 또한 현장을 꼼꼼하게 직접 확인해 분양계약을 위반한 것이 어떤 것인지 자세하게 점검하였다.

H건설은 전문건설업체이므로 사기 분양, 부실 공사, 관리 비리에 대한 대처능력과 증거인멸을 위한 노하우가 다양한 반면, 입주자들은 주의를 기울이지 않으면 발견할 수가 없다. 그러므로 입주자들은 보다 적극적이고 철거하게 준비하여야 효율적으로 대처할 수 있다.

2. 관리소장에 대한 대처

H건설은 입주자들이 H아파트에 입주하기 이전부터 국제경보산업(주)을 위탁관리회사로 지정하였고, 그곳에서 파견 받아 관리소장 최○현을 근무하게 하였다. 그런데 국제경보산업(주)은 H건설 및 계열사에서 근무한 퇴직자들로 구성된 관리용역업체이다.

따라서 관리소장은 H건설의 이익을 대변하며 토지 636.8㎡가 사기 분양된 것을 속이고 은폐하는데 앞장을 섰다. 또한 관리소장은 처음부터 입주자대표와 공조하며 정보전달수단을 완전히 통제하였고 사기 분양, 부실 공사, 관리 비리를 은폐하기 위해 전념을 다했다.

그렇지만 비대위원장은 관리소장이 입주자들의 이익에 반해 위법행위를 하지 못하도록 미리 차단하였다. 사기 분양, 부실 공사, 관리 비리를 철저하게 시정하기 위해 관리소장과 위탁관리회사, H건설, 한원광장의 이해관계를 자세히 살펴보았다. 특히, 관리소장이 H건설의 이익을 대변하는지, 입주자들의 이익을 위해 성실하게 대변할 수 있는지, 불법선거로 승계하는지, 불법 관리를 하는지, 정직하게 근무할 사람인지 확인하였다. 또한 정보전달수단을 통해 진실을 정확하게 알려주며 입주자들의 이익을 대변할 수 있는지 대처하였다.

3. 입주자대표에 대한 대처

입주자대표는 입주자들의 이익을 대변하기 위한 최고 의결기구인 입주자대표회의를 구성해 운영한다. 반면에 관리소장은 집행기구로서 관리규약, 회계규정, 선거관리규정 등 제 규정에 의거 관리업무를 수행하고, 중요한 업무를 입주자대표회의에서 결정하여 처리한다. 따라서 입주자들은 자신들의 의사와 이익을 위해 대변하며 성실히 봉사를 할 수 있는 사람을 입주자대표로 선출하여야 한다.

그러나 관리소장은 다음카페를 통해 활동한 입주예정자 모임에서 5명을 입주자대표로 선출하였고, 입주자대표회의를 구성하였다. 입주예정자 모임은 분양 초기부터 모델하우스 안에서 당첨자를 다음카페의 회원으로 모집하였다. 그리고 수분양자를 상대로 H건설이 부실 공사를 많이 하기 때문에 함께 똘똘 뭉쳐 사전에 대처하자며 다음카페를 통해 적극적인 홍보를 하면서 친목을 도모하였다.

이와 같이 입주자대표는 분양 초기부터 입주 예정자들을 다음카페에 가입시켜 친목활동을 하였고, 입주예정자 모임에서 적극적으로 활동한 입주자들의 지원으로 입주자대표에 선출되었다. 이처럼 선출된 입주자대표는 헌신적으로 봉사하는 것으로 위장하며 사기 분양, 부실 공사, 관리비리를 감쪽같이 속이고 은폐하였다.

입주자대표는 다음카페에서 헌신적인 봉사를 하며 홍보한 안면으로 주택법령과 관리규약에서 규정한 모든 권한을 위임받았다. 이렇게 입주자들로부터 권한을 전부 위임받은 입주자대표는 입주자들의 이익을 위해 업무수행을 하여야 함에도 H건설의 사기 분양, 부실 공사를 은폐하기 위하여 다음카페 등 정보전달수단을 통해 조직적으로 속였다.

입주자들이 다음카페를 통해 문제를 제기하고 시정을 요구하여도 입주자대표는 진실을 감쪽같이 감추고 속이며 차단하는 것에만 몰두하였다.

그렇게 하여도 차단과 은폐가 어려우면 무조건 다음카페에서 강제로 퇴출시켰다. 나아가 인신공격과 유언비어를 퍼트리며 진실을 실토하지 못하도록 매도하였다. 차후에라도 다음카페에 들어와서 억울함을 호소할 것을 영원히 차단하기 위해 강제로 퇴출시킨 회원에게 다음카페의 회원 자격을 완전히 상실하도록 영원히 막아놓았다.

이와 같이 비대위원장은 입주자대표가 위법행위를 하지 못하게 방지하기 위해 더사모카페를 통해 진실을 정확하게 알려주었다. 또한 공정하고 투명하게 관리업무를 수행하도록 철저히 감시를 하였다. 비대위원장이 더사모카페를 개설해 진실을 알려주지 않았다면 사기 분양한 것이 완전범죄로 은폐될 수밖에 없었다. 이와 같이 입주자들의 이익을 대변하며 보호할 수 있었고, 입주자들이 살기 좋고 비리 없는 아파트로 만들 수 있도록 적극적이며 효율적으로 대처하였다.

4. 선거관리위원에 대한 대처

관리소장은 분양 당시부터 다음카페에서 활동한 입주예정자 모임을 주축으로 선거관리위원 3명을 위촉해 최초 선거관리위원회를 구성하였다. 관리소장과 선거관리위원은 입주자들의 이익을 위하여 사기 분양, 부실공사, 관리 비리를 효율적으로 해결하기 위해 입주자대표를 선출하려는 것이라고 홍보하며 공고하였다.

또한 관리소장과 선거관리위원은 다음카페를 통해 활동한 입주예정자 모임에서 선거구별로 복수가 아닌 단독후보가 출마하도록 자연스럽게 유도하였다. 그리고 선거구별로 출마한 단독후보자를 상대로 입주자들에게 방문해 찬반투표를 실시하여 과반수 찬반을 묻고 입주자대표를 선출해 입주자대표회의를 구성하였다.

따라서 입주자들은 관리소장이 최초 선거관리위원을 위촉할 경우 입주자들의 이익을 위하여 진정으로 대변할 수 있는 선거관리위원을 위촉해 선거관리위원회를 구성하도록 각별히 신경을 써야 한다. 그러나 입주자들은 자신들의 생업에 바쁘다 보면 다른 입주자들이 알아서 선출해 줄 것으로 생각하고 미처 관심을 갖지 않았다.

이러한 무관심한 틈새를 최대한 이용하여 관리소장은 사기 분양, 부실 공사, 관리 비리를 은폐하고자 입주자들의 이익에 반해 H건설(한원광장)의 이익을 대변할 수 있는 선거관리위원으로 선출하였다. 따라서 입주자들은 자신의 이익을 대변하지 않는 선거관리위원으로 선출하지 못하도록 많은 관심을 가져야 함은 물론 진정으로 봉사할 수 있는 선거관리위원이 선출되도록 각별히 신경을 써야 한다. 입주자들은 성실하게 최선을 다하는 선거관리위원을 선출하는 것이 살기 좋고 비리 없는 아파트를 만들 수 있는 현명하고 효율적인 대처방법인 것이다.

5. 봉사회원에 대한 대처

봉사회원은 입주자들의 이익을 대변하고 아파트의 건전한 발전을 위해 헌신하고자 봉사회를 구성하였다. 봉사회장은 입주자대표를 선출할 선거관리위원 2명을 추천하는 권한을 갖는다. 관리소장은 입주예정자 모임에서 활동한 입주자 중에서 선거관리위원을 위촉해 선거관리위원회를 구성하였다. 선거관리위원은 입주자대표를 선출해 입주자대표회의를 구성하였다. 이어서 관리소장은 봉사회원을 위촉해 봉사회를 구성하였다.

따라서 관리소장은 분양 초기에 다음카페를 통해 활동한 입주예정자 모임의 입주자들을 주축으로 하여 봉사회원을 위촉해 봉사회를 구성한 것이다. 이와 같이 관리소장은 봉사회를 조직하여 사기 분양, 부실 공사, 관리 비리를 감쪽같이 은폐할 목적으로 운영하였다.

봉사회장은 분양 당시 아파트가 5층에 당첨되었는데 H건설에서 17층으로 바꾸어 주었다고 자랑하였다. 좋은 층으로 변경해 준 것은 모종의 대가인 것이 분명했다. 또한 봉사회의 자금을 집행 관리하며 장부와 영수증을 보관하고 집행한 결과를 보고할 책임이 있는데 집행과정 및 결과를 공개하지 않았다. 그래서 봉사회원들은 공개하라는 불만이 증폭되었지만 입주자대표가 나서서 수습하였다.

비대위원장은 봉사회의 잘못된 업무처리를 방지하기 위해 각별한 관심을 가졌다. 그리고 입주자대표, 선거관리위원, 관리소장이 입주자들에게 봉사하는 봉사회가 되도록 감시하였다. 또한 입주자들이 봉사회에 참여해 입주자들의 이익을 대변하도록 유도하였고, 공정하고 체계적인 관리 시스템을 만들게 하였다. 봉사회의 회비를 집행하기 위한 통장, 장부, 서류를 투명하며 효율적으로 관리하도록 유도하였다.

6. 통장에 대한 대처

통장은 광진구청과 광장동사무소에서 알리는 사항을 전달하고, 현안문제를 건의하며 아파트 발전에 기여하는 업무를 담당한다. 또한 통장은 입주자대표를 선출하는 선거관리위원 2명을 추천할 권한을 갖는다. 관리소장은 분양 당시 입주예정자 모임에서 적극적으로 활동한 입주자를 통장에 지원하도록 독려하며 추진하였다.

그러나 H아파트의 경우 통장이 입주예정자 모임에서 적극적으로 활동한 입주자가 선임되지 않고 다른 입주자가 선임되었다. 새롭게 위촉된 통장은 입주자대표가 사기 분양, 부실 공사, 관리 비리를 은밀하게 은폐하는 것에 전혀 공조하지 않았고 아파트의 발전을 위하여 입주자들에게 모든 진실을 공정하고 정확하게 알려주면서 잘못한 것을 바르게 시정하기 위해 올바른 행동을 하였다.

더구나 통장은 사기 분양한 토지 636.8 ㎡를 찾기 위해 헌신하는 비대위원장의 정의로운 행동에 적극적으로 동조하며 입주자들에게 진실을 정확히 알리기 위해 노력하였다. 그러자 입주자대표는 광장동사무소의 동장을 찾아가 통장을 모함하는 유언비어를 퍼트리고 민원을 제출해 괴롭히며 사퇴하도록 유도하였다.

이에 더하여 입주자대표는 인신공격을 하면서 거짓주장을 하였고, 모함을 일삼았다. 그러자 통장은 입주자들을 위해 열심히 봉사를 하면서 더 이상 억울하게 욕을 먹기 싫다며 사퇴하였다. 그런 후에 입주자대표는 통장을 H건설에 근무하다 퇴직하고 봉사회 부회장으로 활동하며 토지 636.8 ㎡를 못 찾게 방해한 성○남을 추천해 선임하였다.

그러나 비대위원장은 입주자들의 이익을 위해 성실하게 대변한 통장을 마음대로 교체하지 못하게 하고자 불의에 맞서 입주자들과 합심해 소신껏 일할 수 있도록 적극적으로 협조하며 힘을 보태주었지만 입주자대표의 조직적인 방해공작으로 인해 실패하였다. 이러한 경우 입주자들은 공정하게 선임된 통장이 진정으로 입주자들의 이익을 위하여 열심히 대변할 수 있고, 아파트 발전을 위해 성실히 업무를 수행할 수 있도록 적극적으로 대처해 보호하여야 한다.

7. 경비원에 대한 대처

H건설은 H아파트를 건축하면서 경비용역업체로 KT를 선정해 업무를 위탁하였고, 입주한 후에도 계약을 유지하였다. 경비원은 아파트에 설치되어 있는 CCTV를 보면서 외부인의 출입을 감시하고 보안업무를 수행한다. 그러나 H아파트의 경우에는 다른 아파트와 달리 사기 분양, 부실공사, 관리 비리의 진실을 정확하게 파헤쳐 올바로 시정하기 위해 고군분투하는 비대위원의 동태를 파악하며 감시하였다.

경비원들은 비대위원이 사기 분양된 토지 636.8 ㎡를 찾기 위한 안내문을 게시판과 엘리베이터 공지에 부착하면 즉시 떼어냈다. 그리고 우편함에 유인물과 전달사항을 배부하면 CCTV를 지켜보고 있다가 즉시 회수하였다. 이처럼 입주자대표는 사기 분양한 것에 관한 모든 진실을 알려주지 못하게 은폐하며 조직적으로 방해하였다.

입주자대표는 부정선거로 승계하였는데 선거인명부를 검증해 주지 않았고, 관리 서류의 열람을 거부하며 공개하지 않았다. 더구나 경비업체가 KT에서 에스원으로 교체한 후에도 경비원을 시켜 모든 정보를 차단하고 진실을 알려주지 않으며 감쪽같이 은폐하였다.

그러나 비대위원장은 경비원이 입주자대표의 지시를 무조건 따르며 위법행위를 하지 못하도록 방지하기 위하여 H건설(한원광장)이 경비업체와 밀월관계가 있는지, 경비업체가 입주자들의 이익을 위해 진실한 정보를 숨김없이 정확히 전달할 수 있는지 점검하였다.

이와 같이 입주자들은 입주자대표가 경비용역계약을 체결한 이후에도 경비원들이 진정으로 입주자들을 위해 올바른 업무수행을 하는지 수시로 관리감독을 철저히 하여야 한다. 또한 경비원들이 입주자들의 이익을 위해 일을 스스로 찾아서 하도록 관심을 가져야 한다.

8. 청소원에 대한 대처

청소원은 아파트를 청결하게 유지 관리하도록 업무를 수행하여야 한다. 그러나 H아파트의 경우에는 비대위원장이 설치한 게시물과 배부한 유인물 등을 입주자대표의 지시에 따라서 입주자들이 받아 읽기도 전에 수거해 은폐하는 위법행위를 저질렀다.

이처럼 청소원이 입주자대표의 지시를 따르는 것은 어쩔 수 없는 명령에 의한 업무의 일환일지 모른다. 그러나 청소원들은 입주자들이 납부한 관리비에 의해 급여, 수당, 격려금을 받고 있기 때문에 입주자들의 이익을 위하여 성실히 대변할 막중한 책임과 의무가 있다.

따라서 입주자들은 청소용역업체를 선정할 때 입주자대표와 이해관계가 얽힌 업체는 아닌지, 입주자들의 이익을 위해 성실하게 대변할 수 있는지, 정보전달수단을 완전히 통제하며 정확한 정보를 전달하는지 면밀히 따져 보고 적극적이며 효율적으로 대처하여야 한다.

9. 노인회에 대한 대처

노인회는 아파트에 거주하는 65세 이상의 어르신들로서 친목을 위해 구성한다. 노인회는 아파트의 최고 연장자들의 모임이므로 도덕과 윤리를 모범적으로 실천하며 입주자들의 화합과 친목을 도모하고 입주자들을 위해 봉사하여야 한다. 노인회 회장은 입주자대표를 선출하는 선거관리위원 2명을 추천할 권한을 갖는다. 따라서 관리소장은 사기 분양, 부실 공사, 관리 비리를 은폐하는데 동조할 수 있는 입주자를 주축으로 노인회의 임원을 구성하려고 하였다.

노인회는 경로당에서 친목을 통해 우정을 나누고 그동안 살아온 소중한 경험을 바탕으로 더불어 살아가는 입주자들에게 귀감이 되며, 보람 있는 봉사활동을 통해 활기찬 노후를 보내는데 목적이 있다. 그리고 H아파트의 경로당은 할아버지 방, 할머니 방, 화장실 2개, 부엌, 마루, 온 · 냉방시설이 최신식으로 아주 잘 갖추어져 있다.

그런데도 입주자대표는 노인회를 구성하지 못하게 조직적으로 방해하면서 입주한지 4년 동안 경로당을 개방하지 않고 방치하였다. 왜냐하면 노인들이 사기 분양, 부실 공사, 관리 비리에 대하여 강력하게 시정을 요구하였기 때문이다. 이와 같이 입주자대표는 고의로 노인회를 구성하지 못하게 관리소장과 함께 방해하였다. 하지만 노인들은 비대위원장의 도움을 받아 33명으로 노인회를 결성해 경로당 설치를 대한노인회에 등록

하였고, 광진구청에 신고하였다.

이때 입주자대표와 관리소장은 광진구청에 신고필증을 내주지 말라고 민원까지 제출해 조직적으로 방해하였다. 이에 대하여 광진구청은 직접 실사하여 민원내용과 전혀 다른 것을 정확하게 확인하고 신고필증을 발급해 주었다. 노인들은 입주자대표가 경로당을 4년 동안 열지 않고 방치해 편리한 시설을 이용하지 못하였음은 물론 약 3천만 원 상당(매월 40만 원과 쌀 1포대)의 지원금을 받지 못했다.

더구나 노인들은 경로당을 어렵게 개방하였지만 입주자대표가 취사도구와 냉장고, 에어컨 등 긴급하게 필요한 필수품조차 마련해 주지 않았다. 따라서 비대위원장은 입주자들에게 긴급히 도움을 호소하여 경로당에 반드시 필요한 필수품을 우선 구입해 드렸다. 입주자들이 아파트에 입주가 시작되면 모든 커뮤니티 시설을 완전히 개방하는 것이 당연하다. 그러나 4년 동안이나 경로당을 폐쇄한 것은 자원의 낭비이며 딱히 오갈 데가 없는 노인들의 안위를 위협하는 부당한 행위이다.

이러한 악질적인 수법으로 입주자대표는 경로당의 개방을 미루는 위법행위를 저질렀는데 이에 대처하기 위하여 입주자들의 적극적인 관심과 행동이 뒤따라야 한다. 입주자들은 일치단결해 합리적이며 적법한 절차에 의거 입주하는 즉시 경로당이 개설되어 운영되도록 관심을 가져야 한다. 경로당의 개방은 갈 곳 없는 노인들의 안락한 휴식처이지만, 풍부한 경험과 지식을 바탕으로 귀감이 되는 윤리교육의 현장학습소이다. 어른을 공경하는 것은 가장 우선시 되어야 하는 매우 중요한 일이고, 기초적이며 참된 교육의 밑바탕이기 때문이다.

제7부

입주자대표가 더사모카페를 폐쇄하기 위해 시도

1. 네이버에 더사모카페를 폐쇄해 달라고 민원제출

비대위원장은 2012.8.6. 대한지적공사에서 측량을 하여 토지 636.8 ㎡가 사기 분양된 것을 증명하였다. 또한 2015.2.10. 서울고등법원에서 판결을 받아서(대법원에서 2015.6.23. 확정) 또 다시 증명하였다. 이를 근거로 ① 사업부지를 분할하여 제외한 제척토지 203 ㎡를 찾고, ② 제척토지 203 ㎡부터 펜스까지 사이를 출입조차 하지 못하는 불용토지 433.8 ㎡를 시정하여야 하며, ③ 1404동 빌라 뒤 2단산벽을 경계 안쪽 4 m지점에 설치하였는데 수직옹벽을 경계에 설치하여야 한다. 따라서 비대위원장은 다음카페에서 2015.6.30. 및 7.10. 입주자들에게 찾아야 한다고 알려주었는데 입주자대표가 토지 636.8 ㎡를 못 찾게 방해할 목적으로 알려주지 못하도록 비대위원장을 2015.7.18. 강제로 퇴출시켰다.

하는 수 없이 비대위원장은 공공의 이익을 위해 사기 분양한 토지 636.8 ㎡를 찾아야 한다고 2015.8.24. 더사모카페를 개설하여 입주자들에게 알려주기 시작하였다. 그런데 입주자대표는 사기 분양한 토지 636.8 ㎡에 대한 진실이 모두 드러날까 두려워하면서 더사모카페를 폐쇄해 달라고 변호사를 앞세워 네이버에 민원을 제출하였다. 이는 비대위원장이 더사모카페에서 토지 636.8 ㎡가 사기 분양된 것에 관한 진실을 정확하게 알려 주었기 때문에 진실한 정보를 차단하고 감쪽같이 속이기 위한 목적으로 더사모카페를 폐쇄하도록 요구한 것이다.

제2기 입주자대표는 2016.6.21. 임기가 만료되었으므로 관리규약, 입주자대표 해임안, 위임장, 주민총회 의결에 의거, 입주자들에게 위임을 받았던 권한이 완전히 상실되었다. 더구나 입주자들은 2016.6.26. 52%가 비밀투표에 직접 참여해 제3기 입주자대표를 합법적인 방법으로 선출하였다. 그런데도 제2기 입주자대표는 불법으로 새로 선출된 제3기 입주자대표에게 업무를 인계하지 않고 사기 분양한 토지 636.8 ㎡를 못 찾게 조직적으로 방해하였다.

오히려 제2기 입주자대표는 입주자들이 2016.6.26. 제3기 입주자대표를 선출하였음에도 불법으로 입주자들의 의사에 반해 선거관리업무를 수행하였고, 오히려 2016.7.14. 제3기 선거관리위원(위원장 최○호)를 지명해 2016.8.11. 전자투표를 이용한 대리투표로 부정선거를 하여 제3기 입주자대표(유○운, 공○미, 임○익)를 다시 선출하였다. 그리고 부정선거한 선거인명부를 검증해 주지 않았다. 이는 입주자대표가 사기 분양한 토지 636.8㎡를 못 찾게 방해한 확실한 증거이다.

더구나 입주자대표는 비대위원장이 더사모카페에 글을 올려 자신들의 명예훼손을 하였다며 사기 분양한 토지 636.8㎡를 찾아야 한다는 26편의 글을 삭제해 달라고 민원을 제출하였다. 그런데도 네이버는 정확한 원인조사를 하지 않고 삭제해 주었다. 이어 입주자대표는 네이버에 더사모카페를 완전히 폐쇄해 달라고 민원을 제출하였다.

그러나 비대위원장은 공공의 이익을 위하여 2015.7.18. 다음카페에서 강제로 퇴출을 당한 후에 2015.8.24. 더사모카페를 개설해 사기 분양한 토지 636.8㎡를 찾아야 한다며 진실을 알려 주었다고 통보하였다. 또한 사기 분양한 토지 636.8㎡를 찾고자 2017.2.28. 서울중앙지방법원에 소송을 제기해 진행 중이고, 토지 636.8㎡를 찾을 때까지 알려줄 책임이 있기 때문에 더사모카페를 폐쇄하지 말라고 통보하였다.

그리고 비대위원장은 입주자대표가 다음카페에서 비대위원장을 강제로 퇴출시킨 후에 날조된 유언비어로 인신공격을 하면서 명예훼손을 하였는데 더사모카페까지 폐쇄시켜 사기 분양한 토지 636.8㎡를 못 찾게 방해하는 것이라고 설명해 주었다. 아울러 입주자들은 비대위원장이 더사모카페에서 게시한 글을 읽고 난후에 서쪽 경계 펜스 밖의 토지 636.8㎡가 사기 분양된 것을 정확히 알게 되었기 때문에 네이버에 대해 매우 고맙게 생각한다고 진실을 정확하게 통보하였다.

그리고 비대위원장은 입주자대표에게 다음카페에서 강제로 퇴출을 당해 더 이상 게시의 글을 쓸 수 없으므로 언제든지 더사모카페에 들어와 마음껏 글을 써도 좋고 비대위원장을 비난해도 좋다고 허용하였는데 입주자대표가 다음카페에서만 거짓의 글을 쓰며 유언비어를 퍼트리고 더사모카페에는 전혀 들어오지 못하고 있다며 설명해 주었다.

또한 비대위원장은 입주자대표에게 입주자들의 이익에 반하는 것이 있다면 사실대로 정확하게 지적해 달라며 통보하였고, 입주자대표가 토지 636.8㎡를 못 찾게 다음카페에서 강제로 퇴출시켰으므로 진실을 알리기 위해서 더사모카페를 개설한 것이며, 공공의 이익을 위해 당연한 결정이라고 사실대로 정확하게 알려주었다.

따라서 네이버는 더사모카페를 폐쇄하는 것이 정보전달매체의 근본 목적에 반한 위법행위이며, 입주자들이 사기 분양한 서쪽 경계 펜스 밖의 토지 636.8㎡를 찾기 위한 정보공유에 심각하게 방해가 될 수 있다면서 더사모카페를 폐쇄해 달라는 요청을 단호하게 거절하였다.

2. 방송통신심의위원회에 더사모카페를 폐쇄해 달라고 민원제출

입주자대표는 네이버에서 더사모카페의 폐쇄를 거부당하자 이번에는 또 변호사를 앞세워 더사모카페를 폐쇄해 달라고 방송통신심의위원회에 민원을 제출하였다. 이는 비대위원장이 마치 진실을 완전히 왜곡해 입주자대표의 명예훼손을 심각하게 저지른 것처럼 위장하며 감쪽같이 속이고 더사모카페를 폐쇄하여 달라고 요구한 것이다.

그러나 비대위원장은 방송통신심의위원회에 입주자대표가 사기 분양한 토지 636.8㎡를 못 찾게 방해할 목적으로 오히려 불법선거로 승계하면서 정보전달수단을 완전히 통제하고 위법행위를 저지르며 방해하였기 때문에 입주자들이 사기 분양을 당한지 10년이 지나도록 서쪽 경계 펜스 밖의 토지 636.8 ㎡를 못 찾고 있다고 통보하였다.

더구나 비대위원장이 2015.2.10. 토지 636.8 ㎡가 사기 분양된 것을 증명한 이후에 입주자대표는 고소, 수사, 재판을 야기하고, 변호사를 앞세워 거짓의 진술, 준비서면, 증거자료, 탄원서를 제출해 광진경찰서, 서울동부지검, 서울동부지방법원이 속아서 오판하도록 위법행위를 저질렀다고 설명하였다. 하지만 비대위원장은 사기 분양한 토지 636.8 ㎡를 찾아주려고 최선을 다하였음에도 입주자대표가 선량한 피해자를 악질적인 가해자로 뒤바꿔 놓고 못 찾게 방해하였다며 통보하였다.

따라서 방송통신심의위원회는 비대위원장이 더사모카페에 공지한 전체의 글들을 면밀히 검증하고 조사하였다. 그리고 2019.4.12. 심의위원회에 안건을 상정해 의결하였다. 그 결과 더사모카페가 입주자들에게 공공의 이익을 위해 사기 분양한 토지 636.8 ㎡를 찾고자 진실을 알려주려고 했다는 것이 확실히 인정되었기 때문에 입주자대표에게 공공의 이익을 위해 더사모카페를 폐쇄할 수 없다고 거부하였다.

이는 비대위원장이 대법원에서 2018.3.9. 이미 확정판결을 받았기 때문에 더사모카페가 공공의 이익을 위한 정보전달수단의 역할을 인정받았고, 이번에도 방송통신심의위원회에서 같은 이유로 더사모카페가 공공의 이익을 위한 것이라고 또다시 확실하게 인정받게 되었다.

3. 명예훼손을 하였다고 위장해 비대위원장을 고소

입주자대표, 선거관리위원, 관리소장은 비대위원장이 사기 분양한 서쪽 경계 펜스 밖의 토지 636.8 ㎡를 못 찾게 방해할 목적으로 더사모카페를 폐쇄하기 위해 명예훼손과 업무방해를 하였다고 위장하여 광진경찰서에 3회 고소하였고, 협박 및 폭행을 하였다고 2회 고소하였다.

① **1차 고소(2016.3.14.)**

비대위원장은 공공의 이익을 위해 2012.8.6. 대한지적공사에서 측량을 하였고, 2015.2.10. 서울고등법원에서 판결을 받아서(2015.6.23. 대법원 확정) 사기 분양한 토지 636.8 ㎡를 찾아야 한다고 2015.6.30. 및 7.10. 다음카페에서 알려주었다. 그러나 입주자대표는 알려주지 못하게 비대위원장을 다음카페에서 2015.7.18. 강제로 퇴출을 시켰다. 따라서 비대위원장은 공공의 이익을 위해 2015.8.24. 더사모카페을 개설해 사기 분양한 토지 636.8 ㎡를 찾아야 한다고 알려주었다.

그런데도 입주자대표는 토지 636.8 ㎡를 못 찾게 방해할 목적으로 비대위원장이 명예훼손을 하였다며 2016.3.14. 광진경찰서에 고소하였다. 따라서 비대위원장은 광진경찰서 사이버수사팀장 박○환 경위에게 수사를 받으면서 대한지적공사 측량 및 대법원 확정판결에 의거 공공의 이익을 위해 사기 분양한 토지 636.8 ㎡를 찾아야 한다고 더사모카페에서 진실을 알려주었다며 정확히 설명해 주었다(p354 2016.3.14. 고소 참조).

그러나 박○환 경위는 더사모카페에 게시한 글의 목적과 의미를 확인하지 않고 진실을 완전히 왜곡해 명예훼손을 하였다며 혐의 있다고 송치하였다. 또한 서울동부지검 최○석 검사는 광진경찰서에서 진실을 왜곡해 수사한 것을 알면서도 약식기소(벌금 5백만 원)하였다. 이에 대하여 서울동부지방법원은 공공의 이익을 위해 알려준 것을 인정하였지만 2016.8.22. 무죄가 아닌 선고유예로 판결하였다(2016고정1717). 서울동부지방법원(항소부)은 원심대로 2016.12.22. 기각하였고(2016노1342), 대법원은 2018.3.9. 심리불속행으로 확정하였다(2018도1201).

그런데도 입주자대표가 더사모카페를 폐쇄해 달라고 민원을 제출하였지만 네이버에서는 공공의 이익을 위해 알려준 것이라며 거절하였다. 이어서 입주자대표가 더사모카페를 폐쇄해 달라고 민원을 제출하였는데 방송통신심의위원회에서는 더사모카페에 게시한 글을 전수 조사해 검증을 한 후에 심의위원회에 부의하였다. 그리고 더사모카페에 게시한 글이 공공의 이익을 위해 알려준 것이므로 폐쇄할 수 없다고 거부하였다. 이와 같이 입주자대표가 민원을 제출하였지만 네이버와 방송통신심의위원회는 진실을 알려준 것이므로 거부해 폐쇄에 실패하였다.

② 2차 및 3차 고소(2018.10.8. 및 2019.3.14.)

입주자대표는 더사모카페를 폐쇄할 목적으로 변호사를 앞세워 비대위원장이 더사모카페에 글을 게시해 명예훼손을 하였다고 위장해 2018.10.8. 및 2019.3.14. 광진경찰서에 또 고소를 하였다.

따라서 비대위원장은 광진경찰서의 사이버수사팀 박○현 경사에게 고소장을 열람해 확인하였다. 그리고 입주자대표가 사기 분양한 토지 636.8 ㎡를 못 찾게 방해할 목적으로 명예훼손을 하였다고 진실을 완전히 왜곡해 고소하였기 때문에 담당변호사님과 협의해 수사에 적극적으로 협조하여 진실을 명확히 밝히겠다고 설명하였다.

하지만 박○현 경사는 수사를 한다며 비대위원장에게 출석을 요구하였다. 그러나 비대위원장은 입주자대표가 사기 분양한 토지 636.8 ㎡를 못 찾게 방해하고자 위장해 고소한 것이라며 자세히 설명해 주었다. 그리고 입주자대표가 2016.3.14. 명예훼손을 하였다며 이미 고소해 대법원에서 확정판결을 받은 것과 같은 내용인 것을 설명해 주었다.

또한 비대위원장은 박○현 경사에게 사기 분양한 서쪽 경계 펜스 밖의 토지 636.8 ㎡가 현장이 잘 보존되어 있고, 재건축할 때까지 증거인멸을 할 수도 없기 때문에 직접 현장검증을 실시하면 입주자대표가 토지 636.8 ㎡를 못 찾게 방해할 목적으로 고소한 것을 정확하게 이해할 수 있다고 설명해 주었다. 그리고 현장검증을 실시한 이후에 출석해 수사에 적극적으로 협조하겠다고 통보하였다.

그런데도 박○현 경사는 수사하기 전에 비대위원장이 현장검증을 해달라고 요구한 것을 하지 않으면서 무조건 출석하라라고 재촉하였다. 그러나 비대위원장은 수사에 앞서 먼저 토지 636.8 ㎡에 대한 현장검증을 하면 공공의 이익을 위한 것이 잘 이해되어 공정한 수사를 할 수 있다고 설득하였다. 그리고 비대위원장은 박○현 경사와 2019.2.13. 만나기로 협의하였고, 그날 현장검증까지 실시하기로 약속을 받아냈다.

그런 후에 비대위원장은 담당변호사님과 함께 스타벅스에서 박○현 경사를 만났고, 박○현 경사가 이○현 경위, 김○준 경사와 함께 왔다. 3명이 같이 와서 예감이 이상했지만 비대위원장은 담당변호사님이 입회한 가운데 수사관 3명에게 서쪽 경계 펜스 밖의 토지 636.8 ㎡에 대한 현장을 안내하면서 분양대금 82억 원을 납부하였는데 10년이 지나도록 출입조차 하지 못하고 있어 막대한 피해를 입었다며 설명해 주었다.

처음에 수사관들은 서쪽 경계 펜스 밖의 사기 분양한 토지 636.8 ㎡에 대한 현장검증을 하지 않으려고 하였다. 그러나 비대위원장은 사기 분양한 토지 636.8 ㎡를 보자고 강력히 요구해 수사관들이 현장을 둘러 볼 수밖에 없었다. 비대위원장은 현장이 잘 보존되어 있고, 증거인멸을 할 수 없는데도 계속 찾아주지 않고 속이는 것을 정확히 확인시켜 주었다. 담당변호사님은 현장검증이 끝날 무렵에 사무실로 돌아갔고, 비대위원장은 정문 앞의 도로가 분양 당시 4차선으로 계획되었는데 분양계약을 위반해 3차선으로 시공한 것까지 수사관 3명에게 자세히 설명해 주고 사기 분양한 토지 636.8 ㎡에 대한 현장검증을 마쳤다.

변호사님이 돌아간 뒤에 현장검증이 끝나자마자 박○현 경사는 이○현 경위, 김○준 경사와 같이 비대위원장에게 수사를 하여야 한다며 광진경찰서로 함께 가자고 요구하였다. 그러나 비대위원장은 사기 분양한 토지 636.8 ㎡에 대한 현장검증을 하였고 심각한 문제점도 직접 확인하였기 때문에 빠른 시일 내에 담당변호사님과 일정을 협의한 후에 함께 출석해 수사를 성실하게 받겠다며 사정하였다.

그러나 박○현 경사는 무조건 광진경찰서로 갈 것을 요구했고, 비대위원장은 담당변호사님이 있어야 수사를 받겠다고 설득하였다. 그런데도 박○현 경사는 비대위원장이 현장검증을 실시한 후에 수사를 받겠다고 말하지 않았냐고 억지주장하면서 서울동부지방법원에서 발부한 체포영장을 비대위원장에게 제시하였다. 그러나 비대위원장은 현장검증을 하여야 공정한 수사를 할 수 있다고 계속 설명해 준 것을 박○현 경사가 출석해 수사를 받아야 하는 것을 3회 이상 고의로 거부한 악질적인 피의자라고 보고해 서울동부지방법원에서 체포영장을 발부받은 후에 박○현 경사가 소지하고 다녔다는 것을 뒤늦게 알게 되었다.

체포영장을 가지고 현장검증을 하였으면서도 변호사님이 돌아가고 나서야 사전에 발부해 두었던 체포영장을 내미는 것은 엄연히 선량한 국민을 위협한 강압적인 수사이다. 체포영장을 확인한 비대위원장은 별도리 없이 박○현 경사에 의해 광진경찰서로 끌려갈 수밖에 없었다. 비대위원장은 서둘러 담당변호사님에게 연락해 광진경찰서에서 수사를 받고 있으니 돌아와서 입회해 달라고 부탁하였다. 담당변호사님은 조금 전까지 본인이 있을 때 수사관들이 체포영장에 관한 애기가 없었고 체포영장을 발부할 사건도 전혀 아니라며 의아해 하였다.

이와 같이 비대위원장은 억울하게 2019.2.13. 저녁 20시 30분부터 박○현 경사에게 체포되어 담당 변호사님과 김○준 경사의 입회하에 수사를 받았고, 2019.2.14. 새벽 04시 30분경에 수사를 마쳤다. 수사를 시작하기 전에 비대위원장은 공정한 수사를 증명하고자 수사과정을 녹취와 녹화를 해달라고 요청해 모든 증거를 남겨 놓았다. 이와 같이 비대위원장은 어처구니없게도 유치장에 갇혀서 다음날 저녁 21시까지 억울한 감정을 참으면서 검사의 현명한 석방 결정을 기다릴 수밖에 없었다.

비대위원장은 공공의 이익을 위하여 사기 분양한 토지 636.8㎡를 찾고자 공명정대하게 봉사활동을 하면서도 입주자대표의 끊임없는 위법행위로 인해 애꿎게 악질적인 가해자로 몰려 유치장 신세까지 체험해야 하는 괴로움을 겪어야만 했다. 사기 분양한 토지 636.8 ㎡를 찾아주려고 최선을 다한 선량한 봉사자에서 명예훼손을 한 악질적인 가해자로 뒤바뀌 고소해 유치장 신세까지 경험하는 억울함을 당했다.

그렇지만 비대위원장은 공공의 이익을 위하여 진실을 알려주는 것을 절대로 포기하지 않았고, 어느 누구의 명예훼손을 할 필요도 없으며, 명예훼손을 하지도 않았다고 솔직하게 진술하였다. 그리고 수사과정에서 정직하게 답변하였고, 적극 협조하였기 때문에 검사가 올바른 판단을 할 것으로 확신하였다(p413 2018.10.8. 및 2019.3.14. 고소 참조).

이와 같이 비대위원장은 본의 아니게 누명을 쓰고 유치장에 들어왔지만 주변 시설을 자세하게 살펴보면서 경찰들이 다른 피의자들을 어떻게 대우하는지 유심히 관찰하였다. 수용시설과 샤워실, 소지품 보관함, 경찰의 강압적인 태도 등 모두 주의 깊게 둘러보았다. 유치장에 들어오고 나서 이틀만에야 검사의 지휘에 따라서 다음날 21시경에 석방이 결정되어 억울함을 되새기며 집으로 돌아올 수 있었다.

비대위원장은 돌아와 가족과 함께 새벽까지 과거 미국에서 함께 살 때 주 청사에 근무했던 선진국의 소중한 경험을 얘기하며 잘못한 일이 전혀 없는데도 입주자대표의 농간으로 인해 억울하게 유치장에 들어간 많은 피해자들의 심정에 관한 심도 있는 대화를 나누었다.

그리고 사기 분양한 토지 636.8 ㎡를 못 찾게 방해할 목적으로 하지도 않은 명예훼손을 한 것처럼 위장해 고소하고 강압적인 수사를 받는 것에 대해 논의하였다. 비대위원장 가족들은 미국에서 함께 생활하며 얻은 선진국의 관점에서 입주자대표가 비대위원장을 고소해 억울하게 피해자를 가해자로 만든 것에 대하여 매우 큰 충격을 받았다.

비대위원장은 그 뒤 사이버수사팀 김○환 팀장에게 사기 분양한 토지 636.8 ㎡에 대한 현장을 직접 방문해 확인할 것을 간곡히 부탁하였다. 그리고 김○환 팀장과 박○현 경사와 함께 2019.3.12. 직접 현장을 답사하면서 사기 분양한 현장의 심각성을 또 자세히 설명해 주었다. 이때 박○현 경사는 현장을 지난번에도 이○현 경위와 김○준 경사와 같이 둘러보았기 때문에 악질적으로 사기 분양한 서쪽 경계 펜스 밖의 토지 636.8 ㎡에 대한 심각한 문제점을 정확히 파악하고 있었다.

입주자들은 H건설이 계획적으로 사기 분양한 토지 636.8 ㎡를 10년이 지나도록 돌려받지 못하고 있다. 더구나 사건의 단서가 된 현장은 보존이 잘 되어 있고, 증거인멸의 우려도 전혀 없기 때문에 반드시 찾을 수밖에 없다는 설명도 덧붙여 하였다. 또한 입주자들은 사기 분양한 토지 636.8 ㎡를 수시로 감시하고 있지만, 입주자대표가 불법선거로 승계해 불법 관리를 하면서 위법행위를 저질러 조직적으로 방해하기 때문에 찾는데 많은 걸림돌이 된다는 것도 설명해 주었다.

비대위원장은 혹시 입주자대표가 사기 분양한 토지 636.8 ㎡에 대한 현장을 증거 인멸한 후에 감쪽같이 속일 수만 있다면 입주자들이 그 거짓말에 어쩔 수 없이 속을지도 모르겠다고 김○환 팀장과 박○현 경사에게 조크를 건네기도 하였다. 또한 비대위원장은 입주자대표가 사기 분양한 토지 636.8 ㎡를 찾아주면 자신들 뿐만 아니라 모든 입주자들에게도 막대한 이익이 돌아가는데 왜 못 찾게 악질적으로 방해하는지를 도저히 이해할 수 없으며, 이것이야말로 입주자대표가 H건설의 이익을 대변하는 확실한 증거라고 자세히 설명해 주었다.

입주자들은 입주자대표가 불법선거로 승계하면서 정보전달수단을 완전히 통제하며 속이고, 온갖 악질적인 위법행위를 저질러 사기 분양한 토지 636.8 ㎡를 못 찾게 조직적으로 방해하며 막대한 재산적 피해를 주는 것을 전혀 이해할 수 없다고 생각한다. 그렇지만 박○현 경사는 비대위원장이 공공의 이익을 위하여 개인적으로 소송까지 하며 옳은 일을 하고 있는 것을 잘 알고 있으면서도 명예훼손을 하였다고 주장하는 입주자대표의 편에 서서 비대위원장을 혐의 있다고 송치하였다. 이것은 누가 봐도 부당한 처사이고 한쪽으로만 치우친 표적 및 별건수사, 편파 및 부실수사, 짜 맞추기 수사라고 아니할 수 없다.

이 명예훼손 사건이 접수된 서울동부지검에서는 2019.6.4. 형사1부 양○필 부부장검사에게 배정되었다. 비대위원장은 입주자대표가 입주자들의 이익을 전혀 대변하지 않고 사기 분양한 토지 636.8㎡를 못 찾게 조직적으로 방해하기 위한 고소라며 사건경위를 자세히 설명하는 진정서를 제출해 소명하였다. 또한 '숨겨진 아파트 비리 완전정복'을 정리한 책자를 첨부해 진정서와 함께 제출하고, 여러 차례 면담을 시도하였으나 계속 진술할 기회마저 거절당했다.

더구나 담당변호사님은 비대위원장이 사기 분양한 토지 636.8㎡를 찾기 위하여 더사모카페의 회원들에게 사실대로 정보를 정확하게 전달한 것이라는 의견서를 광진경찰서와 서울동부지검에 제출하였다. 그러나 광진경찰서와 서울동부지검은 변호사님의 진실을 전혀 받아들이지 않았다. 그리고 입주자대표의 거짓 주장을 들어주면서 2019.7.29. 비대위원장이 명예훼손을 하였다며 약식기소(벌금 5백만 원)하였다. 이어 서울동부지방법원은 2019.11.1. 그대로 약식명령을 하였다(2019고약6764). 하는 수 없이 비대위원장은 입주자대표가 억울하게 뒤집어씌운 누명을 정확하게 밝히기 위해 또 다시 2019.11.7. 서울동부지방법원에 정식재판을 청구할 수밖에 없었다(2019고정1168).

이와 같이 입주자대표는 악질적인 수법으로 그동안 진실을 속여 비대위원장을 곤경에 빠뜨리기 위해 고소, 고발, 수사, 재판을 서슴지 않고 수없이 저질렀다. 그리고 변호사를 앞세워 거짓의 진술, 준비서면, 증거자료, 탄원서를 제출해 광진경찰서, 서울동부지검, 서울고검, 서울동부지방법원, 서울중앙지방법원, 서울고등법원, 대법원이 속아서 오판하도록 위법행위를 저지른 비인간적인 사건이다.

입주자들은 분양대금 82억 원을 납부한 토지 636.8㎡를 사기 분양을 당한지 10년이 지나도록 억울하게 찾지 못하고 있다. 왜냐하면 입주자 대표가 H건설, 광진구청과 계획적이며 조직적이고 치밀하게 방해공작을 하면서 완전범죄로 음해하였기 때문이다. 그러나 사기 분양한 토지 636.8㎡는 서쪽 경계 펜스 밖에 현장이 잘 보존되어 있고, 재건축할 때까지 증거인멸을 할 수도 없으며, 입주자들이 토지 636.8㎡를 찾기 위해 수시로 감시하고 있다.

또한 일부 입주자들은 비대위원장의 도움을 받아 2017.2.28. 서울중앙지방법원에 소송을 제기하여 2019.12.19. 선고하였다. 그러나 이번에도 203㎡만 인정하였고, 203㎡를 분할하여 제척한 후의 경계부터 펜스까지 불용토지 433.8㎡를 인정하지 않았다. 이는 입주자들이 재판장님께 433.8㎡에 대한 현장검증을 해달라고 강력히 요구하였는데 하지 않고 심각성을 간과하였기 때문이다. 이처럼 중대한 오판으로 인해 판결이 완전히 잘못되었다. 이에 대하여 광진경찰서의 수사관들은 현장검증을 해서 심각한 문제점을 이미 잘 알고 있다. 따라서 입주자들은 사기 분양한 토지 433.8㎡를 한원광장과 김○석이 사용을 하는데도 억울하게 매년 재산세만 납부하면서 출입조차 못하고 있기 때문에 정당하게 되찾기 위해 서울고등법원에 2020.1.3. 항소하였다. 이번에 서울고등법원에서 현장검증을 하여 심각한 문제점을 확인하면 인정하게 될 것이다.

이와 같이 입주자들은 분양대금 82억 원을 납부하였는데 H건설이 출입조차 하지 못하게 빼고 설계해 시공하였기 때문에 사기 분양한 토지 636.8㎡를 이미 찾았어야 한다. 그것이 정의롭고 공정한 법치국가에 사는 우리 국민이 마땅히 누려야 할 정당한 권리이다. 그러기 위해서는 입주자대표가 불법선거로 승계해 불법 관리를 하면서 죄를 뒤집어씌우는 악질적인 위법행위가 하루빨리 척결되어야 한다. 그것이 선진적인 법치국가로 가는 올바른 지름길인 것이다.

③ **협박하였다고 고소**

비대위원장은 사기 분양한 서쪽 경계 펜스 밖의 토지 636.8 ㎡를 찾아 달라고 하였는데 입주자대표와 선거관리위원이 못 찾게 방해하였다. 따라서 입주자들은 토지 636.8 ㎡를 찾기 위해 입주자대표 해임안에 75%가 서명해 사퇴하라고 요구하였는데 입주자대표가 사퇴하지 않았고, 선거관리위원이 해임투표를 실시하지 않았다.

따라서 입주자들은 위임장에 55%가 서명해 입주자대표, 선거관리위원, 관리소장에게 선거관리업무를 일체 수행하지 말라고 통보하였고, 비대위원장에게 관리규약에 상관없이 선거관리업무 일체를 수행해 달라고 위임하였다. 그리고 제2기 입주자대표와 선거관리위원이 2016.6.21. 임기 만료되어 권한이 완전히 상실되었기 때문에 관리규약, 입주자대표 해임안, 위임장, 주민총회 의결에 의거 입주자들은 2016.6.26. 비밀투표에 52%가 참여해 제3기 입주자대표를 합법적인 방법으로 선출하였다. 그런데도 제2기 입주자대표와 선거관리위원은 불법으로 제3기 입주자대표에게 업무를 인계하지 않았다.

이에 더하여 입주자대표와 선거관리위원은 불법으로 2016.7.14. 최○호와 김○용을 제3기 선거관리위원장과 선거관리전담요원으로 지명하였다. 그리고 2016.8.11. 전자투표를 이용해 선거인명부(휴대폰번호)를 20%만 확인한 후에 대리투표로 부정선거를 하여 제3기 입주자대표를 다시 선출해 승계하면서 토지 636.8 ㎡를 못 찾게 방해하였다.

더구나 선거관리위원 최○정은 남편(김○욱)과 딸과 함께 입주자들이 2016.6.26. 제3기 입주자대표 선거를 실시하는데 엘리베이터 공지에 붙여 놓은 선거공고문을 무단으로 훼손하였다. 따라서 비대위원장은 최○정의 딸에게 선거공고문을 훼손하지 말라고 하였고, 부모님에게도 훼손하지 말라며 전달해달라고 하였다. 그러나 협박을 하였다고 위장해 비대위원장을 광진경찰서에 처벌해 달라며 허위로 신고하였다.

비대위원장은 광진경찰서 오○태 경사에게 조사를 받으며 진실을 설명해 주었다. 그 결과 혐의 없다는 의견으로 송치하였고, 서울동부지검은 무혐의로 처분하였다. 이에 더하여 최○정은 제1기 및 제2기 선거관리위원을 마친 후에도 봉사회 총무를 하였고, 남편 김○욱은 제3기 및 제4기 선거관리위원을 하였는데 부부가 사기 분양한 토지 636.8 ㎡를 못 찾게 지속적으로 방해하였다.

④ 폭행하였다고 고소

제2기 입주자대표와 선거관리위원은 2016.6.21. 임기 만료된 무자격자임에도 불법으로 2016.8.11. 전자투표를 이용한 대리투표로 부정선거를 하여 사기 분양한 토지 636.8 ㎡를 못 찾게 방해한 제3기 입주자대표가 선출되었다고 거짓으로 발표하였다. 그리고 부정선거한 선거인명부(휴대폰번호)를 검증해 주지 않았다.

이때 입주자들은 사기 분양한 토지 636.8 ㎡를 찾아줄 비대위원에게 모두 투표를 하였는데 못 찾게 방해한 제3기 입주자대표가 당선되었다고 속인 것이므로 선거인명부를 검증해 달라고 강력히 항의하였다. 그 결과 선거전담요원은 선거인명부를 검증해 주겠다는 확인서와 USB(선거인명부 복사본)을 비대위원장에게 건네주었다. 그런 후에 경찰에서 수사 받을 때와 법원에서 재판을 받을 때에 USB을 검증해 주지 않았다.

따라서 비대위원장이 USB을 검증해 달라고 강력히 요구하자, 최○철 관리소장과 선거관리전담요원은 검증해 주지 않았다. 오히려 최○철 관리소장은 비대위원장에게 뜨거운 물을 뿌리면서 검증을 요구하지 못하게 저지하였다. 그런데도 최 관리소장은 비대위원장이 폭행을 하였다고 고소해 괴롭히며 검증을 못하게 방해하였다. 그런 후에 최 관리소장은 스스로 고소를 취하해 각하처리 되었다.

제8부

입주자대표가
불법선거로 승계하면서 불법 관리

1. 불법선거를 한 이유

제2기 입주자대표는 사기 분양한 토지 636.8㎡를 못 찾게 방해할 목적으로 2012.6.22. 제1기 입주자대표로 선출되어 연임하였고, 2016.6.21. 임기 만료로 권한이 상실되었다. 따라서 입주자들은 2016.6.26. 관리규약, 입주자대표 해임안, 위임장, 주민총회 의결에 의거 52%가 참여해 제3기 입주자대표를 선출[10]하였는데 제2기 입주자대표가 불법으로 업무를 인계하지 않았다(p297 입주자대표 해임안 및 위임장 참조).

오히려 제2기 입주자대표는 무자격자임에도 불법으로 2016.7.14. 제3기 선거관리위원(위원장 최○호)을 지명하였고, 2016.8.11. 제3기 입주자대표(회장 유○운)를 다시 선출하였다. 이후에도 불법으로 제4기 및 제5기 입주자대표를 선출해 승계하면서 불법 관리를 하였다.

이와 같이 제2기 입주자대표는 2016.6.21. 권한이 완전히 상실되었고, 입주자들이 2016.6.26. 제3기 입주자대표를 선출하였음에도 사기 분양한 토지 636.8㎡를 못 찾게 방해할 목적으로 불법으로 2016.8.11. 제3기 입주자대표를 다시 선출해 승계하면서 계속 불법 관리를 하고 있다.

2. 불법선거를 하기 이전의 업무방해

H건설은 2009.10.12. H아파트를 분양하면서 토지 636.8㎡를 출입조

---

10) 입주자들은 사기 분양한 토지 636.8㎡를 찾기 위해 2015.9.2. 비상대책위원회를 결성하였다. 그리고 비대위원을 2015.9.9. 1403동 입주자대표 보궐선거에 단독후보로 출마시켰는데 제2기 입주자대표가 고의로 유권자의 22%에게만 방문투표를 실시하고 과반수 미만이라며 낙선시켰다. 따라서 2015.10월. 입주자대표 해임안에 75%가 서명해 사퇴하라고 통보하였는데 제2기 입주자대표가 사퇴하지 않았고 선거관리위원이 해임투표를 실시하지 않았다. 하는 수 없이 2016.4월. 위임장에 55%가 서명하여 입주자대표에게 선거관리업무를 일체 수행하지 말라고 통보하고 입주자대표가 불법선거를 하지 못하게 권한을 중지시켰다. 그리고 입주자대표의 임기가 2016.6.21. 만료되어 권한이 완전히 상실되었기 때문에 관리규약, 입주자대표 해임안, 위임장, 주민총회 의결에 의거, 제3기 선거관리위원을 선출하였다. 이와 같이 제3기 선거관리위원회(위원장 신○휴)는 입주자들의 의사에 따라 2016.6.26. 입주자들의 52%가 참여한 비밀투표로 제3기 입주자대표를 합법적인 방법으로 선출하였다.

차 하지 못하게 빼고 설계도, 모형, 카탈로그에 표시하여 시공해 사용검사승인을 받았음에도 분양대금 82억 원을 받아 가는 수법으로 사기 분양을 하였다. 그러나 입주자대표는 사기 분양한 토지 636.8 ㎡를 못 찾게 방해할 목적으로 불법선거로 승계해 불법 관리를 하면서 아파트의 정보전달수단을 완전히 통제하고 입주한 2012.3.30. 이후로 단 한 번도 토지 636.8 ㎡를 찾아야 한다는 것을 알려주지 않았다.

이에 더하여 광진구청은 H건설이 토지 636.8 ㎡에 대하여 사기 분양을 하도록 사업허가, 제척승인, 사용검사승인을 해주었고, 입주자대표가 불법선거로 승계해 불법 관리를 하면서 정보전달수단을 완전히 통제하며 토지 636.8 ㎡를 못 찾게 방해하는데 공정선거라고 승인해 주었다.

이와 같이 H건설, 입주자대표, 광진구청은 공모해 서쪽 경계 펜스 밖의 사기 분양한 토지 636.8 ㎡를 못 찾게 조직적으로 방해하였고, 악질적이며 비도덕적인 방법으로 위법행위를 저질러 완전범죄로 은폐하였다.

특히, 입주자대표는 입주초기에 분양 당시 토지 636.8 ㎡를 빼고 만든 설계도, 모형, 카탈로그를 보여주면서 그대로 시공한 것이므로 사기 분양이 아니라고 속였다. 또한 비대위원장은 등기면적이 분양면적보다 69.3 ㎡가 적은 것을 밝혀내자 입주자대표가 세대별로 소수점 이하이므로 정산하지 않는다고 속였다. 더구나 비대위원장이 203 ㎡를 분할하여 매각한 것을 찾아내자 분양계약을 위반한 것을 소송해 찾자고 유도한 후에 입주자들에게 민·형사상 모든 권한을 위임받았다.

그런 후에 입주자대표는 재판과정에서 중대한 위법행위를 지적하지 않았고, 비대위원장의 조언을 거부하며 소극적으로 대처한 결과, 서울동부지방법원은 사기 분양한 토지 636.8 ㎡ 중에서 69.3 ㎡만 한원광장에게 손해배상책임이 있고, H건설에는 손해배상책임이 전혀 없다고 오판하였다. 그런데도 입주자대표는 기다렸다는 듯이 입주자총회를 개최해 박수부대를 동원하여 고의로 항소를 포기하며 69.3 ㎡만 찾았다.

그러나 비대위원장은 공공의 이익을 위하여 개인적으로 서쪽 경계 펜스 밖의 토지 636.8㎡가 사기 분양된 것을 증명하기 위해 2012.8.6. 대한지적공사에서 측량을 하여 확실하게 사기 분양된 것을 증명하였다. 또한 소송을 제기하여 2015.2.10. 서울고등법원에서 판결을 받아서(대법원에서 2015.6.23. 확정) 또 다시 증명하였다.

이와 같이 비대위원장은 사기 분양한 토지 636.8㎡를 찾고자 적극적으로 대처한 반면, 입주자대표는 고의로 항소 포기해 못 찾게 방해하였다. 따라서 비대위원장은 다음카페에서 2015.6.30. 및 7.10. 분양대금 82억 원을 납부한 토지 636.8㎡를 찾아야 한다고 진실을 알려주었다.

그러자 입주자대표는 알려주지 못하게 2015.7.18. 비대위원장을 다음카페에서 강제로 퇴출시켜 회원자격을 박탈하였다. 그것도 모자라 다음카페를 통해 날조된 유언비어를 퍼트리며 인신공격과 명예훼손을 하면서 사기 분양한 토지 636.8㎡를 못 찾게 방해하였다.

그렇지만 비대위원장은 2015.8.24. 더사모카페를 개설하여 사기 분양한 토지 636.8㎡를 찾아야 한다고 진실을 알려주며 입주자들의 눈과 귀를 열게 하려고 노력하였다. 그런데도 입주자대표는 정보전달수단을 완전히 통제하고 토지 636.8㎡를 못 찾게 방해하였다.

그러나 입주자들은 더사모카페를 읽고 나서 사기 분양한 토지 636.8㎡를 찾기 위하여 2015.9.2. 비상대책위원회를 결성해 합법적인 방법으로 대처하였다. 그리고 비대위원을 1403동 입주자대표 보궐선거에 단독후보로 출마시켰는데 입주자대표가 고의로 22%에게만 방문투표를 하고 나서 과반수에 미달하였다며 부정선거로 낙선시켰다.

따라서 입주자들은 2015.10월. 입주자대표 해임안에 75%가 서명해 사퇴하라고 통보하였는데 제2기 입주자대표(전○수, 이○욱, 김○복)가 사퇴하지 않았고, 제2기 선거관리위원(박○식, 최○정)이 해임투표를 하지 않으며 사기 분양한 토지 636.8㎡를 못 찾게 방해하였다.

따라서 입주자들은 2016.4월. 위임장에 55%가 서명해 입주자대표, 선거관리위원, 관리소장에게 선거관리업무를 일체 수행하지 말라고 통보하였고, 비대위원장에게 관리규약에 상관없이 선거관리업무 일체를 수행해 달라고 위임하였다. 이는 입주자들이 제2기 입주자대표에게 선거관리업무를 수행할 권한을 중지시킨 강력한 명령이다.

이때 제2기 선거관리위원장(정○임)은 제2기 입주자대표에게 입주자들이 사기 분양한 토지 636.8 ㎡를 찾을 수 있도록 더 이상 방해하지 말고 입주자대표 해임안 및 위임장에 의거 사퇴할 것을 강력하게 권고하였다. 그리고 입주자총회를 개최해 입주자들의 의견을 수렴하여 전자투표 도입 등 관리규약을 개정해 제3기 입주자대표를 공정하게 선출하라고 강력히 통보하였다. 그러나 제2기 입주자대표는 선거관리위원장의 권고를 거부하고 토지 636.8 ㎡를 못 찾게 방해하였다.

더구나 비대위원장과 제2기 선거관리위원장이 입주자대표 해임안 및 위임장에 의거 사퇴할 것을 계속 강력하게 권고하였음에도 오히려 제2기 입주자대표와 선거관리위원은 거부하며 불법으로 선거관리업무를 수행해 제3기 선거관리위원을 선출하는 절차를 강행하였다.

그리고 제2기 입주자대표와 선거관리위원은 각 단체장 및 입주자들에게 선거관리위원을 추천하라고 3회에 걸쳐 공지하였는데 모두 거부하였다. 이어 광진구청에 선거관리위원을 선출해 달라고 요구하였는데 입주자들 중에서 선출하라며 거부하였다. 이와 같이 입주자들에게 권한을 위임받지 못한 입주자대표는 제3기 선거관리위원을 선출하지 못하고 2016.6.21. 임기가 만료되어 권한이 완전히 상실되었다.[11]

11) 제2기 입주자대표는 관리규약에 의거 각 단체장(입주자대표회장 1명, 봉사회장 2명, 노인회장 2명, 통장 2명을 각각 추천)에게 선거관리위원을 추천해 달라고 요청하였는데 불법선거라는 것을 알고 거부하였다. 그런 후에도 입주자들에게 선거관리위원에 신청하라고 공지하였지만 거부하였다. 다시 입주자들에게 선거관리위원에 신청하라고 재공지하였는데 거부하였다. 이어서 광진구청에 선거관리위원을 선출해 달라고 요청하였는데 입주자들이 스스로 선출하라고 거부하였다. 결국 제2기 입주자대표와 선거관리위원은 사기 분양한 토지 636.8 ㎡를 못 찾게 방해할 목적으로 제3기 선거관리위

따라서 입주자들은 사기 분양한 토지 636.8 ㎡를 찾고자 관리규약, 입주자대표 해임안, 위임장, 주민총회 의결에 의거, 선거관리위원을 선출하였고, 제3기 선거관리위원회(위원장 신○휴)를 구성하였다.

제3기 선거관리위원회는 2016.6.26. 입주자들의 52%가 참여한 비밀투표로 제3기 입주자대표를 합법적인 방법으로 선출해 제3기 입주자대표회의를 구성하였다.[12] 그런데도 제2기 입주자대표는 불법으로 새로 선출된 제3기 입주자대표에게 업무를 인계하지 않았다.

더구나 제2기 입주자대표는 불법으로 2016.7.14. 제3기 선거관리위원(위원장 최○호)과 선거관리전담요원(관리과장 김○용)을 지명하였다. 이는 입주자들이 합법적인 방법으로 이미 제3기 입주자대표를 선출하였음에도 제2기 입주자대표가 2016.6.21. 임기 만료되어 권한이 완전히 상실되었는데 입주자들의 의사에 반해 2016.7.14. 제3기 선거관리위원과 선거관리전담요원을 불법으로 지명하였다.

이와 같이 입주자들은 입주자들의 의사와 이익에 따라 제3기 입주자대표를 선출하였음에도, 제2기 입주자대표가 권한이 완전히 상실되었는데 불법으로 선거관리업무를 수행하였고, 불법으로 2016.7.14. 제3기 선거관리위원과 선거관리전담요원을 지명하였으며, 불법으로 2016.8.11. 제3기 입주자대표(회장 유○운)를 선출하였다.

이러한 수법으로 제2기 입주자대표가 2016.6.21. 임기 만료되어 권한이 완전히 상실된 무자격자임에도 불법으로 제3기, 제4기, 제5기 입주자대표와 선거관리위원을 선출하여 불법승계해 불법 관리를 하면서 사기 분양한 토지 636.8 ㎡를 못 찾게 방해하였다.

원을 선출하려고 불법으로 시도하였지만 입주자들과 광진구청의 거부로 제3기 선거관리위원을 선출하지 못하고 2016.6.21. 임기가 만료되어 권한이 완전히 상실되었다.

12) 전주지방법원 군산지원(2007카합9 2017.4.3. 선고)에 의하면 비상대책위원회가 전체 입주자 세대의 80%로부터 입주자대표회의 해산에 대한 불신임 서면 동의를 받은 후에 선거관리위원회를 구성하고 차기 입주자대표회의를 구성한 경우에 동별 대표자 선거의 효력을 인정하였다.

3. 불법선거를 한 근거

가. 무자격자가 불법선거를 실시

① 제2기 입주자대표는 임기가 2016.6.21. 만료되었고, 관리규약, 입주자대표 해임안, 위임장, 주민총회 의결에 의거 권한이 완전히 상실되었기 때문에 선거관리업무를 일체 수행할 수 없다. 더구나 입주자들은 52%가 참여한 비밀투표로 2016.6.26. 제3기 입주자대표를 합법적인 방법으로 선출하였음에도 제2기 입주자대표(전○수, 이○욱, 김○복)가 불법으로 제3기 입주자대표에게 업무를 인계하지 않았다. 또한 무자격자임에도 불법으로 2016.7.14. 선거관리업무를 수행해 제3기 선거관리위원(위원장 최○호)을 지명한 점.[13]

② 입주자들은 2016.4월. 위임장에 55%가 서명해 제2기 입주자대표에게 선거관리업무를 일체 수행하지 말라고 통보하였고, 2016.6.26. 52%가 참여한 비밀투표로 제3기 입주자대표를 합법적인 방법으로 선출하였으며, 광진구청이 제3기 선거관리위원회에 2016.7.29. '제3기 입주자대표 선거에 따른 선거사무중지'를 명령하였음에도, 제3기 선거관리위원회(위원장 최○호)가 불법으로 선거관리업무를 계속 수행한 점.[14]

③ 입주자들이 불법선거를 우려해 전자투표 실시를 강력히 반대하였음에도, 제2기 입주자대표는 총 5명 중에서 2명(김○섭, 전○정)이 사

13) 최○호는 H건설의 계열사인 H자동차(주)에 간부 직원으로 근무하다가 사퇴하고 대리점을 개설하였다. 그러나 제2기 입주자대표(전○수, 이○욱, 김○복)는 사기 분양한 토지 636.8 ㎡를 못 찾게 방해할 목적으로 2016.6.21. 임기 만료되어 권한이 완전히 상실되었음에도 불법으로 2016.7.14. 제3기 입주자대표를 선출하고자 최○호와 김○용을 제3기 선거관리위원장 및 선거관리전담요원에 지명하였다.

14) 광진구청은 H아파트에 대한 실태조사(조사반장 박○아 등 8명, 2016.7.27.~7.29.)를 하였는데, 입주자들이 사기 분양한 토지 636.8 ㎡를 찾기 위해 입주자대표 해임안에 75%서명, 위임장에 55%서명, 제3기 입주자대표를 52%가 참여해 비밀투표로 선출한 것을 확인하였기 때문에 최○호에게 제3기 입주자대표 선거를 중지하라고 통보하였는데 거절하며 강행하였다. 이때 최○호가 불법선거를 하지 않고 중지했으면 입주자들이 사기 분양한 토지 636.8 ㎡를 이미 찾았다.

퇴해 3명(전○수, 이○욱, 김○복)만 남았기 때문에 최소 구성인원이 4명 이상으로 충원되지 않았음에도, 불법으로 2016.3.18. 입주자대표회의에서 전자투표를 도입하는 관리규약 개정을 의결한 점.

④ 입주자들이 불법선거를 우려해 전자투표 실시를 강력히 반대하였는데 제3기 선거관리위원회(위원장 최○호)는 2016.8.11. 전자투표를 이용해 대리투표로 제3기 입주자대표 선거를 실시한 점.

⑤ 입주자들이 불법선거를 우려해 전자투표 도입을 강력히 반대하였음에도 제2기 입주자대표는 2016.3.18. 입주자대표회의에서 관리규약을 개정하기로 의결하였고, 그 이후 동의서에 입주자들의 과반수 서명을 받지 않았다. 그런데도 제2기 입주자대표는 서명을 받지 않고 2015.6.1. 소급해 받았다며 속였다. 이와 같이 입주자대표는 2016.3.18. 의결한 이후 동의서에 서명을 받지 못한 점.

나. 무자격자가 부정선거를 실시

① 입주자들은 제2기 입주자대표의 임기가 2016.6.21. 만료되어 권한이 완전히 상실된 이후, 관리규약, 입주자대표 해임안, 위임장, 주민총회 의결에 의거 52%가 참여한 비밀투표로 2016.6.26. 제3기 입주자대표를 선출하였다. 그러나 제2기 입주자대표는 무자격자임에도 불법으로 선거관리업무를 수행하였고, 2016.8.11. 전자투표를 이용해 대리투표로 부정선거를 하여 제3기 입주자대표(유○운, 공○미, 임○익)를 선출하였다. 이와 같이 제2기 입주자대표가 입주자들의 이익을 전혀 대변하지 않고 불법선거로 승계할 목적으로 과정, 절차, 결과가 불공정하며 검증할 수도 없는 전자투표(K-voting시스템)로 부정선거를 실시한 점.

② 전자투표(K-voting시스템)는 선거인명부의 휴대폰번호를 마감시간까지 마음대로 수정해 투표할 수 있고, 공인인증절차 없이 동·

호수만 기입해 투표를 할 수 있으며, 휴대폰번호를 정확히 기재했어도 투표하지 않은 세대의 휴대폰번호를 쉽게 변경해 대리투표를 할 수 있다. 또한 연장자들이 현장투표를 할 때 보조자가 옆에서 투표권자의 의사에 반해 투표할 수 있고, 투표율을 마음대로 조작할 수 있다. 더구나 투표과정, 절차, 결과를 검증할 수 없고, 투표마감 시각 직전에 투표율이 갑자기 급증한 것 등을 실제로 지켜보고 목격을 하여도 부정선거를 하지 못하게 방지할 수 없는 점.

③ 입주자들은 KBS에서 전자투표로 부정선거를 한 사례를 취재하여 보도한 것을 시청한 후에 부정선거를 우려해 전자투표를 강력히 거부하고 종전의 기명식투표로 할 것을 요구하였다. 그러나 불법으로 지명된 제3기 선거관리위원장(최○호)은 부정선거를 할 목적으로 전자투표를 이용해 제3기 입주자대표를 다시 선출하였다. 이후에도 제4기 입주자대표 선출, 관리규약 개정 동의, 불법 계단과 산책로 설치 등을 전자투표를 이용해 대리투표로 입주자들의 의사에 반해 조작된 결과가 나오게 속인 점.

④ 제2기 입주자대표는 부정선거를 하기 위해 전자투표를 도입하는 관리규약 개정을 2016.3.18. 의결하였다. 그러나 입주자들은 부정선거를 우려해 강력히 반대하며 동의서에 서명하지 않았다. 그런데도 제2기 입주자대표는 전자투표를 도입하기 위한 관리규약 개정 동의서에 소급해 2015.6.1. 53.6%가 서명을 하였다고 속였다. 하지만 입주자들은 입주자대표들이 2016.3.18. 전자투표를 도입할 관리규약 개정을 의결한 이후로 동의서에 일체 서명하지 않은 점.

⑤ 제2기 입주자대표가 2016.6.21. 임기 만료되어 권한이 완전히 상실되었기 때문에, 입주자들은 2016.6.26. 이미 제3기 입주자대표를 선출하였다. 그런데도 제3기 선거관리위원(위원장 최○호)은 불법으로 2016.7.14. 지명되었는데 선거관리업무를 수행한 점.

⑥ 불법으로 지명된 제3기 선거관리위원(위원장 최○호)과 선거관리전담요원(관리과장 김○용)은 입주자들이 강력히 반대한 전자투표로 2016.8.11. 제3기 입주자대표 선거를 실시하였고, 중앙선거관리위원회(광진구지부)와 KT에 선거인명부의 휴대폰번호를 과반수에도 훨씬 미달한 20%만 확인해 통보하여 대리투표를 한 점.[15)]

⑦ 제3기 선거관리위원장과 선거관리전담요원은 선거인명부의 휴대폰번호를 20%만 확인하였는데 61.86%가 투표에 참여하였고, 제3기 입주자대표(유○운, 공○미, 임○익)가 근소한 차이로 당선된 반면, 비대위원 측의 단독후보 2명(염○영, 황○숙)은 높은 지지율로 당선되었다고 발표하였다. 따라서 입주자들은 41.86%가 대리투표를 한 것이 확실하기 때문에 선거관련서류를 선거관리위원장(최○호)에게 증거보전신청과 검증을 요구하였는데 선거인명부(USB), 세대별 투표현황, 관리규약 개정 동의서 등을 검증해 주지 않고 속인 점.

⑧ 불법으로 선출된 제3기 선거관리위원회는 2016.8.11. 제3기 입주자대표 선거를 실시하였는데, 비대위원 측의 단독후보 2명이 높은 지지율로 당선되었고, 입주자대표 측의 경쟁후보 3명이 근소한 차이로 당선되었다. 따라서 선거인명부의 휴대폰번호를 검증하면 대리투표를 한 것이 확실히 규명되는데도 검증해 주지 않은 점.

⑨ 제3기 선거관리위원장(최○호)과 선거관리전담요원(관리과장 김○용)

---

15) 입주자들은 입주자대표 해임안에 2015.10월. 75%가 서명하였고, 위임장에 2016.4월. 55%가 서명한 것을 근거로 제2기 입주자대표와 선거관리위원에게 선거관리업무를 일체 수행하지 말라고 통보하였고, 비대위원장에게 관리규약에 상관없이 선거관리업무 일체를 수행해 달라고 위임하였다. 따라서 입주자들은 제2기 입주자대표와 선거관리위원의 임기가 2016.6.21. 만료되어 권한이 완전히 상실되었기 때문에, 2016.6.26. 52%가 비밀투표에 참여해 제3기 입주자대표를 선출하였다. 그런데도 제2기 입주자대표와 선거관리위원은 불법으로 업무를 인계하지 않았고, 2016.8.11. 부정선거로 제3기 입주자대표를 다시 선출하기 때문에 입주자들이 선거인명부(휴대폰번호)를 확인해 주지 않고 거부하였다. 그러나 과반수에 훨씬 미달한 20%만 확인하고 허위 80%로 대리투표를 하여 부정선거를 실시하였다.

은 선거인명부(USB), 관리규약 개정 동의서, 세대별 투표현황에 대한 검증을 완강히 거부하였다. 이에 분개한 입주자들은 검증을 하기 위해 서울동부지방법원, 서울고등법원, 대법원에 선거무효확인 소송을 제기하였음에도 선거관리위원장이 선거인명부 등을 법원에 제출하지도 않았고, 법원에서 검증해 주지도 않고 기각한 점.

⑩ 입주자들이 투표하라는 문자를 받은 경우에 사기 분양한 토지 636.8 ㎡를 찾아 줄 비대위원에게 모두 투표하였는데 선거관리위원장은 못 찾게 방해한 자신의 측근들(유○운, 공○미, 임○익)이 당선되었다고 발표하여 선거인명부의 검증을 요구하였다. 그러나 제3기 선거관리위원장은 피신하였고, 선거관리전담요원은 추후에 검증해 주겠다는 확인서와 USB(선거인명부 복사본)를 비대위원장에게 제출한 후에 검증해 주지 않은 점.

⑪ 비대위원장은 법정에서도 선거관리전담요원이 제출한 선거인명부(USB)의 검증을 요구하였는데, 제3기 선거관리위원장은 자신이 보관한 선거인명부만 검증하자고 주장하였다. 따라서 비대위원장은 선거한 이후에 몰래 수정해 놓았기 때문에 원본과 USB를 동시에 검증하여야 한다고 요구하였는데 선거관리위원장이 거부하였다. 그래서 비대위원장은 선거관리위원장이 보관한 원본과 USB를 동시에 검증해 주지 않으면 사법당국에 고소해 USB를 검증하겠다고 통보하였다. 그런데도 선거관리위원장은 불법선거를 규명하기 위해 비대위원장에게 제출했던 USB를 검증해 주지 않은 점.

⑫ 제3기 선거관리위원장이 법정에서 USB를 검증해 주지 않아서 기각판결을 받았기 때문에 비대위원장은 불법선거를 한 선거인명부(USB), 관리규약 개정 동의서, 세대별 투표현황을 정확하게 검증하기 위해 2019.3.22. 광진경찰서에 업무방해로 선거관리위원장과 선거관리전담요원을 고소하였다. 그러나 경찰청의 사이버디지털포

렌식센터에 선거인명부(USB)의 비밀번호를 확인하려고 시도하였지만, 선거관리전담요원이 비밀번호를 12자리 이상 설정하였고 기억이 나지 않는다고 통보를 받았다는 이유만으로 광진경찰서와 서울동부지검은 무자격자가 불법선거를 한 수많은 증거자료를 제출한 것에 대하여 수사하지 않고 혐의 없다고 불기소처분한 점.

⑬ 제3기 선거관리위원장과 입주자대표회장은 민사소송법 제344조 제1항 및 제2항, 개인정보보호법 제18조 제2항, 대법원 2008.6.12.자 2006무82 결정, 대법원 2008.4.14.자 2007마725 결정, 대법원 2016.7.1.자 2014마2239 결정에 의하면 당사자가 소송에서 인용한 문서를 가지고 있는 때에 문서소지자는 그 제출을 거부하지 못하게 되어 있다. 또한 제출대상문서에 기재된 입주자들의 신상기록 등이 개인정보보호법상 개인정보에 해당하더라도 이를 이유로 문서소지인이 문서의 제출을 거부할 수 없다. 그런데도 선거관리위원장은 추후에 불법선거를 검증해 주겠다고 약속하며 확인서와 같이 제출한 USB(선거인명부 복사본) 등을 검증해 주지 않았는데, 이는 완전범죄로 은폐하기 위한 위법행위인 점.

⑭ 비대위원장은 전자투표에 대하여 중앙선거관리위원회에서 관리감독을 하는 것이 아니고 단순히 KT의 시스템을 임차하기 때문에 부정선거를 우려해 선거 실시 직전과 직후의 선거인명부를 밀봉하여 비대위원장과 선거관리위원장이 서명해 보관한 후, 검증할 필요가 있을 때 개봉하자고 요구하였는데 제3기 선거관리위원장(최○호)이 강력히 거부하였다. 이는 제3기 선거관리위원장 및 선거관리전담요원이 사기 분양한 토지 636.8㎡를 완전범죄로 영원히 못 찾게 방해할 목적으로 전자투표의 허점을 이용해 USB를 검증해 주지 않고 부정선거를 완전범죄로 은폐하려고 한 점.

4. 불법선거를 한 이후에도 계속 업무방해

비대위원장은 개인적으로 2012.8.6. 대한지적공사 측량 및 2015.2.10. 서울고등법원 판결(대법원에서 2015.6.23. 확정)에 의거, 서쪽 경계 펜스 밖의 토지 636.8 ㎡가 사기 분양된 것을 증명한 후에 찾아달라고 요구하였다. 그런데도 제2기 입주자대표는 정보전달수단을 완전히 통제하며 못 찾게 방해하였고, 입주한 2012.3.30. 이후로 단 한 번도 토지 636.8 ㎡를 찾아야 한다는 진실을 알려주지 않고 속였다.

따라서 입주자들은 사기 분양한 토지 636.8 ㎡를 찾기 위하여 정당행위와 정당방위를 하고자 2015.9.2. 비상대책위원회를 결성하였다. 그리고 비대위원을 1403동 입주자대표 보궐선거에 단독후보자로 출마시켰는데 제2기 입주자대표가 고의로 유권자의 22%에게만 방문투표를 하고는 과반수에 미달되었다며 낙선시켰다.

따라서 입주자들은 2015.10월. 입주자대표 해임안에 75%가 서명해 사퇴하라며 통보하였는데 입주자대표가 사퇴하지 않았다. 그래서 입주자들은 2016.4월. 위임장에 55%가 서명해 입주자대표에게 선거관리업무를 일체 수행하지 말라고 통보해 권한을 모두 중지시켰다. 그리고 입주자들은 2016.6.21. 임기 만료되어 권한이 상실되었기 때문에 관리규약, 입주자대표 해임안, 위임장, 주민총회 의결에 의거, 52%가 참여한 비밀투표로 2016.6.26. 제3기 입주자대표를 선출하였다.

그런데도 제2기 입주자대표가 불법으로 제3기 입주자대표에게 업무를 인계하지 않았다. 오히려 제2기 입주자대표는 2016.7.14. 불법으로 제3기 선거관리위원(위원장 최○호)을 지명하였고, 전자투표를 도입하기 위해 관리규약 개정을 2016.3.18. 입주자대표회의에서 의결하였는데 입주자들이 부정선거를 우려해 동의서에 서명하지 않았다. 그런데도 제2기 입주자대표는 관리규약을 2015.6.1. 소급해 개정하였다며 속였고, 불법으로 2016.8.11. 전자투표를 이용해 대리투표로 부정선거를 하여 제3기 입주자대표를 선출하였다.[16)]

또한 제2기 입주자대표는 무자격자임에도 불법으로 제4기 및 제5기 입주자대표를 선출해 승계하였다. 그런 후에 선거인명부(USB), 관리규약 개정 동의서, 세대별 투표현황에 대한 검증을 거부하였기 때문에 비대위원장이 2019.3.22. 광진경찰서에 선거관리위원장과 선거관리전담요원을 업무방해로 고소하였다.

그러나 광진경찰서는 최○호와 김○용이 선거인명부(USB)의 비밀번호를 12자리 이상 설정하였고, 기억나지 않는다고 속였으며, 경찰청의 사이버디지털포렌식센터에서 비밀번호를 찾아낼 수 없다는 통보를 받았다는 이유만으로 무자격자가 불법선거를 실시한 수많은 증거자료를 수사하지 않고 혐의 없다고 서울동부지검에 송치하였다.

더구나 서울동부지검은 광진경찰서가 표적 및 별건수사, 편파 및 부실수사, 짜 맞추기 수사를 한 것에 대하여 비대위원장이 조○웅 검사를 면담하면서 자세히 설명하며 진술서를 작성하였고, 녹화와 녹취를 해 달라고 요청해 보관하였다. 또한 '숨겨진 아파트 비리 완전정복(책자)'을 제출하였기 때문에 고질적이며 악질적인 비리를 이해하고 인지하였다. 그런데도 최○호와 김○용이 무자격자인데 불법으로 전자투표를 이용해 대리투표로 부정선거를 한 것에 대해 증거불충분으로 혐의가 없다고 처리하여 입주자대표가 불법선거로 승계해 불법 관리를 하는 반면, 입주자들은 사기 분양한 토지 636.8 ㎡를 완전범죄로 은폐되어 못 찾고 있다.

---

16) 제2기 입주자대표 3명은 최소 정원 4명에 미달하였음에도 불구하고 입주자들이 불법선거를 우려해 강력히 반대한 전자투표를 도입하기 위하여 2016.3.18. 입주자대표회의에서 의결하였다. 더구나 입주자들은 전자투표를 강력히 거부하였기 때문에 관리규약 개정 동의서에 서명하지 않았다. 그런데도 제2기 입주자대표는 입주자들이 2015.6.1. 소급해 동의서에 53.6%가 서명하여 관리규약을 개정한 것이라고 속였다. 이는 전자투표를 도입하기 위해서 2016.3.18. 입주자대표회의가 의결한 것은 사실이지만 그 이후에는 입주자들이 동의서에 서명하지 않았다. 이와 같이 제2기 입주자대표는 2016.8.11. 제3기 입주자대표 선거를 입주자들의 의사에 반해 전자투표로 부정선거를 하였다.

5. 위법행위로 업무방해를 한 자

가. 제2기 입주자대표(전○수, 이○욱, 김○복)와 선거관리위원(박○식, 최○정)은 다음과 같이 위법행위를 저질러 업무방해를 하였다.

① 입주자들은 제2기 입주자대표와 선거관리위원의 임기가 2016.6.21. 만료되었기 때문에 관리규약, 입주자대표 해임안, 위임장, 주민총회 의결에 의거, 2016.6.26. 입주자들의 52%가 참여한 비밀투표로 제3기 입주자대표를 합법적인 방법으로 선출하였음에도, 제2기 입주자대표와 선거관리위원이 불법으로 업무를 인계하지 않은 점.

② 제2기 입주자대표와 선거관리위원은 임기가 2016.6.21. 만료되어 권한이 완전히 상실되었음에도 불법으로 2016.7.14. 제3기 선거관리위원(위원장 최○호)을 지명하였고, 불법으로 지명된 제3기 선거관리위원은 전자투표를 이용한 관리규약이 2015.6.1. 개정되었다고 속이고 부정선거로 2016.8.11. 제3기 입주자대표를 선출한 점.

③ 입주자들이 부정선거를 우려해 전자투표 실시를 강력히 반대하였음에도, 제2기 입주자대표 3명(전○수, 이○욱, 김○복)은 총 5명 중에서 2명(김○섭, 전○정)이 사퇴하였기 때문에 최소 구성인원 4명 이상을 충원하지 못했고, 전자투표를 도입할 관리규약 개정을 입주자대표회의에서 2016.3.18. 의결하였는데 동의서에 입주자들의 과반수 서명을 받지 못한 점.

나. 제3기 선거관리위원장(최○호)과 선거관리전담요원(김○용)은 다음과 같이 위법행위를 저질러 업무방해를 하였다.

① 입주자들은 제2기 입주자대표의 임기가 2016.6.21. 만료되어 권한이 완전히 상실되었기 때문에 2016.6.26. 52%가 참여한 비밀투표로 제3기 입주자대표를 선출하였다. 그런데도 제2기 입주자대표는

불법으로 제3기 입주자대표에게 업무를 인계하지 않았다. 더구나 제3기 선거관리위원장(최◯호)과 선거관리전담요원(김◯용)은 제2기 입주자대표가 2016.6.21. 임기 만료된 무자격자임에도 불법으로 2016.7.14. 지명하였고, 2016.8.11. 부정선거로 제3기 입주자대표(유◯운, 공◯미, 임◯익)를 선출한 점.

② 제3기 선거관리위원장(최◯호)과 선거관리전담요원(김◯용)은 입주자들이 부정선거를 우려해 전자투표 실시를 반대하며 2016.3.16. 관리규약 개정을 입주자대표회의에서 의결하였지만 동의서에 서명하지 않았음에도 불법으로 전자투표를 이용해 대리투표로 제3기 입주자대표를 선출한 점.

③ 제3기 선거관리위원장(최◯호)은 불법으로 전자투표를 이용해 제4기 입주자대표 선출, 관리규약 개정, 불법 계단 및 산책로 설치 등에 관해 입주자들의 동의를 받았다며 속였다. 더구나 부정선거한 선거인명부, 세대별 투표현황, 관리규약 개정 동의서 등 관련서류를 검증해 주지 않고 입주자대표를 승계한 점.

④ 선거관리위원장과 선거관리전담요원이 부정선거를 실시한 선거인명부, 세대별 투표현황, 관리규약 개정 동의서 등을 검증해 주지 않고 입주자대표를 승계하며 불법관리를 하고 있기 때문에 입주자들은 토지 636.8 ㎡를 못 찾고 있는 점.

6. 소 결

비대위원장은 공공의 이익을 위해 2012.8.6. 대한지적공사 측량 및 2015.2.10. 서울고등법원 판결에 의거, 토지 636.8 ㎡가 사기 분양된 것을 증명하였다. 그러나 입주자대표는 무자격자임에도 불법선거로 승계해 불법 관리를 하면서 아파트의 정보전달수단을 완전히 통제하고 H건설,

광진구청과 공모해 불필요한 고소, 수사, 재판을 야기하며 변호사를 앞세워 거짓의 진술, 준비서면, 증거자료, 탄원서를 제출해 경찰, 검찰, 법원이 속아서 오판하도록 조직적으로 위법행위를 저질러 완전범죄로 은폐하였다(p488 상대방 변호사에게 보낸 내용증명 참조).

비대위원장은 분양 당시부터 입주자대표가 운영한 다음카페에서 강제로 2015.7.18. 퇴출되었기 때문에 더사모카페를 2015.8.24. 개설해 진실을 정확히 알려 주었다. 또한 입주자대표가 다음카페 등 정보전달수단에서 지난 10년이 넘도록 공지한 것을 밀착 감시하였고, 수많은 증거자료를 수집하여 위법행위를 체계적으로 정리하였다.

더구나 비대위원장이 사기 분양한 토지 636.8 ㎡를 발견하지 못했거나, 더사모카페를 개설해 사기 분양한 토지 636.8 ㎡에 관한 진실을 알려주지 않았거나, 비상대책위원회를 결성해 합법적인 방법으로 정당방위와 정당행위로 대처하면서 찾아주려고 하지 않았다면 입주자대표가 완전범죄로 은폐해 찾지 못한 조직적인 사기 분양 사건이다.

따라서 입주자들은 제2기 입주자대표의 임기가 2016.6.21. 만료되었기 때문에 2016.6.26. 제3기 입주자대표를 선출하였다. 그러나 제2기 입주자대표는 업무를 인계하지 않았고, 명예훼손을 하였다며 위장해 비대위원장을 선량한 피해자에서 악질적인 가해자로 뒤바꿔 놓았다.

더구나 제2기 입주자대표는 2016.6.21. 임기 만료된 무자격자임에도 2016.8.11. 불법으로 제3기 입주자대표를 선출해 불법 관리를 하면서 선거인명부(USB), 세대별 투표현황, 관리규약 개정 동의서를 검증해 주지 않았다. 또한 입주자대표는 사기 분양한 토지 636.8 ㎡가 서쪽 경계 펜스 밖에 현장이 잘 보존되어 있고, 재건축할 때까지 증거인멸을 할 수도 없는데 조직적으로 못 찾게 방해하였다.

그래서 비대위원장은 제3기 선거관리위원장(최○호)과 선거관리전담요원(김○용)이 무자격자임에도 부정선거로 업무방해를 하였다고 고소하였다. 따라서 경찰청의 사이버디지털포렌식센터(디지털저장매체분석계) 조○기 수사관은 선거인명부(USB)의 비밀번호를 찾고자 2019.6.12. 10시부터 2019.9.19. 16시까지 수사하였다. 그러나 최○호와 김○용이 선거인명부(USB)의 비밀번호를 12자리 이상 설정하였고 기억할 수 없다고 속였으며, 약 3개월간 비밀번호를 찾기 위해 포렌식으로 수사를 하였지만 찾을 수 없다고 하였다.

더구나 광진경찰서 경계5팀 김○희 경사는 USB의 비밀번호를 찾을 수 없다는 이유만으로 무자격자가 불법으로 부정선거를 한 수많은 증거자료를 수사하지 않고 혐의 없다고 2019.9.24. 서울동부지검에 송치하였다. 이는 광진경찰서가 표적 및 별건수사, 편파 및 부실수사, 짜 맞추기 수사를 하면서 토지 636.8㎡가 사기 분양된 것을 못 찾게 방해한 것이 명백하다. 왜냐하면 USB를 열지 못했다고 하더라도 무자격자가 불법선거를 한 수많은 증거자료들을 이미 제출하였기 때문이다.

불법선거로 업무방해를 한 고소사건은 광진경찰서 김○희 경사가 2019. 9. 24. 혐의 없다고 송치해 서울동부지검 형사4부 조○웅 검사에게 배정되었다. 따라서 비대위원장은 2019.10.2. 오후 2시에 611호실에서 조○웅 검사를 만나 무자격자가 불법으로 부정선거를 한 위법행위에 관해 자세히 설명을 해 주었다. 이때 입주자대표가 사기 분양한 토지 636.8㎡를 못 찾게 정보전달수단을 완전히 통제하고 불법선거를 한 것, 악질적인 위법행위를 저질러 선량한 피해자를 악질적인 가해자로 뒤바꿔 놓은 것, 광진경찰서가 표적 및 별건수사, 편파 및 부실수사, 짜 맞추기 수사를 한 것, 아파트 비리의 고질적인 적폐에 대한 척결 등에 관해 자세하게 진술하며 녹화와 녹취의 기록을 남겨놓았다.

이후에도 조○웅 검사는 이 사건과 관련해 몇 차례 더 만나서 진술과 설명을 듣겠다고 하며 헤어졌는데 비대위원장이 그 후에 면담을 요청해도 거절하며 연락이 되지 않았다. 그런 후에 조○웅 검사는 위원장이 불법선거로 업무방해를 하였다고 2019.3.22. 최○호와 김○용을 광진경찰서에 고소한 사건(20110년 형제38396)이 증거불충분의 이유로 2020.1.31. 혐의 없다며 불기소처분을 하였다.

그러나 비대위원장은 무자격자가 불법선거를 실시한 증거자료를 이미 수없이 제출하였기 때문에 공정한 수사만 한다면 진실이 밝혀질 수 있어 서울고검에 2020.2.27. 항고장을 접수해 재기수사를 요청하였다(2020년 고불항2443). 그런데도 서울고검은 정당한 이유 없이 기각하였다.

따라서 비대위원장은 2020.4.14. 서울고등법원에 불법선거로 업무방해를 한 것을 인정받기 위해 재정신청서를 제출하였다(2020년 초재1530). 서울고등법원의 재판장님께서 제출된 증거자료를 공정하게 검토해 주시면 불법선거로 업무방해를 한 것을 인정받을 수밖에 없다. 그러나 서울고등법원에서도 2020.5.28. 정당한 이유 없이 기각하였다.

따라서 최○호와 김○용이 무자격자인데 불법으로 선거인명부(USB)를 작성해 대리투표로 불법선거를 한 것을 증명하기 위해 2020.6.2. 대법원에 재항고를 하였다(2020모1798). 그러나 대법원은 2021.3.11. 원심결정의 이유를 기록에 의해 살펴보면 재판에 영향을 미친 헌법, 법률, 명령 또는 규칙을 위반한 잘못이 없다고 재항고를 기각하였다.

이는 제2기 입주자대표가 2016.6.21. 임기 만료되어 권한이 완전히 상실된 무자격자임에도 2016.8.11. 불법선거로 승계해 불법 관리를 하면서 사기 분양한 토지 636.8 ㎡를 못 찾게 방해하고 있는데도 불법선거로 승계한 것이 아니라고 재항고를 기각한 것이다. 그 결과, 입주자들은 분양대금 82억 원을 납부한 토지 636.8 ㎡를 찾지 못하고 있다.

제9부

입주자대표가 저지른 위법행위와 갑질

1. 입주자대표가 사기 분양이 아니라고 은폐

입주자대표는 입주예정자들이 2009.11.3.부터 2009.11.4.까지(2일간) H아파트의 분양계약을 체결할 때 모델하우스 안에서 H건설이 부실 공사를 많이 하기 때문에 함께 단결하여 철저히 방지하자며 홍보하고 다음카페의 회원들을 모집하였다. 그리고 입주예정자들의 이익을 위한다며 다음카페에서 공사 진행사항을 수시로 알려주면서 부실 공사를 막기 위해 열심히 노력한다고 홍보하였다. 따라서 입주자들은 2012.3.30. 입주한 이후에 입주자대표가 입주자들의 이익을 위하여 최선을 다해 대변할 것으로 굳게 믿고 아무런 의심 없이 봉사자로 선출하였다.

이와 같이 입주자대표는 입주자들의 한 치도 의심 없는 믿음을 바탕으로 주택법 및 관리규약 등에 의거 입주자들의 이익을 대변하는 법적권한을 자연스럽게 확보할 수 있었다. 그러나 입주자대표는 2012.6.22. 선출된 이후부터 사기 분양, 부실 공사, 관리 비리에 대한 아파트 비리를 감쪽같이 은폐하고 입주자들의 이익을 완전히 외면하였다.

또한 입주자대표는 입주자들의 편에 서지 않았고 이익을 위해 전혀 대변하지 않았다. 오히려 정보전달수단을 완전히 통제하며 속였고, 2012.3.30. 입주한 이후로 서쪽 경계 펜스 밖의 토지 636.8 ㎡가 사기 분양된 것을 단 한 번도 알려주지 않았으며, 수단과 방법을 가리지 않고 토지 636.8 ㎡를 못 찾게 조직적으로 방해하였다.

그러나 비대위원장은 공공의 이익을 위해 개인적으로 2012.8.6. 대한지적공사 측량 및 2015.2.10. 서울고등법원 판결에 의거, 토지 636.8 ㎡가 사기 분양된 것을 증명한 후에 찾아 달라고 요구하였음에도 입주자대표가 못 찾게 방해하였다. 따라서 비대위원장은 다음카페에서 2015.6.30. 및 7.10. 사기 분양한 토지 636.8 ㎡를 찾아야 한다고 알려주었는데 입주자대표가 알려주지 못하게 방해할 목적으로 다음카페에서 비대위원장을 2015.7.18. 강제로 퇴출시켰다. 따라서 비대위원장은 2015.8.24. 더사모카페를 개설해 토지 636.8 ㎡가 사기 분양된 것을 찾아야 한다고 알려주었다(p353 명예훼손 범죄일람표 참조).

그러나 입주자대표는 명예훼손을 하였다며 위장해 비대위원장을 2016.3.14. 광진경찰서에 고소하였다. 그런데도 광진경찰서의 사이버수사팀장 박○환 경위는 표적 및 별건수사, 편파 및 부실수사, 짜 맞추기 수사를 하면서 공공의 이익을 위해 한 것이 아니라며 진실을 완전히 왜곡해 수사하여 혐의 있다고 송치하였다.

더구나 서울동부지검 최○석 검사는 광진경찰서에서 비대위원장이 공공의 이익을 위해 사기 분양한 토지 636.8 ㎡를 찾고자 알려준 것과 진실을 완전히 왜곡해 수사한 것을 알면서 약식기소(벌금 5백만 원)하였다. 따라서 비대위원장은 억울한 누명을 벗기 위해 정식재판을 청구할 수밖에 없었다. 그러나 서울동부지방법원은 비대위원장이 공공의 이익을 위해 진실을 알려주었다고 인정하면서도 무죄가 아닌 선고유예(벌금 3백만 원)로 판결하였고, 대법원에서 심리불속행으로 확정하였다.

이에 더하여 입주자대표는 오판한 것을 알면서도 선고유예를 하였다며 비대위원장에게 1억 원의 손해배상을 하라고 소송하며 청구해 괴롭혔다. 그러나 서울동부지방법원은 비대위원장이 공공의 이익을 위해 알려준 것을 알면서 기각 판결을 하지 않았다. 그리고 비대위원장이 입주자대표에게 8백만 원을 지급하고, 입주자대표가 비대위원장에게 소송비용의 9/10을 부담하라며 서로 정산할 것이 없도록 판결하였다.

그러나 입주자대표는 1억 원의 손해배상을 하라고 항소한 반면, 비대위원장은 원심을 기각해 달라고 항소하였다. 서울동부지방법원(항소부)은 모두 기각하였고, 입주자대표에게 항소 비용의 50%를 부담하라며 선고하였다. 따라서 비대위원장은 입주자대표가 사기 분양한 토지 636.8 ㎡를 못 찾게 방해할 목적으로 소송을 제기한 것이므로 기각해 달라고 상고하였다. 그러나 대법원은 원심의 판단이 옳다고 기각하였다(2019다247521 2019.10.31. 선고).

그렇지만 비대위원장이 더사모카페에서 공공의 이익을 위해 진실을 알려준 것이며, 입주자대표의 위법행위에 대한 정당방위와 정당행위를 하였다고 간접적으로 인정한 것이다. 그동안 입주자대표는 입주자들의 이익을 전혀 대변하지 않고 불법선거로 승계하면서 정보전달수단을 완전히 통제하고 사기 분양한 토지 636.8㎡를 못 찾게 조직적으로 방해하였으며, 비대위원장에게 분양대금 82억 원을 납부한 토지 636.8㎡를 못 찾게 위법행위를 저질러 음해한 것을 증명해 준 것이다.

2. 입주자대표가 H건설의 이익만 대변

H건설은 2009.10.12. H아파트를 분양하면서 나○용과 김○석이 서쪽 경계 펜스(담장) 밖에 불법 점유한 토지 161㎡를 원상복구하지 않았다. 오히려 토지 636.8㎡(161㎡ 포함)까지 빼고 설계도, 모형, 카탈로그에 표시하여 공지해 시공하고 사용검사승인을 받았음에도 분양대금 82억 원을 받아 가는 수법으로 사기 분양을 하였다.

그리고 토지 203㎡를 분할하여 제척해 한원광장이 편취하거나 매각하였고, 한원광장 등이 사용하도록 203㎡를 분할해 제척한 후 경계 안쪽 4m지점에 펜스를 시공해 입주자들이 433.8㎡를 출입조차 하지 못하면서 매년 재산세만 납부하게 부실시공을 하였다. 더구나 입주자대표는 사기 분양한 토지 636.8㎡를 은폐하기 위해 1404동 빌라 뒤를 수직옹벽이 아닌 계단으로 분양계약을 위반해 경계 안쪽 4m지점에 시공하였다.

이와 관련해 비대위원장은 입주초기에 등기면적이 분양면적에 비해 69.3㎡가 적다고 밝혀내자 입주자대표가 세대별로 환산하면 소수점 이하이므로 정산하지 않는다며 속였다. 또한 비대위원장은 203㎡를 사업부지에서 분할해 매각하였다고 찾아내자 입주자대표가 소송을 제기해 찾자며 입주자들에게 모든 권리를 위임받았다. 그런 후에 재판과정에서 토지 636.8㎡를 빼고 설계해 시공하는 중대한 위법행위를 진술하지 않았다. 그 결과 서울동부지방법원은 사기 분양한 토지 636.8㎡ 중에서 69.3㎡만 한원광장에게 손해배상책임이 있고, H건설에는 손해배상책임이 없다며 오판하였다. 그런데도 입주자대표는 기다렸다는 듯이 주민총회를 개최하고 박수부대를 동원해 일사천리로 항소를 포기하였다.

그러나 비대위원장은 공공의 이익을 위해 개인적으로 2012.8.6. 대한지적공사에서 측량하였고, 2015.2.10. 서울고등법원에서 판결을 받아서(대법원에서 2015.6.23. 확정) 서쪽 펜스 밖의 토지 636.8㎡까지 아파트의 경계라는 것을 증명하였다. 이는 H건설이 분양 당시 서쪽 경계 펜스 밖의 토지 636.8㎡를 출입조차 하지 못하게 빼고 설계도, 모형, 카탈로그에 표시하여 시공해 사용검사승인을 받았음에도 몰래 분양대금 82억 원을 받아간 것을 확인한 것이다.

이와 같이 비대위원장은 분양 당시 H건설이 토지 636.8㎡에 대하여 분양대금 82억 원을 받아갔는데 출입조차 하지 못하는 것을 증명하였다. 그런데도 입주자대표는 불법선거로 승계하면서 정보전달수단을 완전히 통제하고 비대위원장을 모함하며 음해하고 사기 분양한지 10년이 지나도록 토지 636.8㎡를 못 찾게 조직적으로 방해하였다.

더구나 입주자대표 등은 사기 분양한 토지 636.8㎡를 찾아주려는 비대위원장이 명예훼손, 업무방해, 협박, 폭행을 하였다고 위장해 불필요한 고소, 고발, 수사, 재판을 야기하고, 변호사를 앞세워 거짓의 진술, 준비서면, 증거자료, 탄원서를 제출해 경찰, 검찰, 법원이 속아서 오판하도록 위법행위를 저질러 선량한 피해자에서 악질적인 가해자로 뒤바꿔 놓았다. 이처럼 입주자대표는 사기 분양한 토지 636.8㎡를 못 찾게 조직적으로 방해하며 H건설의 이익만 대변하기에 급급하였다.

3. 입주자대표가 광진구청과 공모

H건설은 분양 당시 서쪽 경계 펜스 밖의 토지 636.8㎡를 빼고 설계도, 모형, 카탈로그에 표시해 시공하였음에도 분양대금 82억 원을 받아 가는 수법으로 사기 분양을 하였다. 그런데도 광진구청은 토지 636.8㎡를 사기 분양하도록 묵인하며 사업허가, 제척승인, 사용검사승인을 해 주었다. 더구나 입주자대표는 토지 636.8㎡를 못 찾게 방해할 목적으로 불법 선거로 승계해 불법 관리를 하면서 정보전달수단을 완전히 통제하며 속였는데 광진구청이 공정선거라고 승인해 주었다.

따라서 입주자들은 사기 분양한 토지 636.8㎡를 찾기 위해 2015.9.2. 비상대책위원회를 결성하였다. 그리고 비대위원을 1403동 입주자대표 보궐선거에 단독후보로 출마시켰는데 입주자대표가 고의로 유권자의 22%에게만 방문하여 찬반투표를 하고 과반수에 미달되었다며 낙선시켰다. 그러나 광진구청은 부정선거를 한 선거인명부를 검증해 주지 않았음에도 공정선거라고 입주자대표의 편을 들어주며 승인해 주었다.

하는 수 없이 입주자들은 2015.10월. 입주자대표 해임안에 75%가 서명해 사퇴하라고 통보하였는데 입주자대표가 사퇴하지 않았고, 선거관리위원이 해임투표를 실시하지 않았다. 따라서 입주자들은 2016.4월. 위임장에 55%가 서명해 입주자대표, 선거관리위원, 관리소장에게 선거관리업무를 일체 수행하지 말라고 통보하였다. 이는 입주자들이 입주자대표 등에게 선거관리업무를 하지 못하게 권한을 중지시킨 명령이다.

그런 후에 입주자들은 관리규약, 입주자대표 해임안, 위임장, 주민총회 의결에 의거, 입주자대표가 2016.6.21. 임기 만료되어 권한이 완전히 상실되었기 때문에, 2016.6.26. 입주자들의 52%가 참여한 비밀투표로 제3기 입주자대표를 선출하였다. 그러나 제2기 입주자대표는 불법으로 제3기 입주자대표에게 업무를 인계하지 않았다.

더구나 제2기 입주자대표가 제3기 입주자대표회의 구성신고서를 접수해 주지 말라고 민원을 제출하였는데 광진구청은 입주자들의 이익에 반해 불법으로 구성신고서를 접수해 주지 않았다. 또한 제2기 입주자대표는 2016.6.21. 임기 만료된 무자격자임에도 2016.8.11. 대리투표로 부정선거를 하여 제3기 입주자대표를 다시 선출하였다.

그런데도 광진구청은 제2기 입주자대표가 무자격자로서 불법으로 부정선거를 하여 승계한 것을 묵인하며 공정선거라고 승인해 주었다. 이는 입주자대표가 H건설, 광진구청과 공모해 사기 분양한 토지 636.8 ㎡를 못 찾게 조직적으로 방해한 것을 증명한다.

4. 입주자대표가 변호사, 경찰, 검찰, 법원을 속였음

가. 토지 636.8 ㎡가 사기 분양이 아니라고 속였음.

H건설은 분양 당시 토지 636.8 ㎡를 빼고 설계도, 모형, 카탈로그에 표시하여 공지해 시공하였음에도 분양대금 82억 원을 받아 가는 수법으로 사기 분양을 하였다. 그리고 토지 203 ㎡를 분할하여 제척해 한원광장이 편취하거나 매각하였고, 한원광장 등이 사용하도록 203 ㎡를 분할하여 제척한 후 경계 안쪽 4 m지점에 펜스를 시공해 입주자들은 433.8 ㎡를 출입조차 하지 못하며 매년 재산세만 납부하게 부실시공을 하였다.

그런데도 입주자대표는 분양 당시 토지 636.8 ㎡를 빼고 만든 설계도, 모형, 카탈로그를 보여주면서 그대로 시공한 것이므로 사기 분양이 아니며, 현재 펜스가 아파트의 경계라고 속였다. 하는 수 없이 비대위원장은 공공의 이익을 위해 개인적으로 2012.8.6. 대한지적공사에서 측량을 하였고, 2015.2.10. 서울고등법원에서 판결을 받아서(대법원에서 2015.6.23. 확정) 토지 636.8 ㎡가 사기 분양된 것을 증명하였다.

그런데도 입주자대표가 사기 분양한 토지 636.8 ㎡를 못 찾게 조직적으로 방해하였기 때문에 입주자들은 찾기 위해 2015.9.2. 비상대책위원회를 결성하였다. 그리고 비대위원을 1403동 입주자대표 보궐선거에 단독후보로 출마시켜 당선을 확보하였는데 입주자대표가 고의로 유권자의 22%에게만 방문해 찬반투표를 하고 과반수에 미달되었다며 낙선시켰다. 따라서 입주자들은 입주자대표 해임안에 75%가 서명해 사퇴하라고 통보하였는데 입주자대표(전○수, 이○욱, 김○복)가 사퇴하지 않았고, 선거관리위원(박○식, 최○정)이 해임투표를 실시하지 않았다.

하는 수 없이 입주자들은 위임장에 55%가 서명해 입주자대표, 선거관리위원, 관리소장에게 선거관리업무를 일체 수행하지 말라고 통보하였고, 비대위원장에게 관리규약에 상관없이 선거관리업무 일체를 수행해 달라고 위임하였다. 이는 입주자들이 입주자대표 등에게 선거관리업무를 하지 못하게 중지시킨 강력한 명령인 것이다.

그런데도 입주자대표는 2016.6.21. 임기 만료된 무자격자임에도 2016.8.11. 대리투표로 부정선거를 하여 제3기 입주자대표를 선출해 승계하면서 토지 636.8㎡를 못 찾게 조직적으로 방해하였다. 이와 같이 입주자대표는 2016.3.14. 이후에 불필요한 고소, 고발, 수사, 재판을 유도하고 변호사를 앞세워 거짓의 진술, 준비서면, 증거자료, 탄원서를 제출해 경찰, 검찰, 법원이 속아서 오판하도록 위법행위를 저질러 비대위원장을 선량한 피해자에서 악질적인 가해자로 뒤바꿔놓았다.

더구나 입주자대표는 사기 분양한 토지 636.8㎡를 찾자며 유도하고 서울동부지방법원에 단체소송을 제기한 후에 소극적으로 대처해 69.3㎡만 인정받았다. 그런데도 주민총회에서 박수부대를 동원해 일사천리로 항소를 포기하였다. 또한 사기 분양한 토지 636.8㎡를 찾자며 H건설(한원광장)을 형식적으로 광진경찰서에 고소하였는데 강남경찰서로 이첩되었고, 소극적으로 대처해 서울중앙지검이 무혐의 처분을 하였다. 이는 입주자대표가 사기 분양한 토지 636.8㎡를 빼고 설계해 공지하여 시공한 위법행위를 위임한 변호사를 통해 감쪽같이 속여 완전범죄로 은폐하며 못 찾게 방해한 것에 기인한다.

나. 불법선거가 아니고 공정선거라며 속였음.

비대위원장은 2012.8.6. 대한지적공사 측량 및 2015.2.10. 서울고등법원 판결에 의거, 토지 636.8 ㎡가 사기 분양된 것을 증명한 후에 찾아달라고 요구하였는데 입주자대표가 못 찾게 조직적으로 방해하였다. 따라서 다음카페에서 사기 분양한 토지 636.8 ㎡를 찾아야 한다고 2015.6.30. 및 7.10. 알려주었다.

그러나 입주자대표는 못 찾게 방해할 목적으로 2015.7.18. 비대위원장을 강제로 퇴출시켰다. 따라서 비대위원장은 공공의 이익을 위해 2015.8.24. 더사모카페를 개설하여 사기 분양한 토지 636.8 ㎡를 찾아야 한다고 알려주었는데 진실을 알게 된 입주자들은 토지 636.8 ㎡를 찾고자 2015.9.2. 비상대책위원회를 결성하였다.

그리고 입주자들은 비대위원을 1403동 입주자대표 보궐선거에 단독후보로 출마시켜 당선을 확보하였는데 입주자대표가 유권자의 22%에게만 방문투표를 하고 과반수에 미달되었다며 낙선시켰다. 따라서 입주자들은 입주자대표 해임안에 75%가 서명해 사퇴하라고 통보하였는데 입주자대표가 사퇴하지 않았고, 선거관리위원이 해임투표를 실시하지 않았다.

그래서 입주자들은 위임장에 55%가 서명해 입주자대표, 선거관리위원, 관리소장에게 선거관리업무를 일체 수행하지 말라고 통보하였다. 이는 입주자대표 등에게 선거관리업무를 하지 못하게 권한을 중지킨 강력한 명령이다. 그리고 입주자들은 입주자대표가 2016.6.21. 임기 만료되어 권한이 상실되었기 때문에 관리규약, 입주자대표 해임안, 위임장, 주민총회 의결에 의거 2016.6.26. 제3기 입주자대표를 선출하였다.

그런데도 입주자대표는 불법으로 업무를 인계하지 않았다. 오히려 무자격자임에도 불법으로 2016.8.11. 대리투표로 부정선거를 하여 제3기 입주자대표를 다시 선출하였다. 그리고 부정선거한 선거인명부를 검증해 주지 않았다. 이후에도 불법선거로 제4기 및 제5기 입주자대표를 선출하여 승계해 불법 관리를 하면서 토지 636.8 ㎡를 못 찾게 방해하였다.

따라서 입주자들은 부정선거한 선거인명부의 검증을 요구하였는데 입주자대표가 검증해 주지 않았다. 하는 수 없이 입주자들은 선거인명부를 검증하기 위하여 소송을 제기할 수밖에 없었다. 그런데도 입주자대표가 선거인명부를 검증해 주지 않았고, 서울동부지방법원, 서울고등법원, 대법원은 선거인명부를 검증해 주지 않고 기각 판결을 하였다. 이와 같이 입주자대표는 불법선거로 승계해 불법 관리를 하면서 변호사, 경찰, 검찰, 법원을 감쪽같이 속이고 위법행위와 비인간적인 행위를 저질러 사기분양한 토지 636.8㎡를 못 찾게 조직적으로 방해하였다.

다. 비대위원장이 명예훼손, 업무방해, 협박, 폭행한 것으로 속였음.

비대위원장은 공공의 이익을 위해 사기 분양한 토지 636.8 ㎡를 찾아야 한다고 다음카페에서 2015.6.30. 및 7.10. 알려주었는데 입주자대표가 알려주지 못하게 비대위원장을 2015.7.18. 강제로 퇴출시켰다. 따라서 비대위원장은 2015.8.24. 더사모카페를 개설해 토지 636.8 ㎡를 찾아야 한다고 진실을 알려주었다. 그런데도 입주자대표는 비대위원장이 명예훼손, 업무방해, 협박, 폭행을 하였다고 위장해 고소, 고발, 수사, 재판을 유도하였고, 변호사를 앞세워 거짓의 진술, 준비서면, 증거자료, 탄원서를 제출해 경찰, 검찰, 법원이 속아서 오판하도록 위법행위를 저질러 선량한 피해자를 악질적인 가해자로 뒤바꿔 놓았다.

광진경찰서에 출두한 비대위원장은 자신이 명예훼손, 업무방해, 협박, 폭행을 하지 않았고, 할 필요조차 없으며, 더사모카페에 올린 모든 글들에 대한 목적과 의미를 확인하면 공공의 이익을 위해 진실을 솔직하게 알려 주고 토지 636.8 ㎡를 찾아주려는 것을 알 수 있다며 진술하였다.

또한 비대위원장이 사기 분양한 토지 636.8 ㎡를 찾게 한 이후에 고소를 하여도 전혀 늦지 않다고 진술하였다. 그것은 입주자들이나 입주자대표에게 토지 636.8 ㎡를 찾아주려는 것인데 반대로 토지 636.8 ㎡를 못 찾게 방해할 목적으로 고소한 것을 증명한다고 진술하였다.

그러나 광진경찰서 박○환 경위, 박○현 경사, 김○희 경사는 비대위원장의 솔직한 진술을 전혀 인정하지 않고 표적 및 별건수사, 편파 및 부실수사, 짜 맞추기 수사를 하였다. 그 결과, 공공의 이익을 위해 알려주었는데 명예훼손을 한 것이라며 진실을 완전히 왜곡해 혐의 있다며 송치하였고, 입주자대표가 임기 만료된 후 무자격자임에도 불법으로 대리투표를 하여 부정선거로 제3기 입주자대표를 선출해 업무방해를 하였는데 진실을 완전히 왜곡해 혐의 있다며 송치하였다.

또한 서울동부지검 최○석 검사, 양○필 부부장검사, 조○홍 검사는 광진경찰서에서 진실을 완전히 왜곡해 통보한 수사보고서를 믿고, 비대위원장이 명예훼손을 하였다며 약식 기소하였고, 입주자대표가 업무방해를 안했다며 불기소하였다. 왜냐하면 최○석 검사, 양○필 부부장검사, 조○홍 검사는 비대위원장의 진술서와 수사보고서를 정확히 파악하고 공정한 수사를 하여야 함에도 진실을 완전히 왜곡해 수사를 하였기 때문에 비대위원장을 선량한 피해자에서 악질적인 가해자로 뒤바꿔 놓았다.

그 결과 서울동부지방법원은 1차 명예훼손 고소사건에 대하여 무죄가 아닌 선고유예(벌금 3백만 원)로 오판하였고, 서울동부지방법원(항소부)은 기각하였으며, 대법원은 심리불속행으로 기각하였다. 또한 서울동부지방법원은 2차 명예훼손 고소사건에 대하여 무죄가 아닌 벌금 5백만 원을 선거하였고, 서울동부지방법원(항소부)에서 현재 진행 중에 있다.

그리고 서울동부지방법원은 입주자대표가 무자격자임에도 대리투표로 부정선거를 한 선거인명부를 검증해 주지 않았기 때문에 업무방해를 하였다고 고소한 사건에 대하여 선거인명부를 검증해 주지 않았는데 기각하였고, 서울고등법원은 역시 선거인명부를 검증해 주지 않았는데 기각하였으며, 대법원도 역시 선거인명부를 검증해 주지 않았는데 기각하였다. 이는 광진경찰서와 서울동부지검에서 비대위원장이 공공의 이익을 위해 헌신적으로 봉사한 진실을 완전히 왜곡해 표적 및 별건수사, 편파 및 부실수사, 짜 맞추기 수사를 한데 기인한다.

그렇지만 대륙아주 조 대표변호사님은 비대위원장이 개인적으로 제기한 민사소송을 변론하며 대한지적공사 측량 및 대법원 확정판결에 의거, 토지 636.8 ㎡가 사기 분양된 것을 확실히 증명하였다. 또한 명예훼손 및 업무방해사건(1심)를 담당해 공정하고 객관적인 변론에 의거, 공공의 이익을 위해 진실을 알려준 것을 확실히 밝혀서 선고유예로 판결을 받도록 하였기 때문에 입주자들이 억울하게 사기당한 서쪽 경계 펜스 밖의 토지 636.8 ㎡를 찾는데 걸림돌이 된다는 것을 잘 알고 있다.

이와 같이 입주자대표는 사기 분양한 토지 636.8 ㎡를 못 찾게 H건설의 이익만 대변하며 변호사를 감쪽같이 속인결과 진실을 완전히 왜곡한 판결을 하였다. 따라서 비대위원장은 진실을 밝히기 위해 항소를 하였고, 서울동부지방법원(항소부)에서 재판이 진행 중에 있다(2021노18). 또한 광진구청 주택과 백○준과 조○환은 비대위원장이 사기 분양한 토지 636.8 ㎡와 2단산벽(수직옹벽 설계)을 설명하는 도중에 갑자기 복귀한다면서 폭행을 하여 공무집행방해를 하였다고 112에 허위로 신고하였는데 서울동부지방법원에서 재판이 진행 중에 있다(2021고단590).

5. 소 결

H건설은 분양 당시 서쪽 경계 펜스 밖의 토지 636.8 ㎡를 빼고 설계도, 모형, 카탈로그에 표시하여 공지해 시공하였음에도 분양대금 82억 원

을 받아 가는 수법으로 사기 분양을 하였다. 더구나 광진구청은 사기 분양을 하지 못하도록 철저하게 관리감독을 하여야 함에도 묵인하며 공모해 토지 636.8 ㎡에 대한 사업허가, 토지 203 ㎡에 대한 제척승인, 토지 433.8 ㎡에 대한 사용검사승인을 해주었다.

이에 더하여 입주자대표는 입주자들의 이익을 대변하기 위하여 사기 분양한 토지 636.8 ㎡를 찾아주어야 하고, 하자보수를 철저하게 받아야 하며, 관리 비리가 발생하지 않도록 투명하며 공정하게 관리서류를 공개하고 열람할 수 있게 관리업무를 수행하여야 한다.

그러나 사기 분양한 토지 636.8 ㎡를 못 찾게 방해할 목적으로 불법선거로 승계해 불법 관리를 하면서 선거인명부를 검증해 주지 않았고, 정보전달수단을 완전히 통제하며 진실을 알려주지 않았다. 또한 사기 분양한지 10년이 지났는데 토지 636.8 ㎡를 찾아야 한다는 것을 입주한 2012.3.30. 이후로 단 한 번도 알려주지 않고 속였다.

더구나 입주자대표는 사기 분양한 토지 636.8 ㎡를 못 찾게 방해할 목적으로 비대위원장이 명예훼손, 업무방해, 협박, 폭행을 하였다고 위장해 불필요한 고소, 고발, 수사, 재판을 유도하고, 변호사를 앞세워 거짓의 진술, 준비서면, 증거자료, 탄원서를 제출해 광진경찰서, 서울동부지검, 서울고검, 대검, 서울동부지방법원, 서울중앙지방법원, 서울고등법원, 대법원이 속아서 오판하도록 악질적인 위법행위를 저질러 선량한 피해자를 악질적인 가해자로 뒤바꿔 놓았다.

따라서 입주자들은 분양대금 82억 원을 납부한 토지 636.8 ㎡를 사기 분양을 한지 10년이 지났는데 찾지 못하고 있다. 사기 분양한 토지 636.8 ㎡는 서쪽 경계 펜스 밖에 현장이 잘 보존되어 있고, 재건축할 때까지 증거인멸을 할 수도 없다. 그러나 입주자대표는 2016.6.21. 임기만료된 무자격자임에도 불법으로 대리투표를 하여 부정선거로 승계해 불법 관리를 하면서 선거인명부를 검증해 주지 않았다. 이와 같은 수법으로 제3기, 제4기, 제5기 입주자대표는 불법으로 승계해 불법 관리를 하면서 사기 분양한 토지 636.8㎡를 못 찾게 방해하고 있다.

그런데도 광진구청, 광진경찰서, 서울동부지검, 서울동부지방법원은 각자의 책임과 의무를 성실히 이행하지 아니하고 진실을 완전히 왜곡해 수사와 재판을 함으로써 입주자들이 사기 분양한 토지 636.8㎡를 10년이 지났는데 못 찾고 있다. 이러한 심각한 위법행위를 저질렀는데 처벌하지 않는다면 입주자들은 어떻게 공정과 정의로운 법치국가에서 살고 있다고 말할 수 있겠는가?

제10부

법원이 거짓에 속아서 오판한 판결

H건설(한원광장), 광진구청, 입주자대표는 공모해 분양 당시 서쪽 경계 펜스 밖의 토지 636.8 ㎡를 빼고 설계도, 모형, 카탈로그에 표시해 공지하여 시공하였음에도 분양대금 82억 원을 받아 가는 수법으로 사기 분양을 하였다. 이들은 2012.3.30. 입주한 이후에는 분양 당시 설계도, 모형, 카탈로그를 보여주면서 그대로 시공한 것이므로 사기 분양이 아니며 현재 펜스(담장)가 아파트의 경계라고 속였다. 이와 같은 수법으로 토지 636.8 ㎡를 다음과 같이 사기 분양을 하고 돌려주지 않았다.

H건설(한원광장)은 H아파트를 건축할 사업부지 6필지를 2007.11.14. 대한지적공사에서 측량하였다. 이때 2단산벽(수직옹벽 설계)을 기점으로 볼 때, 북쪽에는 고도차가 2 m 이상 나는데 나○용이 수직석축 밖에 48 ㎡(427번지 중 일부)을 불법 점유하였고, 남쪽에는 평지인데 김○석이 콘크리트 담장 밖에 113 ㎡(427-8번지 중 일부)을 불법 점유하는 것을 확인하였다(161 ㎡ 불법 점유).

그런데도 H건설은 2009.10.12. H아파트를 분양하면서 불법 점유한 토지 161 ㎡를 원상복구하지 않았다. 오히려 토지 636.8 ㎡(161 ㎡ 포함)까지 출입조차 하지 못하게 빼고 설계도, 모형, 카탈로그에 표시해 공지하여 시공하였음에도 분양대금 82억 원을 받아 가는 수법으로 감쪽같이 속이고 사기 분양을 하였다.

그런 후에 203 ㎡는 분할하여 제척해 한원광장이 90 ㎡를 편취하였고, 김○석에게 113 ㎡를 매각하였다. 또한 433.8 ㎡는 한원광장과 김○석이 사용하도록 203 ㎡를 제척한 후 경계 안쪽 4 m지점에 펜스를 시공해 입주자들이 출입조차 하지 못하며 매년 재산세만 납부하고 있다.

이는 H건설이 토지 636.8 ㎡를 빼고 설계해 시공한 후 돌려주지 않고 완전범죄로 은폐한데 기인한다. 더구나 입주자대표는 불법선거로 승계해 불법 관리를 하면서 정보전달수단을 완전히 통제하고 토지 636.8 ㎡가 사기 분양이 아니라며 못 찾게 방해하였다. 또한 광진구청은 H건설이 토지 636.8 ㎡에 대하여 사기 분양을 하도록 사업허가, 제척승인, 사용검사 승인을 해 주었고, 입주자대표가 불법선거로 승계해 토지 636.8 ㎡를 못 찾게 방해하는데 공정선거라고 승인해 주었다.

따라서 비대위원장은 공공의 이익을 위해 개인적으로 2012.8.6. 대한지적공사에서 측량을 하여 토지 636.8 ㎡가 사기 분양된 것을 확실히 증명하였다. 또한 2015.2.10. 서울고등법원에서 판결을 받아서(대법원에서 2015.6.23. 확정) 또 다시 증명을 하였다. 이는 현재 펜스 밖의 제척 토지 203 ㎡와 불용토지 433.8 ㎡가 분양대금 82억 원을 납부한 아파트의 소유라는 것을 증명한 것이다.

이와 같이 비대위원장은 토지 636.8 ㎡가 사기 분양된 것을 증명한 후에 찾아달라고 요구하였음에도 H건설, 입주자대표, 광진구청은 공모해 토지 636.8 ㎡를 못 찾게 조직적으로 방해하였다. 그러나 비대위원장은 사기 분양한 토지 636.8 ㎡를 찾아달라고 지속적으로 호소하자 입주자대표가 정보전달수단을 완전히 통제하고 2016.6.21. 임기 만료 이후에 불법선거로 승계해 불법 관리를 하면서 선거인명부를 검증해 주지 않았다.

그리고 입주자대표는 불필요한 고소, 고발, 수사, 재판을 야기하고, 변호사를 앞세워 거짓의 진술, 준비서면, 증거자료, 탄원서를 제출해 경찰, 검찰, 법원이 속아서 오판하도록 위법행위를 저질렀다. 이처럼 입주자들이 사기 분양한 토지 636.8 ㎡를 찾지 못하였음에도 경찰, 검찰, 법원은 H건설에게 손해배상책임이 없다고 중대한 오판을 하였다. 따라서 독자들의 이해를 돕기 위해 H건설이 사기 분양한 토지 636.8 ㎡에 대한 공동불법행위의 책임을 지어야만 하는 이유를 살펴보고자 한다.

① 입주자들은 H아파트를 계약할 때 H건설이 한원광장의 2대 대주주(H건설 19.9%, 계열사 H증권 19%를 포함하여 총 38.9% 소유)로서 시공사이며 공동사업주체이기 때문에 신용과 공신력을 믿고 계약하였다. 반면에 일시적으로 설립하였다가 청산한 시행사 한원광

장을 믿고 계약하지 않은 점.

② H건설은 2007.11.14. 사업부지를 대한지적공사에서 측량하였는데, 이때 2필지에서 토지 161 ㎡(나○용 427번지 중 48 ㎡, 김○석 427-8번지 중 113 ㎡)가 불법 점유된 것을 확인한 점.

③ H건설은 2009.10.12. 분양하면서 불법 점유한 토지 161 ㎡를 원상복구하지 않았고, 고의로 토지 636.8 ㎡(161 ㎡ 포함)까지 빼고 설계도, 모형, 카탈로그에 표시하여 공지해 시공하고 사용검사승인을 받았음에도 분양대금 82억 원을 받아간 점.

④ H건설은 2009.10.12. 분양하기 이전에 토지 161 ㎡만 출입하지 못하게 펜스에 막혀 있었음에도, 아파트를 공사하며 토지 636.8 ㎡까지 출입하지 못하게 경계 안쪽 4 m지점에 펜스를 시공한 점.

⑤ H건설은 나○용이 불법 점유한 토지 48 ㎡에다가 불법 점유하지도 않은 42 ㎡까지 추가해 90 ㎡를 분할하여 제척하도록 시공하였기 때문에 한원광장이 토지 90 ㎡를 편취할 수 있었던 점.

⑥ H건설은 H아파트를 공사하면서 사기 분양한 토지 636.8 ㎡를 빼고 설계하여 시공하였기 때문에 한원광장이 불법 점유한 토지 113 ㎡를 분할하여 제척해 김○석에게 매각할 수 있었고, 이로 인해 자신 및 한원광장이 혜택을 받은 점.

⑦ H건설은 토지 203 ㎡를 분할하여 제척한 후의 경계 안쪽 4 m지점에 펜스를 시공하였기 때문에 한원광장과 김○석이 203 ㎡에다가 433.8 ㎡까지 사용하는 반면, 입주자들은 출입조차 하지 못하며 매년 재산세만 납부하고 있는 점.

⑧ 입주자들이 2012.3.30. 입주초기에 토지 636.8 ㎡를 출입하도록 시정해 달라고 요구하였는데 H건설은 분양 당시 토지 636.8 ㎡를 빼고 만든 설계도, 모형, 카탈로그를 보여주면서 그대로 시공한 것이므로 사기 분양이 아니라며 속였고, 입주자대표 및 광진구청도 H건

설의 거짓주장을 대변하면서 현재 펜스가 경계라며 속인 점.

⑨ 불용토지 433.8 ㎡ 및 한원광장이 편취한 90 ㎡는 언제든지 입주자들이 출입할 수 있도록 펜스를 이동 설치할 수 있는 점.

⑩ H건설은 한원광장이 편취한 토지 90 ㎡ 및 이와 연결된 양진초교 방향에는 펜스를 언제든지 출입할 수 있도록 수직옹벽 위에 곧바로 시공하였음에도, H아파트 방향에는 출입하지 못하도록 펜스를 고의로 나대지, 배수로, 비스듬한 조경석 쌓기, 간격 띄우기를 한 후에 부실시공한 점.

⑪ H건설은 사업부지 중 113 ㎡를 분할하여 제척하도록 시공하였기 때문에 한원광장이 김○석에게 매각할 수 있었고, 한원광장의 2대 대주주로서 이익배당금을 수령해 혜택을 받은 점.

⑫ H건설은 도급계약서에 의거 시공업무를 수행함은 물론 분양업무, 홍보업무, 자금관리, 지급보증, 공사이익금 배당, 청산 업무, 한원광장과 공동명의 예금계좌 관리, 분양대금 입·출금 관리 등 분양과 관련된 전반적인 핵심 업무를 수행한 점.

⑬ 서쪽 경계 펜스 밖에 불법 점유했던 토지 161 ㎡, 제척토지 203 ㎡, 불용토지 433.8 ㎡가 현장이 잘 보존되어 있고, 재건축할 때까지 증거인멸을 할 수도 없어 입주자들이 사기 분양한 토지 636.8 ㎡를 수시로 확인할 수 있는 점.

⑭ H건설은 한원광장의 신축·분양사업에 대하여 사업비 대여, 금융기관 대출, 수분양자의 금융기관 대출보증 등 지급보증을 해준 점(아세아자산신탁주식회사 수익한도금액 3,445억 원)

⑮ H건설, 입주자대표, 광진구청이 공모해 분양대금 82억 원을 납부한 토지 636.8 ㎡를 사기 분양하였음에도 H건설에게 공동불법행위 책임을 묻지 못한다면 한원광장이 청산되어 완전범죄로 은폐되기 때문에 입주자들은 손해배상금을 영원히 받을 수 없는 점.

1. 단체소송에서 토지 69.3 ㎡로 오판한 민사판결

H건설은 사업부지를 2007.11.14. 대한지적공사에서 측량하였는데 2단 산벽(수직옹벽 설계)을 기점으로 볼 때, 북쪽에는 2 m 이상 고도차가 나는데 나○용이 수직석축 밖에 토지 48 ㎡(427번지 중 일부)을 불법 점유하였고, 남쪽에는 평지인데 김○석이 콘크리트 담장 밖에 토지 113 ㎡(427-8번지 중 일부)을 불법 점유하는 것을 확인하였다(161 ㎡ 불법 점유)

그러나 H건설은 2009.10.12. H아파트를 분양하면서 불법 점유한 토지 161 ㎡를 사업부지로 원상복구하지 않았다. 오히려 토지 636.8 ㎡(161 ㎡ 포함)까지 빼고 설계도, 모형, 카탈로그에 표시하여 공지해 시공하였음에도 분양대금 82억 원을 받아 가는 수법으로 사기 분양을 하였다.

그런 후에 203 ㎡는 분할하여 제척해 한원광장이 90 ㎡를 편취하였고, 김○석에게 113 ㎡를 매각하였다. 또한 433.8 ㎡는 한원광장과 김○석이 사용하도록 203 ㎡를 제척한 후의 경계 안쪽 4 m지점에 펜스를 시공해 입주자들이 매년 재산세만 납부하게 부실 공사를 하였다. 그러함에도 H건설, 입주자대표, 광진구청은 2012.3.30. 입주한 이후에 분양 당시 토지 636.8 ㎡를 빼고 만든 설계도, 모형, 카탈로그를 보여주면서 그대로 시공한 것이므로 사기 분양이 아니며, 현재의 펜스가 아파트의 경계라고 진실을 완전히 왜곡해 속이고 돌려주지 않았다.

하는 수 없이 비대위원장은 공공의 이익을 위해 개인적으로 2012.8.6. 대한지적공사에서 측량하여 아파트의 경계가 토지 636.8 ㎡까지라는 것을 증명하였다. 그러나 서울중앙지방법원은 한원광장에게 토지 69.3 ㎡만 손해배상책임을 인정하였고, H건설에는 손해배상책임이 없다고 판결하였다. 그래서 비대위원장이 항소를 하였는데 서울고등법원은 2015.2.10. 한원광장에게 제척토지 203 ㎡에 대한 손해배상책임을 인정하였지만 H건설에는 손해배상책임을 인정하지 않았다.

그러나 비대위원장은 서울고등법원의 판결을 근거로 2012.8.6. 대한지적공사에서 측량했던 제척토지 203 ㎡부터 펜스까지 불용토지 433.8 ㎡가 아파트의 소유라는 것을 증명하였고, 출입조차 하지 못하는 것도 확인하였다. 이러한 사실을 알게 된 입주자들은 입주자대표가 사기 분양한 토지 636.8 ㎡를 찾아주지 않은 것과 수직옹벽이 아닌 2단산벽을 경계 안쪽 4 m지점에 시공한 것에 대하여 불만이 폭주하였다.

그래서 입주자대표는 입주자들의 폭발적인 불만을 잠재우고자 단체소송을 서울동부지방법원에 제기하여 H건설(한원광장)에게 손해배상책임을 물리자며 유인하고 생업에 쫒기는 입주자들에게 민 · 형사상 모든 권리를 위임받았다. 그리고 입주자대표는 재판에 출석하지 않았고, 토지 636.8 ㎡를 빼고 설계해 시공한 중대한 위법행위를 진술하지 않았다.

또한 입주자대표는 비대위원장이 담당변호사를 만나서 H건설(한원광장)이 고의로 중대한 위법행위를 저지른 것에 대하여 자세히 설명하지 못하도록 차단하였고, 사기 분양한 토지 636.8 ㎡에 관해 분양계약을 위반한 증거를 법원에 제출하지 못하게 조직적으로 방해하였다. 더구나 H건설에서 선임한 관리소장을 법정에 대신 출석시켜 사기 분양한 토지 636.8 ㎡를 못 찾게 집단적으로 방해하였다.

그 결과 서울동부지방법원은 한원광장에게 사기 분양한 636.8 ㎡ 중에서 69.3 ㎡만 손해배상책임이 있다며 인정하였고, H건설에는 손해배상책임이 전혀 없다며 오판하였다(2013가합3123 2014.8.22. 선고).

그러나 입주자대표는 비대위원장이 항소하면 H건설에서 사기 분양한 토지 636.8 ㎡에 대한 손해배상금을 받을 수 있고, 1404동 빌라 뒤를 분양계약대로 수직옹벽으로 시정할 수 있다는 것을 강력히 권고하여 알고 있었음에도 고의로 입주자들에게 알려주지 않았다. 오히려 승소하여 한원광장에서 토지 69.3 ㎡를 찾게 되었다며 진실을 완전히 왜곡해 홍보하였고, 주민총회를 개최하여 박수부대를 동원해 일사천리로 항소를 포기하였다.

더구나 입주자대표는 비대위원장이 항소해 사기 분양한 토지 636.8 ㎡를 반드시 찾아야 한다고 조언한 것과 개인적으로 토지 636.8 ㎡를 찾기 위해 서울고등법원에서 항소를 진행하고 있는 것을 입주자들에게 전달해 달라고 강조하였는데 전달하지 않았다. 또한 담당변호사가 개별적으로 항소할 수 있다는 중요한 의견을 알려주지 않았다.

그리고 소송자 386명 중 84명(1/5)만 참석해 주민총회가 과반수 충족이 되지 않았고, 참석자 중 4명은 항소하면 반드시 토지 636.8 ㎡를 찾을 수 있다고 강력하게 주장하였다. 그러나 입주자대표는 박수부대까지 동원해 일사천리로 회의를 진행하여 조직적으로 못 찾게 방해하였다. 이는 고의로 항소를 하지 못하게 방해한 위법행위이다.

서울동부지방법원이 사기 분양한 서쪽 경계 펜스 밖의 토지 636.8 ㎡ 중에서 69.3 ㎡만 인정해 오판하였기 때문에 입주자들은 항소하면 반드시 636.8 ㎡를 찾을 수밖에 없다. 그런데도 입주자대표는 H건설에게 면죄부를 주기 위해 형식적으로 단체소송을 제기하여 소극적으로 대처하고 고의로 박수부대를 동원해 항소를 포기하였다.

이는 H건설, 입주자대표, 광진구청이 공모해 서쪽 경계 펜스 밖의 토지 636.8 ㎡에 대하여 사기 분양을 한 후에 한원광장이 편취한 90 ㎡, 김○석에게 매각한 113 ㎡, 불용토지 433.8 ㎡, 수직옹벽이 아닌 2단산벽 설치 등 중대한 위법행위를 저지르고 완전범죄로 은폐하였다.

결론적으로 입주자들은 ① 서울동부지방법원이 한원광장에게 사기 분양한 토지 636.8 ㎡ 중에서 69.3 ㎡만 손해배상을 하라고 오판한 것과 H건설에게 손해배상책임이 없다고 오판한 것에 대하여 전혀 신뢰하지 않는다. ② 입주자대표가 사기 분양한 토지 636.8 ㎡ 중에서 69.3 ㎡만 인정한 것과 H건설에게 손해배상책임이 없다고 오판한 것에 대하여 고의로 항소 포기한 것을 전혀 신뢰하지 않는다.

2. 한원건설을 무죄라고 오판한 형사판결

가. 입주자대표가 형식적으로 H건설을 형사고소

비대위원장은 공공의 이익을 위하여 개인적으로 2012.8.6. 대한지적공사에서 측량하여 토지 636.8 ㎡가 사기 분양된 것을 증명하였다. 그리고 H건설을 고소해 사기 분양한 토지 636.8 ㎡를 찾아야 한다고 요구하였는데 입주자대표는 차일피일 미루며 고소하지 않았다. 그래서 비대위원장은 H건설을 왜 고소하지 않느냐고 계속 추궁하자 입주자대표 5명 중 2명(전○수, 유○운)이 형식적으로 H건설(한원광장)을 2013.1.31. 광진경찰서에 고소하였는데 어찌된 일인지 강남경찰서로 이첩되었다.

이와 같이 입주자대표 2명만 고소에 참여하였는데 비대위원장은 고소에 꼭 참여하게 해달라고 강력히 요구하였음에도 들어주지 않고 거절하였다. 또한 고소인들은 분양대금 82억 원을 납부하였는데 토지 636.8 ㎡를 돌려받지 못한 다음과 같은 중대한 위법행위를 수사과정에서 진술하지 않았기 때문에 H건설(한원광장)이 무혐의 처분을 받았다.

① H건설은 H아파트 사업부지를 2007.11.14. 대한지적공사에서 측량하였는데 나○용이 수직석축 밖에 토지 48 ㎡(427번지 중 일부)를 불법 점유하였고, 김○석이 콘크리트 담장 밖에 토지 113 ㎡(427-8번지 중 일부)를 불법 점유한 것을 확인(161 ㎡ 불법 점유)하였음에도 2009.10.12. 분양하면서 불법 점유한 토지 161 ㎡를 사업부지로 원상복구하지 않았다. 오히려 토지 636.8 ㎡(161 ㎡ 포함)까지 빼고 설계도, 모형, 카탈로그에 표시하여 시공해 사용검사승인을 받았는데 분양대금 82억 원을 받아 가는 수법으로 사기 분양을 한 점.

② 토지 636.8 ㎡ 중 203 ㎡는 분할하여 제척해 한원광장이 90 ㎡를 편취하였고, 김○석에게 113 ㎡를 매각하였다. 또한 433.8 ㎡는 한원광장과 김○석이 사용하도록 203 ㎡를 제척한 후의 경계 안쪽 4 m

지점에 펜스를 시공해 입주자들이 매년 재산세만 납부하게 부실시공을 한 점.

③ H건설, 입주자대표, 광진구청은 2012.3.30. 입주한 이후에 분양 당시 토지 636.8 ㎡를 빼고 만든 설계도, 모형, 카탈로그를 보여주면서 그대로 시공한 것이므로 사기 분양이 아니며, 현재 펜스가 분양 당시 아파트의 경계라고 속이면서 토지 636.8 ㎡를 돌려주지 않은 점.

더구나 고소인들은 사건처리가 계속 미루어졌는데 독촉하지 않았고, 그러는 사이 서울동부지방법원이 토지 636.8 ㎡ 중에서 69.3 ㎡만 한원광장에게 손해배상책임이 있고, H건설에는 손해배상책임이 전혀 없다고 오판하였다. 따라서 강남경찰서와 서울중앙지검은 H건설(한원광장)에 대하여 사기 분양이 아니라고 2013.12.27. 혐의 없다고 처분하였다.

비대위원장이 입주자대표에게 형사고소를 하자고 강력하게 요구한 이유는 형사사건을 신속히 처리해 민사재판에서 사기 분양한 토지 636.8 ㎡를 찾는데 유리한 판결을 받기 위해 서두른 것이다. 그러나 입주자대표는 형사고소를 미루고 소극적으로 대처함으로써 민사재판이 오히려 형사사건보다 먼저 진실을 완전히 왜곡해 오판하였다.

따라서 서울동부지방법원은 한원광장에게 사기 분양한 토지 636.8 ㎡ 중에서 69.3 ㎡만 손해배상책임을 인정하였고, H건설에는 손해배상책임이 없다고 오판해 형사사건이 혐의 없다며 중요한 영향을 끼쳤다. 이는 입주자대표가 형식적으로 고소한 후에 중요한 위법행위를 진술하지 않았고, H건설(한원광장)의 교묘한 꼼수로 오판하도록 하였다.

그러나 비대위원장은 개인적으로 소송을 제기해 서울중앙지방법원에서 토지 69.3 ㎡로 오판해 아파트의 경계가 현재 펜스라고 인정받았지만 불복해 항소하였다. 따라서 서울고등법원에서 진행 중인 재판이 203 ㎡에 대한 손해배상책임을 인정받게 되면 펜스를 제척토지 203 ㎡와 불용토지 433.8 ㎡까지 포함해 시공하여야 한다는 것을 입주자대표가 알고 있다. 그러므로 입주자대표는 서울중앙지검이 혐의 없다고 처분한 것을 서울고등법원에서 203㎡를 선고하기 이전에 재빠르게 서울고검에 한원광장과 H건설을 재수사하라고 요구하였다. 따라서 서울고검은 사기 분양한 토지 636.8㎡에 대한 재수사를 지시하였다.

그러나 서울중앙지검은 한원광장(대표이사 고○현)을 배임죄로 기소해 형사재판에 회부하였지만, H건설에 대하여는 이번에도 무혐의 처분을 하였다. 이는 입주자대표가 사기 분양한 사건을 형식적으로 고소하였고, 중요한 위법행위를 진술하지 않으며 소극적으로 대처해 혐의 없다고 처분을 받았기 때문에 책임을 모면하고자 재수사를 요구하였다. 그런 후에 중대한 위법행위를 진술하지 않고 소극적으로 대처하며 꼼수를 부린 결과 한원광장은 기소하였지만 H건설을 혐의 없다고 처분하였다.

나. 서울중앙지방법원이 오판한 형사판결

서울중앙지검은 H건설이 사기 분양을 하지 않았다며 기소하지 않았고, 한원광장만 기소하였기 때문에 서울중앙지방법원이 한원광장(대표이사 고○현)을 특가법(배임)에 해당하는지 심리하였다. 그 결과 서울중앙지방법원은 입주자대표가 단체소송을 제기한 서울동부지방법원의 민사재판에서 한원광장에게 토지 636.8㎡ 중에서 69.3㎡만 손해배상책임을 인정한 판결을 인용하며 진실을 정확히 밝히지 못하고 오판하였다.

이때 입주자대표는 재판에 출석하지 않았고, 관리소장만 대신 참석해 토지 636.8㎡를 못 찾게 소극적으로 대처하였다. 더구나 입주자대표는 분양계약을 체결할 때 모델하우스 안에서 회원을 모집해 2009.11.15. 다음카페를 개설하여 입주자들에게 헌신적으로 봉사하는 것처럼 홍보하였고, 입주한 2012.3.30. 이후에는 정보전달수단을 완전히 통제하고 사기 분양이 아니며 현재 펜스가 아파트의 경계라고 속이면서 토지 636.8㎡를 못 찾게 조직적으로 방해하였다. 그러나 비대위원장은 형사

재판에 매번 출석해 검사의 증언까지 하였고, 사기 분양한 토지 636.8㎡에 대한 배임죄를 강력히 주장하였다. 그 결과 검사가 한원광장(대표이사 고○현)에 대해 징역 2년 6월을 구형하였다.

그러나 비대위원장은 고소인이 아니고 참고인으로서 입주자들의 이익을 대변하는데 한계를 느꼈다. 왜냐하면 비대위원장이 공정한 재판을 진행해 달라며 강력히 항의하자, 재판장은 전체 입주자들의 의견이 아니라고 생각한다며 이해할 수 없는 이유를 대면서 무죄로 선고하였기 때문이다(2014고합1495, 2015.4.24.선고). 이는 H건설, 입주자대표, 광진구청이 공모해 서쪽 경계 펜스 밖의 토지 636.8㎡를 사기 분양한데 기인해 한원광장이 편취한 90㎡, 김○석에게 매각한 113㎡, 불용토지 433.8㎡, 2단산벽을 수직옹벽으로 설치하지 못하도록 위법행위를 저질러 진실을 완전히 왜곡해 오판한 것이다.

결론적으로 입주자들은 ① 서울중앙지검이 진실을 완전히 왜곡한 채 입주자대표의 거짓 진술만 믿고 H건설에게 사기 분양이 아니라며 혐의 없다고 처분한 것을 전혀 신뢰하지 않는다. ② 서울중앙지방법원이 입주자대표가 제기한 서울동부지방법원의 단체소송에서 한원광장에게 사기 분양한 토지 636.8㎡ 중에서 69.3㎡만 손해배상책임이 있고, H건설에게는 손해배상책임이 없다고 오판한 판결을 근거로 한원광장에게 무죄로 판결한 것을 전혀 신뢰하지 않는다.

다. 서울고등법원이 오판한 형사판결

서울중앙지방법원은 한원광장을 무죄로 판결하였기 때문에 검사가 불복해 즉시 항소하였다. 그러나 서울고등법원(제2형사부)은 비대위원장이 개인적으로 소송을 제기하여 서울중앙지방법원에서 한원광장에게 69.3㎡만 손해배상을 하라고 판결한 것을 서울고등법원에서 203㎡에 대한 손해배상을 하라고 판결하였음에도 한원광장이 대법원에 상고하였다는 이유로 배임죄에 해당하지 않는다면서 변론을 미리 종결하였다, 이와 같이 대법원에 상고한 판결 결과가 나오기도 전에 변론을 조기 종결해 진실이 완전히 왜곡되도록 불공정한 재판을 진행하면서 기각 판결을 하였다(2015노1289 2015.7.9. 선고).

더구나 이 사건은 대법원에서 2015.6.23. 한원광장에게 203 ㎡에 대한 손해배상을 하라며 원심의 판결이 옳다고 확정판결을 하였다. 따라서 서울고등법원은 대법원에서 판결한 이후에 형사사건의 변론을 종결하였으면 한원광장(대표이사 고○현)을 배임죄로 판결할 수 있었다.

이에 더하여 서울중앙지검은 H건설이 사기 분양한 토지 636.8 ㎡까지 출입조차 하지 못하게 빼고 설계도, 모형, 카탈로그에 표시해 시공하여 한원광장이 토지 203 ㎡를 편취하거나 매각해 배당금을 수령한 혜택까지 보았기 때문에 공동으로 연대책임을 물어야 함에도 H건설에 대하여 혐의 없다고 처분해 기소하지 않은 중대한 오판을 하였다.

이는 H건설(한원광장)이 분양 당시 토지 636.8 ㎡를 빼고 설계도, 모형, 카탈로그에 표시해 시공하였음에도 강남경찰서 및 서울중앙지검에서 표적 및 별건수사, 편파 및 부실수사, 짜 맞추기 수사를 하여 입주자들에게 분양대금 82억 원을 받아 가는 사기 분양을 하였는데 중대한 오판으로 인해 처벌하지 않은데 기인한다.

결론적으로 입주자들은 ① 서울중앙지검이 토지 636.8 ㎡를 빼고 설계도, 모형, 카탈로그에 표시해 시공하여 사용검사승인을 받았음에도 분양대금 82억 원을 받아 가는 사기 분양을 하였는데 H건설을 혐의 없다고 처분하였기 때문에 전혀 신뢰하지 않는다. ② 서울중앙지방법원이 한원광장에게 사기 분양한 토지 636.8 ㎡ 중에서 69.3 ㎡만 손해배상책임을 인정하는 중대한 오판을 함으로써 입주자들이 나머지 토지 567.5 ㎡를 사용과 출입을 하지 못하고 있음에도 서울고등법원은 한원광장을 무죄로 오판하였기 때문에 전혀 신뢰하지 않는다.

3. 비대위원장이 명예훼손을 한 것이라고 오판한 형사판결

H건설은 2009.10.12. H아파트를 분양하면서 불법 점유한 토지 161 ㎡(나○용이 수직석축 밖에 48 ㎡, 김○석이 콘크리트 담장 밖에 113 ㎡)를 사업부지로 원상복구하지 않았다. 오히려 토지 636.8 ㎡(161 ㎡ 포함)까지 빼고 설계도, 모형, 카탈로그에 표시하여 공지해 시공하였음에도 분양대금 82억 원을 받아 가는 수법으로 사기 분양을 하였다.

그런 후에 토지 636.8 ㎡ 중에서 203 ㎡는 분할하여 제척해 한원광장이 90 ㎡를 편취하였고, 김○석에게 113 ㎡를 매각하였다. 또한 433.8 ㎡는 한원광장과 김○석이 사용하도록 203 ㎡를 제척한 후의 경계 안쪽 4 m 지점에 펜스를 시공해 입주자들은 매년 재산세만 납부하고 있다.

그런데도 H건설, 입주자대표, 광진구청은 입주한 2012.3.30. 이후에 분양 당시 토지 636.8 ㎡를 빼고 만든 설계도, 모형, 카탈로그를 보여주면서 그대로 시공한 것이므로 사기 분양이 아니며, 현재 펜스가 분양 당시 아파트의 경계라고 진실을 완전히 왜곡해 감쪽같이 속였다.

이에 대하여 비대위원장은 입주초기에 등기면적이 분양면적보다 69.3 ㎡가 적은 것을 찾아내자 입주자대표가 세대별로 환산하면 소수점 이하이므로 정산하지 않는다고 속였다. 또한 비대위원장은 사업부지 203 ㎡를 제척하여 한원광장이 90 ㎡를 편취하거나 113 ㎡를 매각한 것을 밝혀내자 입주자대표가 정보전달수단을 완전히 통제하고 사기 분양한 토지 636.8 ㎡를 못 찾게 조직적으로 방해하였다.

하는 수 없이 비대위원장은 공공의 이익을 위해 개인적으로 토지 636.8 ㎡가 사기 분양된 것을 증명하고자 서울중앙지방법원에 소송을 제기하였는데 한원광장에게 토지 69.3 ㎡만 인정하였고, H건설에는 책임이 없다고 인정하지 않았다. 그렇지만 비대위원장은 서울고등법원에 항소해 2015.2.10. 제척토지 203 ㎡를 인정받았다. 또한 2012.8.6. 대한지적공사에서 측량했던 제척토지 203 ㎡부터 펜스까지 불용토지 433.8 ㎡가 아파트의 소유인데 출입조차 하지 못하는 것을 증명하였다.

그런 후에 비대위원장은 다음카페에서 토지 636.8 ㎡를 찾아야 한다고 2015.6.30. 및 7.10. 알려주었는데 입주자대표가 진실을 알려주지 못하게 비대위원장을 2015.7.18. 강제로 퇴출시키고 인신공격과 유언비어를 퍼트리며 명예훼손을 하였다. 그러나 비대위원장은 공공의 이익을 위해 사기 분양한 토지 636.8 ㎡를 찾아주고자 2015.8.24. 더사모카페를 개설하였다. 그리고 더사모카페를 통해 사기 분양한 토지 636.8 ㎡를 찾아야 한다고 진실을 알려주었다. 따라서 입주자들은 더사모카페의 글을 읽고 입주자대표의 악질적인 위법행위와 조직적인 방해공작을 알게 되었다.

이어 입주자들은 사기 분양한 토지 636.8 ㎡를 찾기 위하여 2015.9.2. 비상대책위원회를 결성하였다. 그러나 입주자대표는 입주자들의 이익을 전혀 대변하지 않고 악질적인 위법행위를 저지르며 토지 636.8 ㎡를 못 찾게 조직적으로 방해하였다. 입주자들은 2015.10.15. 입주자대표 해임안에 75%가 서명해 제2기 입주자대표(전○수, 이○욱, 김○복)[17]에게 사퇴하라고 통보하였는데 사퇴하지 않고 거부하였다. 따라서 선거관리위원장(정○임)이 해임투표를 실시하려고 시도하였는데 제2기 선거관리위원(박○식, 최○정)[18]은 해임투표를 하지 못하게 방해하였다.

하는 수 없이 입주자들은 2016.4월. 위임장에 55%가 서명해 제2기 입주자대표(전○수, 이○욱, 김○복)와 선거관리위원(박○식, 최○정)에게 선거관리업무 일체를 수행하지 말라고 통보하였다. 그리고 비대위원장에게 관리규약에 상관없이 선거관리업무 일체를 수행해 달라고 위임하

17) 관리규약에 의거 선출된 입주자대표가 5명이었는데 입주자들이 입주자대표 해임안을 서명 받는 도중에 전○정은 이사를 갔고, 김○섭은 사퇴를 하여 3명(전○수, 이○욱, 김○복)만 남아서 입주자들의 이익에 반하도록 계속 사기 분양한 토지 636.8 ㎡를 못 찾게 방해하였다.

18) 선거관리위원은 관리규약에 의하면 7명을 선출하도록 되어 있는데 관리소장이 3명만 위촉해 운영하였다. 입주자들이 입주자대표 해임안에 75%를 서명한 이후에 정○임 선거관리위원장이 해임투표를 하려고 하였는데 선거관리위원 2명(박○식, 최○정)은 해임투표를 하지 못하게 방해하였다.

였다. 이는 입주자들이 제2기 입주자대표에게 선거관리업무의 권한을 중지시킨 강력한 조치인 것이다.

그리고 입주자들은 제2기 입주자대표와 선거관리위원이 2016.6.21. 임기 만료되었기 때문에 관리규약, 입주자대표 해임안, 위임장, 주민총회 의결에 의거 2016.6.26. 52%가 참여한 비밀투표로 제3기 입주자대표를 합법적인 방법으로 선출하였다. 그런데도 제2기 입주자대표(전○수, 이○욱, 김○복)가 제3기 입주자대표에게 업무를 인계하지 않았다. 오히려 제2기 입주자대표는 광진구청에 제3기 입주자대표회의 구성신고서를 접수해 주지 말라고 민원까지 제출하였다.

이에 더하여 광진구청은 입주자들이 합법적인 방법으로 선출한 제3기 입주자대표회의 구성신고서를 접수해 주지 않았다. 이는 광진구청이 636.8㎡를 사기 분양하도록 묵인하며 사업허가, 제척승인, 사용검사승인을 해주었기 때문에 자신들의 비리를 은폐하고자 제2기 입주자대표와 공모해 방해한 것이다. 특히, 광진구청 주택과 김○혁 팀장은 주택과장(양○승)이 휴가 중인 사이에 대신 결재하여 제3기 입주자대표회의 구성신고서를 반려한 것이므로 입주자들의 이익에 반해 직무유기 및 직권남용권리행사방해를 한 것이다. 이때 김○혁 팀장이 구성신고서를 접수해 주었으면 입주자들은 이미 사기 분양한 토지 636.8㎡를 찾았다.

이와 같이 H건설, 입주자대표, 광진구청은 서로 공모해 토지 636.8㎡를 사기 분양하였고, 입주한 2012.3.30. 이후에도 사기 분양한 토지 636.8㎡를 못 찾게 방해할 목적으로 불법선거로 승계하며 정보전달수단을 완전히 통제하고 조직적으로 방해한 것이 확실하게 증명되었다.

또한 입주자대표는 비대위원장이 더사모카페에서 명예훼손을 하였다고 3차례 광진경찰서에 고소하였다. 이외에도 선거관리위원은 비대위원장이 선거도중에 엘리베이터 안에서 협박하였다고 고소하였고, 관리사무소장은 비대위원장이 폭행을 하였다고 고소하였다. 또한 광진구청 주택과 백○준 주무관은 비대위원장이 2단산벽을 설명하는 도중에 폭행하여 공무집행방해를 하였다고 고소하였다. 따라서 비대위원장은 공공의 이익을 위해 사기 분양한 토지 636.8㎡를 찾기 위하여 열심히 봉사를 하였음에도 입주자대표, 선거관리위원, 관리소장, 광진구청 담당자에게 고소당해 수없이 수사와 재판을 받을 수밖에 없어 괴로움을 겪었다.

그렇지만 비대위원장은 공공의 이익을 위해 토지 636.8㎡를 찾고자 더사모카페에서 진실을 알려주었다. 따라서 누구에게 명예훼손을 할 필요가 없고, 명예훼손을 하지 않았으며, 폭행을 하지도 않았다. 광진경찰서에서 조사를 받은 진술서에서도 사기 분양한 토지 636.8㎡에 대한 현장을 직접 검증하면 진실을 알 수 있다고 박○환 경위에게 수없이 설명하였다. 그런데도 비대위원장이 공공의 이익을 위한 것을 인정하지 않고 명예훼손을 하였다며 진실을 완전히 왜곡해 서울동부지검에 송치하였다.

서울동부지검 최○석 검사는 광진경찰서에서 공공의 이익을 위한 것을 완전히 왜곡해 진실을 정확하게 확인하지 않았다. 또한 비대위원장이 하소연한 수차례의 진정서조차 수사하지 않고, 명예훼손을 하였다고 오판하며 약식기소(벌금 5백만 원)하였다. 이와 같이 비대위원장은 광진경찰서와 서울동부지검의 표적 및 별건수사, 편파 및 부실수사, 짜 맞추기 수사에 의해 억울하게 누명을 쓴 것이기 때문에 누명을 벗기 위해 정식재판을 청구할 수밖에 없었다(p353 명예훼손 범죄일람표 참조).

그러나 서울동부지방법원은 비대위원장이 공공의 이익을 위하여 사기 분양한 서쪽 경계 펜스 밖의 토지 636.8㎡를 찾고자 2015.8.24. 더사모카페를 개설하여 진실을 정확하게 알려주었음에도 무죄가 아닌 선고유예(벌금 3백만 원)로 판결을 하였다(2016고정1717 2016.8.22. 선고).

이는 비대위원장이 재판과정에서 공공의 이익을 위하여 더사모카페에서 사기 분양한 토지 636.8㎡를 찾아야 한다고 진실을 알려주었는데 입주자대표가 찾지 못하게 조직적으로 방해할 목적으로 감쪽같이 속여 고소한 것이 명명백백히 밝혀졌음에도 서울동부지방법원은 진실을 왜곡해 오판함으로써 무죄가 아닌 선고유예로 판결하였다.

이때 대륙아주 조 대표변호사님(대법관)께서는 사기 분양한 토지 636.8 ㎡를 확실하게 증명해 주었던 민사재판을 대법원까지 변론하였고, 명예훼손에 대한 형사재판(1심)을 변론해 주었기 때문에 심각성을 정확히 파악하고 있다. 그런데도 무죄가 아닌 선고유예로 판결하여 진실을 밝히고자 즉시 항소를 할 수밖에 없었다.

이후 조 대표변호사님은 대법관으로 부임하여 다른 변호사가 변론해 주었는데 진실을 정확히 밝히지 못했기 때문에 기각판결을 하였다. 이유는 뒤늦게 알았지만 비대위원장을 변론한 변호사가 고소인(입주자대표회장 전○수)의 고등학교 후배인 것을 뒤늦게 알고 많은 후회를 하였다.

입주자대표는 공공의 이익을 위하여 정보전달수단을 통해 사기 분양한 토지 636.8 ㎡를 찾아야 한다고 진실을 정확하게 알려주어야 함에도 입주한 2012.3.30. 이후로 단 한 번도 진실을 알려주지 않고 속였다. 더구나 사기 분양한 토지 636.8 ㎡를 못 찾게 조직적으로 방해할 목적으로 비대위원장이 명예훼손을 하였다며 위장해 고소를 하였다. 이는 악질적인 위법행위를 저질러 진실을 완전히 속인 것을 증명한다.

그런데도 서울동부지방법원은 비대위원장에게 무죄가 아닌 선고유예(벌금 3백만 원)로 오판하였다. 더구나 서울동부지방법원의 항소부에서는 비대위원장이 공공의 이익을 위하여 사기 분양한 토지 636.8 ㎡를 찾고자 정당방위와 정당행위를 한 것을 인정하면서도 무죄가 아닌 기각 판결을 하였다(2016노1342 2016.12.22. 선고).

비대위원장이 도저히 이해할 수 없는 것은 재판장이 오판한 것보다도 판결문만 읽었으면 되는데 고소인들과 입주자들이 참관한 법정에서 비대위원장에게 앞으로 더사모카페에서 진실이라도 절대로 알려주지 말라며 강조해 훈계하였다. 그리고 또다시 더사모카페에 게시해 나쁜 짓을 계속

하면 입주자대표가 고소, 고발을 지속적으로 하여 더 큰 처벌이 내려질 것이라며 협박성의 통보를 하여 진실을 어느 누구보다 더 정확히 알고 있는 입주자들이 판사로서 진실을 파악하지 못하고 왜곡된 언행을 해도 되는지 신뢰할 수 없는 위법행위의 실상을 직접 목격하였다.

또한 비대위원장의 담당변호사가 대법원에 상고하지 말라고 배우자 및 입주자들에게 논리에 맞지 않는 억지주장을 하면서 비대위원장을 설득하라는 어처구니없는 일이 벌어졌다. 그런 후에 비대위원장이 상고이유서를 작성해 달라고 요청하여도 변호사가 해주지 않고 만류하였다.

하지만 비대위원장은 진실을 정확히 밝히고자 포기할 생각이 전혀 없었다. 이럴 때일수록 진실을 확실히 밝혀 정의롭고 공정한 사회로 세상을 올바로 바꾸고 싶었다. 지금까지 올곧게 살아왔고, 미국에서 최고의 금융감사기법을 배워 금융감독원의 후배들에게 감사기법을 정확하게 알려주었기 때문에 정의롭게 사는 것이 목숨보다도 더 중요하다고 결심하였다.

따라서 비대위원장은 대법원에 상고장을 제출하였다. 사기 분양된 토지 636.8 ㎡는 현장이 잘 보존되어 있고, 재건축할 때까지 증거인멸을 할 수도 없기 때문에 반드시 찾을 수밖에 없다는 확신을 가졌다. 더구나 조대표변호사님께서 공정하게 변론해 주어 대한지적공사 측량 및 대법원 확정판결에 의거, 토지 636.8 ㎡가 사기 분양된 것을 확실히 증명하였음에도 입주자대표가 입주자들의 이익을 전혀 대변하지 않고 못 찾게 조직적으로 방해하는 것을 도저히 이해할 수 없었다.

비대위원장은 입주자대표가 조직적으로 방해를 할수록 최고의 감사기법을 잘 알고 있기 때문에 오로지 증거수집에만 열중하면서 조직적인 비리에 맞서 정당방위와 정당행위를 하였다는 것을 강력히 주장하였는데 대법원에서 기각판결(2018도1201 2018.3.9. 선고)을 하였다. 이는 입주자대표가 불필요한 고소, 고발, 수사, 재판을 야기하고 변호사를 앞세워 거짓의 진술, 준비서면, 증거자료, 탄원서를 제출해 대법원이 감쪽같이 속아서 오판하도록 악질적인 위법행위를 저지른데 기인한다.

결론적으로 입주자들은 ① 비대위원장이 공공의 이익을 위해 사기 분양한 토지 636.8 ㎡를 찾아야 한다고 진실을 정확히 알려주었는데 입주자대표가 선량한 피해자를 악질적인 가해자로 뒤바꿔 놓고 토지 636.8 ㎡를 못 찾게 방해하였기 때문에 전혀 신뢰하지 않는다. ② 서울동부지방법원, 서울동부지방법원(항소부), 대법원이 입주자대표의 거짓 진술, 준비서면, 증거서류, 탄원서에 속아서 오판하여 비대위원장을 무죄가 아닌 선고유예(벌금 3백만 원)로 판결한 것을 전혀 신뢰하지 않는다.

4. 비대위원장이 명예훼손을 한 것이라고 오판한 민사판결

비대위원장은 공공의 이익을 위해 개인적으로 2012.8.6. 대한지적공사 측량 및 2015.2.10. 서울고등법원 판결(대법원에서 2015.6.23. 확정)에 의거, 서쪽 경계 펜스 밖의 토지 636.8 ㎡가 사기 분양된 것을 확실히 증명하였다. 이와 같이 비대위원장은 경계가 현재 펜스 밖의 토지 636.8 ㎡까지라는 것을 증명한 후에 사기 분양한 토지 636.8 ㎡를 찾아 달라고 요구하였는데 입주자대표가 못 찾게 조직적으로 방해하였다.

그래서 비대위원장은 공공의 이익을 위해 사기 분양한 토지 636.8 ㎡를 찾아야 한다고 다음카페에서 2015.6.30. 및 7.10. 알려주었는데 입주자대표가 알려주지 못하게 비대위원장을 다음카페에서 2015.7.18. 강제로 퇴출시키고, 인신공격과 유언비어를 퍼트리며 명예훼손을 하였다. 따라서 비대위원장은 더사모카페를 2015.8.24. 개설해 사기 분양한 토지 636.8 ㎡를 찾아야 한다고 알려주었는데 입주자대표가 자신에게 명예훼손을 하였다며 위장해 2016.3.14. 광진경찰서에 고소하였다.

비대위원장은 박○환 경위에게 명예훼손을 할 필요가 없고, 명예훼손을 하지도 않았으며, 공공의 이익을 위하여 사기 분양한 토지 636.8 ㎡

를 찾기 위해 진실을 알려준 것이라고 솔직하게 진술하였다. 그런데도 박○환 경위는 사기 분양한 토지 636.8 ㎡에 관한 비리를 전혀 수사하지 않았고, 더사모카페에 올린 글의 목적과 의미, 전체의 글을 수사하지 않았으며, 일부 문구와 용어에 국한해 표적 및 별건수사, 편파 및 부실수사, 짜 맞추기 수사를 하면서 명예훼손을 한 것이라고 진실을 완전히 왜곡해 혐의 있다고 송치하였다.

또한 서울동부지검 최○석 검사는 비대위원장이 공공의 이익을 위해 진실을 알려준 것을 전혀 수사하지 않았고, 사기 분양한 토지 636.8 ㎡를 찾기 위해 알려주었다고 제출한 진정서를 완전히 왜곡해 진실을 밝히지 않았다. 이와 같이 광진경찰서와 서울동부지검은 입주자대표가 제출한 의견서만 믿고 약식기소(벌금 5백만 원)를 하였다.

비대위원장은 법치국가에서 있어서는 안 될 왜곡된 수사로 인해 선량한 피해자에서 악질적인 가해자로 뒤바뀌었다. 따라서 비대위원장은 억울한 누명을 벗기 위해 정식재판을 청구할 수밖에 없었다(p353 명예훼손 범죄일람표 참조). 그러나 비대위원장은 공공의 이익을 위해 다음카페에서 진실을 알려주었는데 입주자대표가 2015.7.18. 강제로 퇴출을 하였고, 2016.8.24. 더사모카페를 개설해 진실을 알려 주었음에도 서울동부지방법원은 무죄가 아닌 선고유예(벌금 3백만 원)로 판결하였다.

그런데도 입주자대표는 기다렸다는 듯이 선고유예로 오판한 것을 잘 알면서도 명예훼손을 한 것이라며 1억 원의 손해배상을 하라고 서울동부지방법원에 민사소송을 제기해 비대위원장의 직위를 사퇴하라며 압박하였다. 그리고 입주자대표는 전자투표를 이용해 대리투표로 부정선거를 하여 승계해 불법 관리를 하면서 정보전달수단을 완전히 통제하고 사기 분양한 토지 636.8 ㎡를 못 찾게 조직적으로 방해하였다.

그렇지만 비대위원장은 공공의 이익을 위해 입주자대표의 조직적인 방해에도 불구하고 절대로 포기하지 않고 더사모카페에서 토지 636.8 ㎡를 찾아야 한다고 변함없이 진실을 알려주었다. 그리고 비대위원장은 광진경찰서에서 수사를 받으며 입주자대표가 명예훼손을 하였다고 고소한 사건에 대하여 표적 및 별건수사, 편파 및 부실수사, 짜 맞추기 수사로 인해 서울동부지방법원에서 무죄가 아닌 선고유예로 판결을 받았고, 대법원에서 그대로 확정되었다고 설명하였다.

더구나 비대위원장은 입주자대표가 저지른 위법행위에 대해 합법적인 방법으로 정당방위와 정당행위를 한 것이라고 솔직하게 진술하였다. 그리고 비대위원장은 입주자들이 토지 636.8 ㎡를 찾고자 2015.10월. 입주자대표 해임안에 75%을 서명하였는데 입주자대표가 사퇴하지 않았고, 선거관리위원이 해임투표를 하지 않았다. 그래서 입주자들은 위임장에 55%을 서명하였음에도 입주자대표가 선거관리업무를 수행하여 불법선거로 승계해 불법 관리를 한다고 설명하였다.

또한 입주자대표는 비대위원장이 2012.8.6. 대한지적공사에서 측량하였고, 2015.2.10. 서울고등법원에서 판결을 받아서 토지 636.8 ㎡가 사기 분양된 것을 증명한 이후에도 불필요한 고소, 고발, 수사, 재판을 유도하고 위법행위를 저질러 비대위원장을 수없이 괴롭혔고, 선량한 피해자에서 악질적인 가해자로 뒤바꿔 놓았으며, 토지 636.8 ㎡를 못 찾게 조직적으로 방해하였다. 그런데도 서울동부지방법원은 진실을 완전히 왜곡해 기각판결을 하지 않았다. 그리고 비대위원장이 입주자대표에게 손해배상금으로 8백만 원을 지급하는 반면, 입주자대표가 비대위원장에게 소송비용의 9/10을 지급하라고 판결을 함으로써 서로 정산할 것이 없도록 하였다(2016가단136123 2018.8.31. 선고).

이에 대하여 입주자대표는 비대위원장이 명예훼손을 하였다며 항소해 1억 원의 손해배상을 하라고 괴롭히면서 토지 636.8 ㎡를 못 찾게 계속 방해하였다. 더구나 재판진행과정에서 1억 원을 2천1백만 원으로 변경해 손해배상을 하라고 꼼수까지 부렸다. 하지만 비대위원장은 공공의 이익을 위해 사기 분양한 토지 636.8 ㎡를 찾고자 정당방위와 정당행위를 한 것임으로 2018.9.21. 원심을 기각해 달라고 항소하였다. 서울동부지방법원(항소부)은 원심의 판단이 옳다며 입주자대표와 비대위원장의 항소를 모두 기각하였다. 그리고 입주자대표에게 항소에 따른 소송비용의 50%를 부담하라고 판결하였다(2018나28701 2019.6.12. 선고).

이는 비대위원장이 공공의 이익을 위하여 사기 분양한 토지 636.8 ㎡를 찾고자 입주자대표의 위법행위에 맞서 정당방위와 정당행위를 하였다고 간접적으로 인정한 판결이다. 또한 입주자대표는 고소, 고발, 수사, 재판을 야기하고, 변호사를 앞세워 거짓의 진술, 준비서면, 증거자료, 탄원서를 제출해 경찰, 검찰, 법원이 속아서 오판하도록 악질적인 위법행위를 저질러 진실을 완전히 왜곡한데 기인한 결과인 것이다.

하지만 비대위원장은 공공의 이익을 위해 사기 분양한 토지 636.8 ㎡를 찾고자 개인적으로 소송비용을 부담하며 입주자들에게 봉사하였는데 억울하게 진실이 왜곡되었다고 호소하면서 2019.6.27. 대법원에 원심을 기각하여 달라고 상고하였다. 이에 대하여 대법원은 기각판결을 하지 않고 심리불속행의 사유로 원심의 판결을 그대로 확정하였다(대법원 2019다247521 2019.10.31. 선고).

결론적으로 입주자들은 ① 비대위원장이 공공의 이익을 위해 사기 분양한 토지 636.8 ㎡를 합법적인 방법으로 찾아주려고 하였음에도 입주자대표가 못 찾게 방해할 목적으로 악질적인 위법행위를 저지르며 손해배상금을 청구한 것을 전혀 신뢰하지 않는다. ② 서울동부지방법원, 서울동부지방법원(항소부), 대법원은 입주자대표가 사기 분양한 토지 636.8 ㎡를 못 찾게 방해할 목적으로 비대위원장에게 명예훼손을 하였다고 위장해 소송을 제기하여 손해배상금을 청구하였기 때문에 입주자대표의 소송을 기각하여야 함에도, 진실을 왜곡해 오판한 것과 입주자들이 사기 분양한 토지 636.8 ㎡를 못 찾게 한 법원의 판결을 전혀 신뢰하지 않는다.

5. 불법선거를 공정선거라고 오판한 민사판결

비대위원장은 입주자대표에게 분양대금 82억 원을 납부한 서쪽 경계 펜스 밖의 토지 636.8 ㎡를 찾아달라고 요구하였다. 그러나 입주자대표는 불법선거로 승계해 불법 관리를 하면서 정보전달수단을 완전히 통제하며 진실을 알려주지 않았고, 사기 분양한 제척토지 203 ㎡와 불용토지 433.8 ㎡를 완전범죄로 은폐하면서 못 찾게 조직적으로 방해하였다.

더구나 입주자대표는 입주한 2012.3.30. 이후에 분양 당시 토지 636.8 ㎡를 빼고 만든 설계도, 모형, 카탈로그를 보여주면서 그대로 시공한 것이므로 사기 분양이 아니며 현재 펜스가 아파트의 경계라고 속였다. 더구나 비대위원장은 등기면적이 분양면적보다 69.3 ㎡가 적다는 것을 밝혀내자 입주자대표가 세대별로 환산하면 소수점 이하이므로 정산하지 않는다고 속였다. 또한 비대위원장은 203 ㎡를 분할하여 제척해 한원광장이 편취하거나 매각한 것을 밝혀내자 입주자대표가 차일피일 미루며 못 찾게 조직적으로 방해하였다.

이와 같이 입주자대표는 사기 분양한 토지 636.8 ㎡를 못 찾게 방해할 목적으로 정보전달수단을 완전히 통제하고 입주한 2012.3.30. 이후로 단 한 번도 토지 636.8 ㎡를 찾아야 한다고 진실을 알려주지 않았다. 하는 수없이 비대위원장은 공공의 이익을 위해 개인적으로 2012.8.6. 대한지적공사에서 측량을 하였고, 2015.2.10. 서울고등법원에서 판결을 받아서 토지 636.8 ㎡가 사기 분양된 것을 증명하였다. 그런 후에 사기 분양한 토지 636.8 ㎡를 찾아달라고 요구하였는데 입주자대표는 광진구청과 공모해 못 찾게 조직적으로 방해하였다.

따라서 비대위원장은 다음카페에서 사기 분양한 토지 636.8 ㎡를 찾아야 한다고 2015.6.30. 및 7.10. 알려주었는데 입주자대표가 알려주지 못 찾게 다음카페에서 2015.7.18. 강제로 퇴출시키고 인신공격과 유언비어를 퍼트리며 명예훼손을 하였다. 그렇지만 비대위원장은 공공의 이익을 위해 거짓에 전혀 대꾸하지 않았고, 2015.8.24. 더사모카페를 개설하여 입주자들에게 사기 분양한 토지 636.8㎡를 반드시 찾아야 한다고 진실을 정확하게 알려 주었다.

입주자들은 비대위원장이 더사모카페에서 진실을 알려준 글들을 읽고 분양대금 82억 원을 납부한 서쪽 경계 펜스 밖의 토지 636.8㎡가 사기 분양된 것을 확실하게 알게 되었다. 그리고 입주자들은 사기 분양한 토지 636.8㎡를 찾기 위하여 합법적인 방법으로 정당방위와 정당행위를 하고자 2015.9.2. 비상대책위원회를 결성하였다.

그런 다음에 입주자들은 사기 분양한 토지 636.8㎡를 찾기 위하여 비대위원을 2015.9.9. 1403동 입주자대표 보궐선거에 단독후보로 출마시켜 당선을 확보하였다. 그러나 입주자대표는 고의로 유권자의 22%에게만 방문투표를 하고 과반수에 미달하였다며 낙선시켰다. 하는 수 없이 입주자들은 2015.10월. 입주자대표 해임안에 75%가 서명해 사퇴하라고 통보하였는데 입주자대표(전○수, 이○욱, 김○복)가 사퇴하지 않고 거부하였다. 더구나 선거관리위원장(정○임)은 해임투표를 하려고 시도하였는데 선거관리위원(박○식, 최○정)이 해임투표를 하지 못하도록 강력히 저지하며 방해하였다.

어쩔 수 없이 입주자들은 제2기 입주자대표와 선거관리위원의 임기가 2016.6.21. 만료되기 때문에 2016.4월. 위임장에 55%가 서명해 제2기 입주자대표, 선거관리위원, 관리소장에게 선거관리업무를 일체 수행하지 말라고 통보하였다. 또한 비대위원장에게 관리규약에 상관없이 선거관리업무 일체를 수행해 달라며 위임하였다. 이는 입주자들이 입주자대표에게 선거관리업무를 하지 못하게 중지시킨 강력한 명령이다.

그리고 입주자들은 입주자대표의 임기가 2016.6.21. 만료된 후, 관리규약, 입주자대표 해임안, 위임장, 주민총회 의결에 의거, 52%가 참여한 비밀투표로 2016.6.26. 입주자대표를 선출하였고, 제3기 입주자대표회의를 합법적인 방법으로 구성하였다. 그런데도 제2기 입주자대표는 새로 선출된 제3기 입주자대표에게 업무를 인계하지 않았다. 이때 제2기 입주자대표가 제3기 입주자대표에게 업무를 인계하였으면 이미 사기 분양한 토지 636.8 ㎡를 찾았다,

이에 더하여 제2기 입주자대표는 임기 만료된 무자격자임에도 불법으로 2016.7.14. 최○호와 김○용을 제3기 선거관리위원장 및 선거관리전담요원으로 지명하였다. 그리고 제2기 입주자대표는 선거인명부의 휴대폰번호를 20%만 확인(80%가 허위)하고 2016.8.11. 전자투표를 이용하여 대리투표로 측근을 제3기 입주자대표(유○운, 공○미, 임○익)로 다시 선출해 제3기 입주자대표회의를 구성하였다.[19]

입주자들은 불법선거이지만 토지 636.8 ㎡를 찾아줄 비대위원에게 모두 투표를 하였는데 최○호와 김○용이 못 찾게 방해한 측근들이 당선되었다고 속였다. 어떤 입주자가 바보처럼 못 찾게 방해한 후보자에게 투표를 하겠습니까? 새빨간 거짓말입니다. 따라서 비대위원장은 선거관리전담요원(관리과장 김○용)에게 선거인명부의 휴대폰번호를 20%만 확인한 것과 투표한 61.86% 중에서 41.86%가 허위로 기재된 휴대폰번호로 작성되었다는 진술을 녹취해 확보하였다.

그리고 입주자들은 불법선거한 선거인명부를 검증해 달라고 강력히 항의하자, 선거관리위원장(최○호)이 피신하였고, 선거관리전담요원(관리

19) 제2기 입주자대표는 2014.6.22. 선출되었는데, 이때 제1기에서 전○수, 이○욱, 김○복, 김○섭이 연임되었고, 2014.6.22. 전○정만 새로 선출되었다. 그러나 입주자들은 사기 분양한 토지 636.8 ㎡를 찾기 위해 입주자대표 해임안에 서명하여 사퇴를 요구하였다. 이때 김○섭이 사퇴하였고, 전○정이 이사하였다. 따라서 제2기 입주자대표는 전○수, 이○욱, 김○복만 남았다. 그러나 입주자대표(3명)는 2016.3.18. 전자투표를 도입하기 위한 관리규약 개정을 의결하였다. 그렇지만 입주자들은 불법선거를 우려해 전자투표 도입을 강력히 반대하며 종전의 기명식투표를 고수하였다. 더구나 2016.3.18. 의결한 이후에 관리규약 개정 동의서에 서명하지 않았다. 그런데도 제2기 입주자대표와 제3기 선거관리위원은 2016.8.11. 제3기 입주자대표 선거를 전자투표로 실시하였기 때문에 명백한 불법선거인 것이다.

과장 김○용)은 USB(선거인명부 복사본)와 확인서를 함께 비대위원장에게 제출하면서 추후 검증해 주겠다고 약속하였다. 이와 같은 수법으로 위기를 일단 모면한 이후에 선거관리전담요원(김○용)은 약속했던 선거인명부를 검증해 주지 않고 사퇴하였으며, 선거관리위원장(최○호)도 선거인명부를 검증해 주지 않았다.

입주자들은 무자격자가 불법선거한 선거인명부(USB), 세대별 투표현황, 전자투표를 도입한 관리규약 개정 동의서를 검증하면 불법선거를 실시한 것을 확실히 증명할 수 있기 때문에 검증해 달라고 요구했는데 검증해 주지 않았다. 만약 선거관리위원장(최○호)과 선거관리전담요원(김○용)이 대리투표로 불법선거를 하지 않았으면 정정당당하게 검증해 주면서 불법선거를 안했다고 증명해 주었을 것이다.

하는 수 없이 입주자들은 불법선거한 선거인명부 등을 검증하기 위해 선거무효확인소송 및 직무정지가처분 신청을 하였다. 그러나 서울동부지방법원은 선거인명부(USB)를 검증해 주지도 않고 기각판결을 하였다(2016가합107712 2016.7.20. 선고). 이는 최○호와 김○용이 무자격자임에도 서울동부지방법원은 불법선거한 선거인명부(USB), 세대별 투표현황, 관리규약 개정 동의서를 검증해 주면서 부정선거를 규명하여야 함에도 검증해 주지 않았기 때문에 입주자들이 법원을 전혀 신뢰하지 않는다.

따라서 입주자들은 선거인명부 등을 검증하기 위해 항소를 하였는데 서울고등법원이 세대별 투표현황만 제출받고 선거인명부와 관리규약 개정 동의서를 검증해 주지 않고 기각 판결하였다(2016나 2043228 2018.7.18. 선고). 더구나 비대위원장은 전체 세대 중에서 75세대만이라도 선거인명부의 휴대폰번호를 검증해 달라고 입주자들에게 동의서를 서명 받아 제출하였음에도 이것마저도 검증해 주지 않았다. 이와 같이 서울고등법원은 최○호와 김○용이 무자격자임에도 불법선거한 선거인명부(USB), 세대별 투표현황, 관리규약 개정 동의서를 전혀 검증해 주지 않고 불공정하게 기각 판결한 것이므로 입주자들이 공정한 재판을 하였다고 인정할 수 없다.

따라서 입주자들은 대법원에서 선거인명부 등을 검증해 줄 것으로 믿고 상고를 하였다. 그러나 대법원에서도 선거인명부를 검증해 주지 않고 기각 판결을 하였다(2018다262837 2018.11.29. 선고). 서울동부지방법원, 서울고등법원, 대법원은 최○호와 김○용이 무자격자임에도 입주자들에게 선거인명부(USB), 세대별 투표현황, 관리규약 개정 동의서를 검증해 주었어야 하고, 검증해 주었으면 대리투표로 불법선거를 하였다는 것이 확실히 규명되어 이미 사기 분양한 토지 636.8 ㎡를 찾았다.

이와 같이 불법선거로 승계한 선거인명부를 검증해 주지도 않은 입주자대표는 뻔뻔스럽게 사기 분양한 토지 636.8 ㎡를 못 찾게 조직적으로 방해하였음에도 소송비용 11,804,400원을 달라고 청구하였다. 그러나 비대위원장은 불법선거를 광진경찰서에 고소해 수사 중에 있고, 경찰청의 사이버디지털포렌식센터(디지털저장매체분석계)에서 선거인명부의 비밀번호를 검증하고 있으며, 광진경찰서에서 수사 중이므로 불법선거가 명확하게 규명된 후에 지급하겠다고 통보하였다.

그러나 입주자대표는 선거인명부를 검증해 주지 않았는데 2019.5.9. 서울동부지방법원의 집행관을 시켜 자산을 압류[20]하였다. 비대위원장은 선거인명부를 검증하지 않았기 때문에 억울하지만 입주자대표에게 소송비용을 지급할 수밖에 없었다. 입주자대표는 사기 분양한 토지 636.8 ㎡를 찾으면 자신들은 물론 모든 입주자들에게 이익이 돌아간다. 그런데도 입주자대표는 불법선거로 승계해 불법 관리를 하면서 위법행위를 저질러

20) 서울동부지방법원(집행관사무소)은 2019.5.9. 10시 15분 집행관 최○순, 과장 김○호, 계장 오○현, 열쇠기사 이○배, 입회인 김○우와 김○현 등 6명을 보내 비대위원장이 1404동 104호 빌라를 비우고 외출한 사이 빈집에 갑자기 문을 열고 들어와서 2,100,000원 상당의 가재도구에 압류를 하였다. 이로 인해 애완견(두둥이)은 너무 놀라서 밤새도록 잠을 못자고 극심한 고통을 호소하였다. 입주자대표가 임기 만료된 2016.6.21.이후부터 무자격자임에도 불법선거로 승계해 위법행위를 저지르고 관계없는 애완견에게 심각한 고통을 주었다.

진실을 감쪽같이 속이고 법원의 판결마저 오판하도록 함으로써 사기 분양한 토지 636.8 ㎡를 못 찾게 방해하였다.

이와 같이 입주자들은 서울동부지방법원, 서울고등법원, 대법원에서 입주자대표가 불법선거로 승계해 불법 관리를 하면서 선거인명부를 검증해 주지도 않고 기각판결을 하였기 때문에 분양대금 82억 원을 납부한 토지 636.8 ㎡를 사기 분양한지 10년이 지났는데 못 찾고 있다.

결론적으로 입주자들은 ① 최○호와 김○용이 무자격자인데 선거인명부(USB), 세대별 투표현황, 관리규약 개정 동의서를 검증해 주지 않았음에도 서울동부지방법원, 서울고등법원, 대법원에서 기각 판결한 것을 전혀 신뢰하지 않는다. ② 입주자대표가 무자격자인데 불법으로 대리투표를 하여 부정선거로 승계해 불법 관리를 하면서 선거인명부(USB), 세대별 투표현황, 관리규약 개정 동의서를 검증해 주지 않은 것과 사기 분양한 토지 636.8 ㎡를 못 찾게 방해한 것에 대해 전혀 신뢰하지 않는다.

6. 단체소송에서 토지 203 ㎡로 오판한 민사판결

비대위원장은 공공의 이익을 위해 개인적으로 2012.8.6. 대한지적공사 측량 및 2015.2.10. 서울고등법원 판결(대법원에서 2015.6.23. 확정)에 의거, 분양대금 82억 원을 납부한 서쪽 경계 펜스 밖의 제척토지 203 ㎡와 불용토지 433.8 ㎡가 사기 분양된 것을 확실히 증명하였다. 이와 같이 비대위원장은 경계가 현재 펜스 밖의 토지 636.8 ㎡인 것을 증명한 후에 찾아 달라고 요구하였는데 입주자대표가 못 찾게 방해하였다.

따라서 비대위원장은 공공의 이익을 위해 2015.6.30. 및 7.10. 다음카페에서 사기 분양한 토지 636.8 ㎡를 찾아야 한다고 알려주었는데 입주자대표가 알려주지 못하게 2015.7.18. 강제로 퇴출을 하였다. 그래서 비대위원장은 2015.8.24. 더사모카페를 개설하여 토지 636.8 ㎡를 찾아야 한다고 진실을 정확하게 알려주었다. 입주자들은 더사모카페를 읽고 나서 분양대금 82억 원을 납부하였는데 토지 636.8 ㎡를 못 찾았고, 수직옹벽을 시공하여야 하는데 분양계약을 위반해 경계 안쪽 4 m지점에 2단산벽을 시공하였다고 확실히 알게 되었다.

H건설은 H아파트를 건축할 사업부지 6필지를 2007.11.14. 대한지적공사에서 측량하였는데 서쪽 경계에 2단산벽(수직옹벽 설계)을 기점으로 볼 때 북쪽에는 2 m 이상 고도차가 나는데 나○용이 수직석축 밖에 48 ㎡를 불법 점유하였고, 남쪽에는 평지인데 김○석이 콘크리트 담장 밖에 113 ㎡를 불법 점유하는 것을 확인하였다(161 ㎡ 불법 점유).

그런데도 H건설은 2009.10.12. H아파트를 분양하면서 불법 점유한 토지 161 ㎡를 원상복구하지 않았다. 오히려 토지 636.8 ㎡(161 ㎡ 포함)까지 출입조차 하지 못하게 설계도, 모형, 카탈로그에 빼고 표시하여 공지해 시공하였음에도 분양대금 82억 원을 받아 가는 수법으로 사기 분양을 하였다. 그리고 토지 636.8 ㎡ 중에서 203 ㎡는 분할하여 제척해 한원광장이 90 ㎡를 편취하였고, 김○석에게 113 ㎡를 매각하였다. 또한 433.8 ㎡는 한원광장과 김○석이 사용하도록 203 ㎡를 분할하여 제척한 후의 경계 안쪽 4 m지점에 펜스를 시공해 입주자들이 출입조차 하지 못하면서 매년 재산세만 납부하고 있다.

그런데도 입주자대표는 2016.6.21. 임기 만료된 무자격자임에도 전자투표를 이용해 대리투표로 불법선거를 하여 승계해 불법 관리를 하면서 정보전달수단을 완전히 통제하였고, 입주한 2012.3.30. 이후로 단 한 번도 토지 636.8 ㎡를 찾아야 한다고 진실을 알려주지 않으며 못 찾게 조직적으로 방해하였다. 따라서 일부 입주자들은 비대위원장의 도움을 받아서 사기 분양한 토지 636.8 ㎡를 찾기 위해 2017.2.28. 서울중앙지방법원에 민사소송을 제기하였다.

그러나 제척토지 203 ㎡에 대하여는 비대위원장이 개인적으로 이미 대법원에서 2015.6.23. 확정판결을 받았기 때문에 손해배상을 받는데 전혀 문제가 없다. 이번에는 몰래 토지 203 ㎡를 분할해 제척한 후의 경계부터 펜스까지 불용토지 433.8 ㎡를 출입조차 하지 못하게 시공하였기 때문에 임료상당을 인정받기 위해 청구하였다. 이는 H건설이 분양 당시 토지 636.8 ㎡를 빼고 설계한데 기인한 것이며, 토지 636.8 ㎡를 포함해 설계하였으면 이런 문제가 전혀 발생하지 않았다.

따라서 서울중앙지방법원에서 지정한 토지측량, 건축감정, 임료감정(불용토지 433.8 ㎡에 대한 사용료)이 2019.7.31. 이미 완료되었고, 2012.3.28. 사용검사승인을 받은 때부터 출입하지 못한 임료상당액의 손해배상금을 재판부에 제출해 청구하였다(2016가합554756).

더구나 사기 분양한 토지 636.8 ㎡가 현장보존이 잘 되어 있고, 재건축할 때까지 증거인멸을 할 수도 없는데 입주자들은 출입조차 하지 못하고 있어 찾아야만 한다. 그런데도 입주자대표는 입주한 2012.3.30. 이후에 분양 당시 토지 636.8 ㎡를 빼고 만든 설계도, 모형, 카탈로그를 보여주면서 그대로 시공한 것이므로 사기 분양이 아니라고 속이며 완전범죄로 은폐하였다. 또한 입주자대표는 거짓이 탄로 나자 소송해 찾자고 유도하고 입주자들에게 모든 권리를 위임받은 후에 박수부대를 동원해 항소를 포기하며 토지 636.8 ㎡ 중에서 69.3 ㎡만 찾아주었다. 이로 인해 입주자들은 불만이 고조되어 폭발하였다.

따라서 미소송자들은 이번에 제척토지 203 ㎡와 불용토지 433.8 ㎡를 찾기 위해 재판을 청구하였다. 그리고 입주자들은 변호사님을 통해 재판장님에게 분양 당시 서쪽 경계 수직석축과 콘크리트 담장 밖에 불법 침범했던 토지 48 ㎡ 및 113 ㎡, 펜스 밖에 있는 제척토지 90 ㎡ 및 113 ㎡, 불용토지 433.8 ㎡에 대한 현장검증을 해 달라고 강력히 요구하였다.

그래서 재판장님은 토지, 건축, 임료감정인에게 감정을 의뢰하면서 H건설이 펜스를 제척토지 203 ㎡를 분할한 후 경계에 시공하지 않고 경계 안쪽 4 m지점에 시공해 한원광장과 김○석이 불용토지 433.8 ㎡를 사용하는 반면, 입주자들이 출입조차 하지 못하며 매년 재산세만 납부하는 불용토지 433.8 ㎡를 보고서에 상세히 작성해 달라고 지시하였는데 감정인이 좁게 산출해 수정하였다.

또한 입주자들은 담당변호사님을 통해 H건설과 토지 감정인이 불공정하게 작성한 감정보고서에 현장을 쉽게 이해하도록 작성해 달라며 3회에 걸쳐 보완요청을 하였다. 그러나 시간만 끌다가 토지 433.8 ㎡라고 수정된 감정보고서를 서울중앙지방법원에 제출하였다. 또한 토지 측량보고서에 근거한 건축 및 임료 감정보고서도 각각 2회에 걸쳐 수정 요구하였는데 시간을 끌다 늦게 서울중앙지방법원에 제출하였다.

그리고 입주자들이 2017.2.28. 소송을 제기하였는데 H건설은 토지, 건축, 임료 감정보고서를 고의적으로 늦게 제출하도록 변호사의 불필요한 의견 제시로 재판을 교묘하게 지연시켜 선고가 많이 늦어졌다. 더구나 입주자대표는 재판에 협조하지 않고 사기 분양한 토지 636.8 ㎡를 못 찾게 조직적으로 방해하였다.

그렇지만 입주자들은 사기 분양한 토지 636.8 ㎡에 대한 수차례의 감정을 실시하여 불용토지에 대한 면적을 잘 알고 있고, 이번에 서울중앙지방법원의 명령으로 다시 측량해 433.8 ㎡라고 확정되었다. 따라서 2017.2.28. 제기한 소송과 관련하여 토지, 건축, 임료 감정보고서가 모두 제출해 공정한 선고를 할 것으로 확신하고 있다.

그런데도 서울중앙지법은 2019.12.19. 제척토지 203 ㎡만 인정하였고, 불용토지 433.8 ㎡에 대한 임료상당을 인정하지 않는 중대한 오판을 하였다(2017가합554756). 이는 분양 당시에 펜스가 불법 점유한 토지 161 ㎡만 빼고 출입하도록 설치되었음에도 H건설이 H아파트를 건축하면서 고의로 토지 636.8 ㎡(161 ㎡ 포함)까지 출입조차 하지 못하게 빼고 설계해 시공하는 사기 분양을 한데 기인한다.

이와 같이 재판장님께서 원고들이 요구한 데로 현장검증만 하였으면 사기 분양한 심각성을 정확하게 확인해 토지 433.8 ㎡에 대한 손해배상을 인정하는 판결을 할 수밖에 없다. 그러나 현장검증을 안 해 오판한 것이 명백하기 때문에 토지 433.8 ㎡를 인정받기 위해 2020.1.3. 서울고등법원에 항소하였다(2020나2003046).

이번에는 입주자들이 사기 분양한 토지 636.8 ㎡를 인정받아 찾을 수 있다고 생각한다. 왜냐하면 서울고등법원의 재판장님께서 현장 검증을 정확히 실시하면 심각한 문제점을 인정할 수밖에 없기 때문이다. 따라서 입주자들은 변호사님을 통해 현장검증을 해 달라고 강력히 요구하였다. 서울고등법원의 재판장님과 주심판사, 배석판사는 2020.7.8. 16시 불용토지 433.8 ㎡에 대하여 현장검증을 실시하였다. 이때 2단산벽을 기점으로 볼 때 북쪽에는 고도차가 2 m 이상 나는데 나○용이 수직석축 밖으로 48 ㎡를 불법 점유하였고, 남쪽에는 평지인데 김○석이 콘크리트 담장 밖에 113 ㎡를 불법 점유하는 것을 확인하였다(161 ㎡ 불법 점유). 그런데도 H건설은 불법 점유한 토지 161 ㎡를 원상복구하지 않았고, 오히려 42 ㎡까지 추가한 203 ㎡(90 ㎡ 및 113 ㎡)을 분할하여 제척하였다. 더구나 제척토지 203 ㎡부터 펜스까지 사이에 있는 불용토지 433.8 ㎡를 입주자들이 출입조차 하지 못하고 있다며 재판장님에게 현장검증을 할 때 자세히 설명해 주었다. 또한 서쪽 경계 펜스 밖의 불용토지 433.8 ㎡는 분양 당시 가격만으로도 55억 원이며 조경 및 어린이 놀이터가 현격히 좁게 시공되었다고 설명해 주었다.

이와 같이 재판부에서 현장검증을 실시해 심각한 문제점을 확인하였고, 서쪽 경계 펜스 밖의 불용토지 433.8 ㎡를 입주자들이 출입하도록 펜스를 설치하여야 한다는 것을 직접 검증하였다. 그러나 개판부에서는 어찌된 일인지 불용토지 433.8 ㎡를 인정하지 않았다. 이는 입주자들이 분양 당시 불필요한 토지 433.8 ㎡에 대한 분양대금 55억 원을 납부한 것이다.

더구나 재판부가 중대한 오판을 하여 불용토지 433.8 ㎡를 재건축할 때까지 출입을 하지 못하게 방치한 판결이고, 입주자들이 비용을 염출해 출입하도록 시공하여야 하는 잘못된 판결이다. 결론적으로 입주자들은 재판부가 분양 당시 H건설에서 제척토지 203 ㎡와 불용토지 433.8 ㎡를 빼고 설계해 분양대금 82억 원을 받아 가는 수법으로 사기 분양을 한 것을 알고 있고, 현장검증을 통해 심각성을 정확히 파악하였는데 불용토지 433.8 ㎡에 대한 임료상당액을 인정하지 않은 것은 완전범죄로 은폐하도록 허용해준 중대한 오판이므로 판결을 신뢰할 수 없다.

따라서 입주자들은 불용토지 433.8 ㎡를 입주자들이 사용과 출입을 하기 위해 공사비를 부담해 펜스를 이동 설치하여야 하는데 H건설의 중대한 잘못으로 인한 손해배상금을 인정받기 위해 대법원에 상고하였다(2020다263314). H건설은 분양 당시 제척토지 203 ㎡를 포함해 설계하였으면 불용토지 433.8 ㎡가 발생하지 않는다.

따라서 대법원은 불용토지 433.8 ㎡에 대한 그동안 임료상당액을 인정하여야 하고, 체척토지 203 ㎡를 제외한 경계에 일치해 펜스를 설치하여야 한다. 그런데도 대법원은 어떻게 된 일인지 심리불속행사유로 기각판결을 하였다. 결론적으로 서울중앙지방법원, 서울고등법원, 대법원이 불용토지 433.8 ㎡를 인정하지 않았기 때문에 입주자들은 자체적으로 불필요한 공사비용을 부담해 펜스를 이동 설치하여야 사용과 출입을 할 수 있기 때문에 법원의 판결을 전혀 신뢰하지 않는다.

7. 비대위원장이 명예훼손을 한 것이라는 형사판결

비대위원장은 공공의 이익을 위해 개인적으로 2012.8.6. 대한지적공사에서 측량을 하였고, 2015.2.10. 서울고등법원에서 판결을 받아서 입주자들이 분양대금 82억 원을 납부한 토지 636.8 ㎡가 사기 분양된 것을 확실히 증명한 후에 찾아달라고 요구하였는데 입주자대표가 정보전달수단을 완전히 통제하며 못 찾게 조직적으로 방해하였다.

따라서 비대위원장은 다음카페에서 사기 분양한 토지 636.8㎡를 찾아야 한다고 2015.6.30. 및 7.10. 알려주었는데 입주자대표가 알려주지 못하게 2015.7.18. 강제로 퇴출시켰다. 하는 수없이 비대위원장은 공공의 이익을 위해 2015.8.24. 더사모카페를 개설하여 토지 636.8㎡를 찾아야 한다고 진실을 정확하게 알려주었다. 그러나 입주자대표는 토지 636.8㎡를 못 찾게 방해할 목적으로 비대위원장이 자신의 명예훼손을 한 것이라며 2016.3.14. 광진경찰서에 고소하였다.

그런데도 광진경찰서 사이버수사팀장 박○환 경위는 더사모카페에 올린 글의 목적과 의미를 전혀 확인하지 않았다. 그리고 표적 및 별건수사, 편파 및 부실수사, 짜 맞추기 수사를 하면서 일부 용어와 단어에 국한해 확인하였다. 이처럼 비대위원장의 진실은 완전히 왜곡되었고, 사실과 전혀 다르게 기소의견으로 송치되었다.

따라서 비대위원장은 입주자대표가 진실을 알려주지 못하게 다음카페에서 2015.7.18. 강제로 퇴출을 시켰기 때문에 공공의 이익을 위해 토지 636.8㎡를 찾고자 2015.8.24. 더사모카페를 개설하여 진실을 알려주었다며 진정서를 제출하고 진술을 하였는데 박○환 경위가 진실을 완전히 왜곡해 수사하였다. 더구나 서울동부지검 최○석 검사는 비대위원장이 직접 출석해 진실을 정확히 밝히겠다며 여러 차례 통보하였음에도 거부하고 토지 636.8㎡를 찾아야 한다는 진실을 완전히 왜곡해 명예훼손을 한 것이라고 약식기소(벌금 5백만 원)하였다.

그래서 비대위원장이 진실을 정확히 밝히고자 정식재판을 청구하였는데 서울동부지방법원은 사기 분양한 토지 636.8㎡를 찾아야 한다는 진실을 정확하게 알려준 것을 인정하였음에도 무죄가 아닌 선고유예(벌금 3백만 원)로 판결하였다. 이때 대륙아주 조 대표변호사님(대법관)은 이미 토지 636.8 ㎡가 사기 분양된 것을 증명한 변론을 대법원까지 하였고, 비대위원장이 공공의 이익을 위해 진실을 알려준 것이며 명예훼손을 하지 않았다는 형사재판(1심)의 변론까지 하였기 때문에 사기 분양한 것에 관한 진실을 정확하게 파악하고 있어 무죄가 아닌 선고유예로 오판한 것을 올바로 잡기 위해 항소하였다.

그러나 그 후 대법관으로 부임해 다른 변호사가 변론을 하였는데 진실을 정확히 밝히지 못하고 서울고등법원에서 기각되었다. 그리고 대법원에서는 경미한 사건이라며 심리불속행으로 기각하였다. 비대위원장은 뒤늦게 알게 되었지만 우리 측의 형사재판(2심) 담당변호사가 고소인(입주자대표회장 전○수)의 고등학교 후배인 것으로 밝혀져 의뢰한 것을 무척 후회하였다. 비록 비대위원장은 무죄가 아닌 선고유예를 받았지만 공공의 이익을 위해 더사모카페를 개설하여 진실을 정확하게 알려준 것을 증명해 준 판결이었다.

이에 더하여 입주자대표는 사기 분양한 진실이 정확히 드러날 것을 우려해 변호사를 앞세워 네이버 및 방송통신심의위원회에 더사모카페를 폐쇄해 달라고 민원을 제출하였다. 이에 네이버 및 방송통신심의위원회에서는 더사모카페에 게시한 전체의 글을 전수 조사하였고, 2019.4.12. 심의위원회를 개최하여 정식안건으로 심의하였다. 그 결과, 비대위원장이 더사모카페에 게시한 모든 글들이 공공의 이익을 위해 사기 분양한 토지 636.8 ㎡를 찾기 위하여 적법하게 게시한 글이라는 것을 확실히 인정하고 더사모카페를 폐쇄할 수 없다고 거절하였다.

이와 같이 입주자대표는 더사모카페를 폐쇄하려는 것이 거부되자 명예훼손을 하였다며 위장해 비대위원장을 2016.3.14. 고소해 선고유예로 대법원에서 확정된 이후에도 2018.10.8. 및 2019.3.14. 또 다시 광진경찰서에 고소하면서 글을 올리지 못하게 괴롭혔다. 이외에도 선거관리위원과 관리소장은 진실을 위장해 비대위원장이 엘리베이터 안에서 협박을 하였고, 관리사무소에서 폭행을 하였다며 2회에 걸쳐 고소하였는데 무혐의 처분 및 각하되었다. 이는 진실을 완전히 왜곡해 토지 636.8 ㎡를 못 찾게 조직적으로 방해하려는 꼼수인 것이다.

비대위원장은 입주자대표가 2018.10.8. 및 2019.3.14. 고소한 사건에 대하여 광진경찰서 사이버수사팀 박○현 경사에게 분양대금 82억 원을 납부한 토지 636.8 ㎡를 찾기 위해 더사모카페에서 진실을 정확히 알려 주었다고 진술하였다. 더구나 비대위원장은 2012.8.6. 대한지적공사 측량 및 2015.2.10. 서울고등법원 판결에 의거, 토지 636.8 ㎡가 사기 분양된 것을 확실히 증명한 후에 진실을 알려주었는데 입주자대표가 2015.7.18. 다음카페에서 강제로 퇴출을 하였다고 진술하였다. 따라서 공공의 이익을 위해 2015.8.24. 더사모카페를 개설해 진실을 알려준 것이라고 진술하였다. 그런데도 입주자대표는 거짓으로 위장해 명예훼손을 하였다고 고소한 것인데 비대위원장이 명예훼손을 할 필요가 없고, 명예훼손을 하지도 않았다며 설명하였다.

또한 비대위원장은 박○현 경사에게 사기 분양한 서쪽 경계 펜스 밖의 토지 636.8 ㎡가 현장이 잘 보존되어 있고, 증거인멸을 할 수 없으므로 반드시 찾아야 한다고 설명하면서 현장을 직접 확인하면 사기 분양한 것과 입주자대표가 사기 분양한 토지 636.8 ㎡를 못 찾게 조직적으로 방해하기 위해 고소한 이유와 목적을 정확히 알 수 있다고 설명하였다. 그러나 박○현 경사는 현장검증을 실시할 생각을 하지 않고 비대위원장에게 무조건 출석해 수사를 받으라고 통보하였다.

더구나 비대위원장은 현장검증을 한 후에 출석해 수사에 적극적으로 협조하겠다고 설명하였음에도 박○현 경사가 현장검증을 강력히 거부하였다. 그리고 비대위원장이 출석하지 않고 3회 이상 수사를 거부하였다며 악질적인 피고소인이라고 몰아 서울동부지방법원에서 체포영장을 발부받았고, 휴대폰의 통신조회(2019.1.1.~2019.2.15.)까지 하였다. 이러한 사실을 비대위원장은 정식재판을 청구하기 위해 서울동부지방법원에서 증거목록을 복사하는 과정에 뒤늦게 알았다.

더구나 비대위원장은 체포영장이 발부된 것도 모르고 박○현 경사, 이○현 경위, 김○준 경사에게 현장답사를 성실히 안내해 주었다. 그 후에도 박○현 경사는 김○환 팀장과 함께 비대위원장의 안내를 받으며 현장 검증을 또다시 실시하였다. 이와 같이 박○현 경사는 입주자대표가 사기 분양한 토지 636.8 ㎡를 못 찾게 조직적으로 방해할 목적으로 고소한 것을 정확히 확인하였음에도 진실을 완전히 왜곡해 비대위원장이 명예훼손을 한 것이라고 혐의 있다며 송치하였다.

따라서 비대위원장은 서울동부지검 형사1부 양○필 부부장검사에게 "더사모카페에 올린 전체의 글"과 "숨겨진 아파트 비리 완전정복"의 책자를 첨부해 공정하게 수사해 달라며 진정서를 제출하였고, 수차례에 걸쳐 진실을 밝히기 위해 면담을 요구하였는데 종전과 같이 명예훼손 1차 사건처럼 비대위원장의 진실을 받아주지 않고 거부당했다.

또한 담당변호사님은 비대위원장이 공공의 이익을 위해 사기 분양한 토지 636.8 ㎡를 찾고자 2012.8.6. 대한지적공사 측량 및 2015.6.23. 대법원 확정판결에 의거, 더사모카페에서 진실을 알려준 것이라고 광진경찰서와 서울동부지검에 의견서를 수없이 제출하였음에도 진실을 인정하지 않고 거부당했다. 오히려 서울동부지검은 진실을 완전히 왜곡해 종전 1차 때와 같이 명예훼손을 하였다며 2019.7.29. 약식기소(벌금 5백만원)하였고, 2019.11.1. 약식명령을 하였다(2019고약6764). 그러나 비대위원장은 진실을 확실히 밝히고자 2019.11.7. 서울동부지방법원에 정식재판을 청구하였다(2019고정1168).

입주자대표는 불법선거로 승계하면서 정보전달수단을 완전히 통제하며 감쪽같이 속이고 위법행위를 저질러 사기 분양한 토지 636.8 ㎡를 못 찾게 방해할 목적으로 명예훼손을 하였다며 위장해 비대위원장을 계속 고소하였다. 그런데도 광진경찰서, 서울동부지검, 서울동부지방법원은 비대위원장이 공공의 이익을 위해 대법원에서 확정판결을 받고 대한지적공사에서 측량하여 사기 분양한 토지 636.8 ㎡를 찾고자 2015.9.2. 비상대책위원회를 결성하였고, 합법적인 방법으로 정당방위와 정당행위를 한 것을 잘 알고 있다.

더구나 입주자대표는 비대위원장이 서쪽 경계 펜스 밖의 토지 636.8 ㎡가 사기 분양된 것을 증명한 2015.2.10. 이후에도 불필요한 고소, 고발, 수사, 재판을 유도하고, 변호사를 앞세워 거짓의 진술, 준비서면, 증거자료, 탄원서를 제출해 경찰, 검찰, 법원이 속아서 오판하도록 위법행위를 저질렀고, 진실을 완전히 왜곡해 비대위원장을 선량한 피해자에서 악질적인 가해자로 뒤바꿔 놓았다.

이와 같이 비대위원장은 입주자대표가 조직적인 위법행위를 저질러 사기 분양한 토지 636.8 ㎡를 찾지 못하게 방해하였기 때문에 공공의 이익을 위하여 찾아주고자 진실한 사실을 더사모카페에 게시해 알려주었다. 따라서 입주자들은 H건설(한원광장), 입주자대표, 광진구청, 광진경찰서, 서울동부지검, 서울동부지방법원을 전혀 신뢰하지 않는다.

8. 비대위원장이 공무집행방해를 하였다는 형사판결

비대위원장은 분양대금 82억 원을 납부한 서쪽 경계 펜스 밖의 토지 636.8 ㎡를 찾아달라고 국민신문고에 진정서를 제출하였는데 광진구청에 이첩되었다. 주택과 행정팀 백○준은 비대위원장에게 민원을 해결하기 위해 건축팀 류○완과 함께 현장검증을 나갈 테니까 설명을 해 달라고 하였다. 그러나 백○준은 약속을 어기며 류○완과 오지 않고 자신의 조수인 행정팀 조○환과 함께 왔다.

그렇지만 비대위원장은 사기 분양한 토지 636.8 ㎡를 찾기 위해 2단산벽, 제척토지 90㎡ 및 113㎡, 불용토지 433.8㎡를 순차적으로 설명해 주려고 하였다. 왜냐하면 비대위원장은 백○준에게 이미 설명해 주었고, 이번에 조○환에게 자세히 설명해 주면 귀임하여 사기 분양한 토지 636.8㎡를 돌려받아야 한다는 심각성을 보여주기 위한 목적이었다.

따라서 우선 분양계약을 위반해 수직옹벽이 아닌 2단산벽으로 시공한 것을 설명해 주는 도중에 백○준과 조○환이 서로 말을 맞춰 갑자기 복귀를 한다고 하면서 비대위원장이 폭행을 하였다며 112에 허위신고를 하였다. 그런 후에 백○준은 관리사무소로 가서 관리소장에게 폭행을 한 CCTV를 보자고 유인하였다. 하지만 비대위원장은 현장에 CCTV가 잘 설치되어 있어 폭행하지 않은 것이 정확히 증명되기 때문에 걱정하지 않았다. 오히려 비대위원장은 백○준과 조○환이 거짓으로 연기한 위법행위를 포착할 기회라고 생각하였다.

그리고 광진경찰서에서 조사를 받을 때에도 사기 분양한 토지 636.8㎡를 못 찾게 방해할 목적으로 비대위원장이 폭행을 하였다고 112에 허위신고한 것이라며 자세히 설명하였다. 또한 광진구청이 H건설과 입주자대표와 공모해 사기 분양을 하였고, 이후에는 입주자대표가 찾지 못하게 방해할 목적으로 불법선거로 승계해 불법 관리를 하였는데 광진구청이 공정선거라고 승인해 주었기 때문에 입주자들이 토지 636.8㎡를 찾지 못하고 있다며 자세하게 설명해 주면서 관련 자료를 제출하였다. 그러나 광진경찰서 김○정 경사는 진실을 완전히 왜곡하여 비대위원장이 폭행해 공무집행방해를 하였다며 혐의 있다고 송치하였다.

따라서 비대위원장은 서울동부지검 김○범 검사에게 광진경찰서 김○정 경사가 진실을 왜곡해 수사를 하였고, 폭행하지 않았다는 증거자료를 자세히 제출하였다. 그런데도 김○범 검사는 혐의 없다고 처분하지 않고 정식재판에 회부하였다. 그래서 비대위원장은 폭행하지 않았다는 것을 확실히 밝히기 위해 2021.4.22.부터 서울동부지법에서 폭행에 의한 공무집행방해로 재판을 받고 있다.

이에 앞서 비대위원장은 2012.8.6. 대한지적공사 측량 및 2015.2.10. 서울고등법원 판결에 의거 서쪽 경계 펜스 밖의 토지 636.8 ㎡가 사기 분양된 것을 확실히 증명하였음에도 입주자대표가 2016.6.21. 임기 만료된 무자격자인데 못 찾게 방해할 목적으로 불법선거로 승계해 불법 관리를 하였고, 비대위원장이 토지 636.8 ㎡를 찾아야 한다고 알려주었는데 입주자대표가 명예훼손을 하였다며 3회에 걸쳐 고소하였고, 선거관리위원이 선거벽보를 훼손한 후에 비대위원장에게 협박하였다며 뒤집어씌워 고소하였고, 관리소장이 폭행을 하였다며 비대위원장을 고소하였지만 모두 거짓이라고 진실이 확실히 밝혀졌다. 이번에는 광진구청 주택과 백○준과 조○환이 말을 맞춰 비대위원장이 폭행을 하였다고 연기하며 112에 허위 신고를 하였다. 그러나 이것도 역시 재판과정에서 비대위원장의 잘못이 없다고 진실이 확실히 밝혀질 것이다.

제11부

청와대 국민청원 및
국민권익위원회 국민신문고 청원

1. 청와대 국민청원

입주자들은 2009.10.12. 분양 당시 서쪽 경계 펜스 밖의 토지 636.8 ㎡를 빼고 설계도, 모형, 카탈로그에 표시해 공지하여 시공하였는데 분양대금 82억 원을 납부하였다. 어쩌다 비대위원장이 사기 분양된 것을 발견하고 H건설(한원광장)에게 토지 636.8 ㎡를 찾기 위한 소송을 진행하였다. 그러나 아직까지 사기 분양한 토지 636.8 ㎡를 찾지 못했다.

더구나 H건설은 토지 636.8 ㎡가 사기 분양된 것을 은폐하기 위해 분양 당시 설계한 대로 1404동 빌라 뒤를 수직옹벽으로 시공하지 않고 2단산벽을 경계 안쪽 4 m지점에 시공하였다. 그런데도 입주자대표는 비대위원장이 이의 제기를 하였는데 분양 당시 토지 636.8 ㎡를 빼고 만든 설계도, 모형, 카탈로그를 보여주면서 그대로 시공한 것이므로 사기 분양이 아니고 현재 펜스가 아파트의 경계라며 속였다.

이것은 입주자들의 권리를 심각하게 침해하는 악질적인 위법행위이다. 그들은 입주자들이 매월 납부한 관리비에서 급여, 수당, 판공비, 회의비, 업무추진비, 격려금 등을 받으면서 입주자들의 이익을 전혀 대변하지 않고 H건설의 이익을 위해 대변하기로 협잡하였기 때문이다.

비대위원장은 공공의 이익을 위하여 개인적으로 2012.8.6. 대한지적공사에서 측량을 하여 토지 636.8 ㎡가 사기 분양된 것과 분양계약을 위반해 경계에 수직옹벽을 시공하지 않고 경계 안쪽 4지점에 2단산벽을 시공한 것을 증명하였다. 또한 2015.2.10. 서울고등법원에서 판결을 받아서(대법원에서 2015.6.23. 확정) 또 다시 증명하였다.

그러나 입주자대표는 사기 분양한 서쪽 경계 펜스 밖의 토지 636.8 ㎡를 찾아주어야 함에도 불구하고 못 찾게 조직적으로 방해 공작만 일삼았기 때문에 비대위원장이 2019.1.3. 청와대에 '모든 국민이 피해자인 아파트 비리에 대한 적폐청산을 해주세요.'라고 국민청원을 할 수밖에 없었다(http://www1.president.go.kr/petitions/485986).

H건설은 분양 당시 고의로 토지 636.8 ㎡를 빼고 설계도, 모형, 카탈로그에 표시해 시공하고 사용검사승인을 받았음에도 분양대금 82억 원을 받아 가는 수법으로 사기 분양을 하였다. 그런데도 H건설은 입주자대표, 광진구청과 공모해 선량한 입주자들에게 사기 분양을 하지 않았다고 거짓주장을 하면서 감쪽같이 속이고 재산상의 막대한 피해를 입혔다.

더구나 입주자대표는 불법선거로 승계해 불법 관리를 하면서 정보전달 수단을 완전히 통제하며 속였고, 입주한 2012.3.30. 이후로 단 한 번도 사기 분양한 토지 636.8 ㎡를 찾아야 한다며 진실을 전혀 알려주지 않았다. 그리고 위법행위를 조직적으로 저지르며 입주자들의 이익을 대변하지 않고 H건설의 이익만 대변하였다.

또한 광진구청은 H건설이 서쪽 경계 펜스 밖의 토지 636.8 ㎡에 대하여 사기 분양을 하도록 묵인하며 사업허가, 제척승인, 사용검사승인을 해 주었고, 입주자대표가 불법선거로 승계해 불법 관리를 하면서 토지 636.8 ㎡를 못 찾게 방해하며 부정선거한 선거인명부를 검증하여 주지 않았는데 공정선거라고 승인해 주었다.

그러나 비대위원장은 공공의 이익을 위해 아파트의 경계가 현재 펜스(담장) 밖의 토지 636.8 ㎡까지라는 것을 증명하기 위하여 개인적으로 2012.8.6. 대한지적공사에서 측량을 하고 2015.2.10. 서울고등법원에서 판결을 받아서 토지 636.8 ㎡가 사기 분양된 것과 수직옹벽을 시공하지 않고 분양계약을 위반해 2단산벽을 시공한 것을 증명하였다.

그런데도 입주자대표는 사기 분양한 토지 636.8 ㎡를 못 찾게 방해할 목적으로 2015.2.10. 이후에 불필요한 고소, 고발, 수사, 재판을 야기하고, 변호사를 앞세워 거짓의 진술, 준비서면, 증거자료, 탄원서를 제출해 광진경찰서, 서울동부지검, 서울고검, 서울동부지방법원, 서울고등법원, 대법원이 속아서 오판하도록 조직적인 위법행위를 저질렀다.

그 외에도 입주자대표는 비대위원장이 공공의 이익을 위해 사기 분양한 토지 636.8㎡를 찾기 위하여 다음카페에서 2015.6.30. 및 7.10. 진실을 알려주었는데 알려주지 못하게 2015.7.18. 강제로 퇴출을 시켰다. 그래서 비대위원장은 2015.8.24. 더사모카페를 개설하여 사기 분양한 토지 636.8㎡를 찾아야 한다고 알려주었는데 입주자대표가 명예훼손을 하였다며 위장해 고소하여 선량한 피해자를 악질적인 가해자로 뒤바꿔 놓고 괴롭히며 토지 636.8㎡를 못 찾게 조직적으로 방해하였다. 따라서 비대위원장은 청와대에 찾아달라고 청원하였다.

이와 같이 H건설, 입주자대표, 광진구청은 공모해 서쪽 경계 펜스 밖의 토지 636.8㎡에 대하여 사기 분양을 하였고, 그 후에는 못 찾게 조직적으로 방해할 목적으로 완전범죄를 저질러 영원히 은폐하려고 하였다. 따라서 대통령님께서 국민들이 정의롭고 공정하며 비리 없는 아파트에서 화목하고 행복하게 살아갈 수 있도록 조직적이고 비인간적인 아파트 비리에 대한 고질적인 적폐를 척결해 달라고 간곡히 청원하였다.

2. 국민권익위원회 신문고 청원

비대위원장은 사기 분양한 서쪽 경계 펜스 밖의 토지 636.8㎡를 찾아야 하고, 1404동 빌라 뒤 2단산벽을 수직옹벽으로 시공하여야 하며, 악질적인 아파트 비리에 대한 적폐를 청산해 달라고 청와대에 국민청원을 하였다. 그러나 입주자대표는 비대위원장이 더사모카페에서 공공의 이익에 반한 허위사실을 유포하였다며 2016.3.14. 광진경찰서에 고소하였는데 선고유예를 받아 대법원에서 확정되었다.

그런데도 입주자대표는 비대위원장이 청와대에 국민청원서를 제출하였고, 더사모카페에 허위사실의 글을 게시하여 명예훼손을 하였다며 2018.10.8. 및 2019.3.14. 광진경찰서에 또 고소하였다.

그러나 비대위원장은 2019.1.23.부터 국민권익위원회의 신문고에 진정서를 계속 제출하면서 공공의 이익을 위해 분양대금 82억 원을 납부한 서쪽 경계 펜스 밖의 토지 636.8 ㎡를 사기 분양한지 10년이 지났는데 억울하게 못 찾고 있기 때문에 사용과 출입을 할 수 있도록 해결하여 달라고 청원서를 제출하였다(https://www.epeople.go.kr).

입주자대표는 비대위원장이 자신들의 명예훼손과 업무방해를 하였다며 광진경찰서에 고소해 사기 분양한 토지 636.8 ㎡를 못 찾게 조직적으로 방해하였다. 이외에도 선거관리위원은 비대위원장이 엘리베이터 안에서 협박을 하였고, 관리소장은 비대위원장이 관리사무소에서 폭행하였고, 광진구청 주택과 백○준과 조○환은 현장검증을 하는 도중에 말을 맞추어 비대위원장이 폭행을 하였다며 112에 허위로 신고해 수사를 수없이 받도록 괴롭히며 토지 636.8 ㎡를 못 찾게 방해하였다.

이로 인해 비대위원장은 억울하게 불필요한 수사를 계속 받으면서 잘못이 없다는 것을 해명하기 위해 울분을 참아야만 했다. 입주자대표는 고소, 고발, 수사, 재판을 야기하고, 변호사를 앞세워 거짓의 진술, 준비서면, 증거자료, 탄원서를 제출해 광진경찰서, 서울동부지검, 서울동부지방법원이 속아서 오판하도록 악질적인 위법행위를 저질렀고, 수사과정에서 표적 및 별건수사, 편파 및 부실수사, 짜 맞추기 수사로 인해 진실이 완전히 왜곡되었다. 그 결과 비대위원장은 선량한 피해자에서 악질적인 가해자로 둔갑해 2회에 걸쳐 약식기소(벌금 5백만 원)되었다.

그렇지만 비대위원장은 진실이 완전히 왜곡되었기 때문에 사기 분양한 토지 636.8 ㎡를 찾기 위해 정식재판을 청구할 수밖에 없었다. 그러나 서울동부지방법원은 비대위원장이 공공의 이익을 위해 사기 분양한 토지 636.8 ㎡를 찾고자 더사모카페에서 진실을 알려 준 것을 인정하면서도 무죄가 아닌 선고유예로 판결을 하였다.

이때 비대위원장이 공공의 이익을 위하여 사기 분양한 토지 636.8 ㎡

를 찾고자 순수한 마음으로 봉사를 하였다는 진술서와 증거자료, 진정서를 정확하게 파악하고 공정한 수사와 재판을 진행하였다면 진실이 명명백백히 밝혀져 당연히 무혐의 처분 및 무죄 판결을 받았다.

이와 같이 입주자대표는 사기 분양한 서쪽 경계 펜스 밖의 토지 636.8㎡를 못 찾게 방해할 목적으로 비대위원장을 2015.7.18. 다음카페에서 강제로 퇴출시킨 후에 인신공격을 하며 유언비어를 퍼트리고 명예훼손을 하면서 막대한 피해를 입혔다. 그럼에도 불구하고 입주자대표는 거짓말을 아무렇지도 않게 밥 먹듯 하면서 비대위원장이 더사모카페에서 자신들에게 명예훼손을 하였다며 위장해 지속적으로 고소하였다.

그러나 비대위원장은 공공의 이익을 위해 개인적으로 토지 636.8㎡가 사기 분양된 것을 증명하고자 2012.8.6. 대한지적공사에서 측량을 하였고, 2015.2.10. 서울고등법원에서 판결을 받아서 확실히 밝혀냈다. 그런 후에 입주자대표가 토지 636.8㎡를 못 찾게 사기 분양한지 10년이 지나도록 조직적으로 방해한 것을 솔직히 진술하였다. 그리고 비대위원장은 누구에게도 명예훼손을 할 필요가 없고, 명예훼손을 하지도 않았으며, 오직 공공의 이익을 위해 사기 분양한 토지 636.8㎡를 찾고자 진실을 정확히 알려준 것뿐이라고 진술하였다.

비대위원장은 토지 636.8㎡가 사기 분양된 것을 확실하게 증명하였고, 사기 분양한 토지 636.8㎡가 서쪽 경계 펜스 밖에 현장이 잘 보존되어 증거인멸을 할 수도 없다며 자세히 설명해 주었다. 또한 서울고등법원에서 2015.2.10. 판결한 이후에 불필요한 고소, 고발, 수사, 재판을 야기하였다. 더구나 입주자대표가 사기 분양한 토지 636.8㎡를 못 찾게 방해할 목적으로 조직적인 위법행위를 저지르며 고의로 야기한 사건이기 때문에 모든 귀책사유가 입주자대표에게 있다.

그런데도 입주자대표는 자신들의 악질적인 잘못에 대해 전혀 반성하지 않고 오히려 선량한 비대위원장과 입주자들에게 모든 책임을 뒤집어씌우고 교묘한 수법으로 악질적인 위법행위를 저지르며 분양대금 82억 원을 납부한 토지 636.8 ㎡를 못 찾게 방해하고 있다. 그래서 비대위원장은 공공의 이익을 위해 사기 분양한 서쪽 경계 펜스 밖의 토지 636.8 ㎡를 찾고자 입주자대표를 엄벌에 처해 달라고 국민신문고에 진정서를 26회나 제출할 수밖에 없었다(p349 국민권익위원장에게 보낸 진정서 참조).

3. 서울특별시, 경찰청, 검찰청에 진정서 제출

비대위원장은 2012.8.6. 대한지적공사에서 측량을 하여 입주자들이 분양대금 82억 원을 납부한 토지 636.8 ㎡가 사기 분양된 것을 증명하였다. 또한 2015.2.10. 서울고등법원에서 판결을 받아서(대법원에서 2015.6.23. 확정) 또 다시 증명하였다. 그러나 H건설, 입주자대표, 광진구청은 사기 분양한 토지 636.8 ㎡를 돌려주기는커녕 불법선거로 승계해 불법 관리를 하면서 못 찾게 조직적으로 방해하였다.

따라서 비대위원장은 국민신문고를 통해 진정서를 서울특별시에 60회, 경찰청에 56회, 검찰청에 52회를 제출해 사기 분양한 토지 636.8 ㎡를 찾아주고, 입주자대표가 2016.6.21. 임기 만료된 이후에 무자격자임에도 불법선거로 승계해 불법 관리를 하면서 못 찾게 방해하는 것을 처벌해 달라고 청원하였는데 서울특별시, 경찰청, 검찰청은 중대한 위법행위를 처벌하지 않고 진실을 완전히 왜곡한 거짓의 답변만 계속하고 있다(p337 서울특별시장, p341 경찰청장, p345 검찰총장에게 보낸 진정서 참조).

그 결과 입주자들은 사기 분양한 서쪽 경계 펜스 밖의 제척토지 203 ㎡와 불용토지 433.8 ㎡를 10년이 지나 강산이 변화하도록 찾지 못하고 있다. 이러한 조직적인 아파트 비리는 민원인이 국민신문고에 답변한 민원처리 만족도 조사(처리결과 의견)를 읽어보면 국민들이 얼마나 억울하게 당하고 있는지에 대한 실상을 정확하게 확인할 수 있다.

제12부

아파트 비리에 대한 문제점 및 대책

1. 불법선거로 승계해 계속 불법 관리

입주자대표는 불법선거로 승계해 불법 관리를 하면서 정보전달수단을 완전히 통제하고 사기 분양, 부실 공사, 관리 비리 등 아파트 비리를 완전범죄로 은폐하였다. 또한 입주자대표, 선거관리위원, 봉사회원, 통장을 하면서 임기가 끝나면 서로 역할을 바꿔가며 수행하였고, 사기 분양한 토지 636.8 ㎡를 못 찾게 조직적으로 방해하였다. 더구나 다른 입주자가 진입하지 못하도록 무자격자인데 불법선거를 하여 승계하였고, 선거인명부를 검증해 주지 않으며 불법선거를 은폐하였다.

입주자대표는 전자투표를 도입할 관리규약 개정을 입주자대표회의에서 의결하였지만 동의서를 입주자들의 과반수를 서명 받지 못했음에도 받았다며 속이고 전자투표를 실시해 부정선거를 하였다. 또한 선거인명부를 허위로 작성해 대리투표를 하여 입주자대표를 선출하였는데 허위 휴대폰번호로 작성한 선거인명부, 전자투표를 실시한 휴대폰번호, 세대별로 투표한 휴대폰번호를 검증해 주지 않았다.

입주자대표는 입주자들의 이익에 반해 사기 분양, 부실 공사, 관리 비리를 은폐하였다. 수사기관에 불법선거 및 관리 비리를 수사해 달라며 고소하면 조작된 선거결과, 과정과 절차, 관련서류를 제출해 무혐의 처분을 받아냈다. 법원에 소송을 제기하여도 선거 절차와 과정을 철저히 지켰다며 속이고 승소판결을 받아냈다. 입주자대표는 불법선거로 불법 관리를 하면서 위법행위를 저지른 후에 모든 책임을 입주자들에게 떠넘기는 지능적이고 교묘한 수법을 동원해 조작하였다.

이와 같은 위법행위를 방지하기 위해서는 입주자들이 지속적으로 관심을 가지고 불법선거를 하지 못하도록 철저하게 감시하여야 한다. 입주자들은 선거관리위원을 선출할 때 공공의 이익을 위해 입주자들의 이익을 대변하는데 앞장설 수 있는 사람이 선출될 수 있도록 각별히 신경을 써야 한다. 선거를 할 때에도 투표하기 직전과 투표한 직후의 선거인명부를 즉시 검증할 수 있도록 모든 조치를 취해야 한다.

또한 입주자들은 선거관련서류를 빠짐없이 확보하고 검증하여 이익에 반한 사람이나 추종자가 승계하지 못하도록 차단하여야 한다. 이와 같이 불법선거한 선거인명부를 신속히 확보하고 검증해 불법선거를 철저하게 차단하지 못하면 계속 불법으로 승계하면서 아파트 비리를 감쪽같이 은폐하기 때문에 입주자들은 속수무책으로 당할 수밖에 없다.

2. 광진구청의 묵인 및 공모

사기 분양과 부실 공사는 H건설(한원광장)이 분양계약을 위반해 발생한다. 그리고 관리 비리는 입주자대표가 사기 분양과 부실 공사를 은폐하기 위하여 불법선거로 승계해 불법 관리를 하는 과정에서 발생한다. 이러한 사기 분양, 부실 공사, 관리 비리 등 아파트 비리를 관리 감독할 권한은 구청과 시청이 가지고 있다. 따라서 광진구청은 감독권자로서 H건설(한원광장), 입주자대표가 저지른 위법행위로 인해 입주자들에게 막대한 피해가 없도록 성실하게 관리감독을 하여야 한다.

그러나 H건설, 광진구청, 입주자대표가 서로 공모해 비리를 저질렀고, 이를 은폐하였기 때문에 입주자들이 찾아내기가 매우 어렵다. 설령 찾아내었다고 하더라도 해결하기가 쉽지 않다. 왜냐하면 아파트 비리를 발견하였더라도 감독권자인 광진구청이 입주자들의 입장에서 판단해 주지 않고 처벌하지 않으면 그만이기 때문이다.

더구나 입주자대표, 선거관리위원, 관리소장 등은 입주자들의 이익을 전혀 대변하지 않고 감독권자인 광진구청과 지능적으로 공모해 H건설의 이익을 적극적으로 대변하기 때문에 사기 분양, 부실 공사, 관리 비리를 찾아내서 시정하는 것이 매우 어렵다.

이를 방지하기 위해서는 입주자들이 최종 소비자로서 사기 분양, 부실 공사, 관리 비리를 적극적으로 찾아내야 하고, 입주자대표를 선출할 때 입주자들의 이익을 위해 성실하게 해결할 수 있는 심지 굳고 정직한 봉사자를 선발해 위촉하는 것이 최선의 방법이다.

특히, 입주자들은 입주자대표가 입주자들의 이익을 성실히 제대로 대변하고 있는지 수시로 점검하고 확인해 적극적으로 대처하여야 한다. 왜냐하면 입주자대표는 불법선거로 승계해 정보전달수단을 완전히 통제하고 비리에 대한 진실을 전혀 알려주지 않으며 감추기 때문이다. H건설의 이익을 대변하기 위해서라면 어떠한 일도 마다하지 않고 강행할 검은 속내를 가진 사람들이기 때문이다.

광진구청은 H건설과 입주자대표를 철저하게 관리감독을 해야 할 감독관청임에도 사기 분양을 묵인하며 사업허가, 제척승인, 사용검사승인을 해 주었고, 불법선거로 승계한 것을 공정한 선거라며 승인해 준 것이 다른 사람의 의견을 듣지 않겠다는 무언의 선언이라고 볼 수 있다. 때문에 입주자대표가 입주자들을 속이려고 저지른 위법행위를 올바르게 시정할 수 있는 효율적인 방법이 없다. 따라서 여러 곳으로 분산되어 지도 · 감독하는 아파트 관리업무를 한 곳에서 총괄적으로 문제점과 개선방안을 마련해 효율적인 지도 · 감독을 할 수 있도록 '아파트 감독청'을 신설해 능동적인 방법으로 체계적인 운영을 하여야 한다.

3. 명예훼손, 협박, 폭행을 하였다고 위장해 고소

입주자들이 사기 분양, 부실 공사, 관리 비리를 은폐하는 것에 대하여 잘못을 지적하고 올바른 의견을 제시하면 오히려 입주자대표와 관리소장은 위장해 속이면서 입주자들에게 명예훼손, 업무방해, 협박, 폭행을 하였다며 쟁점사항을 다른 쪽으로 선회하여 위법행위를 저지르고 괴롭히며 악질적인 수법을 동원해 광진경찰서에 수없이 고소를 하였다.

더구나 입주자대표는 입주자들이 관리업무를 잘 알지도 못하면서 잘못된 의견을 제시하였다고 다양한 핑계를 대면서 민·형사상 고소를 서슴지 않았다. 이처럼 함께 더불어 살아갈 이웃에게 조직적인 위법행위를 저질러 아무런 잘못이 없는 선량한 피해자를 악질적인 가해자로 뒤바꿔 놓는 것이 입주자대표에게 식은 죽 먹기와 같다. 고의로 죄를 뒤집어씌워 다른 아파트로 이사를 가든지 잠자코 입을 다물고 있으라며 폭언과 협박을 하면서 악질적이고 조직적으로 괴롭힘을 주었다.

따라서 입주자들은 입주자대표가 명예훼손, 업무방해, 협박, 폭행을 핑계로 고소할 것에 대비하고, 억울한 누명을 벗을 수 있도록 재판에 철저히 대비할 증거자료를 확보하여야 한다. 입주자대표가 명예훼손, 업무방해, 협박, 폭행으로 고소하지 못하게 빌미를 제공하지 말아야 한다. 왜냐하면 입주자대표는 사기 분양, 부실 공사, 관리 비리를 은폐하기 위해 다른 것으로 선회해 쟁점화하면서 고소하여 책임을 전가하기 때문이다.

일단 피의자로 몰리게 되면 정식재판을 신청하여 정정당당하게 억울한 누명을 벗어야 하고 반드시 대법원의 확정판결까지 재판을 하여야만 향후 저들이 책임을 묻지 않게 된다. 입주자들은 입주자대표가 잘못한 것에 대하여 재판하는 경우 금전적, 시간적, 정신적인 낭비를 서로 분담하며 대처하는 것이 효율적인 방법이다.

H건설(한원광장)은 뒤에서 입주자대표와 관리소장이 변호사를 선임하는데 많은 도움을 주며 입주자들의 재판과 관련해 불리한 판결을 받도록 적극적으로 유도하기 때문에 입주자들은 항상 조심하여야 한다. 입주자대표와 관리소장은 입주자들의 이익을 대변하지 않고 H건설의 비리를 은폐할 목적으로 관리업무를 수행하기 때문에 언제든지 간교한 수를 쓰고도 남는 사람들임을 절대로 간과해서는 안 된다.

4. 경찰, 검찰, 법원이 거짓에 속아서 오판

경찰, 검찰, 법원은 사기 분양, 부실 공사, 관리 비리 등 아파트 비리가 발생했을 때 약자인 입주자들의 이익을 위해 공정하고 올바른 판단을 하여야 한다. 축구로 치자면 상대방이 공격하며 찬 골을 어떠한 실수 없이 막아내는 훌륭한 골키퍼와 같은 역할을 할 수 있어야 한다.

사기 분양, 부실 공사, 관리 비리 등 아파트 비리는 H건설(한원광장), 광진구청, 입주자대표가 공모해 발생시켜 감쪽같이 은폐하였다. 더구나 경찰, 검찰, 법원은 아파트 비리를 간과하며 지나칠 수 있기 때문에 투철한 사명감을 가지고 전문가가 접근하지 않으면 발견하기가 매우 어렵다.

그리고 입주자대표는 H건설의 이익만 대변하므로 설령 뒤늦게 발견하더라도 교묘한 수법으로 지능적인 방해를 하기 때문에 손해배상을 받기가 매우 어렵다. 입주자대표는 절차와 과정만 철저하게 지킨 것으로 위장하는 교묘하고 지능적인 수법으로 아파트 비리를 은폐한 후 모든 책임을 입주자들에게 전가시키는 방법을 사용하였다.

따라서 경찰, 검찰, 법원은 사건을 무조건 강자 편에서 잘못된 증거자료에 입각해 오판하지 않도록 각별히 주의해야 한다. 한발쯤 뒤로 물러나 좀 더 다양한 시각과 관점에서 약자의 주장을 심도 있고 공정하게 검토하여 올바른 결론을 내려야 한다. 그것이 최고의 엘리트들이 모였다는 경찰, 검찰, 법원이 갖춰야 할 '측은지심'이라는 덕목이다. 산에 갔을 때 숲 전체를 보고 올바로 평가하는 것이 아니라 일부만 보고 산을 잘못 평가한 것과 같다. 이러한 잘못된 시각과 판단이 사기 분양, 부실 공사, 관리 비리를 완전히 척결하지 못하는 근본적인 이유이다.

이를 방지하기 위해서는 경찰, 검찰, 법원이 사기 분양, 부실 공사, 관리 비리가 발생한 근본적인 원인과 문제점을 면밀히 파악하며 검토하고 공정한 수사와 재판을 하여야 한다. 그래야만 향후 같은 사례 또는 유사한 사례가 발생하면 공정하고 올바른 판단으로 근본적이며 효율적인 해결방안을 정확히 제시할 수 있다.

또한 관리 비리가 완전히 근절될 때까지 지속적이고 강력하게 처벌하여야 재발을 방지할 수 있다. 지위고하를 막론하고 누구나 죄를 지으면 반드시 엄중한 죗값을 치른다는 인식을 강력하게 심어주어야 고질적인 아파트 비리의 적폐가 재발하지 않고 척결할 수 있는 최선의 대책이다.

5. 다음카페에서 조직적으로 진실을 은폐

입주자대표는 2009.11.3. 분양 당시부터 모델하우스 안에서 입주자들을 위해 봉사를 한다면서 다음카페를 개설해 회원을 모집하여 운영하였다. H건설이 부실 공사를 많이 하기 때문에 입주자들이 똘똘 뭉쳐 미연에 방지하자는 미명하에 회원을 유인하며 모집하였다.

그리고 입주자대표는 다음카페의 활동을 통해 친목을 도모하며 입주자들의 신상기록을 확보하고 향후 친밀을 약속하면서 자연스럽게 신뢰를 얻었다. 또한 2012.3.30. 입주한 후에는 다음카페에서 활동한 친분을 이용해 성실한 봉사자라고 홍보하며 자신들을 입주자대표, 선거관리위원, 봉사회원, 통장으로 선출될 수 있게 유도하였다.

이와 같은 수법으로 봉사자가 된 입주자대표는 계속 다음카페를 통해 순수한 봉사자인 것처럼 위장하며 열심히 홍보하지만 결코 입주자들의 이익을 보호하기 위해 일하지 않았다. 그들은 오로지 H건설(한원광장)의 이익만 대변하면서 사기 분양, 부실 공사, 관리 비리 등 아파트 비리를 은폐하기 위한 대변자이고 심부름꾼일 뿐이다.

이러한 참담한 결과를 사전에 방지하기 위해서는 입주자대표가 다음카페를 통해 진실을 정확하게 알려주는지 수시로 확인하면서 철저히 점검하여야 한다. 또한 입주자대표가 다음카페 등에서 여론몰이를 하면 입주자들은 그 여론의 진위여부를 면밀하게 점검하고, 잘못한 것이 발견되면 반드시 시정을 요구하여야 하며, 입주자들의 권익을 위하여 성실하게 대변하도록 올바르게 시정하여야 한다.

6. 정보전달수단을 통제하고 거짓으로 속임

입주자들은 아파트의 정보전달수단인 게시판, 엘리베이터 공지, 안내방송, 다음카페, 유인물, 개인정보(성명, 동 · 호수, 휴대폰번호, e메일), 관리비 부과내역서 등을 통해 생활정보를 얻게 된다. 따라서 입주자들은 정보전달수단을 통해 알게 된 정보를 신뢰하고 생활할 수밖에 없다. 또한 입주자들은 이러한 정보전달수단을 통해 아파트에 관한 모든 생활정보를 얻을 수밖에 없기 때문에 입주자대표가 의도한대로 중요한 의사결정이 이루어질 수밖에 없다. 이와 같은 수법으로 입주자대표는 마음먹고 속이려 생각하면 입주자들이 속지 않을 수 없게 만든다.

입주자대표는 이러한 입주자들의 처지를 잘 알고 있으므로 이를 악용해 처음부터 정보전달수단을 완전히 통제하고 사기 분양, 부실 공사, 관리 비리를 속이며 완전범죄로 은폐하려고 시도하였다. 무자격자가 전자투표를 이용한 대리투표로 승계해 불법으로 관리업무를 계속 수행하는 것도 이러한 입주자들의 심리를 이용했기 때문에 가능했던 것이다.

그러므로 입주자들은 입주자대표가 저지르는 악질적인 수법에 적극적으로 대처하지 못하고 감쪽같이 속아서 눈뜬 봉사처럼 피해를 당할 수밖에 없게 된다. 입주자대표는 문제가 발생하면 관리규약을 철저히 지켰다며 오리발을 내밀고 모든 책임을 입주자들에게 전가시키는 수법을 사용하였다. 또한 입주자들이 잘못을 지적하며 불만을 표출하면 명예훼손, 업무방해, 협박, 폭행을 하였다며 집단적으로 고소하고 변호사를 앞세워 선량한 피해자를 악질적인 가해자로 바꾸어 놓았다.

더구나 입주자대표는 교묘한 수법으로 사기 분양, 부실 공사, 관리 비리를 감쪽같이 속이며 진실을 은폐했기 때문에 중대한 비리를 완전범죄로 은폐할 수 있었다. 그리고 전자투표를 악용한 대리투표를 하여 비신사적인 불법선거로 승계한 후 선거인명부의 검증을 무조건 거부하였다. 온갖 악질적인 관리 비리를 저지른 후에 관리서류를 열람해 주지 않았기 때문에 무엇이 어떻게 잘못 되었는지 발견할 수 없게 하였다. 설령 발견한다고 하더라도 증거자료를 정확히 확보할 수도 없어 고질적인 아파트 비리의 적폐를 척결하기가 매우 어려운 것이다.

이를 방지하기 위해서는 입주자들이 입주자대표에게 정보전달수단을 통제하지 않고 진실을 정확하게 알려 주도록 끊임없이 요구하여야 한다. 그리고 관리서류를 정확하게 공개하며 열람할 수 있도록 철저한 관리감독을 하여야 한다. 가장 중요한 것은 입주자들이 관리업무에 지속적인 관심을 가지고 각종 단체 활동에 적극적으로 참여하는 것이 최선의 방법이다. 수시로 관리서류를 열람하고 잘못을 점검하여 철저히 확인한다면 잘못된 것을 올바로 시정해 효율적으로 대처할 수 있다.

또한 입주자들은 입주자대표에게 입주자들의 이익을 진정으로 대변할 수 있도록 지속적으로 유도하여야 하고, 정보전달수단을 통해 수시로 진실을 알릴 책임과 의무를 다할 준비를 갖추도록 효율적으로 감독하여야 한다. 입주자들의 이익을 먼저 생각하며 의사결정을 내리고, 입주자들의 권익보호에 우선적으로 힘써야 한다.

관리업무를 잘못 수행해 저질러진 아파트 비리는 언젠가 반드시 꼬리가 밝혀 참담한 결과에 대한 책임을 질 수 있다는 인식을 깊게 심어주어야 한다. 특히, 입주자들은 입주자대표를 선출할 때 공공의 이익을 위해 헌신적으로 봉사할 수 있는 올바른 마음과 책임의식이 있는 정직하고 성실한 사람인지 반드시 확인하여야 한다.

7. 관리서류 열람 및 회계감사 거부

입주자대표는 사기 분양, 부실 공사, 관리 비리 등 아파트 비리를 은폐하기 위하여 관리서류를 열람하지 못하게 거부하였고 검증을 불허하였다. 또한 아파트 관리업무가 공정하고 효율적으로 수행되고 있는 것처럼 위장하기 위해 외부에 용역을 주어 회계감사를 실시하였다. 그리고 감사결과가 적정의견이 나오면 비리가 전혀 없다며 은밀하게 속이고 적극적으로 홍보하였다. 그러나 외부에 용역을 주어 회계감사를 하는 목적은 대형 사고를 방지하기 위한 사전적인 예방인 것이다. 비록 외부 회계감사로 적정의견을 받았다고 하여 사기 분양, 부실 공사, 관리 비리 등 아파트 비리가 전혀 없다는 의미가 아니다.

입주자대표가 공정하게 관리업무를 수행하였는지 확인하기 위해서는 입주자들 중에서 회계전문가가 봉사차원에서 관리서류에 관해 회계감사를 실시하는 것이 가장 효과적이고 실익이 있는 최선의 방법이다. 외부에 용역을 주면 감사비용에 의거 제한된 시간 및 감사기준에 따라 규칙적으로 감사할 수밖에 없다. 마치 문제가 전혀 없는 것처럼 면죄부만 주게 되는 결과를 초래하도록 이용될 소지가 많이 있다.

이를 방지하기 위해서는 입주자들이 수시로 관리서류를 열람하고 입주자대표가 언제든지 보여줄 수 있으며 검증할 수 있도록 준비되어 있어야 한다. 그리고 입주자들이 봉사차원에서 재능기부를 통해 전문지식을 활용해 회계감사를 할 수 있다면 관리비에서 많은 감사수수료를 지출하지 않고도 악질적인 비리를 사전에 충분히 방지할 수 있다.

만약, 외부에 용역을 줄 경우에는 감사수수료를 생각보다 많이 지출하더라도 충분한 감사기간이 확보되도록 조정하고 문제점에 관한 집중적인 부문에 대하여 엄격한 감사를 실시하도록 약정하여야 효율적인 감사가 가능하고 감사한 결과에 만족할 수 있게 된다.

8. 입주자들이 관리업무에 무관심

입주자들은 자신들의 생업에 충실하다 보면 사실상 아파트 관리업무에 대한 관심을 가질 여유가 없다. 그러나 입주자대표는 분양 당시부터 회원을 모집한 다음카페를 통해 열심히 봉사하는 것처럼 위장하며 홍보하였기 때문에 입주자들이 전혀 의심하지 않고 전적으로 신뢰하였다. 그래서 입주자들은 입주자대표가 아파트 관리업무를 성실하게 수행할 것으로 굳게 믿고 봉사자로 선출해 주었다. 이와 같은 수법으로 입주자대표는 주택법 및 관리규약 등에 의한 법적보호를 받기 위해 입주자들에게 모든 권한을 자연스럽게 위임받았다.

이에 더하여 관리소장은 입주자들이 입주하기 이전에 H건설에 의해 선임되었기 때문에 H건설(한원광장)의 이익을 대변할 수 있는 입주자대표를 선출하는 음모를 꾀했다. 그리하여 관리소장과 입주자대표는 공모해 정보전달수단을 완전히 통제하고 사기 분양, 부실 공사, 관리 비리를 감쪽같이 속이면서 입주자들에게 막대한 재산피해를 입혔다. 그런데도 입주자들은 입주자대표가 자신들의 이익을 위하여 대변하며 성실하게 봉사해 주는 것으로 착각하고 관리업무에 소홀하였기 때문에 아파트 비리가 자연스럽게 발생할 수밖에 없었다.

이를 방지하기 위해서는 입주자대표가 주택법과 관리규약에 의거해 입주자들의 이익을 위하여 관리업무가 성실하게 수행되고 있는지 수시로 점검하여야 한다. 또한 입주자대표가 정보전달수단을 통제하지 않는지 또는 진실을 정확하게 알려주고 있는지 꼼꼼하게 확인하여야 한다. 그리고 수시로 관리서류를 열람하면서 입주자들의 의사와 이익을 위하여 관리비를 공정하고 효율적으로 집행하며 투명하게 수행되는지에 관해 관리감독을 철저하게 하여야 한다.

지금까지 입주자대표는 불법선거로 승계한 선거인명부를 검증해주지 않으면서 정보전달수단을 완전히 통제하고 관리서류를 공개하지 않았다. 또한 외부에 회계감사를 의뢰하여 아무런 문제가 없는 것처럼 속이면서 관리업무가 잘 수행되는 것처럼 홍보하였다. 그리고 잘못한 결과가 명확하게 밝혀지면 모든 책임을 입주자들에게 전가시키는 수법을 사용하였기 때문에 입주자들은 이익에 반해 관리업무가 이루어지지 않도록 많은 관심을 가지고 철저히 감시하여야 한다.

9. 입주자의 여론조작 및 문서 허위작성

입주자대표는 아파트의 정보전달수단을 완전히 통제하며 사기 분양, 부실 공사, 관리 비리를 감쪽같이 속이고 진실을 전혀 알려주지 않으면서 여론을 조작하였다. 또한 정보전달수단을 완전히 속이고 교묘하게 통제할 수 있기 때문에 자신들의 의도대로 결과가 나오게 여론을 마음대로 유도해 조작하였다. 이와 같이 조작된 여론으로 입주자들에게 찬반을 묻고 나서 동의서를 받게 되면 입주자대표가 당초 원하고 계획했던 결과대로 자연스럽게 완성되는 것이다.

그리고 당초 계획한대로 투표 및 설문결과가 나오지 않는다고 생각되면 선거인명부를 허위로 작성하고 유도하여 목표한 대로 결과가 나오도록 감쪽같이 속였다. 그래도 원하는 결과가 나오지 않으면 결과가 나온 것처럼 발표하면 그만인 것이다. 그 결과에 승복할 수 없는 입주자들이 선거한 절차, 과정, 결과에 대한 검증을 요구하면 무조건 무시하고 검증에 응하지 않았다. 입주자대표는 검증에 응하면 당장 거짓말이 탄로 날 것이 몹시 두려운 것이다. 그러므로 입주자대표가 검증에 응하지 않는 것은 미리 예고된 당연한 수순인 것이다.

이를 방지하기 위해서는 입주자대표가 여론을 조작한 것과 허위로 작성한 문서를 어떻게 하든지 적극적으로 확보해 반드시 검증을 하여야 한다. 거짓으로 속인 것이 있으면 끝까지 추적해 확인해야 유사한 사건이 다시 재발하지 않는다. 잘못을 저지르면 언젠가는 규명될 수밖에 없다고 확고한 인식을 강력하게 심어주어야 향후 어떠한 아파트 비리도 저지르지 못하도록 사전에 예방할 수 있다. 이와 같은 효율적인 대책의 소문이 널리 퍼질수록 입주자대표는 사기 분양, 부실 공사, 관리 비리를 악질적으로 저지르면서 시행사와 시공사의 이익을 마음대로 대변할 수 없다고 생각하게 된다. 이와 같이 입주자들은 입주자대표가 속이고 비리를 저지르는 것을 포기하도록 분위기를 조성하여야 한다.

10. 관리사무소 및 커뮤니티센터에서 진실을 은폐

입주자대표는 분양 당시부터 입주예정자들에게 부실 공사를 철저히 막는다고 홍보하며 다음카페에 가입을 유도하여 신뢰를 쌓았고, 입주한 이후 자신들을 봉사자로 선출되게 하였다. 이러한 수법으로 선출된 입주자대표는 관리사무소 직원, 커뮤니티센터 직원, 경비원, 청소원을 장악하고 정보전달수단을 완전히 통제하며 감쪽같이 속였다.

이들은 아파트 단지에서 관리업무를 수행하면서 입주자들과 어느 곳에서든지 수시로 접촉하고 만나게 된다. 때문에 관리사무소 및 커뮤니티센터 직원 등은 그동안의 익숙한 안면을 적극적이고 효율적으로 활용하여 입주자들이 자연스럽게 자신들이 원하는 방향으로 동조할 수 있도록 수시로 홍보하면서 유도하려고 시도하였다.

이를 방지하기 위해서는 입주자들이 입주자대표의 꼬임에 넘어가지 않게 적극적으로 진실을 정확히 알려주도록 노력하여야 하고, 하자보수를 철저하게 받아야 하며, 관리 비리가 발생하지 못하게 지속적인 관심을 가지고 차단하여야 한다. 그것만이 입주자대표가 저지를 수 있는 위법행위를 사전에 차단하는 길이고 고질적인 아파트 비리의 적폐가 척결되도록 정확하게 알려주는 것이다.

무엇보다 지속적인 대화를 통해 서로 신뢰를 쌓고 진정으로 입주자들에게 성실하게 봉사를 할 수 있도록 분위기를 조성하여야 한다. 이와 같이 현안문제를 서로 공유하고 깊은 유대관계를 유지하면서 협력하여야 어려운 난관을 효율적으로 극복할 수 있다.

제13부

입주자들이 체험한 지울 수 없는 상처

1. 입주자들이 조직적인 수법에 의해 사기당한 상처

가. 입주자대표에 대한 배신감

입주자대표는 2009.11.3.부터 11.4.까지 분양계약을 체결하는 모델하우스 안에서 H건설이 부실 공사를 많이 하기 때문에 다음카페에 가입해 함께 방지하자며 입주예정자를 상대로 회원을 모집해 활동하였다. 그리고 모임을 자주 가졌고, 입주한 2012.3.30. 이후에도 입주자들을 위하여 헌신적인 봉사를 다짐한다며 홍보해 아무런 의심 없이 입주자대표, 선거관리위원, 봉사회원, 통장에 자연스럽게 될 수 있었다.

그러나 입주자대표 등은 선출된 이후부터 안면몰수하면서 입주자들의 이익을 전혀 대변하지 않았고, 사기 분양, 부실 공사, 관리 비리를 완전범죄로 은폐하기 위해 정보전달수단을 완전히 통제하며 감쪽같이 속였고, 불법선거로 승계해 불법 관리를 하면서 선거인명부를 검증해 주지 않으면서 현재 펜스가 아파트의 경계라며 속였다.

하는 수 없이 비대위원장은 공공의 이익을 위해 아파트의 경계가 펜스 밖의 토지 636.8 ㎡까지라는 것을 증명하기 위해 개인적으로 2012.8.6. 대한지적공사에서 측량을 하였고, 2015.2.10. 서울고등법원에서 판결(대법원에서 2015.6.23. 확정)을 받아서 확실히 증명하였다. 이와 같이 펜스 밖의 제척토지 203 ㎡와 불용토지 433.8 ㎡가 분양 당시 입주자들의 소유라는 것을 증명한 후에 찾아달라고 요구하였다.

그러나 입주자대표, 선거관리위원, 봉사회원, 관리소장은 사기 분양한 진실이 드러날까 두려워 비대위원장이 명예훼손, 업무방해, 협박, 폭행 등을 하였다며 위장해 5차례 광진경찰서에 고소하여 사기 분양, 하자보수, 관리 비리를 완전범죄로 은폐해 못 찾게 방해하려고 괴롭혔고, 함께 더불어 살아가야 할 이웃에게 악질적인 위법행위를 저질렀다.

따라서 입주자들은 입주자대표가 고질적인 위법행위와 갑질을 저지르며 사기 분양한 토지 636.8㎡를 못 찾게 방해한 그들의 나쁜 짓을 직접 목격하고 체험을 하였기 때문에 입주자대표가 불법으로 관리업무를 수행하는 것을 전혀 신뢰하지 않는다. 따라서 입주자들은 입주자대표가 거짓으로 속이는 모든 것에 대하여 거부할 수밖에 없었다.

나. 이웃 간에 심각한 신뢰 파기

입주자대표는 입주한 2012.3.30. 이후에 정보전달수단을 완전히 통제하고 진실을 전혀 알려주지 않으면서 조직적이며 집단적으로 입주자들을 속였고, 입주자대표가 2016.6.21. 임기 만료되어 무자격자인데 불법선거로 승계해 불법 관리를 하면서 사기 분양한 토지 636.8㎡를 못 찾게 방해하였는데 입주자들은 그들이 저지르는 위법행위와 갑질을 직접 목격하였다.

입주자들은 입주자대표가 조직적으로 자신들을 속이는 것을 수없이 겪으면서 오랜 기간 동안 함께 살았고, 입주자들 중에서도 입주자대표와 서로 내통하며 진실을 감쪽같이 속였기 때문에 누가 진실한 행동을 하는지 구별하기가 매우 어려워 이웃 간에도 서로 높은 성벽을 쌓고 지내면서 상호간에 신뢰하지 않고 거리를 두었다.

더구나 입주자대표는 사기 분양한 서쪽 경계 펜스 밖의 토지 636.8㎡가 현장이 잘 보존되어 있고, 재건축할 때까지 증거인멸의 우려도 없기 때문에 반드시 찾을 수밖에 없다는 것을 잘 알고 있었음에도 정보전달수단을 완전히 통제하며 못 찾게 조직적으로 방해하고 있다.

따라서 입주자들은 입주자대표가 정보전달수단을 완전히 통제하면서 진실을 정확하게 알려주지 않고 악질적이며 끈질기게 위법행위를 저지르며 몰래 사업부지를 분할해 제척한 토지 203㎡를 못 찾았고, 불용토지 433.8㎡를 매년 재산세만 납부하면서 출입조차 하지 못하고 있는 것을 지켜보고 있기 때문에 이웃 간에 신뢰가 완전히 무너져 도저히 회복할 수 없는 최악의 상황이 지속되고 있다.

다. 웃음이 완전히 사라진 아파트 단지

입주자들은 분양대금 82억 원을 납부한 서쪽 경계 펜스 밖의 사기 분양한 토지 636.8 ㎡를 수시로 지켜보면서 감시하고 있지만 입주자대표가 사기 분양한지 10년이 지나 강산이 변화하도록 찾아주지 않았고, 불법선거로 승계해 불법 관리를 하면서 못 찾게 조직적으로 방해하고 있기 때문에 의혹만 증폭한 가운데 웃음이 완전히 사라졌다.

반면에 입주자대표는 불법선거로 승계한 선거인명부를 전혀 검증해 주지 않았고, 불법 관리를 하면서 입주자들에게 정보전달수단을 완전히 통제하며 토지 636.8 ㎡에 관한 진실을 감쪽같이 속였기 때문에 막대한 물질적 정신적 피해를 입을 수밖에 없어 신뢰를 완전히 잃었다.

일부 입주자들은 비대위원장의 도움을 받아서 사기 분양한 서쪽 경계 펜스 밖의 토지 636.8 ㎡를 찾기 위해 2017.2.28. 서울중앙지방법원에 소송을 제기하였다. 그러나 소송이 H건설에서 선임한 변호사의 교묘한 방해공작으로 인해 장기간 지연되어 선고가 많이 늦어졌다.

그렇지만 측량감정, 건축 및 임료감정이 끝났고 2019.12.19. 선고되었다. 그러나 진실을 완전히 왜곡해 제척토지 203 ㎡만 인정하였고, 불용토지 433.8 ㎡가 시행사의 재량권 범위 내에 있다는 이해할 수 없는 사유로 인정하지 않았다(2017가합554756). 이는 입주자들이 요구하였는데 재판장님께서 현장검증을 하지 않았기 때문에 현장의 심각성을 전혀 인식하지 못한데 기인해 중대한 오판을 하였다. 그러나 출입을 할 수 없는 불용토지 433.8 ㎡를 반드시 찾아야 하고 찾을 수밖에 없기 때문에 2020.1.3. 서울고등법원에 항소를 하였다(2020나2003046).

그때는 입주자들이 H건설, 입주자대표, 광진구청과 지난 10년이 지나 강산이 변화하도록 오랜 싸움에서 이긴 승리의 기쁨을 마음껏 나누며 적막이 감돌았던 곳에 밝은 웃음이 되살아날 것으로 기대한다. 그래서 입주자들은 변호사님을 통해 서울고등법원의 재판부에 현장을 검증해 달라고 강력히 요구하였다. 따라서 재판부에서는 불용토지 433.8㎡에 대한 현장검증을 실시해 출입을 하지 못하는 문제점을 확인하였다.

그러나 서울고등법원은 어찌된 일인지 서울중앙지법과 같이 한원광장에게 제척토지 203㎡만 인정하고 불용토지 433.8㎡를 인정하지 않았다. 더구나 H건설은 203㎡에 대한 손해배상책임까지 없다고 판결을 하였다. 입주자들은 그동안 무너졌던 신뢰를 완전히 회복하고 살기 좋고 비리 없는 새로운 H아파트로 거듭날 것으로 굳게 믿으며 함께 더불어 살아가는 훈훈한 정이 넘치는 사이좋은 이웃이 되길 간절히 기원하고 있었는데 재판부의 오판으로 모든 꿈이 수포로 돌아갔다.

하는 수 없이 입주자들은 분양대금 82억 원을 받아간 토지 636.8㎡를 포함해 설계를 하였다면 서쪽 경계 펜스 밖의 제척토지 203㎡와 불용토지 433.8㎡가 발생하지 않았기 때문에 당연히 인정받아야 정당하므로 상고하였다. 그러나 대법원에서는 어찌된 일인지 오판해 심리불속행으로 기각하였다. 이와 같은 수법으로 사기 분양한 토지 636.8㎡는 진실이 완전히 왜곡되어 완전범죄로 은폐된 악질적인 사건으로 판명되었다.

라. 관리 비리에 대한 심각한 두려움

입주자들은 입주자대표가 불법선거로 승계해 불법 관리를 하면서 정보전달수단을 완전히 통제하고, 사기 분양, 부실 공사, 관리 비리를 완전범죄로 은폐하기 위해 위법행위를 저지른 것을 직접 목격하였다. 또한 입주자대표는 악질적인 위법행위를 하면서 관리서류를 공개하지 않고 진실을 속이며 조직적인 비리를 저질러 은폐하였다.

더구나 입주자대표는 사기 분양한 토지 636.8㎡를 못 찾게 방해할 목적으로 불법선거로 승계해 불법 관리를 하면서 부정선거한 선거인명부를 검증해 주지 않았고, 악질적인 위법행위를 저지르며 완전범죄로 은폐하였다. 이로 인해 입주자들은 입주자대표의 고질적인 아파트 비리에 대한 불신과 두려움에서 오랫동안 헤어나지 못하고 있다.

또한 입주자들은 위임장에 55%가 서명해 비대위원장에게 회계감사를 실시하라고 통보하였음에도 입주자대표는 입주자들의 강력한 명령을 무시하고 관리서류를 열람해주지 않았다. 따라서 입주자들은 관리 비리에 대한 불신과 두려움이 전혀 해소되지 않았기 때문에 아파트 비리에 대한 고질적인 적폐를 척결해 달라는 요구가 훨씬 더 강해졌다.

2. 기초적인 민주주의 파괴

가. 불법선거로 승계하면서 불법 관리

입주자들은 제2기 입주자대표가 2016.6.21. 임기 만료되었기 때문에 2016.6.26. 제3기 입주자대표를 합법적인 방법으로 선출하였음에도 제2기 입주자대표가 불법으로 업무를 인계하지 않았다.

오히려 제2기 입주자대표는 2016.6.21. 임기 만료된 무자격자임에도 불법으로 2016.7.14. 제3기 선거관리위원(위원장 최○호)을 지명하였고, 부정선거로 2016.8.11. 제3기 입주자대표(유○운, 공○미, 임○익)를 다시 선출하였다. 따라서 입주자들은 부정선거한 선거인명부를 검증해 달라고 요구하였는데 선거관리전담요원(관리과장 김○용)이 선거인명부의 휴대폰번호를 20%만 확인하였다는 확인서와 검증해 주겠다는 선거인명부(USB)를 비대위원장에게 제출한 후에 중대한 약속을 어기며 검증해 주지 않고 사기 분양한 토지 636.8 ㎡를 못 찾게 방해하였다.

이와 같이 불법선거로 선출된 제3기 입주자대표와 선거관리위원, 그들이 불법으로 선임한 관리소장은 선거인명부 및 관리서류를 전혀 검증해 주지 않았다. 또한 입주자들이 비대위원장에게 회계감사를 실시하라고 위임하였는데 관리소장은 회계감사를 받지 않았고, 자신들의 비리를 무조건 은폐하는 것에만 몰두하였다.

더구나 입주자대표는 입주자들의 이익에 반해 불법선거로 승계해 불법관리를 하면서 사기 분양한 토지 636.8㎡를 못 찾게 방해하고 있음에도 구의원, 시의원, 구청장, 시장, 국회의원, 대통령을 선출하는데 자신들이 저지른 비리를 은폐하도록 도와주었던 후보자를 앞장서서 홍보하며 민주주의 선거에 반해 관여를 하였다.

이처럼 입주자대표가 민주주의 선거에 의도적으로 관여하면 공정한 선거 결과를 기대할 수 없고, 잘못된 영향을 받을 수밖에 없기 때문에 당선이 되어도 공정한 업무수행을 기대하기 어렵다. 따라서 입주자대표가 불법선거로 당선되었음에도 국가적인 중대한 선거에 관여하면 민주주의 기초부터 완전히 흔들리게 된다. 결과적으로 민주주의가 역행하고 심각하게 파괴되는 문제를 초래할 수밖에 없다.

나. 불법으로 관리규약을 개정

관리규약은 국가의 헌법과 같은 성격이므로 아파트를 관리하는데 가장 중요한 규범이다. 그런데도 입주자대표, 선거관리위원, 관리소장은 관리규약을 개정하는데 입주자들의 의견을 전혀 반영하지 않았고, 입주자총회 또는 공청회를 개최하지도 설명하지도 않았다. 자신들의 구미에 맞게 마음대로 관리규약을 만들어 일방적인 통과의례로 찬반을 묻고, 무조건 서명을 하라며 강요해 동의를 받았다.

더구나 입주자대표는 관리규약 개정 동의서를 검증해 주지 않고 무조건 과반수 찬성하였다며 공지하고 자신들의 결정을 따르라며 통보하였다. 그러므로 입주자들은 동의서를 검증해 과반수 서명하였는지 확실히 확인하여야 한다. 또한 입주자들이 관리규약 개정에 서명하였더라도 진정으로 서명하였는지 확인하는 검증절차를 거쳐야 한다.

왜냐하면 입주자들에게 관리규약 개정을 하기 위한 동의서에 서명을 받지 않았는데도 받았다고 속였고, 각종 설문조사를 하면서 답변한 결과와 반대로 발표해 피해를 주는 경우가 많았기 때문이다. 또한 사기 분양한 서쪽 경계 펜스 밖의 토지 636.8㎡를 찾지 못하게 정보전달수단을 완전히 통제하고 2012.3.30. 입주한 이후 단 한 번도 진실을 알려주지 않고 속였기 때문에 입주자들의 의사를 반드시 검증하여야 한다.

이와 같이 입주자대표는 자신들의 잘못을 전혀 인정하지 않았고, 사기 분양한 사실을 감추기에 급급하였다. 입주자들에게 사기 분양한 진실을 감쪽같이 속이기 위해 정보전달수단을 완전히 통제하였음에도 입주자들이 결정한 것이라고 모든 책임을 전가하며 위법행위를 저질렀다.

다. 민주주의 질서 파괴

입주자대표는 민주주의가 올바르게 정착되도록 하기 위해서는 불법선거로 승계해 불법 관리를 하고 있는 선거인명부를 반드시 검증해 주어야 한다. 그리고 입주자들의 이익에 반해 불법으로 관리업무를 수행하는 것을 중단하고 이제부터라도 올바로 관리업무를 수행하도록 시정해야 한다.

또한 입주자대표는 관리규약을 입주자들의 이익을 위해 대변하도록 공정하고 투명하게 개정하여야 한다. 그러나 불법선거로 선출되어 불법 관리를 하고 있는 입주자대표와 선거관리위원은 무자격자임에도 불구하고 불법으로 관리소장을 선임해 관리업무를 수행하도록 강요하였다. 이는 입주자들의 이익에 반해 민주주의 발전을 심각하게 저해하는 위법행위로써 공정한 관리업무를 수행할 수 없다.

더구나 입주자대표는 비인간적인 위법행위를 저질러 입주자들의 이익에 반한 결과를 가져오도록 유도하기 때문에 올바른 민주주의의 발전에 역행하고 민주주의를 심각하게 파괴할 수밖에 없다. 따라서 지금까지 분산되어 지도 · 감독하고 있는 아파트 관리업무를 한 곳에서 총괄적인 문제점과 개선책을 마련해 공정하고 효율적인 지도 · 감독을 할 수 있도록 '아파트 감독청'을 설치해 운영하여야 한다.

3. 비대위원장 가족들이 겪은 지울 수 없는 상처

가. 대기업이 사기 분양을 한 놀라운 충격

비대위원장 부부는 빌라(1층)에 당첨되어 사생활의 침해로 당첨을 포기하려고 하였다. 따라서 당첨된 후 분양계약을 체결할 때까지 모델하우스에 3회나 방문해 주변 환경을 자세하게 확인하였다. 박 소장은 비대위원장 부부가 빌라의 주변 환경에 관한 질문에 대하여 모형, 카탈로그, 설계도를 보면서 상세하게 답변해 주었다.

1404동 빌라 뒤에는 수직옹벽을 설치하고, 3면을 화단으로 1면을 필로티로 시공하며, 앞에 개인화단 및 중앙공원과 어린이 놀이터가 있고, 뒤에 강○성산교회가 있으며, 옆에 어린이집을 시공한다는 것을 설명하면서 입주자들의 출입이 전혀 없고, 전원주택처럼 아주 조용하게 살 수 있다며 자세하게 설명해 주어 신뢰하였다.

그러나 비대위원장은 2012.3.28. 사용검사승인을 받기 6개월 이전인 2011. 9월경. 빌라 뒤에 계단과 산책로를 시공한 것을 발견하였다. 그렇지만 박 소장은 2009.11.3. 분양계약을 체결할 때 비대위원장에게 이곳에 수직옹벽을 시공한다고 확실하게 약속하였다. 따라서 비대위원장은 입주자들이 계단과 산책로를 이용해 밤낮으로 빌라 뒤를 오갈 것을 생각하니 걱정이 앞서 밤에 잠이 오지 않았다.

그래서 비대위원장은 박 소장과 입주자대표(입주자 예정자 모임)에게 분양계약을 체결한 대로 수직옹벽으로 시정해 달라고 요구하였다. 그러나 박 소장과 입주자대표는 시정하지 않고 계속 뭉개고 있었다. 따라서 비대위원장은 계속 독촉을 하였는데 계단을 2단산벽으로 변경하고 산책로를 둔 채 2012.3.28. 사용검사승인을 받았다.

그러나 비대위원장은 분양계약대로 2단산벽을 수직옹벽으로 시정하라고 계속 요구하였지만 박 소장과 입주자대표는 시정은커녕 듣는 척도 하지 않았다. 하는 수 없이 비대위원장은 분양계약을 명백하게 위반한 것이므로 계약을 해지하여 달라고 H건설에 요구하였다.

그러자 H건설은 이미 중도금을 납부하였기 때문에 해지가 불가능하다고 거절하였다. 분양계약을 위반하였는데 계약 해지가 안 된다고 하니 억울하고 분한 마음을 달랠 길이 없었다. 비대위원장은 거주하던 아파트를 이미 매각하였기 때문에 부득이 분양계약 당시 계획한 것을 변경해 입주하기 이전에 분양권 상태로 매각하려고 생각하였던 아파트(14층)로 2012.5.1. 이사를 할 수밖에 없었다.

비대위원장은 H건설이 2012.3.28. 사용검사승인을 받은 이후에도 1404동 빌라 뒤를 수직옹벽으로 시정하지 않았기 때문에 어쩔 수 없는 선택이었다. 박 소장과 입주자대표는 사기 분양한 토지 636.8 ㎡를 은폐할 목적으로 1404동 빌라 뒤로 수직옹벽을 경계까지 시공하지 않고 계단을 경계 안쪽 4 m지점에 시공해 출입조차 하지 못하게 하였다.

왜냐하면 분양계약대로 펜스 밖의 서쪽 경계와 일치하도록 수직옹벽을 시공하면 사기 분양한 것이 탄로 나기 때문에 사기 분양한 서쪽 경계 펜스 밖의 토지 636.8 ㎡를 은폐할 목적으로 입주자들을 감쪽같이 속이려고 경계 안쪽 4 m지점에 계단과 산책로를 설치한 것이다.

이와 같이 박 소장과 입주자대표는 분양 당시 고의로 사기 분양을 하고 분양대금 82억 원을 받아 챙긴 서쪽 경계 펜스 밖의 토지 636.8 ㎡를 돌려주지 않을 계획이었다, 이미 분양 당시 설계도, 모형, 카탈로그에 서쪽 경계 펜스 밖의 토지 636.8 ㎡를 출입조차 하지 못하게 빼고 표시해 공지한 만큼 그대로 시공하고 위법행위를 저질러 사기 분양한 것을 완전범죄로 은폐하려고 계획한 것이다.

따라서 비대위원장 가족은 대기업인 H건설이 기업윤리를 명백하게 위반하고 광진구청 및 입주자대표와 공모해 고의로 악질적인 위법행위를 저질렀다는 확신이 들었다. 그리고 H건설은 2단산벽을 기점으로 북쪽에는 고저차가 2 m 이상인데 나○용이 수직석축 밖으로 48 ㎡를 불법 점유하였고, 남쪽에는 평지인데 김○석이 콘크리트 담장 밖으로 113 ㎡를 불법 점유한 것을 확인하였다(토지 161 ㎡ 불법 점유). 그런데도 불법 점유한 토지 161 ㎡를 원상회복하지 않았고, 오히려 토지 636.8 ㎡(161 ㎡ 포함)까지 빼고 설계해 공지하여 시공한 위법행위에 매우 놀랐다.

더구나 입주자대표는 함께 더불어 살아갈 이웃에게 정보전달수단을 완전히 통제하고 속였다. H건설, 입주자대표, 광진구청이 공모해 토지 636.8 ㎡를 사기 분양하여 위법행위를 저질러 완전범죄로 은폐하려고 하였다는 것에 대하여 매우 큰 충격이 아닐 수 없었다.

나. 보금자리가 아닌 전쟁터에서 생활

가정은 가족의 안락한 휴식처가 되기를 바라는 마음이 누구나의 바램이다. 비대위원장 가족은 입주자대표가 감쪽같이 속이고 저지른 사기 분양, 부실 공사, 관리 비리에 관해 잘 알고 있었다. 더구나 그 사실을 분양 당시부터 완전범죄로 은폐할 목적으로 정보전달수단을 완전히 통제하고 다른 입주자들이 모르게 속이는 것을 잘 알고 있었기 때문에 나 몰라라 방관하고 지나치기엔 양심이 도저히 허락하지 않았다.

따라서 비대위원장 가족은 입주자대표에게 더 이상 이웃에게 나쁜 짓을 하지 말라고 설득하였지만 귀담아 들으려 하지 않으면서 외면하였다. 오히려 입주자대표는 사기 분양, 부실 공사, 관리 비리를 은폐하는 것에 대하여 비대위원장 가족이 크게 걸림돌이 된다고 생각하였다.

그래서 입주자대표는 비대위원장 가족을 방해꾼으로 여기며 서슴없이 다양한 수법으로 위법행위를 저지르고 비대위원장의 정당방위와 정당행위를 약화시키기 위해 조직적으로 음해하며 방해하였다. 또한 관리소장과 경비원을 시켜 비대위원장 가족의 동향을 파악하였다.

그러나 비대위원장은 공공의 이익을 위해 꿋꿋하게 봉사한다는 것에 목표를 두고 2015.8.24. 더사모카페를 개설하여 입주자들에게 진실을 정확히 알려주며 입주자대표의 위법행위에 맞서 정정당당하게 대처하려고 최선의 노력을 하면서 헌신적으로 봉사를 하였다.

비대위원장의 가정은 지난 10년 동안 안락한 보금자리가 아닌 치열한 전쟁터가 될 수밖에 없었다. 어느 한 개인의 일이 아니라 공공의 이익을 우선으로 생각했던 비대위원장 가족은 경제적 정신적 손실로 인해 견딜 수 없이 힘든 나날을 지낼 수밖에 없었다. 그리고 그 무엇보다 고질적이며 조직적인 아파트 비리에 대한 적폐를 정신적으로 느끼는 고달픔이 비대위원장 가족에게 가장 아픈 상처를 주었다.

비대위원장은 악질적이며 비인간적인 아파트 비리를 이대로 방치한다면 좀 벌레처럼 파고들며 잠식하여 영원히 막을 수 없는 고질적인 적폐가 된다고 판단하였다. 고질적인 적폐는 반드시 청산해야 한다는 굳은 신념으로 목숨을 내놓고서라도 입주자대표와 정면으로 싸워야겠다고 굳게 마음을 먹을 수밖에 없었다. 그러나 입주자대표는 악질적이며 조직적으로 위법행위와 갑질을 저지르며 비대위원장의 평범했던 일상생활을 한순간에 완전히 뒤흔들어 놓았다.

전쟁터처럼 불안하고 불규칙한 생활이 지속되도록 유인하며 비대위원장이 스스로 포기하도록 온갖 방해공작을 시도하였다. 이와 같은 불합리하고 온당치 못한 지속적이며 불규칙적인 생활을 겪으면서 비대위원장 가족은 악질적인 아파트 비리를 반드시 척결하여야 하는 문제점과 대책을 종합적으로 정확하게 정리하였다.

다. 지옥 같은 비틀어진 세상을 한탄

입주자대표는 H건설에게 분양대금 82억 원을 납부한 서쪽 경계 펜스 밖의 토지 636.8㎡를 찾지 않았고, 1404동 빌라 뒤를 모델하우스에서 분양계약을 체결한 대로 2단산벽을 수직옹벽으로 시정하지 않았다.

따라서 비대위원장은 입주자대표가 입주자들이 부담하는 관리비로 급여, 수당, 판공비, 회의비, 업무추진비, 격려금 등을 수령하면서 함께 더불어 살아가는 이웃에게 조직적인 위법행위를 저지른 것을 도저히 이해할 수 없었다. 더구나 입주자들의 이익을 대변하지 않고 오히려 사기 분양한 토지 636.8㎡를 찾지 못하게 악질적이며 조직적으로 방해하는 이중인격의 행동에 크게 놀라지 않을 수 없었다.

비대위원장 가족은 입주자대표가 앞에서는 입주자들을 위해 열심히 돕는 봉사자처럼 행동하고 뒤로는 악질적인 위법행위를 저지르는 것을 목격하면서 비틀어진 세상의 말세가 느껴지는 것 같았다. 평상시 비대위원장 가족은 공정하고 정의롭게 살고자 최선의 노력을 하였기 때문에 생전 처음으로 악질적인 광경을 직접 목격하였다.

미국에 살 때 거짓말은 죄질이 가장 나쁜 죄라고 은연중 믿어 왔기에 솔선수범하며 성실하게 살려고 최선을 다했다. 그런데 입주자대표가 정보전달수단을 통제하며 이웃을 은밀하게 속이고도 전혀 그렇지 않은 것처럼 위장하며 태연하게 행동하는 것을 목격하고 매우 큰 충격을 받았다.

모든 것을 긍정적으로 바라보고 희망찬 생각을 하면서 작은 행복이라도 소중히 여기며 살아왔었는데 한 순간에 극악한 상황을 맞닥뜨리자 무엇이 옳고 그른지 혼란스럽기 짝이 없었다. 비대위원장 가족은 입주자대표의 비인간적인 위법행위와 갑질을 보면서 하루에도 수없이 부정과 절망적인 생각으로 일상을 비관하게 되었다.

라. 더불어 살아가는 세상에 대한 동경

입주자대표가 사기 분양, 부실 공사, 관리 비리를 완전범죄로 은폐하기 위하여 불법선거로 승계해 불법 관리를 하면서 선거인명부를 검증해 주지 않았고, 더불어 살아가는 이웃에게 사기 분양한 서쪽 경계 펜스 밖의 토지 636.8㎡에 대한 진실을 알려주지 않으면서 감쪽같이 속이는 것을 비대위원장 가족은 전혀 이해할 수 없었다.

더구나 비대위원장 가족은 분양대금 82억 원을 납부한 토지 636.8㎡가 서쪽 경계 펜스 밖에 현장이 잘 보존되어 있고, 재건축할 때까지 증거인멸의 우려도 없으며, 입주자들이 눈을 부릅뜨고 수시로 감시하고 있는데도 입주자대표가 조직적인 위법행위를 저질러 못 찾게 방해하는 것을 목격하면서 커다란 괴리감을 느끼지 않을 수 없었다.

악질적인 아파트 비리가 하루빨리 척결되어 이웃과 함께 더불어 살아가는 화목한 세상에서 편안하고 안락하게 살 수 있도록 밝고 맑으며 투명한 사회를 만들어 달라고 간절히 기도하였다. 그리고 비대위원장 가족은 하루빨리 모든 입주자들이 정의롭고 공정한 사회에서 이웃과 함께 더불어 정을 나누며 행복하게 살 수 있길 바라고 있었다. 또한 살기 좋고 비리 없는 아파트로 신속히 변모하여 즐겁고 신바람 나게 살 수 있도록 새로운 변화가 시작되길 간절히 소망하였다.

마. 자녀들의 충격적인 직장 사퇴

비대위원장 가족은 입주자대표가 불법선거로 승계해 불법 관리를 하면서 정보전달수단을 완전히 통제하고 입주자들을 감쪽같이 속이는 것을 수시로 목격하였다. 또한 사기 분양, 부실 공사, 관리 비리를 완전범죄로 은폐하기 위해 수단방법을 가리지 않고 위법행위와 갑질을 저지르는 것을 직접 목격하면서 지옥이 따로 없다는 것을 실감하게 되었다. 그동안 우리 사회가 매우 빠르게 혼탁하도록 급변한 것에 대하여 비대위원장 가족은 많은 실망과 원망을 하면서 큰 충격을 받았다.

더구나 비대위원장 가족은 공공의 이익을 위하여 사기 분양, 부실 공사, 관리 비리를 척결하기 위해 최선을 다하였음에도 입주자대표가 정보전달수단을 완전히 통제하면서 악질적이고 끈질기게 위법행위를 서슴지 않고 저지르는 것에 큰 실망을 감출 수가 없었다.

아들은 대원외국어고등학교와 버지니아대학교를 졸업하고 국방부에서 통역장교로 근무한 후에 예편해 S그룹에 다녔는데 조직적인 아파트 비리를 척결하기 위한 것을 돕기 위해 사퇴하였다. 그리고 딸은 대원외국어고등학교와 워싱턴대학교를 졸업한 후에 S회계법인에서 근무하였는데 고질적인 아파트 비리를 척결하는 것을 돕기 위해 사퇴하였다.

그리고 배우자도 비대위원장의 공정하고 정의로운 사회를 만들기 위한 불굴의 용기에 적극적으로 동참하며 모든 일을 접고 불철주야 전력을 다해 조직적으로 방해한 아파트 비리를 척결하기 위해 매진하였다. 입주자들에게 입주자대표 해임안, 위임장, 동의서에 서명을 받고, 찬반투표를 실시하며, 비상대책위원회 회의를 주관하는 등 입주자들의 이익을 위한 모든 일에 앞장서서 솔선수범하며 봉사를 하였다.

비대위원장 가족은 일제 강점기시대에 독립운동을 하는 순수한 애국자의 심경으로 밤낮을 가리지 않고, 입주자들에게 사기 분양한 토지 636.8 ㎡를 찾아주기 위하여 열과 성의를 더해 최선을 다했다. 직접 독립운동에 참여해 어려움을 겪어보지는 않았으나 지금 자신들이 겪는 일이 독립운동보다 더 힘들지 않을까 하는 생각이 들었다.

왜냐하면 독립운동은 같은 동포가 한마음이 되어 동일한 목표를 향해 똘똘 뭉칠 수 있었지만 아파트 비리의 척결은 공공재의 성격으로써 누구 하나 동조하여 내 일처럼 생각하며 애쓰려 하지 않았다. 그것은 입주자대표가 정보전달수단을 완전히 통제하며 진실을 전혀 알려주지 않고 속인데 기인하지만 조직적이며 악질적인 방해공작은 때때로 비대위원장 가족을 매우 외롭고 슬프게 만드는 수법이었다.

또한 입주자대표는 비대위원장 가족에 대하여 다음카페 등 정보전달수단에서 인신공격과 날조된 유언비어를 퍼트리고 회복할 수 없는 심각한 마음의 상처를 주며 명예훼손을 일삼았다. 사기 분양한 서쪽 경계 펜스 밖의 토지 636.8 ㎡에 대한 진실을 감추기 위해 조직적이고 집단적으로 행동하였기 때문에 입주자들과 함께 뭉치기 어려워 속수무책으로 당할 수밖에 없는 현실 또한 어려운 일 중 하나였다.

따라서 비대위원장 가족은 공공의 이익을 위해 올바른 일로 최선을 다하고 정의를 위해 앞장을 서고서도 입주자대표의 악질적이며 조직적인 위법행위로 인해 아무런 진전 없이 반복되는 실패를 속수무책으로 겪을 때마다 비참한 절망의 나락으로 떨어질 수밖에 없었다.

비대위원장은 무엇을 위해 아이들까지 사지로 몰았을까 싶은 심정에 뜬눈으로 밤을 새운 적이 한 두 번이 아니었다. 그러나 이제 와서 그만두기엔 너무 많은 일을 겪었고, 너무 멀리 오랜 기간 동안 달려와 있었다. 따라서 반드시 공정과 정의가 승리하는 좋은 날이 올 것이라는 굳은 믿음과 희망을 생각하며 늘 다시 의지를 불태우곤 했다.

바. 가족 모두의 건강 이상

입주자대표는 사기 분양한 토지 636.8 ㎡를 못 찾게 방해할 목적으로 다양한 위법행위와 갑질을 저질러 고소, 고발, 수사, 재판 등을 야기하고 비대위원장 가족을 교묘하게 괴롭히면서 혼란에 빠뜨렸다. 특히, 사기 분양한 진실을 입주자들에게 순순히 알리도록 내버려 두지 않았다.

불법선거로 승계해 불법 관리를 하면서 정보전달수단을 완전히 통제하며 속였고 자신들의 비리를 교묘하게 감추며 H건설의 이익만 대변하고자 매진했다. 이와 같은 조직적인 비리에 비대위원장 가족은 공공의 이익을 위하여 더 이상 방관할 수 없다고 판단해 불철주야 입주자대표의 위협적인 방해에 맞서 정당방위와 정당행위를 하며 열심히 싸웠다.

그로 인해 비대위원장 가족은 10년 동안이나 억울하게 겪은 여러 가지 충격으로 건강을 해치고 신경쇠약 등으로 병원신세를 질 수밖에 없었다. 따라서 비대위원장 가족은 양방병원과 한방병원을 번갈아 가며 치료를 받으면서도 오뚝이처럼 혼신의 힘을 다하는 비대위원장을 위해 마지막의

힘이라도 아끼지 않고 보태려고 애썼다.

이를 지켜본 비대위원장은 가족의 건강이 매우 악화되는 것을 생각하면서 부득이 사기 분양한 서쪽 경계 펜스 밖의 토지 636.8㎡를 찾는 것을 포기할까하고 매일같이 수없이 고심에 고심을 거듭할 수밖에 없는 심신이 몹시 괴로운 나날을 세월 가는 줄도 모르게 보냈다.

그러나 비록 가족에게 불행한 일이 생긴다고 하더라도 절대로 포기하지 않고 끝까지 불의와 대항해 싸울 것을 다짐하며 정의롭게 올바른 일을 할 수 있도록 용기를 달라고 하루도 빠짐없이 기도하였다. 가족도 비대위원장의 결심과 끈기에 찬동하며 어려운 상황을 정신력으로 극복하려고 무진 애를 썼다. 비대위원장은 다행히 가족들이 잘 버티며 중병에 걸리지 않고 지난 오랜 기간 동안 한마음으로 굳게 단결하며 버티어 준 것을 천만다행으로 여기면서 매우 감사하게 생각하고 있다.

돌이켜 생각하면 비대위원장 가족은 견디기 매우 힘든 온갖 역경 속에서도 오직 공정과 정의가 반드시 승리할 수밖에 없다는 정신력 하나만으로 서로 위로하며 버팀목이 되어준 덕분이라고 기억한다. 그 결과 전국의 아파트 비리를 완전히 척결할 수 있는 '숨겨진 아파트 비리 완전정복'과 검찰, 경찰, 법원, 언론, 재벌 개혁이 필요한 '모든 국민들이 공수처에 보낸 숙제'를 정리해 선진국가로 발전하는데 밑거름이 되겠다는 순수한 생각으로 과거의 참기 힘든 수많은 고통을 모두 털며 위안 삼고 싶다.

사. 비대위원장의 직장 사퇴

비대위원장은 금융감독원에서 국장으로 정년퇴직을 한 후 금융기관에 감사 및 고문으로 취업하여 선진 금융산업의 발전을 위해 축적된 경험을 사회에 환원하려는 계획을 모두 포기할 수밖에 없었다. 오직 사기 분양, 부실 공사, 관리 비리를 척결하는 것에 몰두하였다.

왜냐하면 입주자대표는 전자투표를 이용해 대리투표로 불법선거를 하여 승계한 선거인명부를 검증해 주지 않았고, 정보전달수단을 완전히 통제하며 사기 분양, 부실 공사, 관리 비리를 완전범죄로 은폐하고 사기 분양한 서쪽 경계 펜스 밖의 토지 636.8㎡를 못 찾게 방해하였기 때문에 비대위원장이 공공의 이익을 위해 아파트 비리에 관한 고질적인 적폐를 척결하는데 일조하겠다며 굳게 결심하였다.

비대위원장은 공공의 이익을 위해 사기 분양한 토지 636.8㎡를 찾아야 한다고 2015.8.24. 더사모카페를 개설해 알려주자 입주자대표, 선거관리위원, 관리소장이 명예훼손, 업무방해, 협박, 폭행을 하였다고 위장해 비대위원장을 고소하였기 때문에 재판준비로 바쁜 생활의 연속이 계속 되었다. 비대위원장은 2012.8.6. 대한지적공사에서 측량을 하였고, 2015.6.23. 대법원에서 확정판결을 받아서 토지 636.8㎡가 사기 분양된 것을 확실하게 증명하였다. 이처럼 사기 분양한 토지 636.8㎡를 증명하고 1년 정도 지난 후에 금융감독원에서 연락이 왔는데 H자동차그룹의 금융부문에 상근고문을 맡아 선진 경영기법을 도입해 가장 모범적이고 선도적인 기업으로 지도해 발전시켜 달라는 주문이었다.

H자동차그룹은 재계 2위이지만 금융부문에서 재계 1위인 삼성그룹에 비해 현격한 차이를 보이고 있었다. 그러나 비대위원장은 금융감독원에 근무할 때 삼성그룹의 금융부분을 오랜 기간 동안 선진적인 기법으로 지도해 모범적인 성과를 내었고, 한화그룹의 금융부문을 체질 개선하여 대폭 확장시켰으며, 신한금융그룹의 보험사업을 도입할 때 영업기획, 상품개발, 소비자보호, 자산운용, 인사관리에 관해 선진 경영기법으로 조직해 건전경영을 정착하도록 기여한 경험이 있다.

미국에서 공부하며 배워온 선진기법의 노하우와 평소 금융기법의 지대한 관심을 가지고 삼성금융그룹, 한화금융그룹, 신한금융그룹을 위해 성공적인 지도 · 감독을 시도한 경험을 되살려 H자동차그룹의 금융부문을 위해 그동안 숙달된 경험을 바탕으로 효율적인 지도 · 감독을 하여 건전하게 발전시켜 달라는 간곡한 요청이었다.

따라서 H자동차그룹의 상근고문으로 근무하면서 경영관련 협의로 사주들과 자주 만날 수 있었는데 기업윤리 차원에서 현장이 잘 보존되어 있고, 재건축할 때까지 증거인멸을 할 수 없는 사기 분양한 토지 636.8 ㎡를 반드시 돌려주어야 한다고 강력히 조언하였다.

또한 H건설의 법무실 전○영 변호사 등에게 경찰, 검찰, 법원을 속이고 위법행위를 저지른 심각성을 지적하며 올바로 시정하여야 선진적인 경영을 정착할 수 있다고 설명해 주었다. 이와 같은 비대위원장의 지속적이고 끈질기며 강력한 설득을 받고 H자동차그룹의 사주 및 H건설의 사장 등 경영진들은 과거 저지른 중대한 잘못을 비대위원장이 조언한 대로 해결하고 새로운 경영을 시도하였다.

그러나 입주자대표는 잘못이 시정될 경우 자신의 거짓이 입주자들에게 들통날까봐 악질적인 위법행위를 강행하며 해결하지 못 하게 조직적으로 방해하였다. H건설의 소비자보호 담당임원들은 비대위원장의 강력한 조언을 듣고 현장을 직접 방문해 확인하여 해결하기로 약속하였다. 그런데도 불구하고 입주자대표 김○복과 임○익 등은 비대위원장의 조언을 받아들여 사기 분양한 토지 636.8 ㎡를 해결해주면 하자보수를 종결해 주는 것에 협조하지 않겠다고 H건설의 임원들을 협박하면서 현장 확인을 나오지 못하게 강력히 막았다.

그러자 H건설의 임원들은 비대위원장에게 직접 현장방문을 하여 심각성을 정확하게 확인해 곧바로 해결하려고 시도하였는데 입주자대표의 강력한 거부와 방해로 인해 약속한 대로 현장답사를 갈 수 없게 되어 대단히 죄송하다며 사정을 널리 이해하여 달라고 하소연까지 하였다.

이와 같이 비대위원장은 2012.8.6. 대한지적공사에서 측량을 하였고, 2015.6.23. 대법원에서 확정판결을 받아서 토지 636.8 ㎡가 사기 분양된 것을 증명하였음에도 입주자대표가 못 찾게 방해할 목적으로 불필요하게 야기한 고소, 고발, 수사, 재판에 전념하기 위해 사퇴할 수밖에 없었다. 왜냐하면 비대위원장은 공공의 이익을 위해 전국적인 아파트 비리의 적폐를 척결하는 것이 최우선의 목표이기 때문이다.

비대위원장이 사퇴한 후에 고문으로 있었던 H자동차그룹의 금융부분의 일부는 안타깝게도 경영에 어려움을 겪게 되었다. 따라서 금융부문의 일부가 대만의 푸본그룹에 매각되어 안타깝게 생각한다. 그렇지만 비대위원장은 선진적인 우수한 외국기업에서 인수하여 다행이며 건전하게 성장하기를 간절히 기원하고 있다.

지금 생각해 보면 입주자대표가 고집불통으로 비대위원장의 조언을 무조건 거부하고 비인간적인 위법행위와 갑질을 저지른데 기인하여 '숨겨진 아파트 비리 완전정복'과 '모든 국민들이 공수처에 보낸 숙제'의 값진 책을 정리해 발간할 수 있었기 때문에 한편으로는 악질적으로 행동한 입주자대표에게 고마운 생각을 하려고 한다.

아. 충격적인 유언비어 및 명예훼손 난무

입주자대표는 사기 분양한 서쪽 경계 펜스 밖의 토지 636.8 ㎡를 못 찾게 방해하고 1404동 빌라 뒤를 수직옹벽으로 설치하지 못하게 할 목적으로 다음카페, 게시판, 엘리베이터 공지, 안내방송 등 정보전달수단에서 비대위원장과 가족에 관해 유언비어를 퍼트리며 비인간적인 인신공격을 하고 명예훼손을 하였다.

또한 비대위원장이 사기 분양한 진실을 입주자들에게 정확하게 알리는 것을 완전히 차단하고, 비대위원장을 다음카페에 들어오지 못하게 2015.7.18. 강제로 퇴출시켰다. 그리고 비상대책위원회의 활동을 하지 못하게 조직적이며 집단적으로 저지하고 방해하였다.

이에 대하여 비대위원장은 다음카페에서 강제로 퇴출을 당한 후에 더사모카페를 2015.8.24. 개설해 다음카페에서 글과 댓글을 읽고 쓸 수 없다는 것을 입주자들에게 확실히 알렸다. 그리고 입주자대표에게 비대위원장을 인신공격하고 유언비어를 퍼트려 명예훼손을 하려면 더사모카페에 들어와서 언제든지 마음껏 하여도 좋다고 허용하였다.

그러나 입주자대표는 다음카페에서만 계속 글과 댓글을 쓰면서 비대위원장에 대한 인신공격과 유어비어를 퍼트리고 명예훼손을 하였다. 이와 같이 정보전달수단을 완전히 통제하며 속이고 위법행위와 갑질을 저지르면서 사기 분양한 토지 636.8 ㎡를 못 찾게 방해하며 막대한 피해를 입히고 있기 때문에 입주자들은 입주자대표의 위법행위에 대하여 전혀 이해되지 않는 나쁜 짓을 하는 것을 잘 알고 있다.

자. 입주자대표가 거짓의 탄원서 제출

입주자대표는 사기 분양, 부실 공사, 관리 비리를 은폐할 목적으로 비대위원장이 명예훼손, 업무방해, 협박, 폭행을 하였다고 위장해 불필요한 고소, 고발, 수사, 재판을 야기하고, 변호사를 앞세워 거짓의 진술, 준비서면, 증거자료, 탄원서를 제출하여 경찰, 검찰, 법원이 감쪽같이 속아서 오판하도록 악질적인 위법행위를 저질러 사기 분양한 토지 636.8 ㎡를 못 찾게 방해하였다.

특히, 비대위원장이 다음카페에서 2015.7.18. 강제로 퇴출을 당해 더사모카페를 2015.8.24. 개설하여 사기 분양한 진실을 정확하게 알려주자 입주자대표는 명예훼손을 하였다고 경찰, 검찰, 법원에 거짓으로 탄원서를 제출하면서 사기 분양한 토지 636.8 ㎡를 못 찾게 음해하였다.

또한 입주자대표는 자신들이 위법행위와 갑질을 일삼으면서도 오히려 비대위원장에게 입주자들 간에 심각한 화합을 저해하고 위법행동을 저질렀다며 진실을 교묘히 왜곡한 거짓의 탄원서를 경찰, 검찰, 법원에 수없이 제출하면서 사기 분양한 서쪽 경계 펜스 밖의 토지 636.8 ㎡를 못 찾게 조직적이며 집단적으로 방해하였다.

이와 같이 입주자대표는 고의로 자신들이 저지른 중대한 잘못을 마치 비대위원장과 입주자들이 잘못하여 야기한 것처럼 감쪽같이 속이며 모든 책임을 비인간적인 수법으로 전가시켰다. 더구나 함께 살고 있는 입주자들에게 도저히 해서는 안 될 매우 악질적인 위법행위와 갑질을 저지르고 교묘한 수법으로 사기 분양한 서쪽 경계 펜스 밖의 토지 636.8 ㎡를 못 찾게 조직적으로 방해하였다.

차. 비대위원장이 직 · 간접적으로 입은 피해

비대위원장 부부는 분양 당시 H아파트가 경쟁률이 매우 높아 당첨이 어려울 것으로 예상해 빌라와 아파트를 신청하였는데 모두 당첨되었다. 따라서 그중에서 하나를 선택하여 계약하고자 분양계약을 체결할 때까지 모델하우스에 3회나 방문해 박 소장에게 빌라의 주변 환경에 대하여 자세히 질문하면서 구체적인 설명을 들었다.

박 소장은 비대위원장 부부에게 빌라가 1층이지만 모형, 카탈로그, 설계도에 표시한대로 1404동 뒤를 수직옹벽으로 시공하고 주변을 3면이 화단 및 1면이 필로티로 시공해 전원주택처럼 아주 조용하게 살 수 있다고 설명해 주었다. 그러면서 빌라(1층)에 거주하고 아파트(14층)를 입주하기 이전에 분양권 상태로 매각하라고 비대위원장 부부에게 자세히 설명하며 빌라 당첨을 포기하지 말라고 설득하였다.

비대위원장 부부는 박 소장의 설명을 전혀 의심 없이 믿고 그대로 실행할 계획으로 2009.11.3. 빌라와 아파트를 모두 계약하였다. 그러나 H건설은 계약 체결한 후에 1404동 빌라 뒤를 수직옹벽으로 시공하지 않고 분양계약을 위반해 계단과 산책로를 시공하였다. 왜냐하면 서쪽 경계 펜스 밖의 토지 636.8 ㎡를 출입조차 하지 못하게 완전히 차단하고 사기 분양한 진실을 은폐할 목적이었기 때문이다.

그런데도 H건설은 입주자대표가 요구하여 분양계약을 위반해 수직옹벽대신 계단을 시공하였고, 토지 636.8 ㎡를 분양 당시 빼고 만든 설계도, 모형, 카탈로그를 보여주면서 그대로 시공한 것이므로 사기 분양이 아니라고 속였다. 더구나 광진구청은 사기 분양을 하도록 묵인하고 사업허가, 제척승인, 사용검사승인을 해주었다. 또한 입주자대표는 입주자들의 이익을 대변하지 않고 정보전달수단을 완전히 통제하며 사기 분양한 토지 636.8 ㎡를 완전범죄로 은폐해 못 찾게 방해하였다.

따라서 비대위원장은 공공의 이익을 위하여 개인적으로 2012.8.6. 대한지적공사에서 측량을 하여 서쪽 경계 펜스 밖의 토지 636.8 ㎡가 사기 분양된 것을 확실히 증명하였다. 또한 2015.2.10. 서울고등법원에서 판결을 받아서(대법원에서 2015.6.23. 확정) 또 다시 정확하게 증명하였다.

더구나 입주자들은 제2기 입주자대표의 임기가 2016.6.21. 만료되어 권한이 완전히 상실되었기 때문에 2016.6.26. 52%가 참여한 비밀투표로 제3기 입주자대표를 선출하였다. 그러나 제2기 입주자대표는 불법으로 업무를 인계하지 않았다. 오히려 제2기 입주자대표는 무자격자인데 2016.8.11. 불법선거로 제3기 입주자대표를 다시 선출해 승계하였다.

그런데도 제2기 입주자대표는 비대위원장이 더사모카페에서 명예훼손, 업무방해, 협박, 폭행을 하였다고 위장해 민 · 형사상 고소를 하였고, 관리서류를 열람해 주지 않았으며, 내용증명을 수취거절하거나 답변하지 않고 사기 분양한 토지 636.8 ㎡를 못 찾게 방해하였다.

이와 같이 입주자대표는 불필요한 고소, 고발, 수사, 재판을 야기하고, 변호사를 앞세워 거짓의 진술, 준비서면, 증거자료, 탄원서를 제출해 광진경찰서, 서울동부지검, 서울고검, 대검찰청, 서울동부지방법원, 서울중앙지방법원, 서울고등법원, 대법원이 속아서 오판하도록 악질적인 위법행위를 저질러 토지 636.8 ㎡를 못 찾게 방해하였다.

그러는 과정에서 비대위원장은 공공의 이익을 위하여 수사를 10회 이상 받았고, 재판을 20회 이상 받을 수밖에 없는 매우 힘든 나날을 겪어야만 했다. 그러나 사기 분양, 부실 공사, 관리 비리에 대한 고질적이며 악질적인 적폐를 반드시 척결하겠다는 각오로 지난 10년이 지나고 강산이 변화하도록 묵묵히 외길을 향해 걸어왔다.

비대위원장은 사기 분양한 토지 636.8 ㎡를 찾으면 개인적으로 1천8백만 원의 손해배상금을 받는다. 그러나 적폐를 척결하기 위해 변호사 수임료, 감정수수료, 소송비용, 비상대책위원회 운영비, 인쇄비, 업무추진비, 치료비, 물질적 · 정신적 기회비용 등 최소 18억을 지출하면서 싸워야만 했다. 하지만 비대위원장은 H건설이 부당하게 갈취한 공공의 이익(분양대금 82억)을 찾기 위해 지출할 수밖에 없는 필수경비로 생각하였다.

또한 입주자대표가 불법선거로 계속 승계하며 재건축할 때까지 속이는 공공의 손실은 82억 원의 몇 백배 이상이 될 것이다. 아니 그것보다 훨씬 더 많은 금액이 될 수 있다. 더구나 전국적으로 은폐하며 숨겨진 사기 분양, 부실 공사, 관리 비리 등의 고질적이며 악질적인 적폐를 척결하기 위한 소요 비용은 82억 원의 몇 만 배 이상으로 판단하였기 때문에 18억 원을 지출할 가치가 충분히 있다고 생각하였다.

특히, 전국적으로 건설회사, 입주자대표, 구청과 시청이 악질적인 위법행위와 갑질을 저지른 사기 분양, 부실 공사, 관리 비리 등이 기하급수적이라고 검증되었기 때문에 이번 기회에 전국적인 아파트 비리의 적폐를 반드시 척결하고, 검찰개혁, 경찰개혁, 사법개혁, 언론개혁, 재벌개혁을 하는데 일조하겠다고 굳게 다짐하였다.

선량한 국민의 한 사람으로서 지금까지 행정부, 입법부, 사법부가 척결하지 못한 사기 분양, 부실 공사, 관리 비리 등 아파트 비리의 고질적이고 조직적인 적폐를 강산이 변화하도록 밤잠을 설치면서 연구해 근본적인 해결을 할 수 있다면 절대로 포기하지 않고 몰두하여도 평생 후회하지 않는다는 각오로 기꺼이 18억 원을 지출해도 전혀 아깝지 않았다.

제14부

아파트 비리를 완전범죄로 은폐할 수 있을까?

〈사기 분양을 완전범죄로 은폐한 수법〉

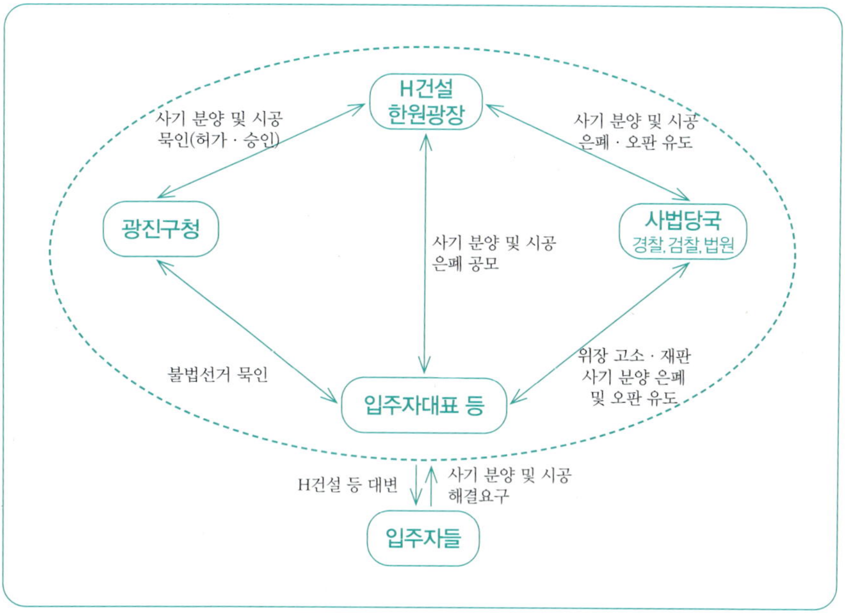

각자의 역할

1. **H건설**: 서쪽 경계 펜스 밖의 토지 636.8 ㎡를 빼고 설계도, 모형, 카탈로그에 표시하여 시공해 사용검사승인을 받았음에도 분양대금 82억 원을 수령해 가는 수법으로 사기 분양을 함.
2. **입주자들**: 모델하우스에서 설계도, 모형, 카탈로그에 토지 636.8 ㎡를 빼고 표시해 공지한 것을 전혀 모르고 분양대금 82억 원을 납부함.
3. **입주자대표**: 불법선거로 승계해 불법 관리를 하면서 정보전달수단을 완전히 통제하며 속이고 사기 분양한 것을 완전범죄로 은폐함.
4. **광진구청**: H건설이 사기 분양을 하도록 사업허가, 제척승인, 사용검사 승인을 해 주고, 입주자대표가 불법선거 및 불법 관리를 하도록 승인해 줌.
5. **변호사**: H건설, 입주자대표, 광진구청과 경찰, 검찰, 법원을 연결해 사기 분양, 불법선거, 명예훼손의 진실을 왜곡하여 완전범죄로 은폐하도록 변론함.
6. **경찰, 검찰, 법원**: 입주자대표가 고소, 수사, 재판을 야기한 후 변호사를 앞세워 거짓의 진술, 준비서면, 증거서류, 탄원서를 제출한 것에 속아서 오판함.

제척토지 및 불용토지 현장 사진

[제척토지(90 ㎡) 및 불용토지]

[제척토지(113 ㎡) 및 불용토지]

필자는 비대위원장으로서 지난 10년 동안 강산이 변화하도록 연구한 것을 근거로 '아파트 비리를 완전범죄로 은폐할 수 있을까?'에 관해 살펴보고자 한다. 여기서 '아파트 비리'라고 하면 아파트를 분양할 때부터 입주해 하자보수를 받고 관리업무를 수행하면서 발생한 사기 분양, 부실 공사, 관리 비리에 관한 총체적인 비리를 말한다.

결론부터 말하면 '아파트 비리는 완전범죄로 은폐할 수 있다.' 그러나 필자가 H아파트에서 모든 수법을 전부 찾아내었기 때문에 앞으로는 불가능하다. 왜냐하면 그동안 전국적으로 발생한 아파트 비리에 관해 심층적인 현황과 문제점, 은폐한 수법, 대책을 찾아내지 못했고, 근본적인 척결방법을 마련하지 못했으며, 비리가 발생할 때마다 땜질식으로 처벌하였기 때문이다. 따라서 독자들의 이해를 돕기 위하여 악질적인 아파트 비리의 수법을 간단히 설명하고자 한다.

H건설은 H아파트의 사업부지를 2007.11.14. 대한지적공사에서 측량하였는데 서쪽 경계 2단산벽(수직옹벽 설계)을 기점으로 볼 때, 북쪽에는 고도차가 2 m 이상 나는데 나○용이 수직석축 밖에 48 ㎡를 불법 점유하였고, 남쪽에는 평지인데 김○석이 콘크리트 담장 밖에 113 ㎡를 불법 점유하는 것을 확인하였다(161 ㎡ 불법 점유).

그런데도 H건설은 2009.10.12. H아파트를 분양하면서 불법 점유한 토지 161 ㎡를 원상복구하지 않았고, 오히려 토지 636.8 ㎡(161 ㎡ 포함)까지 출입조차 하지 못하게 빼고 설계도, 모형, 카탈로그에 표시해 공지하여 시공하고 사용검사승인을 받았음에도 분양대금 82억 원을 받아 가는 수법으로 사기 분양을 하였다.

그런 후에 사기 분양한 토지 636.8 ㎡ 중에서 203 ㎡는 사업부지에서 분할하여 제척해 한원광장이 90 ㎡를 편취하였고, 김○석에게 113 ㎡를 매각하였다. 또한 불용토지 433.8 ㎡는 한원광장과 김○석이 사용하도록 203 ㎡를 분할하여 제척한 후의 경계 안쪽 4 m지점에 펜스를 부실 시공해 입주자들이 출입조차 하지 못하며 매년 재산세만 납부하고 있다.

그런데도 입주자대표는 2012.3.30. 입주한 이후에 H건설이 분양 당시 토지 636.8 ㎡를 빼고 만든 설계도, 모형, 카탈로그를 보여주면서 그대로 시공한 것이므로 사기 분양이 아니라고 속였다. 더구나 불법선거로 승계해 불법 관리를 하면서 선거인명부를 검증해 주지 않았고, 정보전달수단을 완전히 통제하며 입주한 2012.3.30. 이후로 단 한 번도 사기 분양한 토지 636.8 ㎡를 찾아야 한다고 알려주지 않고 속였다.

그리고 토지 636.8 ㎡를 못 찾게 방해할 목적으로 불필요한 고소, 고발, 수사, 재판을 야기하고, 변호사를 앞세워 거짓의 진술, 준비서면, 증거자료, 탄원서를 제출해 경찰, 검찰, 법원이 속아서 오판하도록 악질적인 위법행위를 저질렀다. 이에 더하여 비대위원장이 사기 분양한 토지 636.8 ㎡를 찾아야 한다고 2015.8.24. 더사모카페를 개설하여 알려주었는데 입주자대표, 선거관리위원, 관리소장은 명예훼손, 업무방해, 협박, 폭행을 하였다며 위장해 고소하여 피해자를 가해자로 뒤바꿔 놓은 비인간적인 위법행위를 저질러 괴롭히고 못 찾게 조직적으로 방해하였다.

더구나 광진구청은 사기 분양, 불법선거, 불법 관리를 하지 못하게 철저히 관리감독을 하여야 함에도 불구하고 H건설이 토지 636.8 ㎡를 사기 분양하도록 사업허가, 제척승인, 사용검사승인을 해 주었고, 입주자대표가 불법선거로 승계해 불법 관리를 하면서 사기 분양한 토지 636.8 ㎡를 못 찾게 방해하도록 공정선거라며 승인해 주었다. 이와 같이 H건설, 입주자대표, 광진구청은 공모해 토지 636.8 ㎡에 대하여 사기 분양을 하였고, 완전범죄로 은폐하며 못 찾게 방해하였다.

이에 대하여 광진경찰서는 H건설, 입주자대표, 광진구청이 공모해 토지 636.8 ㎡를 사기 분양한 것과 완전범죄로 은폐해 못 찾게 방해한 것을 잘 알면서도 처벌하지 않았다. 왜냐하면 비대위원장이 공공의 이익을 위해 토지 636.8 ㎡를 찾아주고자 진실을 알려주었는데 입주자대표, 선거관리위원, 관리소장은 명예훼손, 업무방해, 협박, 폭행을 하였다며 위장해 5차례나 고소하였다. 그러나 광진경찰서는 비대위원장이 공공의 이익을 위해 진실을 정확히 알려주었는데 표적 및 별건수사, 편파 및 부실수사, 짜 맞추기 수사를 하면서 혐의 있다고 송치하였다.

반면에 입주자대표가 무자격자임에도 불법선거로 승계해 불법 관리를 하면서 토지 636.8 ㎡를 못 찾게 방해한 것을 비대위원장이 업무방해로 고소하였는데 광진경찰서는 표적 및 별건수사, 편파 및 부실수사, 짜 맞추기 수사를 하면서 입주자대표를 혐의 없다고 송치하였다.

서울동부지검은 광진경찰서에서 표적 및 별건수사, 편파 및 부실수사, 짜 맞추기 수사를 하여 진실을 완전히 왜곡한 것을 잘 알면서도 사기 분양한 토지 636.8 ㎡에 대한 비리를 수사하지도 처벌하지도 않았다. 더구나 비대위원장이 사기 분양한 토지 636.8 ㎡를 찾고자 공공의 이익을 위해 진실을 알려주었는데 명예훼손을 한 것이라며 3차례나 기소하였다.

이에 더하여 광진구청 주택과 백○준 주무관이 사기 분양, 불법선거, 불법 관리에 관한 민원처리를 은폐할 목적으로 자신을 비대위원장이 폭행하였다고 112에 허위 신고를 하였는데 광진경찰서는 진실을 왜곡하여 폭행해 공무집행방해를 하였다며 송치하였고, 서울동부지검은 역시 광진경찰서가 진실을 왜곡한 것을 알면서도 기소 처분을 하였다. 반면에 입주자대표가 2016.6.21. 임기 만료되어 무자격자임에도 불법선거로 승계해 불법 관리를 하면서 선거인명부를 검증해 주지 않고 사기 분양한 토지 636.8 ㎡를 못 찾게 조직적으로 업무방해를 하였는데 증거불충분이라는 핑계를 대면서 불기소 처분을 하였다.

그래서 비대위원장은 2020.2.27. 서울고검에 항고하였는데 기각되었다(2020년 고불항2443). 따라서 비대위원장은 무자격자가 불법선거로 업무방해를 한 것을 정확히 밝히기 위해 서울고등법원에 2020.4.14. 재정신청을 하였는데 2020.5.26. 기각되었다(2020년 초재1530). 하는 수

없이 비대위원장은 무자격자가 대리투표로 불법선거를 하여 업무 방해한 것을 인정받고자 대법원에 2020.6.2. 재항고를 하였는데 선거인명부를 검증해 주지 않고 기각하였다(2020모1798).

또한 서울동부지방법원은 비대위원장이 공공의 이익을 위해 토지 636.8 ㎡를 찾고자 더사모카페에서 진실을 알려 주었는데 무죄가 아닌 선고유예로 판결하였다. 반면에 입주자대표가 사기 분양한 토지 636.8 ㎡를 못 찾게 방해할 목적으로 불법선거를 하여 승계한 선거인명부를 검증해 주지 않았는데 기각판결을 하였다. 이는 증거주의에 의한 공정한 재판을 하지 않은데 기인해 중대한 오판을 한 결과이다.

이와 같이 입주자대표가 악질적인 위법행위를 저질렀는데 경찰, 검찰, 법원이 속아서 중대한 오판을 하여 H건설, 입주자대표, 광진구청은 사기 분양한 비리를 완전범죄로 은폐할 수 있었다. 반면에 비대위원장과 입주자들은 선량한 피해자에서 악질적인 가해자로 뒤바뀌었다. 따라서 완전범죄로 은폐시킨 현황과 문제점, 종합대책을 자세하게 설명하여 고질적이며 악질적인 적폐를 근본적으로 척결하기 위해 고위공직자범죄수사처(공수처)에서 검찰, 경찰, 법원을 수사하면서 H건설, 입주자대표, 광진구청의 비리를 연계 수사해 모든 국민이 피해자인 전국의 고질적인 아파트 비리를 척결할 매우 중대한 사건이다.

1. 완전범죄가 가능한 과정 및 절차

H건설은 H아파트를 건축할 사업부지 6필지에 대하여 2007.11.14. 대한지적공사에서 의뢰하여 측량하였는데, 서쪽 경계 2단산벽(수직옹벽 설계)을 기점으로 볼 때, 북쪽에는 고도차가 2 m 이상 나는데 나○용이 수직 석축 밖에 48 ㎡를 불법 점유하였고, 남쪽에는 평지인데 김○석이 콘크리트 담장 밖에 113 ㎡를 불법 점유하는 것을 확인하였다(161 ㎡ 불법 점유).

그런데도 H건설은 2009.10.12. H아파트를 분양하면서 불법 점유한 토지 161 ㎡를 원상복구하지 않았고, 오히려 636.8 ㎡(161 ㎡ 포함)까지 출입조차 하지 못하게 빼고 설계도, 모형, 카탈로그에 표시해 공지하여 시공하고 사용검사승인을 받았음에도 분양대금 82억 원을 받아 가는 수법으로 사기 분양을 하였다.

이와 같이 H건설은 입주자들에게 돌려주지 않을 목적으로 분양 당시 모델하우스에서 토지 636.8 ㎡를 빼고 설계도, 모형, 카탈로그에 표시하여 공지해 시공하였는데 분양대금 82억 원을 받아갔다. 그리고 사기 분양한 토지 636.8 ㎡ 중에서 203 ㎡는 분할하여 제척해 한원광장이 90 ㎡(427－21번지)을 편취하였고, 김○석에게 113 ㎡(427－22)를 매각하였다. 또한 불용토지 433.8 ㎡는 한원광장과 김○석이 사용하도록 203 ㎡를 제척한 후의 경계 안쪽 4 m지점에 펜스를 부실 시공해 입주자들은 매년 재산세만 납부하고 있다.

그런데도 입주자들은 입주한 2012.3.30. 이후에 토지 636.8 ㎡가 사기 분양된 것을 몰랐고 돌려받지도 못했다. 그러나 비대위원장은 사기 분양한 것을 발견하고 H건설, 입주자대표, 광진구청에게 2단산벽을 수직옹벽으로 시정하고 토지 636.8 ㎡를 돌려달라고 호소하였다. 그렇지만 이들은 분양 당시 빼고 만든 설계도, 모형, 카탈로그를 보여주면서 그대로 시공한 것이므로 사기 분양이 아니라고 뻔뻔스럽게 속였다.

하는 수 없이 비대위원장은 공공의 이익을 위해 토지 636.8 ㎡가 사기 분양된 것을 증명하기 위해 2012.8.6. 대한지적공사에서 측량을 하여 서쪽 경계 펜스 밖의 제척토지 203 ㎡와 불용토지 433.8 ㎡가 아파트의 소유라는 것을 확인함으로써 토지 636.8 ㎡가 사기 분양된 것을 확실히 증명하였다. 또한 2015.2.10. 서울고등법원에서 제척토지 203 ㎡를 인정받아서(대법원에서 2015.6.23. 확정) 토지 636.8 ㎡가 사기 분양된 것을 또다시 증명하였다. 그런데도 H건설, 입주자대표, 광진구청은 사기 분양한 토지 636.8 ㎡를 못 찾게 조직적으로 방해하였다.

또한, 입주자대표는 사기 분양한 토지 636.8 ㎡를 완전범죄로 은폐할 목적으로 정보전달수단을 완전히 통제하고 절차와 과정을 철저히 이행한 것으로 위장하면서 모든 책임을 입주자들에게 돌렸다. 그로 인해 입주자들은 사기 분양한 토지 636.8 ㎡를 못 찾고 있다.

더구나 입주자대표는 불법선거한 선거인명부를 검증해 주지 않았고, 비대위원장이 공공의 이익을 위해 더사모카페에서 알려주었는데 명예훼손, 업무방해, 협박, 폭행을 하였다며 위장해 불필요한 고소, 고발, 수사, 재판을 유도하고, 변호사를 앞세워 거짓의 진술, 준비서면, 증거자료, 탄원서를 제출해 광진경찰서, 서울동부지검, 서울고검, 서울동부지방법원, 서울중앙지방법원, 서울고등법원, 대법원이 속아서 오판을 하도록 악질적인 위법행위를 저질렀다. 그 결과, 비대위원장은 공공의 이익을 위해 알려주었는데 명예훼손을 하였다며 선고유예로 판결하였고, 입주자대표는 불법선거를 하였는데 안했다며 무혐의 처분을 하였으며, H건설은 사기 분양한 것을 안했다고 무혐의 처분하였다.

2. 완전범죄가 가능한 이유

가. 아파트 비리는 분양 당시 완전범죄로 계획

H건설(한원광장)은 분양 당시 모델하우스에서 수분양자들을 상대로 토지 636.8 ㎡를 빼고 설계도, 모형, 카탈로그에 표시해 공지하여 시공하였음에도 분양대금 82억 원을 받아 가는 수법으로 사기 분양을 하였다. 그리고 입주자대표는 2012.3.30. 입주한 후에 분양 당시 토지 636.8 ㎡를 빼고 만든 설계도, 모형, 카탈로그를 보여주면서 그대로 시공한 것이므로 사기 분양이 아니고 현재 펜스(담장)가 아파트의 경계라며 속였다. 분양 당시 H건설의 설명과 입주자대표의 설명이 일치하였기 때문에 순

진하게 아무도 의심하지 않았다.

누가 분양 당시 모델하우스에서 속일 것을 상상이나 하였겠는가? 내 집을 마련하고 싶은 선량하기 짝이 없는 수분양자들은 도급순위 1위인 H건설이 속일 것이라는 생각을 애초부터 갖고 있지 않고 믿었다. 순진한 수분양자들은 대기업의 이미지를 굳게 신뢰하였다고 말할 수 있다.

그러나 H건설은 분양 당시 고의로 토지 636.8㎡를 빼고 표시해 공지하여 시공하는 수법으로 사기 분양을 한 후에 돌려주지 않았다. 그리고 입주한 후에는 토지 636.8㎡를 빼고 만든 설계도, 모형, 카탈로그를 보여주면서 그대로 시공하였다며 완전범죄로 은폐하였다. 이처럼 분양 당시 계획적으로 완전범죄를 노리고 위법행위를 저질러 얼마든지 사기 분양과 부실 공사를 은폐하는 것이 가능하다. 특히, H건설, 입주자대표, 광진구청이 공모해 조직적인 위법행위를 저질러 감쪽같이 사기 분양을 한 후에 완전범죄로 은폐하면 입주자들이 속을 수밖에 없다.

나. 입주자들이 효율적으로 대처하지 못함

입주자들은 일상생활에 바쁘다보면 아파트 비리에 관심을 가질 마음의 여유나 시간적인 여력을 충분히 낼 수 없는 것이 현실이다. 더구나 아파트 비리는 입주자들이 개인적으로 보면 소규모의 피해액이지만 단지 전체로 보면 엄청난 거액의 손해액임에도 누가 책임지고 적극적으로 규명하려고 하지 않는다. 왜냐하면 아파트 비리가 공공재의 성격으로써 입주자들은 개인적으로 피해액을 감수하는 것이 오히려 방어하기 위한 총 손해액을 혼자 부담하는 것보다 훨씬 더 이익이라고 생각해 어쩔 수 없이 속수무책으로 당할 수밖에 없기 때문이다.

따라서 입주자들은 각자가 공공의 이익을 위해 아파트 비리를 척결해야 한다는 투철한 사명감을 가지고 대처하지 않으면 문제점을 심층적으로 찾아내기 어렵고, 해결방안을 제시하기도 쉽지 않다. 이와 같은 이유로 아파트 비리는 반드시 정부와 지방자치단체에서 고질적이며 악질적으로 발생하는 심각한 문제점을 좌시하지 말고 효율적인 대책을 강구해 선제적으로 해결하여야 할 가장 시급한 정책과제인 것이다.

필자가 H아파트를 분양받아 거주하고 비상대책위원장을 하면서 지난 10년이 넘도록 강산이 변화하며 수집한 모든 비리를 파묻고 뒤로 한 채 심층 분석하여 해결방안을 찾으려고 혼신의 노력을 기우리지 않았으면 전국적으로 만연한 고질적인 아파트 비리가 매우 심각한 수준인 것조차 알지 못했을 것이라고 확신한다.

더구나 필자는 금융감독원에 근무하면서 금융기관과 대기업을 상대로 약 40년 동안 감사업무를 수행한 베테랑 감사관이며 경영학 박사로서 사전에 풍부한 전문지식을 보유하였음에도 아파트 비리에 대한 엉킨 실타래의 끝을 완전히 찾는데 10년 이상이 걸렸으니 일반 국민들이 악질적인 비리를 찾아내어 대처하기에는 불가능한 것이다. 이런 점을 이용해 H건설, 입주자대표, 광진구청이 공모해 완전범죄를 노리고 조직적으로 사기 분양, 부실 공사, 관리 비리를 저질러 은폐하였다.

다. 입주자대표가 완전범죄로 적극 은폐

입주자대표는 최종 소비자인 입주자의 이익을 성실히 대변하여야 할 막중한 책임과 의무가 있다. 여기서 '입주자대표'라고 함은 입주자대표, 선거관리위원, 봉사회원, 노인회원, 통장, 관리소장과 직원, 경비원, 청소원, 커뮤니티센터 직원 등을 포함하는 의미이다. 이들은 입주자들이 납부하는 관리비에서 급여, 수당, 판공비, 회의비, 업무추진비, 격려금 등을 받는다. 따라서 입주자들의 이익을 위해 앞장서야 하는 책임과 의무가 있다. 그런데도 H건설의 이익을 대변하기 위해 사기 분양, 부실 공사, 관리 비리를 은폐하고 그들의 입장에서 적극 대변하였다.

H건설은 분양 당시 모델하우스에서 입주자대표(분양 당시 입주자예정

자 대표)가 수분양자들을 상대로 다음카페를 가입하도록 홍보할 수 있는 장소 등 편의를 제공하였다. 그리고 입주자대표는 H건설의 부실 공사를 막는다고 입주예정자들에게 다음카페를 홍보하며 가입을 권유하였다. 그리고 마치 수분양자들을 위해 열심히 봉사하는 것처럼 홍보하여 인정받고 입주한 후에 자연스럽게 입주자대표에 선출되었다. 더구나 H건설은 입주하기 이전부터 관리업체로 국제경보산업(H건설 및 계열사의 퇴직자로 구성)을 선정하였다. 국제경보산업은 관리소장과 직원 등을 파견해 이미 H건설의 이익을 대변하도록 선제 조치를 하였다.

따라서 입주자대표는 입주자들의 이익을 대변하기 위해 선출된 것이 아니고, H건설의 이익을 대변하기 위해 조직된 것이다. 그런데도 입주자들은 입주자대표가 입주자들의 이익을 위해 헌신적으로 봉사하는 것으로 순박하게 믿고 있었다. 더구나 입주자대표는 정보전달수단을 완전히 통제하고 계획적으로 입주자들의 귀와 입을 막고 눈뜬 봉사로 만들었다. 또한 입주자대표는 입주자들이 스스로 결정한 것처럼 완벽하게 위장하기 위하여 모든 과정과 절차를 철저히 지키며 관련 증거자료를 보관한 후에 문제가 발생하면 경찰, 검찰, 법원에 제시해 자기들이 책임질 것을 입주자들에게 모두 전가하였다.

그러나 H아파트의 경우에는 비대위원장이 10년이 지나고 강산이 변화하도록 끈질기게 추적해 중요한 반증자료를 확보함으로써 거짓을 명확히 밝힐 수 있었다. 즉 H건설이 분양대금 82억 원을 받아갔는데 돌려주지 않은 서쪽 경계 펜스 밖의 636.8㎡, 분양 당시 636.8㎡를 빼고 표시해 공지한 설계도 모형 카탈로그, 설계대로 수직옹벽을 시공하지 않고 2단산벽 시공, 분양 당시 불법 침범한 48㎡ 및 113㎡, 불법 침범하지 않았는데 제척한 42㎡, 한원광장이 편취한 90㎡, 김○석에게 매각한 113㎡, 입주자들이 출입조차 하지 못하게 시공한 펜스 밖의 불용토지 433.8㎡, 사기 분양한 현장, 하자보수를 받지 않은 것, 무자격자로서 관리비를 부당지출한 것, H건설 및 입주자대표에게 보낸 내용증명서, 준비서면, 탄원서, 판결문, 더사모카페에 게시한 글, 불법선거를 한 선거인명부(USB), 녹취록 등 수많은 증거자료를 확보해 보관하고 있다.

또한 입주자대표가 서쪽 경계 펜스 밖의 토지 636.8㎡를 조직적이며 악질적으로 못 찾게 방해하였기 때문에 입주자들은 636.8㎡를 찾기 위해 2015.10월. 입주자대표 해임안에 75%가 서명하였다. 그러나 입주자대표가 사퇴하지 않았고, 선거관리위원이 해임투표를 실시하지 않고 636.8㎡를 못 찾게 위법행위를 저질러 방해하였다.

하는 수 없이 입주자들은 2016.4월. 위임장에 55%가 서명해 제2기 입주자대표에게 선거관리업무를 일체 수행하지 말라고 통보하였고, 비대위원장에게 관리규약에 상관없이 선거관리업무 일체를 수행해 달라고 위임하였다. 이는 입주자들이 입주자대표에게 선거관리업무를 하지 못하게 권한을 중지시킨 조치이다(p297 입주자대표 해임안 및 위임장 참조)

그런 후에 입주자들은 관리규약, 입주자대표 해임안, 위임장, 주민총회 의결에 의거, 제2기 입주자대표의 임기가 2016.6.21. 만료되어 권한이 완전히 상실되었기 때문에 2016.6.26. 입주자들의 52%가 참여한 비밀투표로 제3기 입주자대표를 선출하였고, 제3기 입주자대표회의를 합법적인 방법으로 구성하였다. 그런데도 제2기 입주자대표는 불법으로 제3기 입주자대표에게 업무를 인계하지 않았다.

더구나 제2기 입주자대표는 2016.6.21. 임기 만료되었기 때문에 입주자들이 2016.6.26. 제3기 입주자대표를 선출하였음에도, 불법으로 2016.7.14. 제3기 선거관리위원(위원장 최○호)을 다시 지명하였고, 2016.8.11. 전자투표를 이용한 대리투표로 부정선거를 하여 제3기 입주자대표(회장 유○운)를 다시 선출하였다.

그런 후에 제2기 입주자대표는 불법선거로 승계한 선거인명부를 검증해 주지 않았다. 이후에도 불법으로 제4기 및 제5기 입주자대표를 선출하여 버젓이 관리업무를 수행하고 있다. 특히, 선거인명부를 허위 휴대폰번호로 작성하였음에도 검증해 주지 않고 불법선거가 아니라고 뻔뻔스럽게 거짓주장을 하면서 사기 분양한 토지 636.8 ㎡를 못 찾게 방해하며 완전범죄로 은폐하였다.

비대위원장은 이와 같은 위법행위를 광진구청에 감사해 달라고 요구하였고, 감사결과보고서를 받아서 보관하고 있다. 더구나 불법선거와 불법 관리에 관련된 증거자료를 모두 확보하여 보관하고 있는데도 입주자대표는 여전히 불법으로 관리업무를 계속 수행하면서 사기 분양한 토지 636.8 ㎡를 못 찾게 방해하고 있다.

2020년 우리나라 국민들의 부패인식지수(corruption perceptions index, CPI)는 61점으로 OECD회원국 37개국 중 23위이다. 1인당 국민소득 3만 불이 넘는 선진국을 자처하는데 형편없이 낮다. 이러한 원인은 부정부패가 서민들이 살아가는데 얼마나 악영향을 미치는지 실질적으로 너무 모르고 있기 때문이다. 경찰, 검찰, 법원의 공정한 수사와 판결이 제일 중요하다. 더구나 무엇보다 서민들이 처한 현실을 정확히 인식하고 그것이 올바르게 제대로 처리될 수 있도록 지대한 관심을 가지고 공정하며 정의롭게 판단해야 하는 것도 매우 필요한 과제이다.

라. 행위자와 감독자가 공모해 완전범죄로 은폐

H건설은 행위자로서 분양 당시 서쪽 경계 펜스 밖의 토지 636.8 ㎡를 빼고 설계해 시공하였고, 광진구청은 감독자로서 토지 636.8 ㎡를 빼고 시공하도록 사업허가, 제척승인, 사용검사승인을 해주었다. 더구나 광진구청은 입주자대표가 불법선거로 승계해 불법 관리를 하면서 토지 636.8 ㎡를 못 찾게 방해하도록 공정선거라며 승인해 주었기 때문에 H건설이 완전범죄로 은폐할 수 있었다.

입주자들이 사기 분양한 것을 발견해 책임을 추궁하여도 광진구청은 분양계약을 위반하지 않았다며 온갖 감언이설을 동원하여 회유하고 감쪽같이 속이며 사기 분양한 토지 636.8㎡를 못 찾게 방해하였다. 이에 더하여 입주자대표가 H건설의 이익을 대변할 목적으로 불법선거로 승계한 선거인명부를 검증해 주지 않았고, 불법 과정과 절차, 입주자들의 이익에 반해 중대한 위법행위를 저지른 것을 잘 알고 있었음에도 광진구청은 공정선거라며 무조건 승인해 주었다.

더구나 입주자대표는 불법선거로 승계하면서 정보전달수단을 완전히 통제하고 입주한 2012.3.30. 이후로 단 한 번도 사기 분양한 토지 636.8㎡를 찾아야 한다고 알려주지 않았고, 비대위원장에게 관리서류를 열람해 주거나 회계감사를 받지 않고 토지 636.8㎡를 못 찾게 방해하였음에도 광진구청이 잘못이 없다며 묵인하였다.

하는 수 없이 입주자들은 제2기 입주자대표의 임기가 2016.6.21. 만료되어 권한이 완전히 상실되었기 때문에 관리규약, 입주자대표 해임안, 위임장, 주민총회 의결에 의거 2016.6.26. 52%가 참여한 비밀투표로 제3기 입주자대표를 선출하였음에도 제2기 입주자대표가 불법으로 업무를 인계하지 않았다. 오히려 제2기 입주자대표가 2016.8.11. 불법선거로 제3기 입주자대표를 다시 선출해 사기 분양한 토지 636.8㎡를 못 찾게 방해하였음에도 광진구청은 공정선거라며 승인해 주었다.

또한 입주자대표가 관리비를 집행한 관리서류를 일체 공개하지 않고 다양한 수법으로 악질적인 위법행위를 저질러 아파트 비리를 완전히 은폐한 것을 잘 알면서도 광진구청은 관리감독을 하지 않았고 어떠한 조치도 하지 않으며 완전범죄로 완벽하게 은폐해 주었다.

마. 경찰, 검찰, 법원이 속아서 완전범죄로 은폐

입주자대표는 사기 분양한 토지 636.8㎡가 현장이 잘 보존되어 있고, 재건축할 때까지 증거인멸을 할 수 없음에도 못 찾게 조직적으로 방해하였다. 또한 203 ㎡를 분할하여 제척한 후의 경계에 펜스를 시공하지 않고 경계 안쪽 4 m지점에 시공해 불용토지 433.8 ㎡를 입주자들이 출입조차 하지 못하게 부실 공사를 하였음에도 하자보수를 못 받게 방해하였다. 그리고 관리서류를 투명하게 열람하거나 공개해 주어야 함에도 거부하고 아파트 관리 비리를 감쪽같이 속이며 은폐하였다.

더구나 입주자대표는 사기 분양한 토지 636.8 ㎡를 못 찾게 방해할 목적으로 비대위원장이 더사모카페에서 진실을 알려주지 못하도록 명예훼손, 업무방해, 협박, 폭행을 하였다고 위장해 불필요한 고소, 고발, 수사, 재판을 유도하였다. 그리고 변호사를 앞세워 거짓의 진술, 준비서면, 증거자료, 탄원서를 제출해 광진경찰서, 서울동부지검, 서울고검, 서울동부지방법원, 서울중앙지방법원, 서울고등법원, 대법원이 속아서 오판하도록 악질적인 위법행위를 저질렀다.

그렇지만 비대위원장은 공공의 이익을 위하여 2012.8.6. 대한지적공사에서 측량을 하였고, 2015.2.10. 서울고등법원에서 판결을 받아서(대법원에서 2015.6.23. 확정) 토지 636.8 ㎡가 사기 분양된 것을 증명하였다. 그리고 2015.8.24. 더사모카페를 개설하여 사기 분양한 토지 636.8 ㎡를 찾아야 한다고 알려주었다. 그러나 입주자대표가 비대위원장이 명예훼손, 업무방해, 협박, 폭행을 하였다며 위장해 광진경찰서에 5회에 걸쳐 고소하였다. 따라서 비대위원장은 명예훼손 등을 할 필요가 없고, 하지도 않았다며 경찰, 검찰, 법원에 솔직히 진술하였다.

그럼에도 최종적으로 수문장 역할을 하여야 할 경찰, 검찰, 법원은 저들의 간악한 거짓에 속아 오판함으로써 비대위원장을 선량한 피해자에서 악질적인 가해자로 뒤바꿔 놓았다. 그로 인해 입주자들은 사기 분양한 토지 636.8 ㎡를 10년이 지나 강산이 변화하도록 못 찾고 있다. 이는 경찰, 검찰, 법원이 거짓에 속아서 공정한 수사와 재판을 하지 않았기 때문에 사기 분양한 토지 636.8 ㎡를 찾지 못해 막대한 피해를 입고 있다.

바. 공직자의 조직적인 비리를 수사하지 않음

지금까지 살펴본 바와 같이 H아파트에서 발생한 악질적이며 조직적인 비리는 전국의 아파트에서 유사한 수법으로 계속해서 발생하고 있는 사건들이다. 왜냐하면 H건설, 입주자대표, 광진구청은 공모해 계획적이고 고질적이며 악질적인 사기 분양, 부실 공사, 불법 관리를 하였음에도 변호사를 앞세워 비리를 은폐하려고 경찰, 검찰, 법원을 감쪽같이 속이며 오판하도록 위법행위를 저질러 완전범죄로 은폐하였기 때문이다.

그런데도 이러한 범죄를 사전과 사후에 체계적으로 예방하고 처벌할 정부조직이 전혀 없는 것이 큰 걸림돌인 것이다. 경찰, 검찰, 법원이 공정하게 수사와 재판을 수행하였다면 벌써 해결될 사건이었지만 이들은 사방에 뚫린 허점을 악용하고 서로 공조해 조직적으로 위법행위를 저지르며 비리를 숨기는 것에만 혈안이니 억울하게 당한 피해를 국민들이 고스란히 떠안는데도 마땅한 해결방법과 효율적인 대책이 없다(p337 서울특별시장, 경찰청장, 검찰총장, 국민권익위원장에게 보낸 진정서 참조).

따라서 H건설, 입주자대표, 광진구청은 조직적으로 저지른 비리를 합법적인 방법을 통해 완전범죄로 은폐할 수 있었던 반면, 비대위원장과 입주자들은 억울한 누명을 쓰고 악질적인 범법자로 몰렸다. 이는 고질적이며 조직적인 비리를 공정하게 수사하고 처벌할 광진경찰서, 서울동부지검, 서울동부지방법원이 오히려 공정한 업무처리를 한 것이라며 오판해 입주자들은 억울하게 통곡하며 손해배상을 받지도 못했다.

더구나 공공의 이익을 위해 사기 분양한 토지 636.8 ㎡를 찾아주려고 했던 비대위원장은 선량한 피해자에서 악질적인 가해자로 몰려 민 · 형사상 책임까지 지어야만 했다. 분명히 말해서 분양대금 82억 원을 납부한 토지 636.8 ㎡는 증거가 서쪽 경계 펜스 밖에 현장이 잘 보존되어 있고 재건축할 때까지 증거인멸이 불가능한 데도 어느 누구에게 전혀 책임을 묻지 않았다. 그렇다면 국민들은 과연 어디에서 누구에게 하소연하여야 해결할 수 있는 것인가? 행정부를 책임지는 문재인 대통령님, 입법부를 책임지는 박병석 국회의장님, 사법부를 책임지는 김명수 대법원장님, 이분들에게 국민을 대신해 정중하게 솔직히 묻고 싶다.

더 큰 문제는 법치국가에서 악질적인 아파트 비리가 대기업의 전략으로 인해 언론조차 외면하며 수면 아래로 묻히고, 이해할 수 없이 은폐되며, 억울한 누명을 뒤집어쓰는 것이 현실이다. 이렇게 억울하게 사기를 당한 국민만 땅을 치며 하늘을 원망하고 있다. 정부는 전국적으로 좀 도둑처럼 퍼져있는 아파트 비리의 고질적이며 악질적인 적폐를 반드시 척결하여야 한다. 고위공직자범죄수사처(공수처)가 조직적인 아파트 비리를 수사해 토착화된 악질적인 적폐를 완전히 척결하여야 하고, 검찰개혁, 경찰개혁, 사법개혁, 언론개혁, 재벌개혁을 하도록 국민들이 위임한 책임과 역할을 충실히 하여야 한다.

사. 모든 국민을 대신해 경찰, 검찰, 법원에 꼭 묻고 싶은 질문

입주자들은 분양대금 82억 원을 납부하였는데 사기 분양한 펜스 밖의 토지 636.8 ㎡(제척토지 203 ㎡와 불용토지 433.8 ㎡)을 10년이 지나 강산이 변화하도록 돌려받지 못해 출입조차 하지 못하고 있다. 그러나 사기 분양한 토지 636.8 ㎡는 서쪽 경계 펜스 밖에 현장이 잘 보존되어 있고, 재건축할 때까지 증거인멸을 할 수도 없다.

그런데도 H건설, 입주자대표, 광진구청은 불법선거로 승계해 불법 관리를 하면서 정보전달수단을 완전히 통제하고 완전범죄로 은폐하며 못 찾게 방해하였다. 입주자들은 사기 분양한 토지 636.8 ㎡를 찾기 위해 증거자료를 제시하며 고소, 고발, 수사, 재판을 수없이 하였는데 경찰, 검찰, 법원은 H건설과 입주자대표가 선임한 변호사의 거짓 진술, 준비서면, 증거서류, 탄원서에 속아서 오판해 토지 636.8 ㎡를 찾아주지 않았고, 오히려 못 찾게 완전범죄로 은폐해 주었다.

이와 같이 고질적이고 조직적인 아파트 비리(사기 분양, 부실 공사, 관리 비리)가 전국적으로 심각한 실정인데 척결하지 못하였음에도 경찰, 검찰, 법원은 우리나라가 법치국가라고 말할 수 있겠는가? 국민들이 어떻게 여러분들을 국가의 골키퍼라고 계속해서 신뢰할 수 있겠는가? 이 질문에 성실하게 답변을 해 주시기 바랍니다. 만약 경찰, 검찰, 법원은 지금까지 중대한 잘못으로 인해 양심상 답변할 자신이 없으면 고위공직자범죄수사처(공수처)가 수사한 결과로 답변해 주시기 바랍니다.

제15부

검찰, 경찰, 사법, 언론, 재벌 개혁과 국민의 기대

1. 검찰개혁

서울동부지검, 서울고검, 대검찰청은 수사권, 기소권, 공소유지권을 이용해 H건설, 입주자대표, 광진구청이 저지른 다음과 같은 조직적인 비리를 기소하지 않은 반면에 비대위원장이 공공의 이익을 위해 진실을 알려준 것과 광진구청 백○준이 폭행으로 비대위원장을 허위 신고하였는데 기소하였다.

① H건설이 2009.10.12. H아파트를 분양하면서 불법 점유한 토지 161 ㎡를 원상회복하지 않았고, 오히려 토지 636.8 ㎡까지(161 ㎡ 포함) 빼고 설계해 시공하였음에도 분양대금 82억 원을 받아 가는 수법으로 사기 분양을 한 점.

② 한원광장이 90 ㎡를 편취하였고, 김○석에게 113 ㎡를 매각하였으며, 한원광장과 김○석이 사용하도록 203 ㎡(90 ㎡+113 ㎡)를 제외한 경계 안쪽 4 m지점에 펜스를 부실 시공해 입주자들은 433.8 ㎡를 출입조차 하지 못하며 매년 재산세만 납부하고 있는 점.

③ H건설, 입주자대표, 광진구청은 공모해 2012.3.30. 입주한 후에 분양 당시 토지 636.8 ㎡를 빼고 만든 설계도, 모형, 카탈로그를 보여주면서 그대로 시공한 것이므로 사기 분양이 아니고, 현재 펜스가 아파트의 경계라며 토지 636.8 ㎡를 못 찾게 방해한 점.

④ 비대위원장은 2012.8.6. 대한지적공사에서 측량을 하였고, 2015.2.10. 서울고등법원에서 판결을 받아서(대법원에서 2015.6.23. 확정) 제척토지 203 ㎡와 불용토지 433.8 ㎡가 아파트의 소유인데 출입조차 하지 못하는 것을 증명하였음에도 H건설, 입주자대표, 광진구청은 불법선거로 승계해 불법 관리를 하면서 못 찾게 방해한 점.

⑤ 입주자들은 제2기 입주자대표가 2016.6.21. 임기 만료되어 무자격자가 되었기 때문에 관리규약, 입주자대표 해임안, 위임장, 주민총회 의결에 의거, 2016.6.26. 제3기 입주자대표를 선출하였음에도

제2기 입주자대표와 광진구청이 불법으로 제3기 입주자대표에게 업무를 인계하지 않은 점.

⑥ 제2기 입주자대표는 무자격자인데 불법으로 2016.8.11. 전자투표로 대리투표를 하여 제3기 입주자대표를 선출해 승계하고 계속 불법 관리를 하면서 토지 636.8 ㎡를 못 찾게 방해한 점.

⑦ 제2기 입주자대표와 광진구청은 토지 636.8 ㎡를 못 찾게 방해할 목적으로 비대위원장이 명예훼손, 업무방해, 협박, 폭행을 하였다고 위장해 고소, 고발, 수사, 재판을 유도하며, 변호사를 앞세워 거짓의 진술, 준비서면, 증거서류, 탄원서를 제출해 경찰, 검찰, 법원을 속이고 위법행위를 저질러 선량한 피해자를 악질적인 가해자로 뒤바꿔 놓고 완전범죄로 은폐한 점.

⑧ H건설이 분양대금 82억 원을 받아간 서쪽 경계 펜스 밖의 제척토지 203 ㎡와 불용토지 433.8 ㎡를 사기 분양한 후에 입주자들에게 돌려주지 않고 완전범죄로 은폐한 점.

그런데도 서울동부지검, 서울고검, 대검찰청은 H건설이 사기 분양한 것과 입주자대표가 불법선거로 승계해 불법 관리를 하는 것에 대하여 진실을 완전히 왜곡해 불기소 처분을 하였다. 반면에 비대위원장이 공공의 이익을 위해 사기 분양한 토지 636.8 ㎡를 찾아야 한다고 알려준 것과 광진구청 주택과 백○준이 폭행을 하였다고 112에 허위로 신고한 것에 대하여 진실을 완전히 왜곡해 기소하였다.

그 결과 입주자들이 분양대금 82억 원을 납부한 펜스 밖의 토지 636.8 ㎡를 찾아야 함에도 불구하고 일부는 69.3 ㎡만 찾았고, 일부는 203 ㎡만 찾았으며, 일부는 전혀 찾지 못했다. 이는 서울동부지검, 서울고검, 대검찰청이 표적 및 별건수사, 편파 및 부실수사, 짜 맞추기 수사를 하여 진실을 완전히 왜곡해 선량한 피해자를 악질적인 가해자로 뒤바꿔 놓은 것에 기인하므로 검찰개혁이 반드시 필요하다.

2. 경찰개혁

광진경찰서, 서울지방경찰청, 경찰청은 H건설, 입주자대표, 광진구청이 저지른 다음과 같은 조직적인 비리를 혐의 없다고 송치한 반면에 비대위원장이 공공의 이익을 위해 진실을 알려준 것과 광진구청 백○준이 폭행으로 비대위원장을 허위 신고하였는데 혐의 있다고 송치하였다.

① H건설이 2009.10.12. H아파트를 분양하면서 불법 점유한 토지 161 ㎡를 원상회복하지 않았고, 오히려 토지 636.8 ㎡까지(161 ㎡ 포함) 빼고 설계해 시공하였음에도 분양대금 82억 원을 받아 가는 수법으로 사기 분양을 한 점.

② 한원광장이 90 ㎡를 편취하였고, 김○석에게 113 ㎡를 매각하였으며, 한원광장과 김○석이 사용하도록 203 ㎡(90 ㎡ + 113 ㎡)를 제외한 경계 안쪽 4 m지점에 펜스를 부실 시공해 입주자들은 433.8 ㎡를 출입조차 하지 못하며 매년 재산세만 납부하는 점.

③ H건설, 입주자대표, 광진구청은 공모해 2012.3.30. 입주한 후에 분양 당시 토지 636.8 ㎡를 빼고 만든 설계도, 모형, 카탈로그를 보여주면서 그대로 시공한 것이므로 사기 분양이 아니고, 현재 펜스가 아파트의 경계라며 토지 636.8 ㎡를 못 찾게 방해한 점.

④ 비대위원장은 2012.8.6. 대한지적공사에서 측량을 하였고, 2015.2.10. 서울고등법원에서 판결을 받아서(대법원에서 2015.6.23. 확정) 제척토지 203 ㎡와 불용토지 433.8 ㎡가 아파트의 소유인데 출입조차 하지 못하는 것을 증명하였음에도 H건설, 입주자대표, 광진구청은 불법선거로 승계해 불법 관리를 하면서 못 찾게 방해한 점.

⑤ 입주자들은 제2기 입주자대표가 2016.6.21. 임기 만료되어 무자격자가 되었기 때문에 관리규약, 입주자대표 해임안, 위임장, 주민총회 의결에 의거, 2016.6.26. 제3기 입주자대표를 선출하였음에도

제2기 입주자대표와 광진구청이 불법으로 제3기 입주자대표에게 업무를 인계하지 않은 점.

⑥ 제2기 입주자대표는 무자격자인데 불법으로 2016.8.11. 전자투표로 대리투표를 하여 제3기 입주자대표를 선출해 승계하고 계속 불법 관리를 하면서 토지 636.8 ㎡를 못 찾게 방해한 점.

⑦ 제2기 입주자대표와 광진구청은 토지 636.8 ㎡를 못 찾게 방해할 목적으로 비대위원장이 명예훼손, 업무방해, 협박, 폭행을 하였다며 위장해 고소, 고발, 수사, 재판을 유도하고, 변호사를 앞세워 거짓의 진술, 준비서면, 증거서류, 탄원서를 제출해 경찰, 검찰, 법원을 속이며 위법행위를 저질러 선량한 피해자를 악질적인 가해자로 뒤바꿔 놓고 완전범죄로 은폐한 점.

⑧ H건설이 분양대금 82억 원을 받아간 서쪽 경계 펜스 밖의 제척토지 203 ㎡와 불용토지 433.8 ㎡를 사기 분양한 후에 입주자들에게 돌려주지 않고 혐의 없다고 송치한 점.

그런데도 광진경찰서, 서울지방경찰청, 경찰청은 H건설이 사기 분양한 것과 입주자대표가 불법선거로 승계해 불법 관리를 하는 것에 대하여 진실을 완전히 왜곡해 혐의 없다고 송치하였다. 반면에 비대위원장이 공공의 이익을 위해 사기 분양한 토지 636.8 ㎡를 찾아야 한다고 알려준 것과 광진구청 주택과 백○준이 폭행을 하였다고 112에 허위로 신고한 것에 대하여 진실을 완전히 왜곡해 혐의 있다고 송치하였다.

그 결과 입주자들은 분양대금 82억 원을 납부한 서쪽 경계 펜스 밖의 토지 636.8 ㎡를 찾아야 함에도 불구하고 일부는 69.3 ㎡만 찾았고, 일부는 203 ㎡만 찾았으며, 일부는 전혀 찾지 못했다. 이는 광진경찰서, 서울지방경찰청, 경찰청이 표적 및 별건수사, 편파 및 부실수사, 짜 맞추기 수사를 하여 진실을 완전히 왜곡해 선량한 피해자를 악질적인 가해자로 뒤바꿔 놓은 것에 기인하므로 경찰개혁이 반드시 필요하다.

3. 사법개혁

서울동부지방법원, 서울중앙지방법원, 서울고등법원, 대법원은 중대한 위법행위를 오판해 H건설, 입주자대표, 광진구청이 저지른 조직적인 비리를 무죄로 판결한 반면에 비대위원장이 공공의 이익을 위해 진실을 알려주었는데 허위 사실을 알려주었다고 오판해 유죄로 판결하였다.

① 사기 분양

H건설, 입주자대표, 광진구청은 공모해 2009.10.12. 분양 당시 서쪽 경계 펜스 밖에 토지 636.8 ㎡를 빼고 설계도, 모형, 카탈로그에 표시하여 공지하였음에도 분양대금 82억 원을 받아 가는 수법으로 사기 분양을 하였다. 그리고 토지 636.8 ㎡ 중에서 90 ㎡를 한원광장이 편취하였고, 113 ㎡를 김○석에게 매각하였으며, 433.8 ㎡를 한원광장과 김○석이 사용하도록 펜스를 경계 안쪽 4 m지점에 시공해 입주자들은 출입조차 하지 못하며 매년 재산세만 납부하게 부실시공을 하였다.

그런데도 H건설, 입주자대표, 광진구청은 2012.3.30. 입주한 이후에 분양 당시 모델하우스에서 토지 636.8 ㎡를 빼고 만든 설계도, 모형, 카탈로그를 보여주면서 그대로 시공한 것이므로 사기 분양이 아니라며 감쪽같이 속이고 사기 분양한 서쪽 경계 펜스 밖에 있는 제척토지 203 ㎡와 불용토지 433.8 ㎡를 돌려주지 않았다.

하는 수 없이 비대위원장은 공공의 이익을 위해 개인적으로 2012.8.6. 대한지적공사에서 측량을 하여 분양대금 82억 원을 받아간 서쪽 경계 펜스 밖의 토지 636.8 ㎡가 사기 분양된 것을 증명하였다. 또한 2015.2.10. 서울고등법원에서 판결을 받아서 제척토지 203 ㎡와 불용토지 433.8 ㎡를 출입조차 하지 못한다고 또 다시 증명하였다.

따라서 입주자들은 사기 분양한 토지 636.8 ㎡를 찾아야 정당함에도 불구하고 일부는 69.3 ㎡만 찾았고, 일부는 203 ㎡만 찾았으며, 일부는 전혀 찾지 못하고 있다. 왜냐하면 사기 분양한 토지 636.8 ㎡를 찾도록 판결을 하였어야 함에도 서울동부지방법원과 서울중앙지방법원은 69.3 ㎡만 손해배상을 하도록 오판하였고, 서울고등법원과 대법원은 203 ㎡만 손해배상을 하도록 오판하였기 때문이다. 또한 한원광장은 손해배상책임이 있지만 H건설은 손해배상책임이 없다고 중대한 오판을 하였다.

② **불법선거**

제2기 입주자대표는 제1기에서 연임하였는데 사기 분양한 토지 636.8 ㎡를 못 찾게 방해하다가 2016.6.21. 임기 만료되어 권한이 완전히 상실되었다. 따라서 입주자들은 관리규약, 입주자대표 해임안, 위임장, 주민총회 의결에 의거, 2016.6.26. 비밀투표에 52%가 참여해 제3기 입주자대표를 합법적인 방법으로 선출하였다.

그러나 제2기 입주자대표는 업무를 인계하지 않았다. 오히려 제2기 입주자대표는 무자격자임에도 2016.8.11. 전자투표를 이용한 대리투표로 부정선거를 하여 제3기 입주자대표를 다시 선출하였다. 그리고 부정선거한 선거인명부(휴대폰번호)를 검증해 주지 않았다. 그 이후에도 무자격자가 부정선거로 제4기 및 제5기 입주자대표를 선출하여 승계해 불법 관리를 하면서 토지 636.8 ㎡를 못 찾게 방해하였다.

더구나 입주자들은 사기 분양한 토지 636.8 ㎡를 찾아줄 비대위원에게 모두 투표를 하였는데 입주자대표는 자신들에게 투표를 하였다고 속이면서 선거인명부(휴대폰번호), 세대별 투표현황, 관리규약 개정 동의서를 검증해 주지 않았다. 그러나 서울동부지방법원, 서울고등법원, 대법원은 무자격자가 불법선거로 승계해 사기 분양한 토지 636.8 ㎡를 못 찾게 방해하였음에도 부정선거한 선거인명부를 검증해 주지 않고 불법선거가 아니라며 중대한 오판을 하여 기각판결을 하였다.

③ 명예훼손, 업무방해, 협박, 폭행

비대위원장은 공공의 이익을 위해 개인적으로 2012.8.6. 대한지적공사에서 측량을 하였고, 2015.2.10. 서울고등법원에서 판결을 받아서 분양대금 82억 원을 납부한 토지 636.8㎡가 사기 분양된 것을 증명하였다. 그러나 입주자대표와 선거관리위원, 관리소장은 사기 분양한 토지 636.8㎡를 못 찾게 방해할 목적으로 비대위원장이 명예훼손, 업무방해, 협박, 폭행을 하였다며 위장해 고소하였다. 그리고 변호사를 앞세워 거짓의 진술, 준비서면, 증거서류, 탄원서를 제출해 오판하도록 위법행위를 저질러 선량한 피해자를 악질적인 가해자로 뒤바꿔 놓았다.

그런데도 서울동부지방법원, 서울동부지방법원(항소부), 대법원은 검사가 진실을 완전히 왜곡해 기소하였는데 진실이라고 믿은 반면에 피고인(비대위원장) 및 변호사가 공공의 이익을 위해 진실을 더사모카페에서 정확히 알려주었다며 진술하였는데 허위로 알려주었다고 중대한 오판을 하였다(p353 명예훼손 범죄일람표 참조). 그리고 무자격자가 부정선거한 선거인명부를 검증해 주지 않았는데 공정선거라고 오판하였다.

그 결과 입주자들은 분양대금 82억 원을 납부한 서쪽 경계 펜스 밖의 토지 636.8㎡를 찾아야 함에도 일부는 69.3㎡만 찾았고, 일부는 203㎡만 찾았으며, 일부는 전혀 찾지 못했다. 또한 비대위원장은 공공의 이익을 위해 사기 분양한 토지 636.8㎡를 찾고자 더사모카페에서 진실을 알려주었는데 선량한 피해자에서 악질적인 가해자로 뒤바뀌었다.

이는 서울동부지방법원, 서울중앙지방법원, 서울고등법원, 대법원이 검찰에서 진실을 완전히 왜곡해 수사한 것을 그대로 믿었고, 입주자대표가 선임한 변호사가 거짓의 진술, 준비서면, 증거서류, 탄원서를 제출해 조직적으로 위법행위를 저지른 것을 진실로 오판하였으며, 피고인(비대위원장) 및 피고인의 변호사가 공공의 이익을 위해 진실을 알려주었는데 거짓으로 오판한 것에 기인하므로 사법개혁이 반드시 필요하다.

4. 언론개혁

H건설(한원광장)은 2009.10.12. H아파트를 분양하면서 불법 점유한 토지 161 ㎡를 원상복구하지 않았다. 오히려 토지 636.8 ㎡(161 ㎡ 포함)까지 빼고 설계도, 모형, 카탈로그에 표시해 공지하여 시공하였음에도 분양대금 82억 원을 받아 가는 수법으로 사기 분양을 하였다. 그리고 한원광장이 90 ㎡를 편취하였고, 김○석에게 113 ㎡를 매각하였다. 또한 경계 안쪽 4 m지점에 펜스를 시공해 입주자들은 토지 433.8 ㎡를 출입조차 하지 못하면서 매년 재산세만 납부하게 부실 공사를 하였다.

그런데도 H건설, 입주자대표, 광진구청은 입주한 2012.3.30. 이후에 분양 당시 토지 636.8 ㎡를 빼고 만든 설계도, 모형, 카탈로그를 보여주면서 그대로 시공한 것이므로 사기 분양이 아니라며 속이고 완전범죄로 은폐하였다. 더구나 입주자대표는 토지 636.8 ㎡를 찾아주어야 함에도 2016.6.21. 임기 만료된 무자격자인데 2016.8.11. 불법선거로 승계해 불법 관리를 하면서 정보전달수단을 완전히 통제하며 못 찾게 방해하였다. 또한 입주자대표는 토지 636.8 ㎡를 찾아주려는 비대위원장을 명예훼손, 업무방해, 협박, 폭행을 하였다며 위장해 5회에 걸쳐 고소, 고발, 수사, 재판을 유도하고 선량한 피해자를 악질적인 가해자로 뒤바꾸었다.

이에 더하여 광진구청은 사기 분양, 부실 공사, 관리 비리, 불법선거를 철저하게 관리감독을 하여야 함에도 직무유기 및 직권남용권리행사방해, 조직적인 비리를 은폐하면서 H건설이 토지 636.8 ㎡를 사기 분양하도록 사업허가, 제척승인, 사용검사승인을 해 주었다. 그리고 입주자대표가 무자격자임에도 토지 636.8 ㎡를 못 찾게 방해하도록 불법선거로 승계해 불법 관리를 하고 있는데 공정선거라며 승인해 주었다.

더구나 경찰, 검찰, 법원은 H건설, 입주자대표, 광진구청이 고의로 저지른 아파트 비리에 대하여 진실을 완전히 왜곡해 수사와 재판을 진행하였기 때문에 입주자들과 비대위원장이 막대한 피해를 입었다. 따라서 비대위원장은 사기 분양한 토지 636.8 ㎡를 찾기 위해 각 언론사(K, M, S, Y, C, J, D 등)에 아파트 비리를 완전범죄로 은폐한 수법, 숨겨진 아파트 비리 완전정복, 더사모카페에 게시한 글을 첨부해 중대한 위법행위를 조직적인 수법으로 저지른 기사를 제보해 게재하여 달라고 요구하였음에도 방송과 신문에 보도해 주지 않았다.

그 결과 입주자들은 분양대금 82억 원을 납부한 서쪽 경계 펜스 밖의 토지 636.8 ㎡를 찾아야 함에도 일부는 69.3 ㎡만 찾았고, 일부는 203 ㎡만 찾았으며, 일부는 전혀 찾지 못했다. 또한 비대위원장은 선량한 피해자에서 악질적인 가해자로 뒤바뀌었다. 이는 언론이 H건설, 입주자대표, 광진구청, 경찰, 검찰, 법원의 조직적인 비리를 보도하지 않고 공공의 이익에 반해 은폐한 것이므로 언론개혁이 반드시 필요하다.

5. 재벌개혁

H건설(한원광장)은 2009.10.12. H아파트를 분양하면서 불법 점유한 토지 161 ㎡를 원상복구하지 않았다. 오히려 토지 636.8 ㎡(161 ㎡ 포함)까지 빼고 설계도, 모형, 카탈로그에 표시해 공지하여 시공하였음에도 분양대금 82억 원을 받아 가는 수법으로 사기 분양을 하였다. 그리고 한원광장이 90 ㎡를 편취하였고, 김○석에게 113 ㎡를 매각하였으며, 경계 안쪽 4 m지점에 펜스를 시공해 입주자들은 토지 433.8 ㎡를 출입조차 하지 못하면서 매년 재산세만 납부하게 부실 공사를 하였다.

그런데도 H건설, 입주자대표, 광진구청은 입주한 2012.3.30. 이후에 분양 당시 토지 636.8 ㎡를 빼고 만든 설계도, 모형, 카탈로그를 보여주면서 그대로 시공한 것이므로 사기 분양이 아니라며 속이고 완전범죄로 은폐하였다. 더구나 입주자대표는 2016.6.21. 임기 만료된 무자격자임에도 2016.8.11. 불법선거로 승계해 불법 관리를 하면서 정보전달수단을 완전히 통제하며 못 찾게 방해하였다. 또한 입주자대표는 비대위원장을 명예훼손, 업무방해, 협박, 폭행을 하였다며 위장해 5회에 걸쳐 고소, 고발, 수사, 재판을 유도하고 토지 636.8㎡를 못 찾게 방해하였다.

이에 더하여 광진구청은 사기 분양, 부실 공사, 관리 비리, 불법선거를 철저하게 관리감독을 하여야 함에도 직무유기 및 직권남용권리행사방해, 조직적인 비리를 은폐하면서 H건설이 토지 636.8㎡를 사기 분양하도록 사업허가, 제척승인, 사용검사승인을 해 주었고, 입주자대표가 토지 636.8㎡를 못 찾게 방해하도록 불법선거로 승계해 불법 관리를 하고 있는데 공정선거로 승인해 주었으며, 주택과 백○준 주무관이 민원을 해결하겠다고 현장을 설명해 달라며 유인하고 현장검증을 하는 도중에 갑자기 폭행을 하였다며 112에 비대위원장을 허위 신고하였다.

그런데도 경찰, 검찰, 법원은 진실을 완전히 왜곡해 수사와 재판을 수행하여 입주자들이 막대한 피해를 입었다. 따라서 입주자들은 사기 분양한 토지 636.8㎡를 찾기 위해 각 언론사에 아파트 비리를 완전범죄로 은폐한 수법, 숨겨진 아파트 비리 완전정복, 더사모카페에 게시한 글을 첨부해 기사를 제보하였음에도 방송과 신문에 보도해 주지 않았다.

그 결과 입주자들은 분양대금 82억 원을 납부한 서쪽 경계 펜스 밖의 토지 636.8㎡를 찾아야 함에도 일부는 69.3㎡만 찾았고, 일부는 203㎡만 찾았으며, 일부는 전혀 찾지 못했다. 또한 비대위원장은 선량한 피해자에서 악질적인 가해자로 뒤바뀌었다. 이는 H건설이 기업윤리와 건전경영을 외면한 채 공공의 이익에 반해 사회적 책임을 이행하지 않고 사기 분양과 부실 공사를 조직적이며 악질적으로 저지른 후, 광진구청, 경찰, 검찰, 법원, 언론을 속이고 아파트 비리를 완전범죄로 은폐한 것이므로 재벌개혁이 반드시 필요하다.

6. 국민의 기대

우리 국민들은 검찰개혁, 경찰개혁, 사법개혁, 언론개혁, 재벌개혁이 하루 빨리 건전하게 실현되어 대한민국이 선진국으로 발전하기를 간절히 기대하고 있다. 우리나라가 공정하고 정의로운 사회로 변화하며 옳고 그름, 거짓과 진실을 확실하게 구분해 실천하기 위해서는 반드시 이러한 전반적인 개혁을 추진하여야 할 중대한 시점에 있다.

공수처가 새롭게 탄생하여 검찰개혁을 통한 기소 독점과 공소 유지를 분산해 견제하고, 경찰개혁을 통해 수사 독립과 종결을 확보하며, 법과 양심에 따른 공정한 재판을 하도록 법관 탄핵을 통한 사법개혁으로 국민들의 소중한 권리를 보장하고, 언론의 사회적 책임과 감시자의 중대한 역할을 수행하여야 한다. 아울러 재벌개혁을 통한 기업윤리와 건전경영을 강화해 선진국으로 도약하여야 한다.

이와 같이 고질적이며 조직적인 아파트 비리를 완전히 척결하고 사회 전반적인 개혁이 신속히 실현되어 모든 국민들이 명실상부한 선진 법치 국가로 발전할 수 있는 건전한 환경을 조성하고 사회전반적인 개혁을 통한 성숙된 올바른 국가관을 확립하는 계기로 삼아야 할 것이다.

제16부

맺는말

우리 국민들은 공정과 정의, 옳고 그름, 거짓과 진실에 관해 정확하게 판단하고 실천하기를 원하고 있다. 집단공동주택에서 거주하며 사기 분양, 부실 공사, 관리 비리 등 조직적인 아파트 비리로 인해 막대한 피해를 입고 있는데 공공의 적이 놀랍게도 바로 이웃에 함께 거주하며 조직적인 수법으로 숨기고 있어 당할 수밖에 없다는 것을 살펴보았다.

H건설, 입주자대표, 광진구청은 공모해 정보전달수단을 완전히 통제하고 진실을 속이며 비리를 저질렀고, 불법선거로 승계해 불법 관리를 하면서 완전범죄로 은폐하였다. H건설은 2009.10.12. H아파트를 분양하며 불법 점유한 161㎡를 원상복구하지 않았고, 오히려 636.8㎡까지(161㎡ 포함) 빼고 설계도, 모형, 카탈로그에 표시해 공지하여 시공하였음에도 분양대금 82억 원을 받아 가는 사기 분양을 하였다.

그리고 H건설은 2012.3.30. 입주한 이후에 분양 당시 서쪽 경계 펜스 밖의 636.8㎡를 빼고 만든 설계도, 모형, 카탈로그를 보여주면서 그대로 시공한 것이므로 사기 분양이 아니고, 현재 펜스가 경계라며 속였다. 또한 광진구청은 H건설이 사기 분양을 하도록 사업허가, 제척승인, 사용검사승인을 해 주었고, 입주자대표가 임기 만료된 이후 무자격자임에도 불법으로 승계해 불법 관리를 하면서 부정선거한 선거인명부를 검증해 주지 않으며 못 찾게 방해하였는데 공정선거라고 승인해 주었다.

그렇지만 비대위원장은 흑수저로 주경야독하면서 성실과 끈기가 최선의 방법이라고 간직한 초심을 잊지 않고 공공의 이익을 위해 개인적으로 2012.8.6. 대한지적공사에서 측량을 하여 펜스 밖에 제척토지 203㎡와 불용토지 433.8㎡가 아파트의 소유이고, 이곳까지 아파트의 경계인 것을 확실히 증명하였다. 또한 2015.2.10. 서울고등법원에서 판결(대법원에서 2015.6.23. 확정)을 받아서 또 다시 경계를 증명하였다.

그런 후에 비대위원장은 H건설, 입주자대표, 광진구청에 사기 분양한 토지 636.8㎡를 돌려달라고 요구하였는데 정보전달수단을 완전히 통제하면서 현재 펜스가 아파트의 경계라며 무조건 억지 주장하였다. 따라서 비대위원장은 입주자대표가 운영하는 다음카페에서 찾아야 한다고 2015. 6.30. 및 7.10. 알려주었는데 입주자대표가 알려주지 못하도록 2015.7.18. 비대위원장을 강제로 퇴출시켰다. 하는 수 없이 비대위원장은 공공의 이익을 위해 2015.8.24. 더사모카페를 개설해 알려주었다.

그러나 광진경찰서는 H건설, 입주자대표, 광진구청이 공모해 토지 636.8㎡를 사기 분양한 사건과 입주자대표가 무자격자인데 불법선거로 승계해 불법 관리를 하며 토지 636.8 ㎡를 못 찾게 방해한 사건에 대하여 진실을 완전히 왜곡해 혐의 없다고 송치하였다. 반면에 비대위원장이 공공의 이익을 위해 토지 636.8 ㎡를 찾아야 한다고 더사모카페에서 진실을 알려준 사건과 광진구청 백○준 주무관이 토지 636.8 ㎡를 못 찾게 방해할 목적으로 폭행하였다며 비대위원장을 112에 허위 신고한 사건에 대하여 진실을 완전히 왜곡해 혐의 있다고 송치하였다.

이에 서울동부지검은 광진경찰서가 진실을 완전히 왜곡해 송치한 것을 잘 알고 있음에도 공정한 수사를 하지 않고 기소 또는 불기소 처분하였다. 또한 서울동부지방법원은 서울동부지검이 진실을 완전히 왜곡해 기소한 것과 변호사가 거짓의 진술, 준비서면, 증거서류, 탄원서를 제출해 진실을 완전히 왜곡해 변론한 것을 오판해 판결하였다. 이러한 수법으로 조직적인 아파트 비리가 완전범죄로 은폐되었기 때문에 입주자들은 사기 분양한 토지 636.8 ㎡를 찾지 못해 출입조차 하지 못하고 있다.

하는 수 없이 비대위원장은 국민신문고를 통해 토지 636.8 ㎡를 찾아 달라고 진정서를 서울특별시에 60회, 경찰청에 56회, 검찰청에 52회, 국민권익위원회에 26회를 제출하였다. 그러나 동일한 민원을 3회 이상 제출해 2회 이상 답변하였다며 중대한 위법행위를 수사와 조사하지 않고 앵무새처럼 변명하면서 공람(내사) 종결해 완전범죄로 은폐하였다.

이와 같이 전국적인 아파트 비리가 완전범죄로 은폐되어 모든 국민들이 피해자로 만들어 지는 수법을 증명하였다. H건설, 입주자대표, 광진구청은 공모해 아파트 비리를 저질렀고, 입주자대표가 정보전달수단을 완전히 통제하며 임기 만료되어 무자격자임에도 불법선거로 승계해 불법관리를 하면서 진실을 속이고 못 찾게 방해하였다. 오히려 공공의 이익을 위해 사기 분양한 토지 636.8㎡를 찾아주려는 비대위원장을 명예훼손, 업무방해, 협박, 폭행을 하였다며 위장해 고소, 고발, 수사, 재판으로 유도한 후에, 변호사를 앞세워 거짓의 진술, 준비서면, 증거자료, 탄원서를 제출해 경찰, 검찰, 법원이 속아서 오판하도록 위법행위를 저질러 선량한 피해자를 악질적인 가해자로 뒤바꾸고 완전범죄로 은폐하였다.

따라서 전국의 조직적인 아파트 비리를 척결하기 위해서는 그동안 경찰, 검찰, 법원이 수사와 재판을 은폐하거나 오판한 사건에 대하여 공수처가 철저히 수사해 검찰개혁, 경찰개혁, 사법개혁, 언론개혁, 재벌개혁을 완수하여 공정하고 정의로운 대한민국으로 올바로 세워야 한다. 필자는 글을 맺으며 공공의 이익을 위해 우리나라가 선진 법치국가로 진입하기 위한 **"숨겨진 아파트 비리 완전정복"**을 이미 국민들에게 알려드렸고, 이번에는 **"모든 국민들이 공수처에 보낸 숙제"**를 공개적으로 소개한다.

아울러 필자가 공공의 이익을 위해 조직적인 아파트 비리를 척결할 수 있게 국가와 사회에 진정한 봉사를 할 수 있도록 소중한 책을 집필하는데 도움을 준 진정한 친구 조재연 대법관, 한병식 변호사와 정용환 변호사, 훌륭하신 선배 대학서림 윤진영 회장님, 끝까지 믿고 후원하며 최선을 다해 응원한 가족에게 진심 어린 감사를 표하고 이 책으로 우선 보답하며 평생 지은 빚을 앞으로 갚으며 살아갈 각오를 굳게 다짐한다.

[참고] 아파트 비리 관련 사건요약

■ 종결된 재판

- 토지 636.8 ㎡가 사기 분양된 것을 증명한 민사판결(p21)

  서울중앙지방법원 2012가합535576 2014.5.14. 선고

  서울고등법원 2014나2017280 2015.2.10. 선고

  대법원 2015다210477 2015.6.23. 선고

- 단체소송에서 토지 69.3 ㎡로 오판한 민사판결(p159)

  서울동부지방법원 2013가합3123 2014.8.22. 선고

- 한원광장을 무죄로 오판한 형사판결(p162)

  서울중앙지방법원 2014고합1495 2015.4.24. 선고

  서울고등법원 2015노1289 2015.7.9. 선고

- 비대위원장이 명예훼손을 한 것이라고 오판한 형사판결(p167)

  서울동부지방법원 2016고정1717 2016.8.22. 선고

  서울동부지방법원(항소부) 2016노1342 2016.12.22. 선고

  대법원 2018도1201 2018.3.9. 선고

- 비대위원장이 명예훼손을 한 것이라고 오판한 민사판결(p173)

  서울동부지방법원 2016가단136123 2018.8.31. 선고

  서울동부지방법원(항소부) 2018나28701 2019.6.12. 선고

  대법원 2019다247521 2019.10.31. 선고

- 불법선거를 공정선거라고 오판한 민사판결(p177)

  서울동부지방법원 2016가합107712 2016.7.20. 선고

  서울고등법원 2016나 2043228 2018.7.18. 선고

  대법원 2018다262837 2018.11.29. 선고

- 단체소송에서 토지 203 ㎡로 오판한 민사판결(p182)

  서울중앙지방법원 2017가합554756(2019.12.19. 선고)

서울고등법원(2020나2003046 2020.8.20. 선고)
대법원(2020다263314 2020.12.10. 선고)

- 불법선거로 업무방해를 하였다고 재정신청(p136)
  서울고등법원 2020초재1530(2020.5.28. 기각)
  대법원 2020모1798(2021.3.11. 기각)

■ 진행 중인 재판

- 비대위원장이 명예훼손을 한 것이라는 형사판결(p187)
  서울동부지방법원 2019고정1168(2020.12.10. 선고)
  서울동부지방법원(합의부) 2021노18(진행 중)
- 비대위원장이 공무집행방해를 하였다는 형사판결(p192)
  서울동부지방법원 2021고단590(진행 중)

■ 주요사건

- 청와대 국민청원 및 국민권익위원회 신문고 청원
- 입주자대표가 더사모카페를 폐쇄하려고 민원제출(방송통신심의위원회는 2019.4.2. 공공의 이익을 위해 게시한 것으로 의결)
- 입주자대표가 더사모카페에서 명예훼손, 업무방해, 협박, 폭행을 하였다고 위장해 비대위원장을 광진경찰서에 고소(5회)
- 비대위원장이 불법선거로 업무 방해한 입주자대표를 고소(광진경찰서와 서울동부지검이 무혐의 처분, 서울고검이 항고기각, 서울고법 및 대법원이 재정신청기각)
- 더사모카페 http://cafe.naver.com/withneighbors에 700편 게시
- 입주자대표 해임안 및 위임장 서명(p297)
- 아파트 비리를 완전범죄로 은폐한 수법(p302)
- 서울특별시장, 경찰청장, 검찰총장, 국민권익위원장에게 제출한 진

정서(p337)

- 비대위원장이 입주자대표에게 보낸 내용증명(p459)
- 비대위원장이 상대 변호사에게 보낸 내용증명(p488)

■아파트 비리 요약

1. 사건 개요

H건설, 입주자대표, 광진구청은 공모해 사기 분양, 부실 공사, 관리 비리 등 조직적인 아파트 비리를 저질렀고, 정보전달수단을 완전히 통제하며 불법선거로 승계해 불법 관리를 하면서 완전범죄로 은폐하였다. H건설은 H아파트를 건축할 사업부지를 2007.11.14. 대한지적공사에서 측량하였는데 서쪽 경계 2단산벽(수직옹벽 설계)을 기점으로 볼 때, 북쪽에는 고도차가 2 m 이상 나는데 나○용이 수직석축 밖에 48 ㎡를 불법 점유하였고, 남쪽에는 평지인데 김○석이 콘크리트 담장 밖에 113 ㎡를 불법 점유한 것을 확인하였다(161 ㎡ 불법 점유).

그러나 H건설은 H아파트를 2009.10.12. 분양하면서 불법 점유한 토지 161 ㎡를 원상복구하지 않았다. 오히려 토지 636.8 ㎡(161 ㎡ 포함)까지 빼고 설계도, 모형, 카탈로그에 표시하여 공지해 시공하였음에도 분양대금 82억 원을 받아 가는 수법으로 사기 분양을 하였다. 그런 후에 한원광장이 90 ㎡를 편취하였고, 김○석에게 113 ㎡를 매각하였으며, 경계 안쪽 4 m지점에 펜스를 시공해 한원광장과 김○석이 433.8 ㎡를 사용하면서 입주자들은 매년 재산세만 납부하도록 부실 공사를 하였다.

그런데도 H건설, 입주자대표, 광진구청은 입주한 2012.3.30. 이후에 분양 당시 토지 636.8 ㎡를 빼고 만든 설계도, 모형, 카탈로그를 보여주면서 그대로 시공한 것이므로 사기 분양이 아니며 현재 펜스(담장)가 아파트의 경계라고 감쪽같이 속였다. 그러나 사기 분양한 토지 636.8 ㎡는 서쪽 경계 펜스 밖에 현장이 잘 보존되어 있고, 재건축할 때까지 증거인멸을 할 수 없어 반드시 찾아야만 한다.

따라서 비대위원장은 공공의 이익을 위해 개인적으로 2012.8.6. 대한지적공사에서 측량하여 아파트의 경계가 현재 펜스 밖의 토지 636.8 ㎡까지라는 것을 증명하였다. 또한 2015.2.10. 서울고등법원에서 판결을 받아서(대법원에서 2015.6.23. 확정) 또 다시 증명하였다. 그런데도 입주자대표는 정보전달수단을 완전히 통제하고 불법선거로 승계해 불법 관리를 하면서 사기 분양한 토지 636.8 ㎡를 못 찾게 방해하였다.

더구나 입주자대표는 찾아주려는 비대위원장이 명예훼손, 업무방해, 협박, 폭행을 하였다며 위장해 불필요한 고소, 고발, 수사, 재판을 야기하고 변호사를 앞세워 거짓의 진술, 준비서면, 증거자료, 탄원서를 제출해 경찰, 검찰, 법원이 속아서 오판하도록 조직적인 위법행위를 저질러 선량한 피해자를 악질적인 가해자로 뒤바꿔 놓았다.

또한 광진구청은 관리감독을 철저히 하여야 함에도 H건설이 토지 636.8 ㎡를 사기 분양하도록 묵인하며 사업허가, 제척승인, 사용검사승인을 해 주었고, 입주자대표가 불법선거로 승계해 불법 관리를 하면서 토지 636.8 ㎡를 못 찾게 방해하도록 공정선거라며 승인해 주었다. 이와 같은 수법으로 H건설, 입주자대표, 광진구청은 공모해 서쪽 경계 펜스 밖의 토지 636.8 ㎡를 사기 분양하였고,2016.6.21. 임기 만료되어 무자격자인데 2016.8.11. 불법선거로 제3기 입주자대표를 선출하여 승계해 불법 관리를 하면서 완전범죄로 은폐하며 못 찾게 조직적으로 방해하였다.

2. H건설의 위법행위

① H건설(한원광장)은 대한지적공사에서 2017.11.14. H아파트의 사업부지를 측량하였는데 나○용이 수직석축 밖에 48 ㎡를 불법 점유하였고, 김○석이 콘크리트 담장 밖에 113 ㎡를 불법 점유한 것을 확인하였음에도 2009.10.12. 분양하면서 불법 점유한 토지 161 ㎡

를 원상복구하지 않았다.

② 서쪽 경계 펜스 밖의 토지 636.8 ㎡(불법 점유한 161 ㎡ 포함)까지 빼고 설계도, 모형, 카탈로그에 표시해 공지하여 시공하였음에도 분양대금 82억 원을 받아 가는 수법으로 사기 분양을 하였다.

③ 한원광장이 90 ㎡를 편취하였고, 김○석에게 113 ㎡를 매각하였으며, 경계 안쪽 4 m지점에 펜스를 시공해 한원광장과 김○석이 433.8 ㎡를 사용하면서 입주자들은 매년 재산세만 납부하도록 부실공사를 하였다.

④ 입주한 2012.3.30. 이후에는 토지 636.8 ㎡를 빼고 만든 설계도, 모형, 카탈로그를 보여주면서 그대로 시공한 것이므로 사기 분양이 아니며, 현재 펜스가 아파트의 경계라고 속였다.

3. 입주자대표의 위법행위

① 정보전달수단을 완전히 통제하고 진실을 은폐

입주자대표, 선거관리위원, 관리소장은 입주자들에게 진실을 정확히 알려주어야 함에도 게시판, 엘리베이터 공지, 안내방송, 다음카페, 유인물 등 아파트 정보전달수단을 완전히 통제하며 진실을 알려주지 않았다. 특히 입주한 2012.3.30. 이후에는 분양 당시 토지 636.8 ㎡를 빼고 만든 설계도, 모형, 카탈로그를 보여주면서 그대로 시공한 것이므로 사기 분양이 아니며 현재 펜스가 아파트의 경계라고 속였다.

따라서 비대위원장은 공공의 이익을 위해 개인적으로 2012.8.6. 대한지적공사에서 측량하여 현재 펜스 밖에 제척토지 203㎡와 불용토지 433.8㎡가 아파트의 소유라고 증명하였다. 또한 2015.2.10. 서울고등법원에서 판결을 받아서(대법원에서 2015.6.23. 확정) 또 다시 증명하였음에도 입주자대표가 못 찾게 방해하였다.

② 불법선거로 승계해 불법 관리

입주자들은 사기 분양한 토지 636.8 ㎡를 찾기 위해 2015.9.2. 비상대책위원회를 결성하였고, 2015.9.9. 1403동 입주자대표 보궐선거에 비대위원을 단독후보로 출마시켜 당선을 확보하였다. 그러나 제2기 입주자대표(전○수, 이○욱, 김○복)와 선거관리위원(박○식, 최○정)은 고의로 22%에게만 찬반투표를 하고 과반수에 미달하였다며 낙선시켰다.

따라서 입주자들은 2015.10월. 입주자대표 해임안에 75%가 서명해 사퇴하라고 통보하였는데 제2기 입주자대표가 사퇴하지 않았고, 선거관리위원이 해임투표를 하지 않았다. 하는 수 없이 입주자들은 2016.4월. 55%가 서명해 제2기 입주자대표, 선거관리위원, 관리소장에게 선거관리업무를 일체 수행하지 말라고 통보하였고, 비대위원장에게 관리규약에 상관없이 선거관리업무 일체를 수행해 달라고 위임하였다.

그리고 입주자들은 관리규약, 입주자대표 해임안, 위임장, 주민총회 의결에 의거, 2016.6.26. 입주자들의 52%가 참여한 비밀투표로 제3기 입주자대표를 선출하였다. 그러나 제2기 입주자대표는 불법으로 제3기 입주자대표에게 업무를 인계하지 않았다. 이에 더하여 제2기 입주자대표는 불법으로 2016.8.11. 대리투표로 부정선거를 하여 제3기 입주자대표(유○운, 공○미, 임○익)를 다시 선출하였다. 이때 선거인명부의 휴대폰번호를 20%만 확인(80%가 허위)하였는데 62%가 투표하여 측근이 당선되었다고 부정선거 한 것을 감쪽같이 속였다.

어떤 입주자가 바보같이 토지 636.8 ㎡를 못 찾게 방해한 후보자에게 투표를 하겠습니까? 분개한 입주자들은 선거인명부(휴대폰번호), 세대별 투표현황, 관리규약 개정 동의서를 검증해 달라고 요구하였는데 거부하며 부정 선거한 것을 속였다. 그 이후에도 무자격자인데 불법으로 제4기 및 제5기 선거관리위원이 제4기 및 제5기 입주자대표를 선출하여 승계하면서 부정선거한 선거인명부를 검증해 주지 않았다.

③ H건설에게 민 · 형사상의 책임이 없다며 면죄부 부여

입주자대표 2명(전○수, 유○운)은 H건설을 형식적으로 광진경찰서에 고소를 하였는데 고소인에 포함을 원했던 비대위원장을 제외시켰다. 더구나 입주자대표는 수사를 할 때 H건설이 사업부지 중 불법 점유한 161 ㎡를 원상복구하지 않고 분양한 것, 토지 636.8 ㎡를 빼고 설계도, 모형, 카탈로그에 표시해 시공하였는데 분양대금 82억 원을 받아간 것, 토지 203 ㎡를 분할해 제척하여 한원광장이 90 ㎡를 편취하거나 김○석에게 113 ㎡를 매각한 것, 불용토지 433.8 ㎡를 출입조차 하지 못하게 경계 안쪽 4 m지점에 펜스를 시공한 것을 진술하지 않았기 때문에 H건설(한원광장)이 무혐의 처분을 받았다.

또한 입주자대표(전○수, 이○욱, 김○복, 김○섭, 유○운)는 H건설이 사기 분양한 서쪽 경계 펜스 밖의 토지 636.8 ㎡에 대하여 손해배상금을 받자며 유도하고 단체소송을 제기하였다. 이때 입주자들에게 모든 권리를 위임받았음에도 재판과정에서 중대한 위법행위를 누락하거나 설명하지 않고 소극적으로 대처하였다. 그 결과 서울동부지방법원은 토지 636.8 ㎡ 중에서 69.3 ㎡만 한원광장에게 손해배상책임이 있고, H건설에는 손해배상책임이 없다며 잘못 판결하였다.

그런데도 입주자대표는 박수부대를 동원해 일사천리로 항소를 포기하도록 유도해 입주자들에게 사기 분양한 토지 636.8 ㎡를 못 찾게 방해하였다. 이는 입주자대표가 H건설(한원광장)에게 민 · 형사상의 책임에 대한 면죄부만 주었다는 것을 확실히 증명한다.

④ 명예훼손, 업무방해, 협박, 폭행을 하였다고 위장해 고소

비대위원장은 공공의 이익을 위해 개인적으로 2012.8.6. 대한지적공사에서 측량하여 현재 펜스(담장) 밖의 토지 636.8㎡까지 아파트의 경계라는 것을 증명하였다. 또한 2015.2.10. 서울고등법원에서 판결을 받아서

(대법원에서 2015.6.23. 확정) 또 다시 증명을 하였다. 그러나 입주자대표가 사기 분양한 토지 636.8㎡를 찾아주지 않았기 때문에 비대위원장은 2015.6.30. 및 7.10. 다음카페에서 토지 636.8㎡를 찾아야 한다고 알려주었다. 이에 입주자대표는 진실을 알려주지 못하도록 비대위원장에게 회원자격을 박탈하고 2015.7.18. 다음카페에서 강제로 퇴출시켰다.

하는 수 없이 비대위원장은 2015.8.24. 더사모카페를 개설해 사기 분양한 토지 636.8㎡를 찾아야 한다고 알려주었다. 그러나 입주자대표는 못 찾게 방해할 목적으로 명예훼손, 업무방해, 협박, 폭행을 하였다며 위장해 민·형사상 고소를 하고 위법행위를 저질러 비대위원장을 괴롭히며 선량한 피해자를 악질적인 가해자로 뒤바꿔놓았다.

⑤ 무자격자가 불법선거로 승계해 불법 관리

제2기 입주자대표는 2016.6.21. 임기 만료되어 권한이 완전히 상실되었다. 따라서 입주자들은 관리규약, 입주자대표 해임안, 위임장, 주민총회 의결에 의거, 52%가 참여한 비밀투표로 2016.6.26. 제3기 입주자대표를 선출하였다. 그러나 제2기 입주자대표는 무자격자임에도 불법으로 업무를 인계하지 않았다. 오히려 2016.8.11. 불법으로 대리투표를 하여 부정선거로 제3기 입주자대표를 다시 선출하였다. 이는 제2기 입주자대표가 2016.6.21. 이후에 무자격자임에도 불법선거로 승계한 것이므로 무효이다. 이후에도 제4기 및 제5기 선거관리위원은 무자격자인데 불법으로 제4기 및 제5기 입주자대표를 선출하여 승계해 불법 관리를 하면서 선거인명부를 검증해 주지 않고 있다.

⑥ 서울고법 판결 이후에도 못 찾게 방해

비대위원장은 공공의 이익을 위해 2012.8.6. 대한지적공사에서 측량을 하였고, 2015.2.10. 서울고등법원에서 판결을 받아서(대법원에서

2015.6.23. 확정), 아파트의 경계가 현재 펜스 밖에 토지 636.8㎡까지라고 증명하였다. 그러나 입주자대표는 사기 분양한 토지 636.8㎡를 못 찾게 방해할 목적으로 불필요한 고소, 고발, 수사, 재판을 유도하고, 변호사를 앞세워 거짓의 진술, 준비서면, 증거서류, 탄원서를 제출해 경찰, 검찰, 법원을 속이고 위법행위를 저질러 진실을 완전히 왜곡하였다.

또한 제2기 입주자대표는 2016.6.21. 임기 만료된 무자격자임에도 불법으로 2016.8.11. 대리투표를 하여 부정선거로 승계해 불법 관리를 하면서 정보전달수단을 완전히 통제하고 사기 분양한 토지 636.8㎡를 못 찾게 조직적으로 방해하였기 때문에 입주자들이 토지 636.8㎡를 못 찾고 있는데 모든 귀책사유가 입주자대표에게 있다.

⑦ 기타 위법행위

입주자들은 비대위원장이 2012.3.28. 사용검사승인을 받기 6개월 이전인 2011.9월. 분양계약을 위반해 수직옹벽이 아닌 계단과 산책로를 시공한 것을 발견하지 못 했고, 입주해 토지 636.8㎡가 사기 분양된 것을 찾아내지 못했으며, 다음카페에서 강제로 퇴출된 후에 2015.8.24. 더사모카페를 개설해 진실을 알려주지 않았으면 토지 636.8㎡가 사기 분양된 것을 몰랐고 완전범죄로 묻힐 수밖에 없는 조직적인 사건이라고 생각한다.

더구나 비대위원장은 공공의 이익을 위해 사기 분양한 토지 636.8㎡를 찾고자 광진경찰서와 서울동부지검에서 수사를 10회 이상 받았고, 법원에서 재판을 20회 이상하였으며 지금도 2건의 재판이 진행 중에 있다. 그러나 사기 분양한지 10년이 지나 강산이 변화하였는데 분양대금 82억원을 납부한 서쪽 경계 펜스 밖의 토지 636.8㎡를 찾지 못하고 있다. 왜냐하면 H건설, 입주자대표, 광진구청이 공모해 불법선거로 승계하며 불법 관리를 하면서 정보전달수단을 완전히 통제하고 완전범죄로 은폐해 못 찾게 조직적으로 방해하고 있기 때문이다.

4. 광진구청의 위법행위

광진구청은 H건설이 토지 636.8 ㎡를 사기 분양하도록 사업허가, 제척승인, 사용검사승인을 해 주었고, 입주자대표가 무자격자임에도 불법선거로 승계해 불법 관리를 하면서 부정선거한 선거인명부를 검증해 주지 않았는데 공정선거라고 승인해 주었다. 이와 같이 광진구청은 직무유기, 직권남용권리행사방해, 조직적인 비리를 은폐하면서 사기 분양한 토지 636.8 ㎡를 못 찾게 방해하였다.

① 토지 636.8 ㎡를 사기 분양하도록 사업허가를 해 주었고, 토지 203 ㎡를 분할하여 제외하도록 제척승인을 해 주었으며, 토지 433.8 ㎡를 출입조차 하지 못하게 경계 안쪽 4 m지점에 펜스를 시공하도록 사용검사승인을 해 주었다. 더구나 입주자들이 토지 636.8 ㎡를 찾아달라고 청원하자 도시건설국장, 주택과장, 감사담당관, 민원실장 등 관계자들이 현장을 검증해 사기 분양한 것을 확인하였음에도 10년이 지나 강산이 변화하도록 토지 636.8 ㎡를 못 찾게 방해하였다.

② 입주자들은 관리규약, 입주자대표 해임안, 위임장, 주민총회 의결에 의거, 제2기 입주자대표가 2016.6.21. 임기 만료되어 권한이 완전히 상실되었기 때문에 2016.6.26. 52%가 참여한 비밀투표로 제3기 입주자대표를 선출하였다. 그런데도 광진구청은 불법으로 제3기 입주자대표회의 구성신고서를 접수해 주지 않고 반려하였다.

③ 제2기 입주자대표가 무자격자임에도 사기 분양한 토지 636.8 ㎡를 못 찾게 방해할 목적으로 2016.7.14. 불법으로 최○호와 김○용을 제3기 선거관리위원장 및 선거관리전담요원으로 지명하였는데 광진구청은 승인해 주었다.

④ 제2기 입주자대표에 의해 불법으로 지명된 최○호와 김○용은 전자투표를 이용한 대리투표로 부정선거를 하여 2016.8.11. 제3기 입주자대표를 다시 선출하였는데 광진구청은 승인해 주었다.

⑤ 불법으로 지명된 선거관리위원은 무자격자인데 부정선거로 제3기, 제4기, 제5기 입주자대표를 선출하였고, 부정선거한 선거인명부를 검증해 주지 않았는데 광진구청은 공정선거라고 승인해 주었다.

⑥ 서쪽 경계 펜스 밖의 사기 분양한 토지 636.8㎡, 사업부지를 분할하여 제척한 203㎡, 한원광장이 편취한 90㎡, 김○석에게 매각한 113㎡. 경계 안쪽 4m지점에 펜스를 시공하여 불용토지 433.8㎡에 대한 현장이 잘 보존되어 있는데 광진구청은 입주자들에게 돌려주지 못하게 완전범죄로 은폐하고 있다.

5. 경찰, 검찰, 법원이 거짓에 속아서 오판

H건설은 토지 636.8㎡를 빼고 설계도, 모형, 카탈로그에 표시해 공지하여 시공하였음에도 분양대금 82억 원을 받아 가는 수법으로 사기 분양을 하였다. 그리고 토지 203㎡를 분할하여 제척해 한원광장이 90㎡를 편취하였고, 김○석에게 113㎡를 매각하였다. 또한 한원광장과 김○석이 사용하도록 경계 안쪽 4m지점에 펜스를 시공해 입주자들은 토지 433.8㎡를 출입조차 하지 못하면서 매년 재산세만 납부하고 있다.

따라서 비대위원장은 공공의 이익을 위하여 2012.8.6. 대한지적공사에서 측량을 하였고, 2015.2.10. 서울고등법원에서 판결을 받아서(대법원에서 2015.6.23. 확정), 토지 636.8㎡가 사기 분양된 것을 증명한 후에 찾아달라고 하였는데 입주자대표가 못 찾게 조직적으로 방해하였다. 이에 더하여 입주자대표는 비대위원장이 서쪽 경계 펜스 밖의 토지 636.8㎡를 찾지 못하게 방해할 목적으로 명예훼손, 업무방해, 협박, 폭행을 하였다며 위장해 불필요한 고소, 고발, 수사, 재판을 유도하고, 변호사를 앞세워 거짓의 진술, 준비서면, 증거자료, 탄원서를 제출해 경찰, 검찰, 법원이 속아서 오판하도록 위법행위를 저질렀고, 선량한 피해자를 악질적인 가해자로 뒤바꿔놓았다.

광진구청은 토지 636.8 ㎡를 사기 분양하도록 사업허가, 제척승인, 사용검사승인을 해 주었고, 입주자대표가 불법선거로 승계해 불법 관리를 하면서 선거인명부를 검증해 주지 않았는데 공정선거라고 승인해 주었다. 특히, 경찰, 검찰, 법원은 진실을 완전히 왜곡하여 사기 분양한 것과 불법선거로 승계해 불법 관리를 하는 것을 처벌하지 않았다. 반면에 비대위원장이 공공의 이익을 위해 토지 636.8 ㎡를 찾아주려고 하였는데, 입주자대표가 명예훼손, 업무방해, 협박, 폭행을 하였다며 위장한 사건과 광진구청 백○준 주무관이 폭행을 하였다며 비대위원장을 112에 허위로 신고한 사건에 대하여 진실을 왜곡해 처벌하였기 때문에 입주자들이 토지 636.8 ㎡를 찾지 못하고 있다.

이와 같이 H건설, 입주자대표, 광진구청은 공모해 사기 분양한 토지 636.8 ㎡를 못 찾게 방해할 목적으로 천인공노할 위법행위를 저질러 완전범죄로 은폐하였다. 이는 고질적이며 조직적인 아파트 비리로써 반드시 척결하여야 할 악질적인 적폐이므로 비대위원장은 완전범죄로 은폐한 아파트 비리를 척결하고, 검찰개혁, 경찰개혁, 사법개혁, 언론개혁, 재벌개혁을 하기 위해 “숨겨진 아파트 비리 완전정복”과 “모든 국민들이 공수처에 보낸 숙제”를 정리하였다.

6. 종합 의견

H건설은 서쪽 경계 펜스 밖의 토지 636.8 ㎡를 고의로 빼고 설계도, 모형, 카탈로그에 표시해 시공하였음에도 분양대금 82억 원을 받아 가는 수법으로 사기 분양을 하였다. 또한 입주자대표는 불법선거로 승계해 불법 관리를 하면서 부정선거한 선거인명부를 검증해 주지 않고, 토지 636.8 ㎡를 못 찾게 조직적으로 방해하였다. 더구나 광진구청은 토지 636.8 ㎡를 사기 분양하도록 사업허가, 제척승인, 사용검사승인을 해 주었고, 입주자대표가 무자격자임에도 불법선거로 승계해 불법 관리를 하

면서 정보전달수단을 완전히 통제하며 토지 636.8 ㎡를 못 찾게 방해하였는데 공정선거라고 승인해 주었다.

이와 같이 H건설, 입주자대표, 광진구청은 공모해 사기 분양한 토지 636.8 ㎡를 못 찾게 위법행위를 저질러 완전범죄로 은폐하였다. 이러한 조직적인 비리를 처벌하여야 할 경찰, 검찰, 법원은 변호사가 제출한 거짓의 진술, 준비서면, 증거자료, 탄원서에 속아서 진실을 완전히 왜곡해 오판하였다. 그 결과 고질적인 아파트 비리를 척결하지 못했고, 비대위원장을 선량한 피해자에서 악질적인 가해자로 뒤바꿔놓았다.

이러한 수법으로 H건설, 입주자대표, 광진구청, 경찰, 검찰, 법원은 각자의 책임과 의무를 성실히 수행하지 않았기 때문에 고질적이고 조직적인 아파트 비리를 척결하지 못했다. 특히, 선량한 국민들의 권익을 보호해 주어야 할 경찰, 검찰, 법원이 성실히 수문장 역할을 수행하였으면 벌써 정의롭고 공정하며 살기 좋고 비리 없는 아파트가 되었을 것이다.

결론적으로 고질적이고 조직적인 아파트 비리를 척결하기 위해서는 골키퍼인 광진경찰서, 서울동부지검, 서울동부지방법원이 각자 정의롭고 공정한 수사와 재판을 하여야만 한다. 앞으로는 아파트 비리를 저지르면 반드시 적발되고 엄중한 처벌을 받을 수밖에 없다는 강력한 인식을 심어주어야 한다. 이러한 인식은 국민에게 봉사하여야 하는 공직자들이 스스로 성찰하고 자각하는 것이 최우선되어야 하며, 경찰, 검찰, 법원의 공정한 수사와 판결이 반드시 수반되어야만 총체적으로 완성될 수 있다.

따라서 우리 국민들은 전국적으로 널리 퍼져있는 고질적이고 조직적인 아파트 비리에 대한 적폐를 공수처에 척결해 달라고 중대한 숙제(모든 국민들이 공수처에 보낸 숙제)를 내주었다. 이 숙제가 해결되면 모든 국민들이 고질적인 아파트 비리에서 완전히 해방되어 아무런 걱정 없이 행복하게 살 수 있는 희망찬 법치국가로 진입할 것으로 확신한다.

입주자대표 해임안

입주자 일동은 입주자대표(전○수, 이○욱, 김○복)의 중대한 잘못으로 인해 다음과 같은 막대한 손해를 입었기 때문에 자진사퇴를 권고하였는데, 자진사퇴는커녕 봉사자로서 반성조차 않고 거짓말로 변명을 하며 오히려 입주자에게 책임을 전가하였습니다. 이는 관리규약 제20조 제1항(제1호 및 제4호)에 해당되기 때문에 살기 좋고 비리 없는 H아파트 로 거듭날 수 있도록 하기 위해 해임하기로 동의하고, 해임안에 서명하는 바입니다.

다 음

1. H건설과 한원광장은 분양당시 서쪽경계 토지 623.8㎡에 대한 분양대금 82억원을 받아갔음에도, 설계도 모형도 카달로그에 623.8㎡를 빼고 표시하고, 준공검사도 빼고 승인받았습니다. 그 623.8㎡ 중 90㎡는 한원광장이 몰래 가져갔고, 113㎡는 김○석에게 불법 매각하였으며, 420.8㎡은 담장을 사용 못하게 설치해 매년 재산세만 납부하고 있습니다.

2. 따라서 입주자대표는 민사소송을 제기하였는데, 서울지방법원 동부지원에서 토지 69.3㎡만을 배상하라는 잘 못된 판결을 하였습니다. 그러나 입주자대표는 ① 토지 554.5㎡(623.8㎡-69.3㎡)가 공유부지로써 항소를 포기하면 안 되며, ② 90㎡는 한원광장이 몰래 가져갔고 113㎡는 김○석에게 매각하였으며, ③ 총회 참석자가 과반수에 미달(소송자 365명중 84명 참석)하여 성원이 안 되었고, ④ 총회장에서 항소하면 반드시 승소한다는 참석자(4명)의 중요한 설명이 있었으며, ⑤ 박수부대까지 동원해 항소포기를 유도하였고, ⑥ 비대위원장(소박사)은 동일 건으로 항소하고 나서 반드시 항소하면 승소한다고 알려 주었음에도 불구하고 고의로 항소를 포기해 막대한 손해를 끼쳤습니다.

3. 또한, 비대위원장(소박사)은 개인적으로 민사소송을 제기하여 서울고등법원과 대법원에서 토지 203㎡에 대해 배상받도록 판결을 받았습니다. 따라서 203㎡와 H아파트 의 담장사이에 위치한 토지 420.8㎡는 사용도 출입도 못하게 담장을 설치해 매년 재산세만 납부하고 있는데, 이와 같이 사업부지에서 제외한 토지 420.8㎡에 대하여 손해배상금을 받아야 정당한 것입니다.

4. 입주자대표는 토지 623.8㎡에 대한 분양대금 82억원(세대당 1천8백만원)을 배상받아야 함에도, 소송자에게 69.3㎡에 대한 배상금만 받고 소송비용(7천만원)까지 부담시켰고, 미 소송자에게 토지 203㎡에 대한 배상금만 받고 소송하지도 않은 소송비용까지 부담시키며 민·형사상 어떠한 책임을 묻지 않겠다는 각서와 확약서까지 써주게 하여 법적구제를 완전히 못 받게 하였습니다.

5. 만약, 입주자대표는 자신들이 주장하는 대로 토지 69.3㎡만 배상받고 항소를 포기한 것이 정당한 처리이었다면, 이를 제외한 554.5㎡(623.8㎡-69.3㎡)에 대하여 사용 못하게 담장을 설치함으로써 1403동 앞 어린이놀이터와 1404동 앞과 뒤의 공용화단이 축소되도록 손해를 끼친 것입니다.

6. 입주자대표는 대부분의 입주자가 원하지도 않는 가을음악회 행사비용(3천만원) 및 공동전기료(2015.9월분 1천만원)를 부담시켰고, 비대위원장의 법적대응 자문료(75만원) 및 관리직원 체력단련비와 휴가비 변칙지급 등 관리비를 방만하게 집행하였으며, 지하주차장 크랙 등 하자보수를 준공한지 4년이 경과하도록 제대로 받지 않아 손해를 끼쳤습니다.

7. 1403동 입주자대표 보궐선거에 단독후보자가 출마하였는데, 방문투표를 유권자 100세대 중 22세대만 하고 고의로 중단한 후 과반수 미달이라며 부정선거를 하였고, 선거관리규정을 위반하면서 재선거하자고 하였으며, 중단한 찬반투표를 속행하지 않고 광진구청 및 서울시청에 질의하며 시간만 끌고 당선인을 발표하지 않고 낙선시키는 등 부정선거를 하였습니다.

8. 또한, 1401동(1~4호)은 1개 선거구로 편성해 입주자대표 1명만 선출하여야 함에도, 2명(1.2호 전○수대표, 3.4호 이○욱대표)을 선출하기위해 고의로 선거구를 1.2호 및 3.4호로 각각 분리해 관리규약을 제정하여 부당하게 입주자대표 2명을 선출한 사실이 있고, 그 다음선거도 잘 못된 관리규약을 개정하지 않았으며, 선관위원을 해임할 수 있는 관리규약의 관련 조항을 개정하지 아니한 사실이 있습니다.

2015.10.

H아파트 **입주자 일동**

입주자대표 해임안 서명 현황

1. 사퇴하지 않고 남은 입주자대표(3명)

대표	해당 세대	총 세대수 (A)	서명 세대수 (B)	서명률(%) (=B/A)
전민수	1401동 1, 2호	39	24	
	1402동 1, 2호	48	42	
	계	**87**	**66**	**76%**
이재욱	1401동 3, 4호	50	35	
	1401동 5, 6호	50	40	
	계	**100**	**75**	**75%**
김기복	1403동 5, 6호	41	31	
	1404동, 1405동	25	12	
	계	**66**	**43**	**65%**
3명	**합계**	**253**	**184**	**73%**

* 광진구청은 감사를 할 때(2016.7.27.~7.29.) 사퇴하지 않은 3명만 확인.

2. 이미 사퇴한 입주자대표(2명)

대표	해당 세대	총 세대수 (A)	서명 세대수 (B)	서명률(%) (=B/A)
김종섭	1402동 3, 4호	50	38	
	1402동 5, 6호	50	25	
	계	**100**	**63**	**63%**
전은정	1403동 1, 2호	50	23	
	1403동 3, 4호	50	26	
	계	**100**	**49**	**49%**
2명	**합계**	**200**	**112**	**56%**

* 광진구청은 감사할 때 불필요하다며 사퇴한 2명을 확인하지 않았음.

위 임 장

우리 주민일동은 **살기 좋고 비리 없는** H아파트 **에서 서로 사이좋고 평온하며 안락한 생활을 영위하기를 한결같은 마음으로 원하고 있습니다.**

그러나 **관리소장은** 주민들에게 관리서류를 안 보여주며 비리를 은폐하고 있고, 주민들이 재능기부로 회계감사를 하여 관리비 절감 및 비리척결을 하려고해도 외부에 용역을 주어 관리비를 부과하였습니다. (**앞으로 관리비 20% 절약가능**)

입주자대표(3명)는 비리를 저질러 주민의 75%가 해임안에 서명하였는데 사퇴하지 않고 카페에서 거짓말로 주민들을 감쪽같이 속이고, 오히려 자신의 비리를 감추려고 주민들에게 헌신적으로 봉사한 비대위원장을 고소하고도 고소장을 공개하지 않는 등 차기 입주자대표 선거에 개입하고 있습니다.

선관위원은 입주자대표의 해임투표(주민 75%서명)를 하지 않았고, 1403동 입주자대표 보궐선거(단독후보)시 유권자 100세대 중 22세대만 찬반을 묻는 등 부정선거를 하여 낙선시키고도 반성조차 않고 사퇴하지 않고 있습니다.

입주자대표가 2016년 6월에 임기 만료되어 **차기 입주자대표(5명)를 선출하여야 합니다.** 그러나 엄청난 비리를 저지르고 부정선거를 실시한 입주자대표, 선관위원, 관리소장이 차기 입주자대표를 선출하는 선거관리업무를 수행하면 이번에도 과거에 한 것처럼 부정선거를 할 것이 뻔합니다.

따라서 **입주자들이 원하는 대로 차기 입주자대표를 공정하게 선출하고 재능기부로 회계감사를 실시하여 관리비 절감 및 비리를 척결하고자 관리규약 및 선거관리규정에 불구하고 선거관리 및 회계감사업무를 수행할 모든 권한을 비상대책위원장에게 위임하고, 이에 동의 및 승인을 합니다.**

2016.4.15.

성명: 핸드폰번호: 140 동 호 소유or세입

위임장 서명 현황

동/호수	총 세대수 (A)	서명 세대수 (B)	서명률(%) (=B/A)
1401동 1, 2호	39	19	
3, 4호	50	35	
5, 6호	50	35	
1402동 1, 2호	48	31	
3, 4호	50	28	
5, 6호	50	20	
1403동 1, 2호	50	20	
3, 4호	50	28	
5, 6호	41	24	
1404동, 1405동	25	9	
합계	**453**	**249**	**55%**

아파트 비리를 완전범죄로 은폐한 수법

I. 아파트 비리 발생 경위

H건설, 입주자대표[21], 광진구청은 공모해 아파트 비리(사기 분양, 부실 공사, 관리 비리)를 조직적으로 저질렀다.[22] H건설은 H아파트를 2009.10.12. 분양하면서 토지 636.8㎡를 빼고 설계도, 모형, 카탈로그에 표시해 공지하여 시공하였음에도 분양대금 82억 원을 받아 가는 수법으로 사기 분양을 하였다. 그런 후에 사기 분양한 토지 636.8㎡ 중에서 203㎡는 분할하여 제척해 한원광장이 90㎡를 편취하거나 김○석에게 113㎡를 매각하였고, 433.8㎡는 한원광장 등이 사용하도록 203㎡를 제척한 후의 경계 안쪽 4m지점에 펜스를 시공하여 입주자들이 출입조차 하지 못하며 매년 재산세만 납부하고 있다.

그런데도 입주자대표는 입주한 2012.3.30. 이후에 분양 당시 토지 636.8㎡를 빼고 만든 설계도, 모형, 카탈로그를 보여주면서 그대로 시공하였으므로 사기 분양이 아니라며 속였고, 불법선거로 승계해 불법 관리를 하면서 정보전달수단[23]을 완전히 통제하였으며, 비대위원장이 공공의 이익을 위해 더사모카페에서 찾아야 한다고 알려주었는데 명예훼손을 하였다며 위장해 고소하였다. 이처럼 불필요한 고소, 수사, 재판을 유도하고 변호사를 앞세워 거짓의 진술, 준비서면, 증거서류, 탄원서를 제출해

---

21) 입주자대표라고 함은 아파트에서 입주자들의 이익을 대변해 주어야 할 책임과 의무가 있는 입주자대표, 선거관리위원, 봉사회원, 통장, 관리소장, 경비원, 커뮤니티센터 직원을 포함한다.

22) H건설은 H아파트 사업부지를 2007.11.14. 대한지적공사에서 측량하였는데 서쪽 경계 펜스 밖에 토지 161㎡(나○용 48㎡, 김○석 113㎡)가 수직석축 및 콘크리트 담장에 막혀 불법 점유하는 것을 확인하였다. 그러나 2009.10.12. 분양하면서 토지 161㎡를 사업부지로 원상복구하지 않았고, 오히려 토지 636.8㎡(161㎡ 포함)까지 설계도, 모형, 카탈로그에 빼고 표시하여 공지해 시공하였음에도 분양대금 82억 원을 받아 가는 수법으로 사기 분양을 하였다. 그런 후에 토지 636.8㎡ 중에서 203㎡를 분할하여 제척하였고, 433.8㎡를 불용토지로 시공해 입주자들이 출입조차 하지 못하며 매년 재산세만 납부하고 있다.

23) 정보전달수단이라 함은 입주자들이 생활하면서 필요한 정보를 전달받는 게시판, 엘리베이터 공지, 안내방송, 다음카페 공지, 관리비 부과내역서 등 아파트 단지 내의 언론매체를 말한다.

경찰, 검찰, 법원이 속아서 오판하도록 위법행위를 저질렀다.[24]

II. 아파트 비리를 완전범죄로 은폐한 수법(P305. 도표 참조)

1. 입주자대표

입주자대표는 H건설이 분양 당시 토지 636.8㎡를 빼고 만든 설계도, 모형, 카탈로그를 보여주면서 그대로 시공한 것이므로 사기 분양이 아니라고 속였다. 따라서 비대위원장은 공공의 이익을 위해 2012.8.6. 대한지적공사에서 측량을 하였고, 2015.2.10. 서울고등법원에서 판결을 받아서 토지 636.8㎡가 사기 분양된 것을 확실히 증명하였다. 이때 현재 펜스 밖의 제척토지 203㎡ 및 불용토지 433.8㎡가 아파트의 소유라는 것을 확인하였다.

더구나 사기 분양한 토지 636.8㎡는 서쪽 경계 펜스 밖에 현장이 잘 보존되어 있고, 재건축할 때까지 증거인멸을 할 수도 없다. 그런데도 입주자대표는 못 찾게 방해할 목적으로 불법선거로 승계해 불법 관리를 하면서 진실을 알려주지 않았고, 비대위원장이 토지 636.8㎡를 찾아주기 위해 진실을 알려주었는데 명예훼손, 업무방해, 협박, 폭행을 한 것이라며 위장해 2016.3.14. 2018.10.8. 2019.3.14. 고소하는 등 불필요한 고소, 수사, 재판을 유도하고 변호사를 앞세워 경찰, 검찰, 법원이 속아서 오판하도록 위법행위를 저질러 못 찾게 조직적으로 방해하였다.

2. 광진구청

광진구청은 H건설이 사기 분양을 하지 못하게 하고, 입주자대표가 불법선거로 승계해 불법 관리를 하지 못하게 관리감독을 철저히 하여야 함에도 ① 토지 636.8㎡를 사기 분양하도록 사업허가를 해 주었고, ② 토지 203㎡를 분할하여 제외하도록 제척승인을 해 주었으며, ③ 불용토

24) "숨겨진 아파트 비리 완전정복"(p48~51) 6. 입주자대표 등이 대법원 확정판결 이후에도 못 찾게 방해 참조.

지 433.8㎡를 경계 안쪽 4m지점에 펜스를 시공해 입주자들이 출입조차 하지 못하며 매년 재산세만 납부하도록 사용검사승인을 해 주었다. ④ 1404동 뒤를 수직옹벽으로 시공하여야 함에도 분양계약을 위반해 경계 안쪽 4m지점에 2단산벽을 시공하였고(현재 2단산벽 위에 불법계단을 설치), ⑤ 2016.8.11. 제3기 입주자대표를 불법선거로 승계한 이후 계속 불법 관리를 하고 있는데도 공정선거라고 승인해 주었다.

3. 광진경찰서

광진경찰서는 표적 및 별건수사, 편파 및 부실수사, 짜 맞추기 수사를 하면서 진실을 완전히 왜곡하였다. 그 결과, 토지 636.8㎡가 사기 분양된 것과 입주자대표가 불법선거로 승계한 것은 혐의 없다고 송치하였고, 비대위원장이 토지 636.8㎡를 찾아야 한다고 더사모카페에서 진실을 알려준 것과 광진구청 백○준이 폭행하였다고 112에 허위 신고한 것은 혐의 있다고 송치하였다.

4. 서울동부지검

서울동부지검은 광진경찰서가 잘못 수사한 것을 알면서 사기 분양한 것과 불법선거로 승계한 것을 불기소 처분하였고, 비대위원장이 공공의 이익을 위해 진실을 알려준 것과 백○준이 폭행하였다며 허위 신고한 것을 기소 처분하였다.

5. 서울동부지법

서울동부지법은 서울동부지검이 진실을 완전히 왜곡해 기소한 것과 변호사가 거짓의 진술, 준비서면, 증거서류, 탄원서를 제출한 것을 진실로 믿고 오판해 판결하였다. 반면에 비대위원장이 진실을 진술하였는데 거짓으로 오판해 판결하였다.

〈아파트 비리를 완전범죄로 은폐한 수법〉

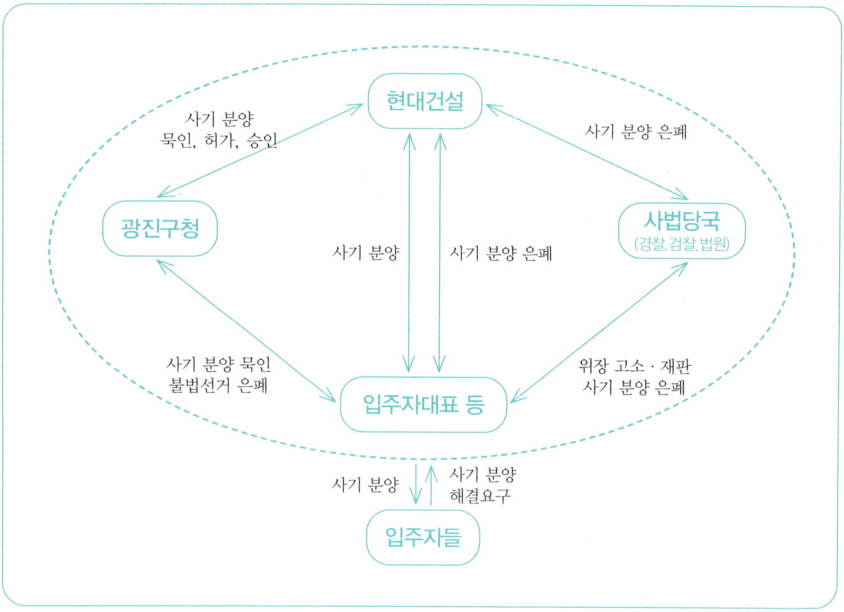

각자의 역할

1. **H건설**: 토지 636.8 ㎡를 빼고 설계도, 모형, 카탈로그에 표시하여 시공해 사용검사승인을 받았음에도 분양대금 82억 원을 수령해 가는 사기 분양을 함.
2. **입주자들**: 모델하우스에서 설계도, 모형, 카탈로그에 토지 636.8 ㎡를 빼고 표시해 공지하여 속인 것을 전혀 모르고 분양대금 82억 원을 납부함.
3. **입주자대표**: 불법선거로 승계해 불법 관리를 하면서 정보전달수단을 완전히 통제하며 속이고 사기 분양한 것을 완전범죄로 은폐함.
4. **광진구청**: H건설이 사기 분양을 하도록 사업허가, 제척승인, 사용검사 승인해 주었고, 입주자대표가 불법선거 및 불법 관리를 하도록 승인해 주었음.
5. **변호사**: H건설, 입주자대표, 광진구청과 경찰, 검찰, 법원을 연결해 사기 분양, 불법선거, 명예훼손의 진실을 왜곡하여 완전범죄로 은폐하도록 변론함.
6. **경찰, 검찰, 법원**: 입주자대표가 고소, 수사, 재판을 야기한 후 변호사를 앞세워 거짓의 진술, 준비서면, 증거서류, 탄원서를 제출한 것에 속아서 오판해 진실을 완전히 왜곡함.

III. “숨겨진 아파트 비리 완전정복”을 발간한 경과

1. 사기 분양한 것을 은폐

H건설, 입주자대표, 광진구청은 공모해 토지 636.8 ㎡를 사기 분양하였는데 서쪽 경계 펜스 밖에 현장이 잘 보존되어 있고, 재건축을 할 때까지 증거인멸을 할 수도 없다. H건설은 사업부지를 대한지적공사에서 2007.11.14. 측량하였는데, 2단산벽(수직옹벽 설계)을 기점으로 볼 때, 북쪽에는 2 m 이상 고도차가 나는데 나○용이 수직석축 밖에 48 ㎡를 불법 점유하였고, 남쪽에는 평지인데 김○석이 콘크리트 담장 밖에 113 ㎡를 불법 점유하고 있는 것을 확인하였다(총 161 ㎡가 불법 점유).

그런데도 2009.10.12. 분양하면서 불법 점유한 토지 161 ㎡를 원상복구하지 않았고, 오히려 토지 636.8 ㎡(161 ㎡ 포함)까지 빼고 설계도, 모형, 카탈로그에 표시하여 공지해 시공하였음에도 분양대금 82억 원을 받아 가는 수법으로 사기 분양을 하였다. 그리고 입주한 2012.3.30. 이후에는 분양 당시 토지 636.8 ㎡를 빼고 만든 설계도, 모형, 카탈로그를 보여주면서 그대로 시공한 것이므로 사기 분양이 아니고, 불법선거로 승계해 불법 관리를 하면서 현재 펜스가 아파트의 경계라며 속였다.

2. 사기 분양한 것을 증명

비대위원장은 공공의 이익을 위해 2012.8.6. 대한지적공사에서 측량을 하였고, 2015.2.10. 서울고등법원에서 판결을 받아서(대법원에서 2015.6.23. 확정) 토지 636.8 ㎡가 사기 분양된 것을 증명하였다. 그리고 사기 분양한 토지 636.8 ㎡ 중에서 203 ㎡는 분할하여 제척해 한원광장이 90 ㎡를 편취하였고, 김○석에게 113 ㎡를 매각한 것을 확인하였다. 또한 불용토지 433.8 ㎡는 한원광장 등이 사용하도록 203 ㎡를 제척한 후의 경계 안쪽 4 m지점에 펜스를 시공해 입주자들은 출입조차 하지 못하며 매년 재산세만 납부하고 있는 것을 확인하였다.

3. 사기 분양한 것을 알림

비대위원장은 입주자대표가 운영하는 다음카페에서 토지 636.8 ㎡를 찾아야 한다고 2015.6.30. 및 7.10. 입주자들에게 알려주었다. 그러나 입주자대표는 비대위원장을 2015.7.18. 다음카페에서 강제로 퇴출시켰다. 그래서 비대위원장은 공공의 이익을 위해 2015.8.24. 더사모카페를 개설하여 토지 636.8 ㎡를 찾아야 한다고 알려주었다. 그리고 누구든지 수시로 들어와 마음껏 글을 써도 좋다고 허용해 주었다. 입주자들은 더사모카페를 읽고 토지 636.8 ㎡가 사기 분양된 것과 입주자대표가 못 찾게 조직적으로 방해한 것을 알게 되었다. 따라서 입주자들은 사기 분양한 토지 636.8 ㎡를 찾기 위해 2015.9.2. 비상대책위원회를 결성하였다.

4. 비상대책위원회가 토지 636.8 ㎡를 찾고자 시도

① 입주자대표 해임안 및 위임장에 서명

입주자들은 사기 분양한 토지 636.8 ㎡를 찾기 위해 비대위원을 2015.9.9. 1403동 입주자대표 보궐선거에 단독후보로 출마시켜 당선을 확실하게 확보하였다. 그러나 입주자대표는 토지 636.8 ㎡를 못 찾게 방해할 목적으로 유권자 100세대 중 22세대(22%)에게만 찬반을 묻고 과반수에 미달하였다며 고의로 낙선시켰다.

그래서 입주자들은 2015.10월. 입주자대표 해임안에 75%가 서명하였는데 토지 636.8 ㎡를 못 찾게 방해할 목적으로 제2기 입주자대표(전○수, 이○욱, 김○복)가 사퇴하지 않았고, 선거관리위원(박○식, 최○정)이 해임투표를 하지 않았다. 따라서 입주자들은 2016.4월. 위임장에 55%가 서명해 제2기 입주자대표, 선거관리위원, 관리소장에게 선거관리업무를 일체 수행하지 말라고 통보하였고, 비대위원장에게 관리규약에 상관없이 선거관리업무 일체를 수행해 달라고 위임하였다. 이는 입주자들이 입주자대표에게 선거관리업무의 권한을 중지시킨 명령이다.

그런데도 제2기 입주자대표는 입주자들의 명령을 거부하고 제3기 선거관리위원을 선출하기 위해 4회에 걸쳐 위법행위를 저질렀다. 즉 제2기 입주자대표는 각 단체장(입주자대표회장, 노인회장, 봉사회장, 통장)에게 제3기 선거관리위원을 추천해 달라고 통보하였는데 거부하였다. 이어 입주자들에게 2회에 걸쳐 제3기 선거관리위원을 추천해 달라고 통보하였는데 역시 거부하였다. 이어서 광진구청장에게 제3기 선거관리위원을 선출해 달라고 요청하였는데 주민들이 자체적으로 선출하라며 거부하였다. 이와 같이 제2기 입주자대표는 입주자들의 명령을 위반해 제3기 선거관리위원을 선출하려고 시도하였지만 결국 제3기 선거관리위원을 선출하지 못하였고, 임기가 2016.6.21. 만료되어 권한이 상실되었다.

② 입주자들이 제3기 입주자대표를 선출

입주자들은 관리규약, 입주자대표 해임안, 위임장, 주민총회 의결에 의거, 제2기 입주자대표가 2016.6.21. 임기 만료되어 권한이 완전히 상실되었기 때문에, 제3기 선거관리위원을 선출해 제3기 선거관리위원회를 합법적인 방법으로 구성하였다. 그리고 제3기 선거관리위원회는 2016.6.26. 입주자들의 52%가 참여한 비밀투표로 제3기 입주자대표를 선출하여 제3기 입주자대표회의를 구성하였다. 그러나 제2기 입주자대표는 불법으로 제3기 입주자대표에게 업무를 인계하지 않았다.

③ 무자격자가 불법으로 제3기 입주자대표를 선출

제2기 입주자대표는 2016.6.21. 임기 만료된 무자격자임에도 불구하고 불법으로 2016.7.14. 최○호를 제3기 선거관리위원장에, 김○용을 선거관리전담요원에 지명하였다. 더구나 최○호와 김○용은 제3기 입주자대표를 선출할 선거인명부(휴대폰번호)를 20%만 확인(80% 허위)해 작성하였고, 2016.8.11. 전자투표를 이용한 대리투표로 부정선거를 하여 토지 636.8 ㎡를 못 찾게 방해한 측근이 제3기 입주자대표로 당선되었다며 거짓 발표하였다. 이때 입주자들은 모두 토지 636.8 ㎡를 찾아줄 비대위원에게 투표를 하였다. 그리고 입주자들은 어떤 입주자가 바보처럼 못 찾게 방해한 후보자에게 투표를 하였겠느냐며 최○호와 김○용에게 선거인명부를 검증해 달라고 강력히 항의하며 요구하였다.

그러나 최○호가 도망을 갔고, 김○용은 선거인명부(휴대폰번호)를 20%만 확인해 투표하였다며 고백하면서 검증해 주겠다는 확인서와 비밀번호를 설정한 선거인명부(USB)를 비대위원장에게 제출하였다. 그런 후에 약속을 어기고 비대위원장에게 제출한 선거인명부(USB)의 비밀번호를 알려주지 않았고, 선거인명부(USB)을 검증해 주지도 않았다. 더구나 최○호와 김○용은 경찰과 검찰에서 수사할 때와 법원에서 선거무효소송을 재판할 때도 검증해 주지 않았다.

④ 무자격자가 불법으로 제4기 및 제5기 입주자대표를 선출

최○호는 2016.7.14. 불법으로 지명된 무자격자임에도 제3기 및 제4기 선거관리위원장을 하면서 부정선거로 제3기 및 제4기 입주자대표를 선출하였고, 유○운을 제5기 선거관리위원장에 지명하였다. 그리고 유○운은 최○호에 의해 불법으로 지명된 무자격자임에도 부정선거로 제5기 입주자대표를 선출해 승계하였다.

5. 명예훼손을 하였다며 위장해 비대위원장을 고소

비대위원장은 사기 분양한 토지 636.8 ㎡를 찾아야 한다고 2015.6.30. 및 7.10. 다음카페에서 알려주었는데 입주자대표가 알려주지 못하게 2015.7.18. 다음카페에서 강제로 퇴출시켰다. 따라서 비대위원장은 공공의 이익을 위해 2015.8.24. 더사모카페를 개설해 토지 636.8 ㎡를 찾아야 한다고 알려주었는데 제2기 입주자대표는 명예훼손을 하였다며 위

장해 2016.3.14. 광진경찰서에 고소하여 약식기소를 하였다. 그러나 비대위원장이 진실을 명확히 밝히기 위해 정식재판을 청구하였는데 서울동부지법에서는 공공의 이익을 위해 알려준 것을 인정하였지만 무죄가 아닌 선고유예로 판결하였다(대법원에서 2018.3.9. 확정).

그런데도 제2기 입주자대표는 명예훼손을 하여 선고유예를 받았다며 비대위원장에게 1억 원의 손해배상을 하라고 서울동부지법에 소송을 제기하였다. 그러나 서울동부지법은 비대위원장이 공공의 이익을 위해 알려준 것을 인정하면서 비대위원장에게 8백만 원을 배상하고, 제2기 입주자대표에게 전체 소송비용의 9/10을 부담하라며 서로 정산할 것이 없게 판결하였다(대법원에서 2019.10.31. 확정).

또한 제2기 입주자대표는 비대위원장이 더사모카페에서 진실을 알려주지 못하도록 폐쇄해 달라고 민원을 제출하였는데 네이버와 방송통신심의위원회가 전수조사를 실시한 후에 2019.4.12. 공공의 이익을 위해 폐쇄할 수 없다고 거부하였다. 그런데도 제2기 입주자대표는 비대위원장이 더사모카페에서 명예훼손을 하였다며 광진경찰서에 2018.10.8. 및 2019.3.14. 또 고소하였다. 이외에도 2회에 걸쳐 협박 및 폭행을 하였다고 고소하였지만 무혐의 처분 및 각하되었다.

위 명예훼손 사건은 서울동부지법에서 심리를 마치고 2020.9.17. 선고하기로 결정하였는데 제2기 입주자대표가 선고 몇 일전에 계속 탄원서를 제출하였고, 선고가 2020.10.8. 2020.11.12. 2020.12.10.로 연기된 후에 벌금 5백만 원을 선고하였다. 따라서 비대위원장은 공공의 이익을 위해 진실을 알려준 것을 확실히 증명하기 위해 서울동부지법에 2020.12.16. 항소를 하여 진행 중에 있다(2021노18).

6. 비대위원장이 폭행을 하였다고 112에 허위신고

광진구청 주택과 백○준은 사기 분양한 토지 636.8㎡를 해결하기 위해 현장검증을 갈 테니까 설명을 해 달라고 유인하였다. 그리고 비대위원장이 설명하는 도중에 백○준은 갑자기 복귀를 한다면서 폭행을 하였다며 비대위원장을 112에 허위신고를 하였고, 서울동부지법에서 2021.4.22.부터 공무집행방해로 재판하고 있다(2021고단590).

7. "숨겨진 아파트 비리 완전정복"을 발간

비상대책위원회는 H건설, 입주자대표, 광진구청이 공모한 사기 분양, 부실 공사, 관리 비리 등 조직적인 아파트 비리에 관해 지난 11년 동안 체험한 **"숨겨진 아파트 비리 완전정복"**의 책자를 발간해 입주자들에게 배포하였고, 모든 국민들이 아파트 비리로 피해를 입지 않도록 인터넷 및 서점을 통해 전국적으로 알려주고 있다.

Ⅳ. 사기 분양한 토지 636.8 ㎡를 완전범죄로 은폐한 수법

1. 정보전달수단을 완전히 통제하고 비리를 은폐

① 입주자대표는 H아파트 당첨자들이 2009.11.3.부터 11.4.까지 분양계약을 체결할 때 모델하우스 안에서 부스를 차려놓고 커피와 음료수를 나누어 주며 H건설이 부실 공사를 매우 많이 하기 때문에 우리 입주예정자들이 함께 똘똘 뭉쳐 막자며 홍보하고 다음카페에 가입을 권유하면서 회원을 모집하였다.

② 입주자대표는 입주예정자들을 다음카페에 가입시킨 후 수시로 모임을 갖고 열심히 봉사한 것처럼 적극적인 홍보를 하였다. 따라서 입주자들은 입주하여 아무런 의심 없이 입주자대표, 선거관리위원, 봉사회원, 통장으로 선출해 주었다. 이와 같이 입주자대표는 주택법 등에 의거 입주자들의 이익을 대변할 권리를 완전히 확보한 후에 사기 분양한 토지 636.8 ㎡를 못 찾게 방해하였다.

③ 입주자대표는 입주하기 전에는 다음카페를 통해 열심히 봉사하는

것처럼 홍보해 신뢰를 확보하였고, 입주한 2012.3.30. 이후에는 관리소장과 공모해 게시판, 엘리베이터 공지, 안내방송, 다음카페, 유인물 등 아파트의 정보전달수단을 완전히 통제하고 사기 분양한 토지 636.8 ㎡를 못 찾게 조직적으로 방해하였다.

④ 입주자대표는 비상대책위원회가 입주자들의 이익을 대변하고자 사기 분양한 것과 부실 공사한 것에 대해 게시판, 엘리베이터 공지에 진실을 알려주면 경비원을 시켜 24시간 CCTV를 지켜보고 있다가 입주자들이 볼 수 없게 즉시 공지문을 폐기하거나 철거하였고, 안내방송을 요구하면 거부하였다. 그렇지만 입주자대표는 게시판, 엘리베이터 공지, 안내방송을 수시로 하면서 과정과 절차를 거쳤다고 증거를 확보하였기 때문에 경찰, 검찰, 법원이 증거자료로 인정해 주었다.[25]

2. 형식적으로 민 · 형사상 고소해 오판하도록 유도

① H건설(한원광장)은 H아파트 사업부지를 2007.11.14. 대한지적공사에서 측량하였다. 이때 서쪽 경계 2단산벽(수직옹벽 설계)을 기점으로 볼 때, 북쪽에는 2 m 이상 고도차가 나는데 나○용이 수직석축 밖에 48 ㎡를 불법 점유하였고, 남쪽에는 평지인데 김○석이 콘크리트 담장 밖에 113 ㎡를 불법 점유하는 것을 확인하였다(161 ㎡ 불법 점유). 그런데도 2009.10.12. 분양하면서 불법 점유한 토지 161 ㎡를 원상복구하지 않았다. 오히려 토지 636.8 ㎡(161 ㎡ 포함)까지 빼고 설계도, 모형, 카탈로그에 표시해 공지하여 시공하였음에도 불구하고 분양대금 82억 원을 받아 가는 수법으로 사기 분양을 한 후 돌려주지 않았다.

25) 입주자대표는 사기 분양한 토지 636.8 ㎡를 찾아야 하는 것, 비대위원장이 사기 분양한 진실을 알려주는 것, 불법선거한 선거인명부를 검증해 달라고 요구하는 것 등을 입주한 2012.3.30. 이후에 정보전달수단을 통해 단 한 번도 알려주지 않았다. 이는 "숨겨진 아파트 비리 완전정복"의 책자 p48. "6. 입주자대표 등이 대법원의 확정판결 이후에도 못 찾게 방해"를 확인하면 입주자대표의 위법행위를 알 수 있다.

② 입주자대표 5명 중 2명(전○수, 유○운)은 사기 분양한 토지 636.8㎡를 찾아야 한다며 H건설(한원광장)을 형식적으로 고소한 후에 토지 636.8㎡를 빼고 설계해 시공한 위법행위를 진술하지 않았다. 더구나 이들은 비대위원장이 고소인에 참여하게 해 달라고 강력히 요구하였는데 고의로 제외시켰고, 사기 분양한 위법행위를 적극적으로 대처하지 않았기 때문에 무혐의 처분을 받았다.

③ 비대위원장이 서울고등법원에서 재판을 진행하는 중에 203㎡가 아파트의 경계인 것을 명확히 확인하였는데 전○수와 유○운은 형식적으로 재수사를 의뢰한 후에 H건설이 무혐의 처분을 받았다. 이때 토지 636.8㎡를 빼고 설계해 시공한 위법행위를 잘못 수사하였는데 전혀 이의제기를 하지 않았다.

④ 입주자대표는 단체소송을 제기하였는데 토지 636.8㎡ 중에서 69.3㎡만 인정하였으므로 비대위원장이 항소하면 반드시 찾을 수 있다고 강력히 요구하였음에도 소송자 366명 중 84명(1/4)만 참석한 소송자 총회에서 4명이 항소를 하여야 한다고 강력히 주장하였는데 박수부대를 동원해 일사천리로 항소포기를 하였다.

⑤ 입주자대표는 사기 분양한 토지 636.8㎡ 중에서 69.3㎡만 인정받았음에도 항소를 포기해 소송자들이 부담하지 않아도 되는 소송비용 및 변호사 승소사례금까지 지급하였고, 미소송자에게는 203㎡만 지급하며 433.8㎡를 못 찾게 포기각서를 받아서 H건설(한원광장)에게 제출해 주어 나머지를 못 찾게 방해하였다.

3. 불법선거로 승계해 불법 관리를 하면서 못 찾게 방해

① 비대위원장은 2012.8.6. 대한지적공사에서 측량을 하였고, 2015.2.10. 서울고등법원에서 판결을 받아서 서쪽 경계 펜스 밖의 토지 636.8㎡가 사기 분양된 것을 확실히 증명하였음에도, 제2기 입주

자대표가 토지 69.3 ㎡만 찾아주고 나머지를 못 찾게 조직적으로 방해하였기 때문에 입주자들은 합법적인 방법으로 사기 분양한 토지 636.8 ㎡를 찾기 위하여 2015.9.2. 비상대책위원회를 결성하였다.

② 입주자들은 비대위원을 2015.9.9. 1403동 입주자대표 보궐선거에 단독후보로 출마시켜 당선을 확보하였다. 그러나 제2기 입주자대표는 유권자의 22%에게만 찬반투표를 묻고 과반수에 미달되었다며 고의로 낙선시켰다. 따라서 입주들은 2015.10월. 입주자대표 해임안에 75%가 서명하였는데 제2기 입주자대표(전○수, 이○욱, 김○복)가 사퇴하지 않았고, 선거관리위원(박○식, 최○정)이 해임투표를 하지 않았다. 그래서 입주자들은 2016.4월. 위임장에 55%가 서명해 입주자대표, 선거관리위원, 관리소장에게 선거관리업무 일체를 수행하지 말라며 통보하였고, 비대위원장에게 관리규약에 상관없이 선거관리업무 일체를 수행해 달라며 위임하였다. 이는 입주자대표의 권한을 중지시킨 강력한 명령이다.

③ 입주자들은 제2기 입주자대표가 2016.6.21. 임기 만료되어 권한이 완전히 상실되었기 때문에, 관리규약, 입주자대표 해임안, 위임장, 주민총회 의결에 의거, 선거관리위원을 선출해 제3기 선거관리위원회를 구성하였다. 제3기 선거관리위원회는 2016.6.26. 입주자의 52%가 참여한 비밀투표로 제3기 입주자대표를 선출하였고, 제3기 입주자대표회의를 합법적인 방법으로 구성하였다. 그런데도 제2기 입주자대표(전○수, 이○욱, 김○복)가 업무를 인계하지 않았다.

④ 제2기 입주자대표는 무자격자임에도 불법으로 2016.7.14. 최○호를 제3기 선거관리위원장에, 김○용을 선거관리전담요원에 지명하였다. 최○호와 김○용은 2016.8.11. 선거인명부(휴대폰번호)를 20%만 확인(80%가 허위)해 작성하였고, 전자투표를 이용해 대리투표로 부정선거를 하여 제3기 입주자대표(유○운, 공○미, 임○익)

를 선출하였다. 그리고 부정선거한 선거인명부를 검증해 주지 않았고, 이후 불법선거로 제4기 입주자대표(김○연, 임○익, 이○근, 김○재)를 선출하였다.

⑤ 최○호는 무자격자인데 불법으로 토지 636.8㎡를 못 찾게 방해한 유○운을 제5기 선거관리위원장에 지명하였고, 유○운은 무자격자임에도 불법으로 현장투표(2020.9.11.~9.13.) 및 방문투표(9.14.)를 하여 토지 636.8㎡를 못 찾게 방해한 측근을 제5기 입주자대표(최○호, 공○미, 조○영, 송○호)로 선출하였다.

⑥ 제2기 입주자대표 3명(전○수, 이○욱, 김○복)은 전자투표 도입을 하기 위한 관리규약 개정을 2016.3.18. 입주자대표회의에서 의결하였지만, 그 후 입주자들의 반대로 과반수 동의서를 받지 못했다. 그런데도 최○호는 소급해 2015.6.1. 동의서를 받았다며 속였고, 불법으로 제3기 및 제4기 입주자대표 선거를 전자투표로 실시해 대리투표로 부정선거를 하여 승계하였다.

* 입주자들은 토지 636.8㎡를 찾아줄 비대위원에게 투표하였는데 선거관리위원장은 무자격자인데 못 찾게 방해한 입주자대표가 당선되었다고 속였다. 어떤 입주자가 바보처럼 토지 636.8㎡를 못 찾게 방해한 후보자에게 투표를 하겠습니까? 부정선거한 선거인명부(USB)를 검증해 주지도 않고 뭉개며 거짓으로 속였다.

4. 공공의 이익이 아닌 명예훼손을 하였다고 위장해 고소

① 비대위원장은 2012.8.6. 대한지적공사 측량 및 2015.2.10. 서울고등법원 판결에 의거, 사기 분양한 토지 636.8㎡를 찾아야 한다고 입주자대표가 운영하는 다음카페에서 공공의 이익을 위해 2015.6.30. 및 7.10. 알려주었는데 제2기 입주자대표가 알려주지 못하게 비대위원장을 2015.7.18. 강제로 퇴출시켰다.

② 비대위원장은 공공의 이익을 위해 2015.8.24. 더사모카페를 개설하여 토지 636.8 ㎡를 찾아야 한다고 알려주었는데 제2기 입주자대표가 알려주지 못하게 명예훼손을 한 것이라며 위장해 2016.3.14. 광진경찰서에 고소하여 기소하였다.

③ 서울동부지법은 비대위원장이 공공의 이익을 위해 토지 636.8 ㎡를 찾아야 한다고 더사모카페에서 알려준 것을 인정하였지만 무죄가 아닌 선고유예로 판결하였다. 그런데도 입주자대표가 1억 원을 손해배상 하라고 소송을 제기하였는데 서울동부지법은 비대위원장에게 8백만 원을 배상하고, 입주자대표가 전체 소송비용의 9/10을 부담하라며 서로 정산할 것이 없도록 판결하였다.

④ 입주자대표는 더사모카페를 폐쇄해 달라고 민원을 제출하였는데 네이버와 방송통신심의위원회가 전수조사를 실시한 후에 심의한 결과, 공공의 이익을 위해 알려준 것이므로 폐쇄할 수 없다며 2019.4.12. 거절하였다. 하지만 입주자대표는 비대위원장이 명예훼손을 하였다고 2018.10.8. 및 2019.3.14. 또 광진경찰서에 고소하였다. 그러나 비대위원장은 공공의 이익을 위해 진실을 알려준 것을 증명하고자 정식재판을 청구하였다. 서울동부지법은 심리를 마치고 2020.9.17. 선고하기로 결정하였는데 제2기 입주자대표가 선고 몇 일을 앞두고 계속 탄원서를 제출해 선고가 2020.10.8. 2020.11.12. 2020.12.10.로 연기되었다. 그리고 벌금 5백만 원을 선고하였지만 비대위원장은 공공의 이익을 위해 진실을 알려준 것을 증명하기 위해 2020.12.16. 서울동부지법(항소부)에 항소(2021노18)하여 현재 재판이 진행 중에 있다(p353 명예훼손 범죄일람표 참조).

* 비대위원장은 공공의 이익을 위해 사기 분양한 토지 636.8 ㎡를 찾고자 "숨겨진 아파트 비리 완전정복" 및 "더사모카페에서 알려준 글"을 광진경찰서, 서울동부지검, 서울동부지법에 제출해 명예훼손

을 할 필요가 없고, 명예훼손을 하지 않았다며 설명하였다. 더구나 입주자대표는 비대위원장이 토지 636.8㎡가 사기 분양된 것을 증명한 2015.2.10. 이후에 불필요한 고소, 수사, 재판을 유도하고 변호사를 앞세워 거짓의 진술, 준비서면, 증거서류, 탄원서를 제출해 경찰, 검찰, 법원이 속아서 오판하도록 위법행위를 저질렀다.

5. 폭행을 하였다고 112에 허위신고

비대위원장은 사기 분양한 토지 636.8㎡를 찾아달라고 국민신문고에 진정서를 제출하였는데 광진구청에 이첩되었다. 주택과 백○준은 비대위원장에게 해결하기 위해 현장검증을 갈 테니까 설명을 해 달라고 부탁하였다. 따라서 비대위원장은 사기 분양한 서쪽 경계 펜스 밖의 2단산벽, 제척토지 90㎡ 및 113㎡, 불용토지 433.8㎡를 설명해 주려고 하였고, 우선 분양계약을 위반해 수직옹벽이 아닌 2단산벽으로 시공한 것을 설명하는데 갑자기 복귀한다면서 백○준과 조○환이 서로 말을 맞춰 비대위원장이 폭행을 하였다며 112에 허위신고를 하였다. 그래서 비대위원장은 폭행하지 않은 진실을 확실히 밝히기 위해 2021.4.22.부터 폭행으로 인한 공무집행방해와 관련하여 서울동부지법에서 재판하고 있다.

V. 아파트 비리를 중점적으로 수사할 사항

1. H건설(한원광장)의 비리

- H건설(한원광장)은 H아파트 사업부지를 2007.11.14. 대한지적공사에서 측량하였다. 이때 서쪽 경계 2단산벽(수직옹벽 설계)을 기점으로 볼 때, 북쪽에는 2 m 이상 고도차가 나는데 나○용이 수직석축 밖에 48㎡를 불법 점유하였고, 남쪽에는 평지인데 김○석이 콘크리트 담장 밖에 113㎡를 불법 점유한 것을 확인하였다(161㎡ 불법 점유). 그런데도 2009.10.12. 분양하면서 불법 점유한 토지

161 m²를 원상복구하지 않았다. 오히려 토지 636.8 m²(161 m² 포함)까지 빼고 설계도, 모형, 카탈로그에 표시해 공지하여 시공하였음에도 분양대금 82억 원을 받아 가는 수법으로 사기 분양을 한 후에 토지 636.8 m²를 돌려주지 않은 점.

- 사기 분양한 토지 636.8 m² 중 203 m²는 2011.1.31. 분할하여 제척해 한원광장이 90 m²를 편취하였고, 김○석에게 113 m²를 매각하였다. 또한 토지 433.8 m²는 한원광장과 김○석이 사용하도록 203 m²를 제척한 후의 경계 안쪽 4 m지점에 펜스를 시공해 입주자들은 출입조차 하지 못하면서 매년 재산세만 납부하게 부실 공사를 한 점.
- 입주한 2012.3.30. 이후에는 분양 당시 토지 636.8 m²를 빼고 만든 설계도, 모형, 카탈로그를 보여주면서 그대로 시공한 것이므로 사기 분양이 아니라며 속였고, 현재 펜스가 분양 당시 아파트의 경계라며 토지 636.8 m²를 돌려주지 않은 점.

* 위법행위자: H건설 사장 김○겸 및 정○현, 현장소장 박○훈
한원광장 사장 고○현

2. 입주자대표의 비리

① 정보전달수단을 완전히 통제하면서 사기 분양한 것을 은폐

- 입주자대표는 2012.3.30. 입주한 이후에 정보전달수단을 완전히 통제하며 분양 당시 토지 636.8 m²를 빼고 만든 설계도, 모형, 카탈로그를 보여주면서 그대로 시공한 것이므로 사기 분양이 아니라며 토지 636.8 m²를 못 찾게 방해한 점.
- 사기 분양한 토지 636.8 m² 중에서 203 m²는 2011.1.31. 분할하여 제척해 한원광장이 90 m²를 편취하였고, 김○석에게 113 m²를 매각하였다. 또한 토지 433.8 m²는 한원광장과 김○석이 사용하도록 203 m²를 제척한 후의 경계 안쪽 4 m지점에 펜스를 시공해 입주자

들이 출입조차 하지 못하면서 매년 재산세만 납부하고 있다. 그런데도 입주자대표는 소송자 총회에서 박수부대를 동원해 일사천리로 항소를 포기하였고, 토지 636.8 ㎡ 중에서 69.3 ㎡만 찾아주며 나머지를 못 찾게 방해한 점.

- 입주자대표는 소송자에게 사기 분양한 토지 636.8 ㎡ 중에서 69.3 ㎡만 찾아준 이후에 미소송자에게도 토지 69.3 ㎡만 찾아주려고 하다가 비대위원장이 636.8 ㎡를 찾아야 한다고 강력히 항의하자 미소송자 총회를 취소한 후에 미소송자에게 토지 203 ㎡만 찾아주면서 포기 각서를 써주고 토지 433.8 ㎡를 못 찾게 방해한 점.
- 입주자대표는 사기 분양한 책임을 묻는다며 형식적으로 H건설(한원광장)을 광진경찰서에 고소하였는데, 강남경찰서로 이첩해 수사를 받으면서 고의로 사기 분양한 토지 636.8 ㎡를 빼고 설계하여 시공한 위법행위를 진술하지 않고 무혐의 처분을 받도록 한 점.

* 위법행위자: 제1기 입주자대표 전○수, 이○욱, 김○복, 김○섭, 유○운
제2기 입주자대표 전○수, 이○욱, 김○복, 김○섭, 전○정

② 불법선거로 승계해 불법 관리를 하면서 토지 636.8 ㎡를 못 찾게 방해

- 입주자들은 사기 분양한 토지 636.8 ㎡를 찾기 위해 2015.9.2. 비상대책위원회를 결성하였고, 비대위원을 2015.9.9. 1403동 입주자대표 보궐선거에 단독후보로 출마시켜 당선을 확보하였다. 그러나 입주자대표와 선거관리위원은 유권자의 22%에게만 방문해 찬반을 묻고 나서 과반수에 미달되었다며 부정선거로 낙선시킨 점.
- 입주자들은 사기 분양한 토지 636.8 ㎡를 찾기 위해 2015.10월. 입주자대표 해임안에 75%가 서명해 사퇴하라고 통보하였음에도 제

2기 입주자표(전○수, 이○욱, 김○복)가 사퇴하지 않았고, 선거관리위원(박○식, 최○정)이 해임투표를 실시하지 않으면서 토지 636.8 ㎡를 찾지 못하게 방해한 점.

- 입주자들은 2016.4월. 위임장에 55%가 서명해 입주자대표, 선거관리위원, 관리소장에게 선거관리업무를 일체 수행하지 말라고 통보하였고, 비대위원장에게 관리규약에 상관없이 선거관리업무 일체를 수행해 달라고 위임하였다. 그러나 입주자대표는 입주자들의 강력한 명령을 어기고 선거관리업무를 수행한 점.
- 입주자들은 관리규약, 입주자대표 해임안, 위임장, 주민총회 의결에 의거, 입주자대표가 2016.6.21. 임기 만료되어 권한이 완전히 상실되었기 때문에, 제3기 선거관리위원을 선출하였고, 제3기 선거관리위원회(위원장 신○휴)는 2016.6.26. 입주자들의 52%가 참여한 비밀투표로 제3기 입주자대표를 선출하였는데 제2기 입주자대표가 불법으로 제3기 입주자대표에게 업무를 인계하지 않은 점.
- 입주자들은 제2기 입주자대표의 임기가 2016.6.21. 만료된 후 2016.6.26. 제3기 입주자대표를 선출하였음에도, 제2기 입주자대표(전○수, 이○욱, 김○복)가 불법으로 2016.7.14. 최○호와 김○용을 제3기 선거관리위원장 및 선거관리전담요원에 지명한 점.
- 불법으로 지명된 최○호와 김○용은 무자격자임에도 선거인명부(휴대폰번호)를 20%만 확인하였고, 2016.8.11. 전자투표를 이용해 대리투표로 부정선거를 하여 측근을 제3기 입주자대표(유○운, 공○미, 임○익)로 당선되었다며 속인 점(어떤 입주자가 바보처럼 사기 분양한 토지 636.8 ㎡를 못 찾게 방해한 후보자에게 투표를 하겠습니까? 새빨간 거짓말입니다).
- 입주자들이 제3기 입주자대표 당선자를 발표한 직후 강력히 항의하며 부정선거한 선거인명부를 검증해 달라고 요구하자, 최○호가 도

망갔고, 김○용은 휴대폰번호를 20%만 확인하여 선거인명부를 작성해 대리투표로 부정선거를 하였다며 고백한 확인서와 선거인명부를 검증해 주겠다는 USB(비밀번호 설정)을 비대위원장에게 제출하였음에도 그 이후에는 약속을 어기고 부정선거를 한 USB(선거인명부)를 검증해 주지 않은 점.

- 최○호는 제2기 입주자대표(전○수, 이○욱, 김○복)가 전자투표를 도입하기 위한 입주자대표회의를 2016.3.18. 개최하여 관리규약 개정을 의결하였는데 그 이후에 입주자들에게 동의서를 받지 못했음에도 2015.6.1. 소급해 동의서를 받았다며 속였고, 불법으로 전자투표를 이용해 제3기 및 제4기 입주자대표를 선출한 점.
- 최○호는 제2기 입주자대표가 2016.6.21. 임기 만료된 이후 2016.7.14. 불법으로 제3기 선거관리위원장에 지명된 무자격자임에도 부정선거로 제3기 및 제4기 입주자대표를 선출하였고, 불법으로 유○운을 제5기 선거관리위원장으로 지명한 점.
- 유○운은 불법으로 지명된 제5기 선거관리위원장으로서 무자격자임에도 불법선거로 측근을 제5기 입주자대표(최○호, 공○미, 조○영, 송○호)로 당선되었다며 속인 점.
- 제2기 입주자대표는 2016.6.21. 임기 만료되어 권한이 완전히 상실되었음에도 불법으로 측근을 제3기, 제4기, 제5기 선거관리위원으로 지명하였고, 선거관리위원은 부정선거를 하여 측근이 제3기, 제4기, 제5기 입주자대표로 당선되었다며 속인 점.
- 제2기 입주자대표는 관리규약, 입주자대표 해임안, 위임장, 주민총회 의결에 의거, 2016.6.21. 임기 만료되어 권한이 완전히 상실되었다. 따라서 제2기 입주자대표는 무자격자임에도 2016.8.11. 전자투표를 이용해 대리투표로 부정선거를 하여 제3기 입주자대표를 선출하였고, 이후에도 불법으로 제4기 및 제5기 입주자대표를 선출해 불

법 관리를 하고 있다. 더구나 무자격자인데 2016년부터 2020년까지(5년간)만 보더라도 업무추진비 등 68,849,902원을 불법 사용한 점(업무추진비 11,219.744원, 입주자대표회의비 37,866,198원, 선거처리운영비 10,635,440원, 회계감사비용 9,128,520원).

* 위법행위자: 제1기 및 제2기 입주자대표 전○수, 이○욱, 김○복
제1기 및 제2기 선거관리위원 박○식, 최○정
제3기 선거관리위원장 **최○호**, 선거관리전담요원 김○용
제3기 입주자대표 **유○운**, **공○미**, **임○익**
제4기 선거관리위원장 **최○호**, 선거관리위원 **조○영**
제4기 입주자대표 **임○익**, 김○연, 이○근, 김○재
제5기 선거관리위원장 **유○운**, 선거관리위원 김○섭
제5기 입주자대표 **최○호**, **공○미**, **조○영**, 송○호

③ 공공의 이익이 아닌 명예훼손을 하였다고 위장해 고소

- 비대위원장은 2012.8.6. 대한지적공사 측량 및 2015.2.10. 서울고등법원 판결에 의거, 203 ㎡를 분할하여 제척해 한원광장이 90 ㎡를 편취하거나 김○석에게 113 ㎡를 매각한 곳까지 아파트의 경계라는 것을 증명하였다. 또한 203 ㎡부터 펜스까지 토지 433.8 ㎡가 입주자들이 출입조차 하지 못하며 매년 재산세만 납부하는 것도 증명하였다. 그런 후에 비대위원장은 사기 분양한 토지 636.8 ㎡를 찾아달라고 하였는데 입주자대표가 못 찾게 방해하였다. 따라서 비대위원장은 공공의 이익을 위해 2015.6.30. 및 7.10. 다음카페에서 토지 636.8 ㎡를 찾아야 한다고 알려주었는데 입주자대표가 비대위원장을 2015.7.18. 강제로 퇴출시킨 점.
- 비대위원장은 입주자대표가 2015.7.18. 다음카페에서 강제로 퇴출하였기 때문에 공공의 이익을 위해 2015.8.24. 더사모카페를 개설

하여 토지 636.8 ㎡를 찾아야 한다고 알려주었다. 그러나 입주자대표는 토지 636.8 ㎡를 못 찾게 방해할 목적으로 비대위원장이 명예훼손을 하였다며 위장해 2016.3.14. 광진경찰서에 고소한 점.

- 비대위원장은 공공의 이익을 위해 진실을 알려주었으므로 선고유예를 받았는데 입주자대표가 1억 원의 손해배상금을 청구한 소송을 제기하였지만 서울동부지법이 공공의 이익을 위한 것을 인정해 비대위원장에게 8백만 원을 배상하고, 입주자대표가 소송비용의 9/10을 부담하라며 서로 정산할 것이 없게 판결한 점.
- 입주자대표가 비대위원장이 명예훼손을 하였다며 더사모카페를 폐쇄해 달라고 민원을 제출하였는데 네이버와 방송통신심의위원회에서는 전수조사를 실시해 심의한 결과, 공공의 이익을 위한 것이므로 폐쇄할 수 없다고 거절하였다. 그런데도 입주자대표는 비대위원장을 2018.10.8. 및 2019.3.14. 또 광진경찰서에 고소하였다. 따라서 비대위원장은 진실을 밝히고자 정식재판을 청구하였고, 서울동부지법에서 2020.9.17. 선고하기로 결정하였다가 2020.10.8. 2020.11.12. 2020.12.10.로 계속 연기하였다. 그런 후에 벌금 5백만 원을 선고하였는데 비대위원장은 진실을 밝히기 위해 2020.12.16. 항소를 제기하였고, 현재 재판이 진행 중인 점.
- 비대위원장은 2012.8.6. 대한지적공사 측량 및 2015.2.10. 서울고등법원 판결에 의거, 토지 636.8 ㎡가 사기 분양된 것을 증명한 후에 공공의 이익을 위해 2015.8.24. 더사모카페를 개설하여 찾아야 한다고 알려주었다. 그러나 입주자대표는 명예훼손, 업무방해, 협박, 폭행을 하였다며 위장해 불필요한 고소, 수사, 재판을 유도하고 변호사를 앞세워 거짓의 진술, 준비서면, 증거서류, 탄원서를 제출해 경찰, 검찰, 법원이 속아서 오판하도록 위법행위를 저질러 선량한 피해자를 악질적인 가해자로 뒤바꿔 놓은 점.

* 위법행위자: 제1기 및 제2기 입주자대표 전○수, 이○욱, 김○복
제1기 및 제2기 선거관리위원 박○식, 최○정

3. 광진구청의 비리

① 불법으로 사업허가, 제척승인, 사용검사 승인

- 광진구청은 H건설(한원광장)이 토지 636.8 ㎡를 빼고 설계도, 모형, 카탈로그에 표시해 공지하여 시공하였음에도 분양대금 82억 원을 받아가도록 불법으로 사업허가를 해 주었고, 토지 203 ㎡를 분할하여 제외하도록 불법으로 제척승인을 해 주었으며, 203 ㎡를 제척한 후 경계 안쪽 4 m지점에 펜스를 시공해 불용토지 433.8 ㎡를 입주자들이 출입조차 하지 못하며 매년 재산세만 납부하도록 부실 공사를 하였는데 불법으로 사용검사승인을 해 준 점.
- 1404동 뒤 2단산벽을 설치한 곳은 분양하기 이전부터 고도차가 2 m 이상 나는데 수직석축으로 시공되어 있어 출입할 수 있었다. 따라서 분양 당시에도 출입을 하도록 수직옹벽을 설계하였는데 분양계약을 위반해 출입을 하지 못하게 2단산벽으로 시공한 점.
- 입주자들은 입주한 2012.3.30. 이후에 사기 분양한 토지 636.8 ㎡를 찾아달라고 요구하였는데 도시관리국장, 주택과장, 감사담당관, 민원실장 등이 직접 서쪽 경계 펜스 밖의 현장을 방문해 중대한 위법행위를 확인하였음에도 찾아주지 않은 점.

* 위법행위자: 광진구청장 김○동, 주택과 과장 조○수 및 팀장 김○혁

② 불법선거를 공정선거라고 승인

- 입주자들은 사기 분양한 토지 636.8 ㎡를 찾기 위해 관리규약, 입주자대표 해임안, 위임장, 주민총회 의결에 의거, 제2기 입주자대표(전○수, 이○욱, 김○복)가 2016.6.21. 임기 만료되어 권한

이 완전히 상실되었기 때문에, 제3기 선거관리위원을 선출해 제3기 선거관리위원회를 구성하였다. 그리고 제3기 선거관리위원회는 2016.6.26. 입주자들의 52%가 참여한 비밀투표로 제3기 입주자대표를 선출하였고, 제3기 입주자대표회의를 구성하였다. 그런데도 광진구청 주택과 김○혁 팀장은 입주자들의 의사에 반해 불법으로 제3기 입주자대표회의 구성신고서를 접수해 주지 않고 반려한 점.

- 입주자들은 2016.6.26. 제3기 입주자대표를 선출하였음에도, 제2기 입주자대표가 불법으로 업무를 인계하지 않았다. 이에 더하여 제2기 입주자대표는 불법으로 2016.7.14. 최○호와 김○용을 제3기 선거관리위원장 및 선거관리전담요원에 지명하였다. 그런데도 주택과 김○혁 팀장은 불법으로 지명한 최○호와 김○용이 제3기 입주자대표 선거를 실시하도록 승인해 준 점.
- 최○호와 김○용은 제2기 입주자대표가 불법으로 2016.7.14. 지명한 무자격자임에도 불법선거를 하기 때문에 입주자들이 감사요구를 하였다. 광진구청 감사관실 반장 박○아 등 8명은 2016.7.27.부터 2016.7.29.까지(3일간) 감사하였고, 이때 입주자들이 2015.10월. 입주자대표 해임안(75%) 및 2016.4월. 위임장(55%)에 서명한 것, 비대위원이 2015.9.9. 1403동 입주자대표의 보궐선거에 단독후보로 출마하였는데 입주자대표와 선거관리위원이 유권자의 22%에게만 방문해 찬반을 묻고 과반수에 미달되었다며 낙선시킨 것, 입주자들이 관리규약, 입주자대표 해임안, 위임장, 주민총회 의결에 의거 2016.6.26. 제3기 입주자대표를 선출한 것을 확인하였다. 그러나 박○아 반장은 제2기 입주자대표가 불법선거를 한 위법행위를 처벌하지 않은 점.
- 광진구청의 감사관실 박○아 반장 및 주택과 김○혁 팀장은 감사결과에 의거, 2016.7.29. 제3기 선거관리위원장 최○호에게 제3

기 입주자대표 선거를 중지하라고 통보하였다. 그러나 최○호가 명령을 거부하고 2016.8.11. 불법선거를 강행하는데 박○아 반장 및 김○혁 팀장은 선거를 중단시키지 않은 점.

- 최○호와 김○용은 불법으로 2016.7.14. 지명된 무자격자임에도, 선거인명부(휴대폰번호)를 20%만 확인한 것을 근거로, 2016.8.11. 전자투표를 이용해 대리투표로 불법선거를 하여 측근이 제3기 입주자대표(유○운, 공○미, 임○익)로 당선되었다며 거짓으로 속였다. 더구나 불법선거한 선거인명부(USB)를 검증해 주지도 않았다. 이와 같이 주택과 김○혁 팀장은 최○호와 김○용이 불법선거를 한 것을 알면서도 공정선거를 하였다고 승인해 준 점.
- 최○호는 제2기 입주자대표(전○수, 이○욱, 김○복)가 입주자대표회의를 2016.3.18. 개최하여 전자투표를 도입하기 위한 관리규약 개정을 의결하였지만, 그 후에 입주자들에게 과반수 동의서를 받지 못했음에도 2015.6.1. 소급해 받았다며 속이고 불법으로 제3기 및 제4기 입주자대표 선거를 전자투표로 실시하였다. 그런데도 주택과 김○혁 팀장 및 심○홍 팀장은 공정선거를 하였다며 승인해 준 점.
- 최○호가 무자격자인데 제3기 및 제4기 선거관리위원장을 하면서 불법으로 제3기 및 제4기 입주자대표를 선출하였고, 유○운을 제5기 선거관리위원장으로 지명하였다. 유○운은 무자격자인데 제5기 선거관리위원장을 하면서 불법으로 제5기 입주자대표(최○호, 공○미, 조○영, 송○호)를 선출하였음에도 광진구청 주택과 심○홍 팀장 및 백○준 주무관은 공정선거로 선출되었다고 승인해 준 점.
- 제2기 입주자대표는 2016.6.21. 임기 만료되어 권한이 상실된 이후에 불법으로 2016.7.14. 제3기 선거관리위원을 지명하였다. 이처럼 불법으로 지명된 제3기, 제4기, 제5기 선거관리위원은 불법으로 제3기, 제4기, 제5기 입주자대표를 선출해 승계하였고, 불법으로

선출된 입주자대표는 2016.6.21.부터 불법 관리를 하고 있다. 그런데도 광진구청 주택과 팀장 김○혁 심○홍 강○경, 주무관 백○준 류○완 김○성은 불법 관리하는 것을 승인해 준 점.

- 비대위원장은 사기 분양한 토지 636.8 ㎡를 찾아 달라고 국민신문고를 통해 서울특별시(광진구청)에 진정서를 수없이 제출하였다. 그러나 백○준은 앵무새처럼 거짓의 답변만 하였고, 2020.12.9. 14시 건축담당 류○완과 현장검증을 한다며 비대위원장에게 설명을 부탁하였다. 그러나 백○준은 류○완이 아닌 행정팀 조○환과 나왔다. 비대위원장은 사기 분양한 2단산벽, 제척토지 90 ㎡ 및 113 ㎡, 불용토지 433.8 ㎡를 설명하고자, 우선 수직옹벽이 아닌 2단산벽을 시공하였다고 설명하는데 백○준이 갑자기 복귀한다면서 폭행하였다며 비대위원장을 112에 허위신고를 하였다. 백○준은 입주자대표가 불법선거로 승계해 불법 관리를 하였는데 공정선거로 승인해 주었고, 민원처리를 한다며 유인해 폭행하였다고 112에 허위신고를 한 점.

* 위법행위자: 주택과 과장 박○호, 팀장 김○혁 심○홍 강○경, 주무관 백○준 류○완 김○성

4. 광진구 선거관리위원회의 비리

- 광진구 선거관리위원회는 KT가 전자투표를 이용해 대리투표로 불법선거를 할 수 있도록 전자투표(K-voting) 시스템을 개발하였음에도 H아파트의 입주자대표 선거를 하도록 허용해 주었고, 더구나 공인인증서가 아닌 동 · 호수 확인방법을 이용해 선거인명부(휴대폰번호)를 20%만 확인한 후 대리투표를 하도록 허용하였으며, 선거인명부를 정확히 기재하였더라도 선거마감시간 직전에 투표하지 않은 세대의 선거인명부를 변경해 대리투표를 하는 수법으로 부정선거를 하도록 허용해 준 점.

- 중앙선거관리위원회는 전자투표(K-voting) 시스템에서 입주자들이 투표과정 및 결과를 공정하게 검증할 수 없고, 검찰에서 이미 수사해 부정선거로 악용한 것을 증명하였으며, KBS에서도 부정선거로 악용한 것을 보도해 심각한 문제점을 알고 있었는데 개선하지 않고 허용해 준 점(http://naver.me/5lbbf5Sx)
- 입주자들은 토지 636.8 ㎡를 찾아줄 비대위원에게 모두 투표하였음에도 최○호가 전자투표를 악용해 못 찾게 방해한 측근이 2016.8.11. 당선되었다고 속인 점(어떤 입주자가 바보처럼 못 찾게 방해한 후보자에게 투표하겠습니까? 새빨간 거짓말입니다).
- 입주자들은 부정선거한 선거인명부를 검증하자고 강력히 항의하자, 최○호가 도망갔고, 김○용은 휴대폰번호를 20%만 확인해 투표하였다며 고백한 확인서와 검증해 주겠다는 선거인명부(USB, 비밀번호 설정)를 비대위원장에게 제출하였음에도 그 후에 검증해 주지 않고 사퇴한 점(검증하면 무자격자가 부정 선거한 것을 증명).
- 비대위원장은 전자투표(K-voting) 시스템을 악용해 부정선거한 문제점을 중앙선거관리위원회(선거2과)와 광진구 선거관리위원회(사무국장)에 통보하여 전자투표를 중지할 것을 요구하였음에도 제3기 및 제4기 입주자대표 선거를 허용해 준 점.

* 위법행위자: 광진구 선거관리위원회 사무국장

5. 입주자대표가 선임한 변호사의 비리

- 입주자대표가 선임한 변호사는 공공의 이익과 입주자들의 이익에 반해 거짓으로 변론하였다. 그 결과 ① 사기 분양한 토지 636.8 ㎡ 중에서 한원광장이 69.3 ㎡만 손해배상책임이 있고 H건설은 전혀 책임이 없다며 판결하였고, ② H건설은 형사책임도 없다며 무혐의 처분을 받았으며, ③ 입주자대표가 전자투표를 이용해 대리투표로

불법선거를 하였는데 공정선거를 하였다며 판결하였고, ④ 비대위원장이 공공의 이익을 위해 토지 636.8 ㎡를 찾자고 알려주었는데 명예훼손을 하였다며 변론해 피해자를 가해자로 뒤바꿔놓은 점

- 제2기 입주자대표가 선임한 변호사는 토지 636.8 ㎡를 사기 분양한 것, 불법선거로 승계해 불법 관리를 하는 것, 명예훼손을 하였다고 비대위원장을 고소한 것에 관해 공공의 이익과 입주자들의 이익에 반해 거짓의 진술, 준비서면, 증거서류, 탄원서를 제출해 진실을 왜곡하여 변론하였기 때문에 광진경찰서, 서울동부지검, 서울동부지법이 속아서 오판함으로써 입주자들이 토지 636.8 ㎡를 못 찾게 된 점.

* 위법행위자: 사기 분양 관련 변론: 변호사 조○봉
불법선거 및 명예훼손 관련 변론: 변호사 최○웅

6. 광진경찰서가 진실을 완전히 왜곡한 수사

- H건설(한원광장), 입주자대표, 광진구청은 공모해 2009.10.12. 토지 636.8 ㎡를 빼고 설계도, 모형, 카탈로그에 표시해 공지하여 시공하였음에도 분양대금 82억 원을 받아 가는 수법으로 사기 분양을 하였다. 그리고 입주한 2012.3.30. 이후에는 분양 당시 토지 636.8 ㎡를 빼고 만든 설계도, 모형, 카탈로그를 보여주면서 그대로 시공한 것이므로 사기 분양한 것이 아니고, 현재 펜스가 아파트의 경계라며 속였다. 그래서 비대위원장은 2012.8.6. 대한지적공사에서 측량하여 토지 636.8 ㎡가 사기 분양된 것을 증명하였다. 또한 2015.2.10. 서울고등법원에서 판결을 받아서 또 다시 증명하였다. 그러나 입주자대표가 2016.8.11. 불법선거로 승계해 불법 관리를 하면서 정보전달수단을 완전히 통제하고 사기 분양한 토지 636.8 ㎡를 못 찾게 조직적으로 방해하였음에도 광진경찰서는 사기 분양한 것이 아니라며 혐의 없다고 송치한 점.

- 입주자들은 제2기 입주자대표의 임기가 2016.6.21. 만료되어 권한이 상실된 후 관리규약, 입주자대표 해임안, 위임장, 주민총회 의결에 의거, 2016.6.26. 제3기 입주자대표를 선출하였다. 그러나 제2기 입주자대표는 불법으로 제3기 입주자대표에게 업무를 인계하지 않았다. 이에 더하여 제2기 입주자대표는 불법으로 2016.7.14. 최○호와 김○용을 제3기 선거관리위원장 및 선거관리전담요원에 지명하였고, 선거인명부(휴대폰번호)를 20%만 확인해 2016.8.11. 전자투표를 이용한 대리투표로 부정선거를 하여 제3기 입주자대표를 선출하였다. 더구나 제2기 입주자대표는 전자투표를 도입한 관리규약 개정을 2016.3.18. 입주자대표회의에서 의결하였는데 입주자들에게 2015.6.1. 소급해 동의서를 과반수 받았다고 속였다. 그런데도 광진경찰서는 불법선거가 아니라며 혐의 없다고 송치한 점.
- 비대위원장은 공공의 이익을 위해 사기 분양한 토지 636.8 ㎡를 찾아야 한다고 다음카페에서 2015.6.30. 및 7.10. 알려주었는데 제2기 입주자대표가 2015.7.18. 강제로 퇴출시켰다. 따라서 비대위원장은 공공의 이익을 위해 토지 636.8 ㎡를 찾아야 한다고 2015.8.24. 더사모카페를 개설해 알려주었다. 그러나 제2기 입주자대표가 명예훼손을 하였다며 2016.3.14. 비대위원장을 고소하였는데 광진경찰서는 공공의 이익이 아닌 허위사실을 유포한 것이라며 혐의 있다고 송치한 점.
- 광진경찰서는 H건설이 토지 636.8 ㎡를 사기 분양한 것과 입주자대표가 불법선거로 승계해 불법 관리를 하는 것에 관해 진실을 완전히 왜곡하여 혐의 없다고 송치하였고, 비대위원장이 공공의 이익을 위해 토지 636.8 ㎡를 찾아야 한다고 알려주었는데 명예훼손을 하였다며 진실을 완전히 왜곡해 혐의 있다고 송치한 점.
- 광진경찰서 박○환 경위 및 박○현 경사는 비대위원장이 공공의 이

익을 위해 더사모카페에서 토지 636.8㎡를 찾아야 한다고 알려주었는데 명예훼손을 한 것이라며 진실을 완전히 왜곡해 혐의 있다고 송치하였다. 또한 김○희 경사는 최○호와 김○용이 무자격자임에도 전자투표를 이용해 대리투표로 부정선거를 하였는데 공정선거라며 혐의 없다고 송치하였다. 더구나 박○환 경위, 박○현 경사, 김○희 경사는 H건설, 입주자대표, 광진구청이 공모해 토지 636.8㎡에 대하여 사기 분양을 하였는데 혐의 없다고 송치하였다. 따라서 비대위원장은 신문고를 통해 공정한 수사를 해달라고 진정서를 수없이 제출하였음에도 광진경찰서 박○준 경사, 박○혜 경위, 홍○숙 경위, 공○진 경위, 김○형 경사, 양○석 경사, 진○로 경위, 장○민 경위는 처음부터 진실을 완전히 왜곡해 수사하였는데 민원을 3회 이상 제출해 2회 이상 답변하였다는 핑계만 대면서 내사 종결하였다. 이는 진실을 완전히 왜곡해 수사한 것이므로 국민신문고의 민원인 **"만족도 평가하기"**를 읽어보면 잘못 수사한 것을 정확히 알 수 있는 점.

- 광진구청 백○준 주무관은 사기 분양한 토지 636.8㎡를 현장 검증하는데 갑자기 복귀한다면서 비대위원장이 폭행하였다고 112에 허위신고를 하였다. 그러나 비대위원장은 광진경찰서 김○정 경사에게 백○준이 광진구청의 비리를 은폐하기 위해 꼼수를 부리며 하지도 않은 폭행을 한 것이라고 진술하였다. 그리고 비대위원장은 백○준이 공직자로서 위법행위를 저질렀으므로 엄중히 처벌해 달라고 요구하였다. 그런데도 광진경찰서 김○정 경사는 진실을 완전히 왜곡해 폭행한 것으로 송치하였고, 서울동부지검 김○범 검사는 비대위원장이 공정하게 수사해 달라고 요구하였는데 진실을 완전히 왜곡해 폭행하였다며 서울동부지법에 기소(2021고단590)한 점.
- 강동경찰서 김○수 경위는 광진경찰서 박○환 경위, 박○현 경사, 김○희 경사가 진실을 완전히 왜곡해 수사한 것, 광진구청 주택과

팀장 김○혁 심○홍, 주무관 백○준 류○완이 불법선거를 하였는데 공정선거로 승인해 준 것에 관해 민원인의 조사를 하지 않고 진실을 완전히 왜곡해 잘못 수사한 것이 없다며 내사 종결한 점.

- 서울지방경찰청 한○국 경위 및 강○귀 경위는 광진경찰서 박○환 경위, 박○현 경사, 김○희 경사가 진실을 완전히 왜곡해 수사한 것, 광진구청 주택과 팀장 김○혁 및 심○홍, 주무관 백○준 및 류○완이 부정선거를 하였는데 공정선거를 한 것이라며 승인해 준 것에 관해 민원인의 조사조차 하지 않고 진실을 완전히 왜곡해 잘못 수사한 것이 없다며 내사종결을 하여 입주자들이 사기 분양한 토지 636.8㎡를 못 찾고 있는 점.
- 입주자들은 입주자대표가 부정선거로 승계해 불법 관리를 하면서 사기 분양한 토지 636.8㎡를 못 찾게 방해하였기 때문에 국민신문고를 통해 공정한 수사를 해달라고 진정서를 수없이 제출하였는데 광진경찰서, 강동경찰서, 서울지방경찰청, 경찰청에서는 진실을 완전히 왜곡해 내사 종결을 함으로써 완전범죄로 은폐하였기 때문에 입주자들이 사기 분양한 토지 636.8㎡를 못 찾고 있는 점.

* 오판한 수사관: 광진경찰서 박○환 경위, 박○현 경사, 김○희 경사, 박○준 경사, 박○혜 경위, 홍○숙 경위, 공○진 경위, 김○형 경사, 진○로 경위, 장○민 경위, 김○정 경사, 양○석 경사, 강○윤 경사
강동경찰서 김○수 경위
서울지방경찰청 한○국 경위, 강○귀 경위

7. 서울동부지검이 진실을 완전히 왜곡한 수사

- H건설(한원광장), 입주자대표, 광진구청은 공모해 2009.10.12. 토지 636.8㎡를 빼고 설계도, 모형, 카탈로그에 표시해 공지하여 시

공하였음에도 분양대금 82억 원을 받아 가는 수법으로 사기 분양을 하였다. 그리고 입주한 2012.3.30. 이후에는 분양 당시 토지 636.8㎡를 빼고 만든 설계도, 모형, 카탈로그를 보여주면서 그대로 시공한 것이므로 사기 분양이 아니고, 현재 펜스가 아파트의 경계라며 속였다. 따라서 비대위원장은 공공의 이익을 위해 2012.8.6. 대한지적공사에서 측량을 하여 토지 636.8㎡가 사기 분양된 것을 증명하였다. 또한 2015.2.10. 서울고등법원에서 판결을 받아서 또 다시 증명하였다. 그런데도 서울동부지검은 진실을 완전히 왜곡해 사기 분양한 것이 아니라고 불기소 처분한 점.

- 입주자들은 제2기 입주자대표의 임기가 2016.6.21. 만료되어 권한이 완전히 상실되었기 때문에, 관리규약, 입주자대표 해임안, 위임장, 주민총회 의결에 의거, 2016.6.26. 제3기 입주자대표를 선출하였음에도, 제2기 입주자대표가 불법으로 제3기 입주자대표에게 업무를 인계하지 않았다. 오히려 제2기 입주자대표는 불법으로 2016.7.14. 최○호와 김○용을 제3기 선거관리위원장 및 선거관리전담요원에 지명하였고, 선거인명부(휴대폰번호)를 20%만 확인해 2016.8.11. 전자투표를 이용한 대리투표로 부정선거를 하여 측근을 제3기 입주자대표로 선출하였다. 그리고 부정선거한 선거인명부(USB)를 검증해주지 않았다. 또한, 제2기 입주자대표는 전자투표를 도입한 관리규약 개정을 2016.3.18. 입주자대표회의에서 의결하였는데 입주자들에게 과반수 동의서를 2015.6.1. 소급해 받았다고 속였다. 그런데도 서울동부지검은 무자격자가 불법 및 부정선거를 안했다며 불기소 처분한 점.
- 비대위원장은 공공의 이익을 위해 토지 636.8㎡를 찾아야 한다고 다음카페에서 2015.6.30. 및 7.10. 알려주었는데 제2기 입주자대표가 알려주지 못하게 비대위원장을 2015.7.18. 다음카페에서 강제로

퇴출시켰다. 따라서 비대위원장은 2015.8.24. 더사모카페를 개설해 토지 636.8㎡를 찾아야 한다고 진실을 알려주었는데 제2기 입주자대표가 명예훼손을 하였다며 비대위원장을 2016.3.14. 광진경찰서에 고소하였다. 그리고 제2기 입주자대표는 변호사를 앞세워 거짓의 진술, 준비서면, 증거서류, 탄원서를 제출해 경찰, 검찰, 법원을 속이고 위법행위를 저질러 선량한 피해자를 악질적인 가해자로 뒤바꿔 놓았다. 그런데도 서울동부지검은 비대위원장이 허위사실을 유포해 명예훼손을 하였다며 기소 처분한 점.

- 서울동부지검은 H건설(한원광장)이 토지 636.8㎡를 사기 분양한 것과 입주자대표가 무자격자로서 불법 선거한 것에 대하여 진실을 완전히 왜곡해 불기소 처분하였고, 비대위원장이 공공의 이익을 위해 사기 분양한 토지 636.8㎡를 찾아야 한다고 진실을 알려주었는데 명예훼손을 한 것이라며 진실을 완전히 왜곡해 기소 처분한 점.
- 서울동부지검 최○석 검사 및 양○필 검사는 비대위원장이 공공의 이익을 위해 토지 636.8㎡를 찾아야 한다고 더사모카페에서 진실을 알려주었음에도 명예훼손을 한 것이라며 기소 처분하였다. 또한 조○웅 검사는 최○호와 김○용이 무자격자인데 전자투표를 이용해 대리투표로 부정선거를 하였고, 부정선거한 선거인명부(USB)를 검증해 주지 않았으며, 전자투표를 도입한 관리규약 개정 동의서를 입주자들에게 과반수 서명을 받지 못했음에도 불기소 처분한 점.
- 최○석 검사, 양○필 검사, 조○웅 검사, 김○범 검사는 H건설, 입주자대표, 광진구청이 공모해 토지 636.8㎡를 사기 분양한 것과 불법선거로 승계해 불법 관리를 하는 것에 대하여 진실을 완전히 왜곡해 불기소 처분하였고, 비대위원장이 공공의 이익을 위해 토지 636.8㎡를 찾자고 진실을 알려주었는데 명예훼손을 하였다는 것과 광진구청 백○준이 비대위원장에게 폭행을 하였다고 112에 허

위 신고한 것에 대하여 진실을 완전히 왜곡해 기소 처분하였다. 따라서 비대위원장은 국민신문고에 공정하게 수사해 달라고 진정서를 수없이 제출하였음에도 서울동부지검 송○숙 검사, 최○주 검사, 김○정 검사, 박○수 검사, 권○환 검사, 김○범 검사, 박○환 검사, 하○수 검사는 처음부터 진실을 완전히 왜곡해 수사하였는데 민원을 3회 이상 제출해 2회 이상 답변하였다는 핑계만 대면서 공람 종결하였다. 이와 같이 진실을 완전히 왜곡해 수사하여 입주자들은 사기 분양한 토지 636.8 ㎡를 찾지 못하고 있는 점.

* 오판한 검사: 서울동부지검 최○석 검사, 양○필 검사, 송○숙 검사, 최○주 검사, 김○정 검사, 박○수 검사, 권○환 검사, 김○범 검사, 박○환 검사, 하○수 검사

VI. 결론

이 사건은 H건설(한원광장), 입주자대표, 광진구청이 공모해 조직적으로 사기 분양을 하였고, 완전범죄로 은폐해 못 찾게 방해하였다. H건설은 2009.10.12. 분양하며 서쪽 경계 펜스 밖의 토지 636.8 ㎡(161 ㎡ 불법 점유)을 빼고, 설계도, 모형, 카탈로그에 표시해 공지하여 시공하였음에도 분양대금 82억 원을 받아 가는 수법으로 사기 분양을 하였다. 그리고 입주한 2012.3.30. 이후에는 분양 당시 토지 636.8 ㎡를 빼고 만든 설계도, 모형, 카탈로그를 보여 주면서 그대로 시공한 것이므로 사기 분양이 아니며, 현재 펜스가 아파트의 경계라고 속였다.

더구나 입주자대표, 선거관리위원, 관리소장은 불법선거로 승계해 불법 관리를 하면서 정보전달수단을 완전히 통제하고 토지 636.8 ㎡를 못 찾게 조직적으로 방해하였다. 그리고 광진구청은 H건설이 토지 636.8 ㎡를 사기 분양하도록 사업허가, 제척승인, 사용검사승인을 해 주었고, 입주자대표가 무자격자인데 불법선거로 승계해 불법 관리를 하면서 토지

636.8 ㎡를 못 찾게 방해하도록 공정선거라고 승인해 주었다.

그러나 비대위원장은 공공의 이익을 위해 개인적으로 2012.8.6. 대한지적공사에서 측량하여 토지 636.8 ㎡가 사기 분양된 것을 증명하였다. 또한 2015.2.10. 서울고등법원에서 판결을 받아서 또 다시 증명하였다. 그런 후에 비대위원장은 다음카페에서 토지 636.8 ㎡를 찾아야 한다고 알려주었는데 입주자대표가 강제로 퇴출시켰고, 더사모카페를 개설해 찾아야 한다며 알려주었는데 입주자대표가 불필요한 고소, 수사, 재판을 유도하고 변호사를 앞세워 거짓의 진술, 준비서면, 증거서류, 탄원서를 제출하며 위법행위를 저질러 피해자를 가해자로 뒤바꿔놓았다.

그런데도 광진경찰서는 진실을 완전히 왜곡해 사기 분양한 것과 불법선거로 승계한 것을 혐의 없다며 송치하였고, 비대위원장이 공공의 이익을 위해 토지 636.8 ㎡를 찾자고 알려준 것과 광진구청 백○준이 폭행하였다며 비대위원장을 112에 허위 신고한 것을 혐의 있다고 송치하였다. 그리고 서울동부지검은 광진경찰서가 진실을 완전히 왜곡해 송치한 것을 알면서 그대로 처분하였다. 또한 서울동부지법은 서울동부지검이 진실을 완전히 왜곡해 기소한 것과 변호사가 진실을 완전히 왜곡해 변론한 것을 그대로 믿고 오판하였다. 이러한 수법으로 진실을 완전히 왜곡하였기 때문에 입주자들은 사기 분양한 토지 636.8 ㎡를 찾지 못했다.

결론적으로 광진경찰서와 서울동부지검은 H건설(한원광장), 입주자대표, 광진구청이 공모해 진실을 완전히 왜곡한 사기 분양, 불법선거, 명예훼손, 112 허위신고에 대하여 반드시 위법행위를 공정하게 재수사하여야 한다. 또한 입주자대표가 2016.6.21. 임기 만료된 무자격자인데 불법선거로 승계해 불법 관리를 하면서 사기 분양한 토지 636.8 ㎡를 못 찾게 방해하는 위법행위를 즉시 중지시키고 엄중히 처벌하여야 한다.

수신: 서울특별시장

참조: 비서실장

제목: 조직적인 아파트 비리 조사요구

이 진정서는 오세훈 서울특별시장님과 김선갑 광진구청장님께 전달할 「친전」 진정서입니다. 왜냐하면 이 진정서는 민원처리에 관한 법률 23조에 해당하지 아니한 중대한 위법행위이므로 철저히 조사하여야 한다고 계속 통보하였음에도 거짓의 답변만 앵무새처럼 하면서 완전범죄로 은폐하였기 때문입니다. 더구나 우리 주민들은 국민신문고를 통해 조직적인 아파트 비리(사기 분양, 부실 공사, 불법 관리)를 조사해 달라고 60회에 걸쳐 진정서를 제출하였음에도 서울특별시(시민감사옴브즈만위원회)와 광진구청(주택과)이 처음부터 진실을 완전히 왜곡해 조사하였고, 이후에는 추가로 발생된 비리까지 철저히 조사해 달라고 요구하였는데 동문서답을 하면서 해결하지 않았습니다.

이 사건의 사기 분양한 토지 636.8 ㎡는 현장이 서쪽 경계 펜스 밖에 잘 보존되어 있고, 재건축할 때까지 증거인멸을 할 수 없습니다. 따라서 비대위원장은 공공의 이익을 위해 개인적으로 2012.8.6. 대한지적공사에서 측량하여 토지 636.8 ㎡가 사기 분양된 것과 아파트 경계가 현재 펜스 밖에 토지 636.8 ㎡까지인 것을 증명하였습니다. 또한 2015.2.10. 서울고등법원에서 판결을 받아서(대법원에서 2015.6.23. 확정) 또 다시 증명하였습니다.

그런데도 광진구청은 공직자의 책임과 의무를 저버리고 직무유기, 직권남용권리행사방해, 조직적인 범죄은폐를 하였기 때문에 선량한 주민들이 사기 분양한 토지 636.8 ㎡를 찾지 못하고 있습니다. 이처럼 앵무새처럼 거짓의 답변만 계속하지 말고 공정한 조사를 하여 분양대금 82억원을 납부한 토지 636.8 ㎡를 찾아주고, 입주자대표가 무자격자인데 불법선거로 승계해 불법 관리를 하는 것을 처벌해 주시기 바랍니다.

1. 현대건설(한원광장)은 2007.11.14. 광장힐스테이트의 사업부지를 측량하였는데 2단산벽(수직옹벽 설계)을 기점으로 볼 때, 북쪽에는 2 m 이상 고도차가 나는데 나상용이 수직석축 밖에 48 ㎡를 불법 점유하였고, 남쪽에는 평지인데 김종석이 콘크리트 담장 밖에 113 ㎡를 불법 점유한 것을 확인하였습니다(총 161 ㎡가 불법 점유). 그러나 2009.10.12. 분양하면서 고의로 토지 636.8 ㎡(161 ㎡ 포함)까지 빼고 설계도, 모형, 카탈로그에 표시해 시공하였음에도 분양대금 82억 원을 받아 가는 수법으로 사기 분양을 하였습니다. 더구나 입주한 2012.3.30. 이후에는 토지 636.8 ㎡를 빼고 만든 설계도, 모형, 카탈로그를 보여주면서 사기 분양한 것이 아니며, 현재 펜스가 아파트의 경계라고 속였습니다.
2. 입주자대표는 정보전달수단을 완전히 통제하며 속였고, 2016.6.21. 임기 만료된 이후에 무자격자임에도 불법으로 2016.8.11. 대리투표를 하여 부정선거로 승계해 불법 관리를 하면서 선거인명부조차 검증해 주지 않았습니다. 더구나 입주자대표는 토지 636.8 ㎡를 찾아 주려는 비대위원장을 명예훼손, 업무방해, 협박, 폭행을 하였다며 위장해 고소, 고발, 수사, 재판을 유도하고, 변호사를 앞세워 거짓의 진술, 준비서면, 탄원서를 제출해 경찰, 검찰, 법원이 속아서 오판하도록 위법행위를 저질러 선량한 피해자를 악질적인 가해자로 뒤바꿔놓았습니다. 특히, 무자격자로서 2016년부터 2020년까지 사용한 경비만 보더라도 68,849,902원(업무추진비 11,219.744원, 입주자대표회의비 37,866,198원, 선거처리운영비 10,635,440원, 회계감사비용 9,128,520원)을 불법으로 집행한 것이므로 즉시 환입시켜야 하고, 계약 및 집행한 것을 무효처리하여야 합니다.
3. 광진구청(주택과)은 ① 현대건설(한원광장)이 토지 636.8 ㎡를 사기

분양하도록 사업허가를 해 주었고, ② 토지 203 ㎡를 분할하여 제외하도록 제척승인을 해 주었고, ③ 입주자들이 토지 433.8 ㎡를 출입조차 하지 못하며 매년 재산세만 납부하도록 사용검사승인을 해 주었고, ④ 1404동 104호 뒤를 수직옹벽이 아닌 2단산벽으로 분양계약을 위반해 시공하도록 승인해 주었고, ⑤ 입주자대표가 불법선거로 승계해 불법 관리를 하도록 선거인명부조차 검증하지 않고 공정선거라고 승인해 주었습니다.

이와 같이 현대건설, 입주자대표, 광진구청은 공모해 토지 636.8 ㎡를 사기 분양하였고, 그 이후에는 불법선거로 승계해 완전범죄로 은폐하였습니다. 따라서 입주자들은 사기 분양한 토지 636.8 ㎡를 찾기 위해 2015.9.2. 비상대책위원회를 결성하였고, 관리규약, 입주자대표 해임안, 위임장, 주민총회 의결에 의거, 제2기 입주자대표가 2016.6.21. 임기 만료되어 권한이 완전히 상실되었기 때문에, 2016.6.26. 입주자대표를 선출해 제3기 입주자대표회의를 구성하였음에도 제2기 입주자대표가 불법으로 업무를 인계하지 않았습니다.

이에 더하여 제2기 입주자대표는 무자격자임에도, 2016.8.11. 전자투표를 이용한 대리투표로 부정선거를 하여 제3기 입주자대표를 선출하였고, 이후에는 불법으로 제4기 및 제5기 입주자대표를 선출하여 승계해 불법 관리를 하면서 사기 분양한 토지 636.8 ㎡를 못 찾게 방해하였습니다.

그러나 광진구청 주택과 과장 박○호, 팀장 김○혁 심○홍 강○경, 주무관 백○준 류○완 김○성은 사기 분양한 조직적인 비리를 묵인하며 은폐하였고, 입주자대표가 계속 불법선거로 승계해 불법 관리를 하고 있음에도 공정선거라며 승인해 주고 있기 때문에 입주자들이 사기 분양한 토지 636.8 ㎡를 찾지 못하고 있습니다.

또한 광진구청 주택과 백○준은 민원을 해결하기 위해 2020.12.9. 사기 분양한 토지 636.8 ㎡에 대한 현장을 건축담당 류○완과 함께 검증하기로 약속하였습니다. 그러나 백○준은 류○완이 아닌 조○환(건축담장이 아님)과 방문해 2단산벽을 검증하다가 갑자기 복귀하면서 폭행하였다고 112에 허위 신고하여 민원을 해결하지 않고 조직적인 비리를 은폐하기 위해 위법행위를 저질렀습니다.

더구나 주민들은 사기 분양한 토지 636.8 ㎡를 찾아달라고 그동안 **"아파트 비리를 완전범죄로 은폐한 수법", "숨겨진 아파트 비리 완전정복", "더사모카페에 게시한 글"**을 첨부해 진정서를 60회에 걸쳐 제출하였음에도 서울특별시와 광진구청은 입주자대표가 2016.6.21. 임기 만료된 무자격자인데 불법선거로 승계해 불법 관리를 하고 있는 것을 공정선거라며 승인해 주면서 완전범죄로 은폐하고 못 찾게 방해하였습니다.

이와 같은 수법으로 H건설, 입주자대표, 광진구청이 공모해 아파트 비리를 조직적으로 저질렀고, 입주자대표가 2016.6.21. 이후에 무자격자로서 불법선거로 승계해 불법 관리를 하기 때문에 입주자들은 사기 분양한 토지 636.8 ㎡를 찾아야 함에도 일부는 69.3 ㎡만 찾았고, 일부는 203 ㎡만 찾았으며, 일부는 전혀 찾지 못했습니다.

따라서 서울특별시와 광진구청은 그동안 진정인이 국민신문고에 답변한 민원처리 만족도 조사(처리결과 의견)를 꼭 읽어보고 진정서를 계속 제출할 수밖에 없는 정당한 이유까지 정확히 확인한 후에 조직적인 아파트 비리가 완전범죄로 은폐되지 않도록 철저하게 조사해 강력히 조치하여 주시기 바랍니다.

별첨: 1. 서울특별시에 접수한 진정서 1부.
2. 아파트 비리를 완전범죄로 은폐한 수법 1부.
3. 숨겨진 아파트 비리 완전정복 1부.
4. 더사모카페에 게시한 글 1부.

비상대책위원장 소○영 올림

수신: 경찰청장

참조: 비서실장

제목: 조직적인 아파트 비리 수사요구

이 진정서는 김창룡 경찰청장님과 박현수 광진경찰서장님께 전달할 「친전」 진정서입니다. 왜냐하면 이 진정서는 민원처리에 관한 법률 23조에 해당하지 아니한 중대한 위법행위이므로 철저히 수사하여야 한다고 계속 통보하였음에도 거짓의 답변만 앵무새처럼 하면서 완전범죄로 은폐하였기 때문입니다. 더구나 우리 주민들은 국민신문고를 통해 조직적인 아파트 비리(사기 분양, 부실 공사, 불법 관리)를 수사해 달라고 56회에 걸쳐 진정서를 제출하였음에도 광진경찰서가 처음부터 진실을 완전히 왜곡해 수사하였고, 이후에는 추가로 발생된 비리까지 철저히 수사해 달라고 요구하였는데 3회 이상 제출해 2회 이상 답변하였다는 동문서답을 하면서 내사 종결하고 해결하지 않았습니다.

이 사건의 사기 분양한 토지 636.8 ㎡는 현장이 서쪽 경계 펜스 밖에 잘 보존되어 있고, 재건축할 때까지 증거인멸을 할 수 없습니다. 따라서 비대위원장은 공공의 이익을 위해 개인적으로 2012.8.6. 대한지적공사에서 측량하여 토지 636.8 ㎡가 사기 분양된 것과 아파트 경계가 현재 펜스 밖에 토지 636.8 ㎡까지인 것을 증명하였습니다. 또한 2015.2.10. 서울고등법원에서 판결을 받아서(대법원에서 2015.6.23. 확정) 또 다시 증명하였습니다.

그런데도 광진구청은 공직자의 책임과 의무를 저버리고 직무유기, 직권남용권리행사방해, 조직적인 범죄은폐를 하였기 때문에 선량한 주민들이 사기 분양한 토지 636.8 ㎡를 찾지 못하고 있습니다. 이처럼 앵무새처럼 거짓의 답변만 계속하지 말고 공정한 수사를 하여 분양대금 82억 원을 납부한 토지 636.8 ㎡를 찾아주고, 입주자대표가 무자격자인데 불법선거로 승계해 불법 관리를 하는 것을 처벌해 주시기 바랍니다.

1. 현대건설(한원광장)은 2007.11.14. 광장힐스테이트의 사업부지를 측량하였는데 2단산벽(수직옹벽 설계)을 기점으로 볼 때, 북쪽에는 2 m 이상 고도차가 나는데 나상용이 수직석축 밖에 48 ㎡를 불법 점유하였고, 남쪽에는 평지인데 김종석이 콘크리트 담장 밖에 113 ㎡를 불법 점유한 것을 확인하였습니다(총 161 ㎡가 불법 점유). 그러나 2009.10.12. 분양하면서 고의로 토지 636.8 ㎡(161 ㎡ 포함)까지 빼고 설계도, 모형, 카탈로그에 표시해 시공하였음에도 분양대금 82억 원을 받아 가는 수법으로 사기 분양을 하였습니다. 더구나 입주한 2012.3.30. 이후에는 토지 636.8 ㎡를 빼고 만든 설계도, 모형, 카탈로그를 보여주면서 사기 분양한 것이 아니며, 현재 펜스가 아파트의 경계라고 속였습니다.
2. 입주자대표는 정보전달수단을 완전히 통제하며 속였고, 2016.6.21. 임기 만료된 이후에 무자격자임에도 불법으로 2016.8.11. 대리투표를 하여 부정선거로 승계해 불법 관리를 하면서 선거인명부조차 검증해 주지 않았습니다. 더구나 입주자대표는 토지 636.8 ㎡를 찾아 주려는 비대위원장을 명예훼손, 업무방해, 협박, 폭행을 하였다며 위장해 고소, 고발, 수사, 재판을 유도하고, 변호사를 앞세워 거짓의 진술, 준비서면, 탄원서를 제출해 경찰, 검찰, 법원이 속아서 오판하도록 위법행위를 저질러 선량한 피해자를 악질적인 가해자로 뒤바꿔놓았습니다. 특히, 무자격자로서 2016년부터 2020년까지 사용한 경비만 보더라도 68,849,902원(업무추진비 11,219.744원, 입주자대표회의비 37,866,198원, 선거처리운영비 10,635,440원, 회계감사비용 9,128,520원)을 불법으로 집행한 것이므로 즉시 환입시켜야 하고, 계약 및 집행한 것을 무효처리하여야 합니다.
3. 광진구청(주택과)은 ① 현대건설(한원광장)이 토지 636.8 ㎡를 사기

분양하도록 사업허가를 해 주었고, ② 토지 203㎡를 분할하여 제외하도록 제척승인을 해 주었고, ③ 입주자들이 토지 433.8㎡를 출입조차 하지 못하며 매년 재산세만 납부하도록 사용검사승인을 해 주었고, ④ 1404동 104호 뒤를 수직옹벽이 아닌 2단산벽으로 분양계약을 위반해 시공하도록 승인해 주었고, ⑤ 입주자대표가 불법선거로 승계해 불법 관리를 하도록 선거인명부조차 검증하지 않고 공정선거라고 승인해 주었습니다.

이와 같이 현대건설, 입주자대표, 광진구청은 공모해 토지 636.8㎡를 사기 분양하였고, 그 이후에는 불법선거로 승계해 완전범죄로 은폐하였습니다. 따라서 입주자들은 사기 분양한 토지 636.8㎡를 찾기 위해 2015.9.2. 비상대책위원회를 결성하였고, 관리규약, 입주자대표 해임안, 위임장, 주민총회 의결에 의거, 제2기 입주자대표가 2016.6.21. 임기 만료되어 권한이 완전히 상실되었기 때문에, 2016.6.26. 입주자대표를 선출해 제3기 입주자대표회의를 구성하였음에도 제2기 입주자대표가 불법으로 업무를 인계하지 않았습니다.

이에 더하여 제2기 입주자대표는 무자격자임에도, 2016.8.11. 전자투표를 이용한 대리투표로 부정선거를 하여 제3기 입주자대표를 선출하였고, 이후에는 불법으로 제4기 및 제5기 입주자대표를 선출하여 승계해 불법 관리를 하면서 사기 분양한 토지 636.8㎡를 못 찾게 방해하였습니다.

그러나 광진구청 주택과 과장 박○호, 팀장 김○혁 심○홍 강○경, 주무관 백○준 류○완 김○성은 사기 분양한 조직적인 비리를 묵인하며 은폐하였고, 입주자대표가 계속 불법선거로 승계해 불법 관리를 하고 있음에도 공정선거라며 승인해 주고 있기 때문에 입주자들이 사기 분양한 토지 636.8㎡를 찾지 못하고 있습니다.

또한 광진구청 주택과 백○준은 민원을 해결하기 위해 2020.12.9. 사기 분양한 토지 636.8㎡에 대한 현장을 건축담당 류○완과 함께 검증하기로 약속하였습니다. 그러나 백○준은 류○완이 아닌 조○환(건축 담장이 아님)과 방문해 2단산벽을 검증하다가 갑자기 복귀하면서 폭행하였다고 112에 허위 신고하여 민원을 해결하지 않고 조직적인 비리를 은폐하기 위해 위법행위를 저질렀습니다.

더구나 주민들은 사기 분양한 토지 636.8 ㎡를 찾아달라고 그동안 **"아파트 비리를 완전범죄로 은폐한 수법", "숨겨진 아파트 비리 완전정복", "더사모카페에 게시한 글"**을 첨부해 진정서를 60회에 걸쳐 제출하였음에도 서울특별시와 광진구청은 입주자대표가 2016.6.21. 임기 만료된 무자격자인데 불법선거로 승계해 불법 관리를 하고 있는 것을 공정선거라며 승인해 주면서 완전범죄로 은폐하고 못 찾게 방해하였습니다.

이와 같은 수법으로 H건설, 입주자대표, 광진구청이 공모해 아파트 비리를 조직적으로 저질렀고, 입주자대표가 2016.6.21. 이후에 무자격자로서 불법선거로 승계해 불법 관리를 하기 때문에 입주자들은 사기 분양한 토지 636.8 ㎡를 찾아야 함에도 일부는 69.3 ㎡만 찾았고, 일부는 203 ㎡만 찾았으며, 일부는 전혀 찾지 못했습니다.

따라서 경찰청과 광진경찰서는 그동안 진정인이 국민신문고에 답변한 민원처리 만족도 조사(처리결과 의견)를 꼭 읽어보고 진정서를 계속 제출할 수밖에 없는 정당한 이유까지 정확히 확인한 후에 조직적인 아파트 비리가 완전범죄로 은폐되지 않도록 철저하게 수사해 엄중히 처벌하여 주시기 바랍니다.

별첨: 1. 경찰청에 접수한 진정서 1부.
2. 아파트 비리를 완전범죄로 은폐한 수법 1부.
3. 숨겨진 아파트 비리 완전정복 1부.
4. 더사모카페에 게시한 글 1부.

비상대책위원장 소○영 올림

수신: 검찰총장

참조: 비서실장

제목: 조직적인 아파트 비리 수사요구

이 진정서는 김오수 검찰총장님과 심우정 서울동부지검장님께 전달할 「친전」 진정서입니다. 왜냐하면 이 진정서는 민원처리에 관한 법률 23조에 해당하지 아니한 중대한 위법행위이므로 철저히 수사하여야 한다고 계속 통보하였음에도 거짓의 답변만 앵무새처럼 하면서 완전범죄로 은폐하였기 때문입니다. 더구나 우리 주민들은 국민신문고를 통해 조직적인 아파트 비리(사기 분양, 부실 공사, 불법 관리)를 수사해 달라고 52회에 걸쳐 진정서를 제출하였음에도 서울동부지검이 처음부터 진실을 완전히 왜곡해 수사하였고, 이후에는 추가로 발생된 비리까지 철저히 수사해 달라고 요구하였는데 3회 이상 제출해 2회 이상 답변하였다는 동문서답을 하면서 공람 종결하고 해결하지 않았습니다.

이 사건의 사기 분양한 토지 636.8 ㎡는 현장이 서쪽 경계 펜스 밖에 잘 보존되어 있고, 재건축할 때까지 증거인멸을 할 수 없습니다. 따라서 비대위원장은 공공의 이익을 위해 개인적으로 2012.8.6. 대한지적공사에서 측량하여 토지 636.8 ㎡가 사기 분양된 것과 아파트 경계가 현재 펜스 밖에 토지 636.8 ㎡까지인 것을 증명하였습니다. 또한 2015.2.10. 서울고등법원에서 판결을 받아서(대법원에서 2015.6.23. 확정) 또 다시 증명하였습니다.

그런데도 광진구청은 공직자의 책임과 의무를 저버리고 직무유기, 직권남용권리행사방해, 조직적인 범죄은폐를 하였기 때문에 선량한 주민들이 사기 분양한 토지 636.8 ㎡를 찾지 못하고 있습니다. 이처럼 앵무새처럼 거짓의 답변만 계속하지 말고 공정한 조사를 하여 분양대금 82억원을 납부한 토지 636.8 ㎡를 찾아주고, 입주자대표가 무자격자인데 불법선거로 승계해 불법 관리를 하는 것을 처벌해 주시기 바랍니다.

1. 현대건설(한원광장)은 2007.11.14. 광장힐스테이트의 사업부지를 측량하였는데 2단산벽(수직옹벽 설계)을 기점으로 볼 때, 북쪽에는 2 m 이상 고도차가 나는데 나상용이 수직석축 밖에 48 ㎡를 불법 점유하였고, 남쪽에는 평지인데 김종석이 콘크리트 담장 밖에 113 ㎡를 불법 점유한 것을 확인하였습니다(총 161 ㎡가 불법 점유). 그러나 2009.10.12. 분양하면서 고의로 토지 636.8 ㎡(161 ㎡ 포함)까지 빼고 설계도, 모형, 카탈로그에 표시해 시공하였음에도 분양대금 82억 원을 받아 가는 수법으로 사기 분양을 하였습니다. 더구나 입주한 2012.3.30. 이후에는 토지 636.8 ㎡를 빼고 만든 설계도, 모형, 카탈로그를 보여주면서 사기 분양한 것이 아니며, 현재 펜스가 아파트의 경계라고 속였습니다.
2. 입주자대표는 정보전달수단을 완전히 통제하며 속였고, 2016.6.21. 임기 만료된 이후에 무자격자임에도 불법으로 2016.8.11. 대리투표를 하여 부정선거로 승계해 불법 관리를 하면서 선거인명부조차 검증해 주지 않았습니다. 더구나 입주자대표는 토지 636.8 ㎡를 찾아 주려는 비대위원장을 명예훼손, 업무방해, 협박, 폭행을 하였다며 위장해 고소, 고발, 수사, 재판을 유도하고, 변호사를 앞세워 거짓의 진술, 준비서면, 탄원서를 제출해 경찰, 검찰, 법원이 속아서 오판하도록 위법행위를 저질러 선량한 피해자를 악질적인 가해자로 뒤바꿔놓았습니다. 특히, 무자격자로서 2016년부터 2020년까지 사용한 경비만 보더라도 68,849,902원(업무추진비 11,219.744원, 입주자대표회의비 37,866,198원, 선거처리운영비 10,635,440원, 회계감사비용 9,128,520원)을 불법으로 집행한 것이므로 즉시 환입시켜야 하고, 계약 및 집행한 것을 무효처리하여야 합니다.
3. 광진구청(주택과)은 ① 현대건설(한원광장)이 토지 636.8 ㎡를 사기

분양하도록 사업허가를 해 주었고, ② 토지 203 ㎡를 분할하여 제외하도록 제척승인을 해 주었고, ③ 입주자들이 토지 433.8 ㎡를 출입조차 하지 못하며 매년 재산세만 납부하도록 사용검사승인을 해 주었고, ④ 1404동 104호 뒤를 수직옹벽이 아닌 2단산벽으로 분양계약을 위반해 시공하도록 승인해 주었고, ⑤ 입주자대표가 불법선거로 승계해 불법 관리를 하도록 선거인명부조차 검증하지 않고 공정선거라고 승인해 주었습니다.

이와 같이 현대건설, 입주자대표, 광진구청은 공모해 토지 636.8 ㎡를 사기 분양하였고, 그 이후에는 불법선거로 승계해 완전범죄로 은폐하였습니다. 따라서 입주자들은 사기 분양한 토지 636.8 ㎡를 찾기 위해 2015.9.2. 비상대책위원회를 결성하였고, 관리규약, 입주자대표 해임안, 위임장, 주민총회 의결에 의거, 제2기 입주자대표가 2016.6.21. 임기 만료되어 권한이 완전히 상실되었기 때문에, 2016.6.26. 입주자대표를 선출해 제3기 입주자대표회의를 구성하였음에도 제2기 입주자대표가 불법으로 업무를 인계하지 않았습니다.

이에 더하여 제2기 입주자대표는 무자격자임에도, 2016.8.11. 전자투표를 이용한 대리투표로 부정선거를 하여 제3기 입주자대표를 선출하였고, 이후에는 불법으로 제4기 및 제5기 입주자대표를 선출하여 승계해 불법관리를 하면서 사기 분양한 토지 636.8 ㎡를 못 찾게 방해하였습니다.

그러나 광진구청 주택과 과장 박○호, 팀장 김○혁 심○홍 강○경, 주무관 백○준 류○완 김○성은 사기 분양한 조직적인 비리를 묵인하며 은폐하였고, 입주자대표가 계속 불법선거로 승계해 불법 관리를 하고 있음에도 공정선거라며 승인해 주고 있기 때문에 입주자들이 사기 분양한 토지 636.8 ㎡를 찾지 못하고 있습니다.

또한 광진구청 주택과 백○준은 민원을 해결하기 위해 2020.12.9. 사기 분양한 토지 636.8 ㎡에 대한 현장을 건축담당 류○완과 함께 검증하기로 약속하였습니다. 그러나 백○준은 류○완이 아닌 조○환(건축 담장이 아님)과 방문해 2단산벽을 검증하다가 갑자기 복귀하면서 폭행하였다고 112에 허위 신고하여 민원을 해결하지 않고 조직적인 비리를 은폐하기 위해 위법행위를 저질렀습니다.

더구나 주민들은 사기 분양한 토지 636.8 ㎡를 찾아달라고 그동안 **"아파트 비리를 완전범죄로 은폐한 수법", "숨겨진 아파트 비리 완전정복", "더사모카페에 게시한 글"**을 첨부해 진정서를 60회에 걸쳐 제출하였음에도 서울특별시와 광진구청은 입주자대표가 2016.6.21. 임기 만료된 무자격자인데 불법선거로 승계해 불법 관리를 하고 있는 것을 공정선거라며 승인해 주면서 완전범죄로 은폐하고 못 찾게 방해하였습니다.

이와 같은 수법으로 H건설, 입주자대표, 광진구청이 공모해 아파트 비리를 조직적으로 저질렀고, 입주자대표가 2016.6.21. 이후에 무자격자로서 불법선거로 승계해 불법 관리를 하기 때문에 입주자들은 사기 분양한 토지 636.8 ㎡를 찾아야 함에도 일부는 69.3 ㎡만 찾았고, 일부는 203 ㎡만 찾았으며, 일부는 전혀 찾지 못했습니다.

따라서 검찰청과 서울동부지검은 그동안 진정인이 국민신문고에 답변한 민원처리 만족도 조사(처리결과 의견)를 꼭 읽어보고 진정서를 계속 제출할 수밖에 없는 정당한 이유까지 정확히 확인한 후에 조직적인 아파트 비리가 완전범죄로 은폐되지 않도록 철저하게 수사해 엄중히 처벌하여 주시기 바랍니다.

별첨: 1. 검찰청에 접수한 진정서 1부.
2. 아파트 비리를 완전범죄로 은폐한 수법 1부.
3. 숨겨진 아파트 비리 완전정복 1부.
4. 더사모카페에 게시한 글 1부.

비상대책위원장 소○영 올림

수신: 국민권익위원장

참조: 비서실장

제목: 조직적인 아파트 비리 조사요구

이 진정서는 전현희 국민권익위원장님께 전달할 「친전」 진정서입니다. 왜냐하면 이 진정서는 민원처리에 관한 법률 23조에 해당하지 아니한 중대한 위법행위이므로 철저히 조사하여야 한다고 계속 통보하였음에도 거짓의 답변만 앵무새처럼 하면서 완전범죄로 은폐하였기 때문입니다. 더구나 우리 주민들은 국민신문고를 통해 조직적인 아파트 비리(사기 분양, 부실 공사, 불법 관리)를 조사해 달라고 26회에 걸쳐 진정서를 제출하였음에도 국민권익위원회(고충처리국)에서 처음부터 진실을 완전히 왜곡해 조사하였고, 이후에는 추가로 발생된 비리까지 철저히 수사해 달라고 요구하였는데 동문서답을 하면서 해결하지 않았습니다.

이 사건의 사기 분양한 토지 636.8㎡는 현장이 서쪽 경계 펜스 밖에 잘 보존되어 있고, 재건축할 때까지 증거인멸을 할 수 없습니다. 따라서 비대위원장은 공공의 이익을 위해 개인적으로 2012.8.6. 대한지적공사에서 측량하여 토지 636.8㎡가 사기 분양된 것과 아파트 경계가 현재 펜스 밖에 토지 636.8㎡까지인 것을 증명하였습니다. 또한 2015.2.10. 서울고등법원에서 판결을 받아서(대법원에서 2015.6.23. 확정) 또 다시 증명하였습니다.

그런데도 광진구청은 공직자의 책임과 의무를 저버리고 직무유기, 직권남용권리행사방해, 조직적인 범죄은폐를 하였기 때문에 선량한 주민들이 사기 분양한 토지 636.8㎡를 찾지 못하고 있습니다. 이처럼 앵무새처럼 거짓의 답변만 계속하지 말고 공정한 조사를 하여 분양대금 82억원을 납부한 토지 636.8㎡를 찾아주고, 입주자대표가 무자격자인데 불법선거로 승계해 불법 관리를 하는 것을 처벌해 주시기 바랍니다.

1. 현대건설(한원광장)은 2007.11.14. 광장힐스테이트의 사업부지를 측량하였는데 2단산벽(수직옹벽 설계)을 기점으로 볼 때, 북쪽에는 2 m 이상 고도차가 나는데 나상용이 수직석축 밖에 48 ㎡를 불법 점유하였고, 남쪽에는 평지인데 김종석이 콘크리트 담장 밖에 113 ㎡를 불법 점유한 것을 확인하였습니다(총 161 ㎡가 불법 점유). 그러나 2009.10.12. 분양하면서 고의로 토지 636.8 ㎡(161 ㎡ 포함)까지 빼고 설계도, 모형, 카탈로그에 표시해 시공하였음에도 분양대금 82억 원을 받아 가는 수법으로 사기 분양을 하였습니다. 더구나 입주한 2012.3.30. 이후에는 토지 636.8 ㎡를 빼고 만든 설계도, 모형, 카탈로그를 보여주면서 사기 분양한 것이 아니며, 현재 펜스가 아파트의 경계라고 속였습니다.
2. 입주자대표는 정보전달수단을 완전히 통제하며 속였고, 2016.6.21. 임기 만료된 이후에 무자격자임에도 불법으로 2016.8.11. 대리투표를 하여 부정선거로 승계해 불법 관리를 하면서 선거인명부조차 검증해 주지 않았습니다. 더구나 입주자대표는 토지 636.8 ㎡를 찾아주려는 비대위원장을 명예훼손, 업무방해, 협박, 폭행을 하였다며 위장해 고소, 고발, 수사, 재판을 유도하고, 변호사를 앞세워 거짓의 진술, 준비서면, 탄원서를 제출해 경찰, 검찰, 법원이 속아서 오판하도록 위법행위를 저질러 선량한 피해자를 악질적인 가해자로 뒤바꿔놓았습니다. 특히, 무자격자로서 2016년부터 2020년까지 사용한 경비만 보더라도 68,849,902원(업무추진비 11,219.744원, 입주자대표회의비 37,866,198원, 선거처리운영비 10,635,440원, 회계감사비용 9,128,520원)을 불법으로 집행한 것이므로 즉시 환입시켜야 하고, 계약 및 집행한 것을 무효처리하여야 합니다.
3. 광진구청(주택과)은 ① 현대건설(한원광장)이 토지 636.8 ㎡를 사기 분양하도록 사업허가를 해 주었고, ② 토지 203 ㎡를 분할하여 제외

하도록 제척승인을 해 주었고, ③ 입주자들이 토지 433.8 ㎡를 출입 조차 하지 못하며 매년 재산세만 납부하도록 사용검사승인을 해 주었고, ④ 1404동 104호 뒤를 수직옹벽이 아닌 2단산벽으로 분양계약을 위반해 시공하도록 승인해 주었고, ⑤ 입주자대표가 불법선거로 승계해 불법 관리를 하도록 선거인명부조차 검증하지 않고 공정선거라고 승인해 주었습니다.

이와 같이 현대건설, 입주자대표, 광진구청은 공모해 토지 636.8 ㎡를 사기 분양하였고, 그 이후에는 불법선거로 승계해 완전범죄로 은폐하였습니다. 따라서 입주자들은 사기 분양한 토지 636.8 ㎡를 찾기 위해 2015.9.2. 비상대책위원회를 결성하였고, 관리규약, 입주자대표 해임안, 위임장, 주민총회 의결에 의거, 제2기 입주자대표가 2016.6.21. 임기 만료되어 권한이 완전히 상실되었기 때문에, 2016.6.26. 입주자대표를 선출해 제3기 입주자대표회의를 구성하였음에도 제2기 입주자대표가 불법으로 업무를 인계하지 않았습니다.

이에 더하여 제2기 입주자대표는 무자격자임에도, 2016.8.11. 전자투표를 이용한 대리투표로 부정선거를 하여 제3기 입주자대표를 선출하였고, 이후에는 불법으로 제4기 및 제5기 입주자대표를 선출하여 승계해 불법 관리를 하면서 사기 분양한 토지 636.8 ㎡를 못 찾게 방해하였습니다.

그러나 광진구청 주택과 과장 박○호, 팀장 김○혁 심○홍 강○경, 주무관 백○준 류○완 김○성은 사기 분양한 조직적인 비리를 묵인하며 은폐하였고, 입주자대표가 계속 불법선거로 승계해 불법 관리를 하고 있음에도 공정선거라며 승인해 주고 있기 때문에 입주자들이 사기 분양한 토지 636.8 ㎡를 찾지 못하고 있습니다.

또한 광진구청 주택과 백○준은 민원을 해결하기 위해 2020.12.9. 사기 분양한 토지 636.8 ㎡에 대한 현장을 건축담당 류○완과 함께 검증하기로 약속하였습니다. 그러나 백○준은 류○완이 아닌 조○환(건축

담장이 아님)과 방문해 2단산벽을 검증하다가 갑자기 복귀하면서 폭행하였다고 112에 허위 신고하여 민원을 해결하지 않고 조직적인 비리를 은폐하기 위해 위법행위를 저질렀습니다.

더구나 주민들은 사기 분양한 토지 636.8 ㎡를 찾아달라고 그동안 **"아파트 비리를 완전범죄로 은폐한 수법", "숨겨진 아파트 비리 완전정복", "더사모카페에 게시한 글"**을 첨부해 진정서를 60회에 걸쳐 제출하였음에도 서울특별시와 광진구청은 입주자대표가 2016.6.21. 임기 만료된 무자격자인데 불법선거로 승계해 불법 관리를 하고 있는 것을 공정선거라며 승인해 주면서 완전범죄로 은폐하고 못 찾게 방해하였습니다.

이와 같은 수법으로 H건설, 입주자대표, 광진구청이 공모해 아파트 비리를 조직적으로 저질렀고, 입주자대표가 2016.6.21. 이후에 무자격자로서 불법 관리를 하기 때문에 입주자들은 사기 분양한 토지 636.8 ㎡를 찾아야 함에도 일부는 69.3 ㎡만 찾았고, 일부는 203 ㎡만 찾았으며, 일부는 전혀 찾지 못했습니다.

따라서 국민권익위원회는 그동안 진정인이 국민신문고에 답변한 민원처리 만족도 조사(처리결과 의견)를 꼭 읽어보고 진정서를 계속 제출할 수밖에 없는 정당한 이유까지 정확히 확인한 후에 조직적인 아파트 비리가 완전범죄로 은폐되지 않도록 철저하게 조사해 강력히 조치하여 주시기 바랍니다.

별첨: 1. 국민권익위원회에 접수한 진정서 1부.
2. 아파트 비리를 완전범죄로 은폐한 수법 1부.
3. 숨겨진 아파트 비리 완전정복 1부.
4. 더사모카페에 게시한 글 1부.

비상대책위원장 소○영 올림

명예훼손 범죄일람표

고소인(제1기 및 제2기 입주자대표와 선거관리위원)은 비대위원장이 더사모카페에서 허위사실을 게시해 자신의 명예훼손을 하였다고 고소함.

고소인 입주자대표: 전○수, 이○욱, 김○복

선거관리위원: 박○식, 최○정

그러나 비대위원장은 사기 분양한 토지 636.8㎡를 찾기 위한 목적으로 공공의 이익을 위해 객관적인 근거에 의거 진실한 사실을 게시하여 알려주었음.

*** 따라서 비대위원장이 더사모카페에 게시한 글 중에서 검사가 기소한 범죄일람표를 밑줄로 표시해 명예훼손에 해당하는지의 공정한 판단을** 하기 쉽게 구분함.

Ⅰ. 2016.3.14. 고소(2016고정1716)

서울동부지법 선고유예(대법원 확정)

범죄일람표(1) (2) 참조(P354~412)

Ⅱ. 2018.10.8. 및 2019.3.14. 고소(2019고정1168)

서울동부지법 선고(벌금 5백만 원)

서울동부지법 항소(진행 중)

범죄일람표(1) (2) (3) 참조(P413~458)

Ⅰ. 2016.3.14. 고소(2016고정1716)

범죄일람표(1)

1. 2015.7.1.자 다음카페 입주게시판의 「입주자대표회의 회장님께!」

소유자총회와 관련된 사항입니다. 입주자대표께서 저에 관한 인신공격성의 주장과 질문은 사실과 전혀 다르며, 이는 분양계약위반에 대한 향후 대책에도 전혀 도움이 되지 않는 것임으로 대꾸하지 않겠습니다. 다만, 앞으로 소유자분들에게 이익이 되거나 이웃 간의 화목을 위하여 도움이 되는 주장과 질문에 대하여는 성실하게 답변해 드리겠습니다.

또한 소유자분들은 막대한 손해를 원상회복하기 위하여 향후 대책을 결정할 소유자총회를 조속한 시일 내 개최해 달라고 요구하였는데 입주자대표께서는 현재까지 공고하지 않고 있어 대단히 유감스럽게 생각한다.

저는 입주자대표들에게 다음사항을 강력하게 조언하였다. ① 소송자분은 항소하면 반드시 승소하니까 절대로 포기하지 말 것(제가 진행한 재판은 이미 항소함), ② 미 소송자분은 저의 항소재판결과 전액보상을 받을 수 있기 때문에 소송자분과 같이 1/3만 수령하고 민·형사상 어떠한 책임도 묻지 않겠다는 각서와 확약서를 절대로 받지 말 것, ③ 소유자분들께 형사재판 진행상황을 자세하게 알리고 적극 법정에 참석하여야 피고가 중형을 선고받을 수 있다는 것 등에 관해 여러 차례 조언하였다. 그러나 저의 조언을 전혀 듣지 않고 오히려 만나지도 않고 피하며 실행하지 않아 소유자분들께 막대한 손해를 입힌 것이다.

지금 소유자분들께서는 이러한 막대한 손해가 어떻게 해서 발생하게 되었으며, 앞으로 소유자분들의 이익을 위해 어떻게 대처하여야 하는지가 가장 궁금하기 때문에 입주자대표께서는 자세히 알려주어야 할 책임이 있는 것이다.

이제 대법원확정판결로 항소를 포기한 것이 입주자분들의 이익에 반하며, 그 동안 저의 조언이 옳았다는 것이 증명되었음으로 입주자대표께서는 생산적이지 않고 진실성도 없는 인신공격을 그만하시고 잘못한 것에 대해 남자답게 정중히 사과하기 바랍니다. 그리고 자진사퇴를 하지 않으려면 입주자분께서 입은 막대한 손해를 원상회복할 수 있는 명확한 대책을 밝혀 주시기 바랍니다.

① 소송자분들은 항소포기하지 않았다면 토지 203㎡(62평)에 대한 손해액 27억 원을 전액배상 받을 수 있었습니다. 그러나 항소포기(소송자 총회에 과반수에 훨씬 미달한 1/4만 참석해 성원 미달이었는데 입주자대표들이 항소포기를 결정)로 1/3만 배상받았다. 따라서 **배상받지 못한 손해액(2/3)을 어떻게 원상회복해 줄 것인지에 대한 향후 대책을 말씀해 주십시오?**

② 소유자분들은 토지 420.8㎡(128평)에 대한 분양대금 55억 원을 지급하였는데, 불법 매각한 토지 203㎡(62평)을 매입한 한원광장과 김○석에게 토지 203㎡(62평)의 활용도를 높이기 위해 연결되어 있는 토지 420.8㎡(128평)을 사용과 출입을 하지 못하게 펜스를 설치하여 토지 623.8㎡(190평)을 이용할 수 없도록 함으로써, 소유자분들은 55억 원의 손해를 보았고 매년 재산세를 납부하고 있다.

또한 토지경계에 경계표시가 없게 시공한 것은 건축법, 수로측량·수로조사 및 지적에 관한 법률, 대법원판례 등을 명백하게 위반한 것이다. 저는 한원광장과 H건설에 공문을 보내 이행하도록 시정할 것을 여러 차례 조언하였는데 아직까지 시행하지 않고 방치하고 있다. 따라서 **손해액 55억 원 배상, 재산세 납부, 경계표시 없는 것에 대한 향후 대책을 말씀해 주십시오?**

③ 위 1호 및 2호의 분양계약위반으로 인해 토지 623.8㎡(190평)을 활용할 수 없음으로, 정문도로 4차선이 3차선으로 축소되었고, 1404동 앞 중앙공원의 화단면적이 현격히 축소되었다. **이에 대한 향후 대책을 말씀해 주십시오?**

④ 입주자대표께서는 형사고발(입주자대표회장 전○수와 전 입주자대표 유○운)을 하고 나서, 형사재판이 시작되기 직전에 피고들에게 제출하기 위해 미 소송자분들에게 각서와 확약서(소송자분과 같이 손해액 27억 원 중 1/3만 받고 민·형사상 어떠한 책임도 묻지 않음)를 받았다. 그러나 저는 항소재판결과가 전액 받는 것으로 나오는데 1/3만 받고 각서와 확약서를 작성해 제출하면 절대로 안 된다고 강력히 반대하였고, 결국 제출을 보류하였다.

또한 입주자대표께서는 각서와 확약서를 받은 뒤에 형사재판에 출석하지 않았고, 소유자분들의 탄원서를 제출하지 않는 등 적극 대처하지 않아 사기와 배임죄가 명백함에도 무죄를 선고받게 하였고, 결과적으로 민·형사재판을 모두 패소하여 면죄부만 주게 되었는데 소송비용 7천만 원을 지출한 것이다. **이에 대해 어떻게 책임을 질 것이며, 향후 대책을 말씀해 주십시오?**

⑤ 미 소송자분들에게 항소중임으로 승소하면 손해액 전부를 받을 수 있다는 사실을 정확히 알려주지 않고, 소송자분과 같이 1/3만 받고 민·형사상 어떠한 책임도 묻지 않겠다는 각서와 확약서를 받아 한원광장과 H건설에 제출하려고 시도하였다. 만약 당시 제가 제출하면 절대로 안 된다고 강력히 반대하지 않았다면 이미 1/3만 받았을 것이다. **이에 대해 어떻게 책임을 질 것이며, 향후 대책을 말씀해 주십시오?**

(저는 조언한 대로 토지 203㎡ 불법 매각에 대하여 서울고법과 대법원에서 승소하였고, 미 소송자분들에게 반드시 승소해 전액 배상받아 주겠다고 약속한바 있다. 따라서 저는 손해액 전부를 받아서 전달해 약속을 꼭 지키겠습니다. 입주자대표께서는 1/3만 받아준다고 각서와 확약서를 받았음으로 앞으로 미 소송자분에 대해 완전히 손을 떼시기 바랍니다)

⑥ 위 1호~3호의 분양계약위반은 토지 203㎡(62평)을 이중으로 불법 매각한데 기인해 발생한 것이다. 그리고 토지 203㎡(62평)을 이중으로 불법 매각한 것은 고의임으로 명백하게 사기 및 배임죄에 해당합니다.

왜냐하면, 분양계약대로 토지 203㎡(62평)을 매각하지 않았다면 매각하기 이전의 경계에 담장을 설치하게 됨으로 토지 203㎡(62평)와 연결되어 있는 불용토지 420.8㎡(128평)까지도 모두 화단으로 조성하게 되며, 정문도로는 4차선으로 시공되고, 1404동 앞 중앙공원 화단도 제대로 시공되어 문제될게 전혀 없게 되는 것이다.

이와 같이 토지 203㎡(62평)가 분양계약을 위반한 원인임으로 재판에서 이를 집중적으로 변론하면 반드시 승소하게 되는데 입주자대표께서는 제 조언을 듣지 않고 고의적으로 항소 포기해 막대한 손해를 입혀 지금처럼 사건 해결을 어렵게 만든 것이다(분양당시 토지 203㎡에 대해 27억 원을 지급하였기 때문에 토지 203㎡를 돌려받던지 아니면 27억 원을 배상받아야 정당한 것임에도, 고의로 9억 원(토지 69.3㎡)만 받고 항소를 포기한 것은 매우 중대하게 업무수행을 잘못한 것이다(이것은 초등학생에게 물어보아도 알 수 있는 매우 단순한 것임).

반면에 입주자대표께서는 소송자분에게 9억 원(토지 69.3㎡)만 정산해 받는다며 항소 포기하였고, 미 소송자분에게 민·형사상 어떠한 처벌을 원하지 않는다고 각서와 확약서를 받았음으로 고의가 아닌 정산의무 불이행에 따른 배상을 받은 것으로써 위 1호~3호의 분양계약위반에 대한 형사재판에서 사기 및 배임죄가 성립되지 않아 무죄가 선고된 것이다.

제 조언대로 입주자대표께서 항소 포기하지 않고 203㎡에 대해 고의로 잘못한 것임을 계속 주장하였다면 이와 관련된 위 1호~3호의 분양계약위반에 대하여 모두 배상받을 수 있는 것이다. 그러면 아파트의 재판은 물론 저의 재판도 모두 승소할 수 있었던 것이다. **이에 대해 어떻게 책임을 질 것이며, 향후 대책을 말씀해 주십시오?**

결론적으로 토지 203㎡를 고의로 몰래 이중으로 팔아먹고, 이 토지를 매수한 한원광장과 김○석이 매수한 토지 203㎡의 활용도를 높이기 위해 이 토지와 연결된 토지 420.8㎡까지 사용할 수 있도록 펜스를 경계안쪽 4m지점에 설치함으로써, 소유자분들은 납부하지 않아도 되는 재산세를 매년 납부하는 등 토지 623.8㎡(190평)에 대해 82억 원의 막대한 손해를 입었습니다.

입주자대표께서는 소유자분께서 원상회복을 위한 향후대책에 관해 매우 궁금하게 생각하고 있음으로 위 질문사항에 대한 성실한 답변과 소유자총회 소집공고를 2015.8.7.까지 해주시기 바랍니다. 만약 협조하지 않을 경우에는 우리 소유자분들 스스로 소유자총회를 개최해 향후대책을 마련할 수밖에 없음을 알려드립니다.

2. 2015.7.16.자 다음카페 입주게시판의 「입주자대표회의 회장에 대한 공개질의!」

입주자대표는 사기분양과 관련된 손해액 82억 원(토지 623.8㎡)을 받아 주어야 할 막중한 책임이 있다. 왜냐하면 대기업에서 분양한 토지를 이중으로 매각하였음으로 당연히 되돌려 받을 수 있는데도 불구하고 고의로 항소를 포기해 받을 수 없게 하였기 때문이다. 그러나 제가 개인적으로 대법원까지 소송해 사기분양임을 증명하였음으로 원상회복할 수 있는 구제의 길이 열렸습니다. 따라서 소유자분들께서는 손해액 82억 원을 정당하게 되돌려 받을 수 있는 것이다.(제가 대표권만 있으면 즉시 시행 가능함)

그런데 입주자대표는 손해액 82억 원(토지 623.8㎡)을 받지 못하게 왜 방해하고 있습니까? 또한 소유자분들께서 총회를 열어 효율적인 방안을 강구하려고 하는데 왜 총회소집을 해주지 않고 있습니까? 그리고 내용증명을 보내 향후 대책을 답변해 달라고 하였는데 왜 회신하지 않고 비리를 은폐하고 있습니까? 이러한 행위는 입주자분들의 이익을 대변하는 봉사자로서 도저히 해서는 안 되는 상식 밖의 일들인 것이다. 입주자분들의 이익을 위해 자신들이 하지 못한 것을 제가 대신 해결할 수 있도록 해주었으면 오히려 고맙게 생각하며 제 조언대로 앞장서서 입주자분들의 이익을 위해 행동하는 것이 입주자대표로서 해야 할 당연한 도리라고 생각하지 않습니까?

입주자대표는 제가 대신 2015.9.2.(수) 오후 8시, 커뮤니티센터에서 소집한 소유자총회가 순조롭게 진행될 수 있도록 적극 협조해 주시기 바랍니다. 그래야만 입주자분들에게 박수를 받고 더불어 사는 이웃으로 거듭날 수 있다고 생각한다. 입주자분들께서 분양대금 82억 원을 제대로 되돌려 받고, 정의는 반드시 승리하며, 진실은 반드시 밝혀진다는 것이 실현될 때까지 저의 노력은 결코 멈추지 않을 것이다. 입주자대표는 앞으로 H아파트의 발전과 입주자분들의 이익을 위해 적극 협조해 주시길 간절히 바랍니다.

또한 입주자대표는 입주자분들의 귀와 입과 눈을 막고 있는 다음사항을 즉시 시정해 사실대로 정확하게 알려주기 바랍니다. 손으로 하늘을 가릴 수 없다는 진실을 명심해 주기 바랍니다. ① 최근 입주게시판에 올리던 소송관련 글을 분양자게시판으로 올리게 변경한 것, ② 입주자분들께서 올린 최신 글이 입주자대표가 오래전에 올린 공지 글보다 항상 뒤에 표시되도록 한 것, ③ 입주자분들이 올린 글자는 작고 동일하게 표시되는데 입주자대표가 올린 글자는 크고 불규칙하게 표시되도록 한 것, ④ 소유자분 및 세입자분은 분양자게시판에 올린 글을 최신글 보기와 인기글 보기에서 볼 수 없도록 한 것, ⑤ 입주자분들께서 어디에 글을 올리든지 관여하지 말고, 입주자분들의 이익에 반하는 것이 무엇인지만 신경을 쓸 것 등입니다.

끝으로 이 글은 다음카페의 자유게시판 및 입주게시판에 10번째 올리는 것이다. 왜냐하면 입주자대표들이 일방적으로 계속 삭제하였기 때문이다. 입주자대표는 입주자분들의 이익을 위해 올린 글을 일방적으로 삭제하여 입주자분들의 귀와 입과 눈을 막아 자신들의 잘못을 은폐하고 있다. 제가 올린 글을 다음카페에서 계속 삭제한다면 입주자분들에게 직접 불신임안에 서명 받고, 직무집행정지, 손해액 82억 원 변상 등의 강력한 조치를 강구할 수밖에 없음을 알려드리며, 이웃 간에 불미스러운 일이 더 이상 발생하지 않도록 적극 협조해 주기 바랍니다.

3. 2015.7.18. 다음카페 댓글

입주자대표들은 항소를 포기할거면 차라리 민사 및 형사소송을 시작하지 않는 것이

훨씬 더 좋았을 것이다. ~그리고 분양계약위반에 대한 손해를 모두 받을 수 있게 승소한 것이다. 저는 입주자대표들에게 항소를 포기하지 말라고 여러 차례 강력하게 조언하였는데, 입주자대표들은 안 듣고 피하며 항소를 포기해 패소하게 되어 입주자분들에게 변호사비용 7천만 원을 부담시키는 등 매우 중대한 잘못을 저질렀습니다.

4. 2015.10.20. 더사모카페 「입주자대표를 해임시킬 수밖에 없는 이유」

① 대법원확정판결에 의거 1세대당 1천8백만 원을 받을 수 있음에도 고의적으로 입주자대표는 1/10 또는 3/10만 받아주고 더 못 찾게 방해하며 막대한 피해를 주고 있음

② 손해액 10/10을 받아주지 않고, 자진사퇴도 안하며, 잘못을 반성조차 안하고, 입주자에게 책임만 전가하며, 소박사가 사실을 정확하게 알려주지 못하게 다음카페를 막아놓고 인신공격만 하고 있음

③ 입주자대표는 건설회사에 근무한 경험자로서 분양계약위반에 대해 아주 잘 알고 있었음에도 고의적으로 H건설(한원광장)의 이익만을 대변하고 있음

④ 아파트 발전을 위해 입주자대표회의, 봉사회(힐사모), 노인회, 선거관리위원회, 통장 등이 서로 견제와 균형을 이루게 조직되어야 함에도, 입주자대표회의는 노인회를 결성하지 못하게 방해하며, 봉사회, 선거관리위원회, 통장까지 장악하고 있고, 관리사무소장은 입주 전에 H건설에서 임명하였기 때문에 비리가 발생할 수밖에 없는 구조임

⑤ 우리 아파트는 입주한지 겨우 3년6개월에 불과함에도 비리의 정도가 매우 심각할 뿐만 아니라 이를 은폐할 수 있게 조직되어 있어 최고의 전문가가 아니면 비리를 파헤치기가 매우 힘든 실정임

⑥ 이번 기회에 입주자대표를 바꿔 새로운 입주자대표회의, 봉사회, 노인회, 선거관리위원회, 통장을 사심 없이 봉사할 수 있는 참신한 분으로 구성하여 서로 견제와 균형이 이루어져야만 구조적인 비리를 막을 수 있기 때문에 소박사가 매우 힘들더라고 비리 없고 살기 좋은 아파트로 거듭나기 위해 해임안을 서명 받는 것임

* 서류를 제출하지 않은 미 소송자는 해임절차를 밟아 소송 없이 10/10을 배상받게 되며, 만의하나 해임이 안 된다고 하더라도 대법원확정판결에 의거 10/10을 배상받도록 소박사가 일괄처리해 줄 것임으로 전혀 걱정하실 필요가 없음(지금이라도 제출한 서류를 관리사무실에서 받아오는 것이 최선의 선택임)

5. 2015.10.26. 더사모카페 「좋은 이웃과 비리 없는 아파트를 원하세요?」

입주자 여러분! 좋은 이웃과 비리 없는 H아파트에서 살고 싶으세요? 우리 더사모 회원일동은 그렇게 만들기 위해 최선을 다하고 있다. 입주자대표는 지금까지 이웃에게 다음과 같은 엄청난 잘못을 저질렀음에도 반성은커녕 입주자의 귀와 입과 눈을 막으며 철저히 은폐하고 있다.

다 음

① 분양초기부터 H건설을 대변하기 위해 계획적으로 다음카페를 만들어 입주예정자의 이익을 위해 뭉치자며 회원을 모집하여 정보를 수집하고 신뢰를 쌓는척하며 입주자를 속이고 감쪽같이 완전범죄를 저지르려고 하였다.

② 고의로 항소를 포기해 사기당한 손해액(1세대당 1천8백만 원)을 배상받지 못하도록 방해하였다. 소송자는 1/10만 받았고, 미 소송자는 3/10을 받으며 그것도 입주자대표의 공로라고 거짓말까지 하였다.

③ 소송비용(7천만 원)은 한원광장과 H건설에서 받아야 함에도 소송자와 미소송자에게 부담시켰고, 한원광장의 청산과 관계없이 소송 않고 손해액의 10/10을 배상받을 수 있음에도 못 받는다고 선동하였다.

④ 소박사가 입주자에게 진실을 알려주지 못하게 다음카페에서 강제로 퇴출시켰고, 손해배상금 10/10을 받아주지 않고 자진사퇴도 안하며, 잘못을 반성조차 안하고, 오히려 인신공격하며 입주자에게 책임을 전가하고 있다.

⑤ 건설회사에 근무한 경험자임으로 항소하면 승소하는 것을 알면서 고의로 항소를 포기하였고, 손해액 1/10(또는 3/10)만 받게 되면 나머지는 받지 못하며 민법상 소멸시효가 종료된 후 자동적으로 소유권을 빼앗깁니다.

⑥ 토지 420.8㎡(128평)에 대하여 분양대금 55억 원을 받아가고 담장을 출입하지 못하도록 설치해 어린이놀이터와 공용화단을 사용도 하지 못하고 매년 재산세만 납부하고 있는데 고의로 시정하라는 요구조차 안했다.

⑦ 입주자대표는 비대위원이 입주자대표(1403동,1호~4호라인) 보궐선거에

단독으로 입후보해 2015년 9월 9일 선거를 하였는데, 유권자 100명중 22명에게만 찬반을 묻고 고의로 중단한 후 과반수에 미달하였음으로 재선거를 하여야 한다고 억지를 부리며 당선인을 발표하지 않는 등 부정선거를 하였다.

⑧ 더구나 민응규씨에게 미 소송자(손해액의 1/10 및 3/10을 신청하지 않음)임으로 미워하며, 왜 골치 아픈데 입주자대표를 하려고 하느냐면서 포기를 종용하였고, 투표를 1일(종전에 3일)만 하였으며, 관리사무소장은 선거당일 투표를 관리하지 않고 고의로 일찍 퇴근하였고, 투표까지 중단시켰습니다.

⑨ 1401동(1~4호)입주자대표는 1개 선거구로 편성해 1명만 선출하여야 함에도, 고의로 선거구를 1.2호 및 3.4호로 분리해 2명(1.2호 전○수 대표, 3.4호 이○욱 대표)을 부정선거로 선출해 연임까지 하였다.

⑩ 입주자총회 방해, 우편함 안내문 불법수거, 내용증명에 대한 답변거부, 총회장소 사용료 징수, 노인회 미 결성, 음모로 인한 통장사퇴, 새 통장으로 H건설 퇴직자 임명, 유언비어 유포 등으로 비리를 은폐하고 있다.

⑪ 아파트 발전을 위해 입주자대표회의, 선거관리위원회, 봉사회, 노인회, 통장은 상호 견제와 균형을 이루어야 함에도, 입주자대표회의는 노인회를 결성하지 않았고, 봉사회, 선거관리위원회, 통장까지 장악하였으며, 관리사무소장은 H건설에서 준공 전에 임명하였고, 가을음악회 개최, 공동전기료 과다부과 등 관리업무 비리가 발생할 수밖에 없는 구조로 되어 있다.

따라서 살기 좋고 비리 없는 아파트로 거듭나기 위해서는 입주자대표 및 관리사무소장 해임 등 조직을 전면 개편해 새롭게 출발하여야 합니다. 입주자대표 해임안 서명에 적극 동참해 주시기 바라며, 자세한 내용은 더사모카페를 참고해 주시면 고맙겠습니다.

6. 2015.10.30. 더사모카페 「시간이 지날수록 밝혀져야 하는 의문투성이」

우리 입주자들은 시간이 지날수록 다음과 같은 입주자대표의 비리가 계속 밝혀지고 있어 더 이상 신뢰할 수 없음을 명확히 밝힙니다. 입주자들은 봉사하겠다는 입주자대표의 진실한 마음을 믿을 수 없음을 각종 증거로 확인하였음으로 실망하지 않도록 조속한 결단을 촉구합니다. 앞으로 계속 피해를 준다면 입주자들은 민·형사상의 모든 조치를 강구할 수밖에 없음을 재차 알려드립니다.

다　　　　음

① 우리 아파트가 효율적으로 운영되기 위해서는 입주자대표회의, 선거관리위원회, 봉사회, 통장, 노인회가 상호 견제와 균형을 이루도록 구성되어 있어야 함에도, 입주자대표회의는 선거관리위원회, 봉사회, 통장을 비리 은폐할 목적으로 장악하고 있고, 노인회는 결성조차 않고 있다. 이와 같이 비효율적으로 구성하고 있는데, 그렇게 한 이유가 무엇일까요?

② 관리규약에서 통장은 선거관리위원 3명중 2명을 추천하게 규정하고 있다. 따라서 입주자대표는 모함하여 통장을 사퇴하게 하고 자신들과 잘 통하는 H건설 퇴직자를 추천해 선임하였는데, 그렇게 한 이유가 무엇일까요?

③ 노인회는 20명이상이면 결성할 수 있고, 이미 26명이 결성해 달라고 서명

을 하였음에도 계속 결성하지 않고 있는데, 그렇게 한 이유가 무엇일까요?

④ 위탁관리회사와 관리사무소장은 입주 전부터 H건설에서 지명하여 H건설을 위해 대변하고 있음에도 계속 바꾸지 않고 있어 입주자에게 막대한 피해를 끼치고 있는데, 그렇게 한 이유가 무엇일까요?

⑤ 가을 음악회 개최로 관리비 과다부담, 공동전기료 과다징수, 하자보수지연에 따른 불편 등으로 입주자의 불만이 매우 많이 있음에도 시정하지 않고 있는데, 그렇게 한 이유가 무엇일까요?

⑥ 분양초기부터 계획적으로 모델하우스에서 입주예정자에게 접근해 회원을 모집하여 신뢰를 얻은 후 입주자대표로 선출되어 분양계약위반에 대한 전권을 위임받아 입주자에게 막대한 피해를 끼쳤음에도 책임을 통감하지 않고 있는데, 그렇게 한 이유가 무엇일까요?

⑦ 1403동(1~4호) 입주자대표 보궐선거(단독후보자)를 2015년 9월 9일하면서 유권자 100명중 22명에게만 방문해 찬반을 물은 후에 과반수가 미달되었다고 낙선시켰으며, 후보를 다시 접수받아 재선거하자고 하는 등 부정선거를 하였는데, 그렇게 한 이유가 무엇일까요?

⑧ 단독후보자가 미 소송자(서류제출 않음)임으로 떨어트릴 목적으로 왜 골치 아픈데 입주자대표를 하려고 하느냐며 포기를 종용하다가 안 되니까, 투표도 1일(종전 3일)만 하였으며, 선거당일 투표 진행을 관리하여야 할 관리사무소장은 일찍 조퇴하고 고의로 투표를 중단시켰는데, 그렇게 한 이유가 무엇일까요?

⑨ H건설이 사기분양을 하여 토지대금 82억 원을 더 받아갔음으로 입주자 대표가 항소하면 전액 돌려받을 수 있는 것을 알면서도 1/10만 받고 항소를 포기하였는데, 그렇게 한 이유가 무엇일까요?

⑩. 미 소송자에게 1/10만 받고 민·형사상 모든 권리를 포기하는 각서를 써주었고, 그 후 다시 3/10만 받고 포기각서를 써주면 나머지 7/10을 받지 못하는 것을 알고 있는데, 그렇게 한 이유가 무엇일까요?

⑪. 소송자의 항소포기 및 미 소송자의 포기각서 작성 후에 형사재판에 전혀 참여하지 않고, 사기 분양한 것을 무죄로 선고받게 협조하였는데, 그렇게 한 이유가 무엇일까요?

⑫ 건설회사에 근무하였음으로 항소하면 승소하는 것을 잘 알고도 고의로 항소를 포기해 입주자에게 막대한 피해를 끼쳤는데, 그렇게 한 이유가 무엇일까요?

⑬ 입주자총회 방해, 우편함 안내문 불법수거, 내용증명에 대한 답변거부, 총회장소 사용료 징수, 노인회 미 결성, 유언비어 유포를 하며 비리를 은폐하고 있는데, 그렇게 한 이유가 무엇일까요?

⑭ 대법원확정판결을 받아 영원히 묻힐 수 있는 비리를 밝혀냈고, 입주자에게 다음카페를 통해 진실을 알려주었는데 하지 못하도록 소박사를 다음카페에서 2015.7.18. 강제로 퇴출시키고 인신공격만 하며 입주자의 귀와 입과 눈을 막고 있는데, 그렇게 한 이유가 무엇일까요?

⑮ 위와 같은 중대한 잘못에 대해 입주자들은 책임을 통감하고 자진사퇴하라고 권고하였음에도 입주자에게 막대한 피해만 끼치며 사퇴하지 않고 있는데, 그렇게 한 이유가 무엇일까요?

7. 2015.11.3. 더사모카페 「입주자총회 소집공고」

입주자 여러분(소유자 및 세입자) 안녕하십니까?

더사모 회원일동은 좋은 이웃과 비리 없는 H아파트로 거듭나기 위해 최선을 다하고 있다. 사기분양에 따른 손해액을 전액 배상받고 관리비를 대폭 절감하는데 앞장서겠습니다.

입주자대표는 열심히 봉사하겠다는 약속을 저버리고 입주자에게 계획적으로 비리를 저질러 막대한 피해를 준 것이 밝혀졌음에도 자진사퇴도 안하며 반성조차 안하고 오히려 책임만 전가하며 방해하고 있음으로 완전히 신뢰를 하지 않고 있다.

따라서 우리 입주자는 입주자대표를 교체하는 것이 최선의 선택이라고 결정해 해임안에 서명하고 있다. 바쁘시더라도 입주자총회에 참석하시어 살기 좋고 비리 없는 H아파트로 거듭날 수 있도록 적극 협조해 주시기 바랍니다.

다　　　음

일 시: **2015.11.11.(수) 오후 8시30분**

장 소: 커뮤니티센터

참석대상: H아파트 입주자(소유자 및 세입자)

회의안건: ① 지금까지 진행경과보고

② 향후대책마련

③ 기타 안건

8. 2015.11.6. 더사모카페 「모든 입주자대표에게 민·형사상 법적조치 최종통보(6차)」

입주자대표(4명)에게 내용증명을 보내 다음과 같이 손해배상청구 및 명예훼손 등 민·형사상 법적조치를 취할 수밖에 없다고 최종적으로 통보(6차)하였다.

다 음

수신: 수신처 참조

발신: 더사모 소박사

(광진구 아차산로 537-17, H아파트 1404동 104호)

제목: 손해배상청구 및 명예훼손 등 민·형사상 법적조치 통보(6차)

서울광진우체국제 3101858000329(2015.8.3), 제3101805065529(2015.8.10), 제3101842066368(2015.8.17), 제3101805065705(2015.8.24), 제3101805065863(2015.8.28)로 보낸 내용증명과 관련된 것이다.

우리 입주자들은 분양계약위반으로 인해 82억 원(1세대당 1천8백만 원)의 손해를 보았으며, 부당한 관리업무수행 등으로 인해 막대한 손해를 입고 있다. 이에 관해 5회에 걸쳐 내용증명을 보내 구체적인 해명 및 향후대책을 밝히고, 자진사퇴할 것을 요구하였음에도 전혀 이행하지 않았다.

따라서 우리 입주자는 여러 차례 면죄부를 주었음에도 이행하지 않아 매우 유감스럽게 생각하며, 더 이상 기다리고만 있을 수 없어 2015.11.8.까지 자진사퇴하지 않을 경우에는 부득이 손해배상청구 및 재산압류, 명예훼손 등 민·형사상 모든 법적조치를 취할 수밖에 없음을 최종적으로 통보합니다.

참고로 귀하는 관리규약 제20조 제1항 제1호 및 제4호에 의거 해임사유에 해당되어 해임안을 41%서명 받았고, 앞으로 계속 받을 것이다. 살기 좋고 비리 없는 H아파트의 앞날을 위하여 현명한 결단을 기대합니다.

수신처 참조

전○수: 광진구 아차산로 537-17 H아파트 1401동 802호

김○복: 광진구 아차산로 537-17 H아파트 1404동 402호

이○욱: 광진구 아차산로 537-17 H아파트 1401동 1204호

김○섭: 광진구 아차산로 537-17 H아파트 1402동 1803호

9. 2015.11.7. 더사모카페 「이○욱 입주자대표에게 민·형사상 법적조치 최종통보(7차)」

우리 입주자들은 이○욱 입주자대표에게 내용증명을 보내 손해배상청구 및 명예훼손 등 민·형사상 법적조치를 취할 수밖에 없다고 통보하였다. 그러나 수취하지 않고 거절까지 하였기 때문에 다시 다음과 같이 최종적으로 통보(7차)하였다.

다　　　음

수신: 이○욱(광진구 아차산로 537-17 H아파트 1401동 1204호)

발신: 더사모 소박사

(광진구 아차산로 537-17, H아파트 1404동 104호)

제목: 손해배상청구 및 명예훼손 등 민·형사상 법적조치 통보(6차)

서울광진우체국 제3101858000329(2015.8.3), 제3101805065529(2015.8.10), 제3101842066368(2015.8.17), 제3101805065705(2015.8.24), 제3101805065863(2015.8.28)로 보낸 내용증명 및 제3101842066661(2015.11.3)로 보낸 내용증명을 수취 거절한 것과 관련됩니다.

우리 입주자들은 분양계약위반으로 인해 82억 원(1세대당 1천8백만 원)의 손해를 보았으며, 부당한 관리업무수행 등으로 인해 막대한 손해를 입고 있다. 이에 관해 6회에 걸쳐 내용증명을 보내 구체적인 해명 및 향후대책을 밝히고, 자진사퇴할 것을 요구하였음에도 전혀 이행하지 않았다.

또한 귀하에게 보낸 내용증명을 수취거절까지 하였고, 아파트의 모든 입주자에게 알리는 다음카페의 카페운영자로서 제가 입주자의 이익을 위해 진실을 계속 알려주어 더 이상 비리를 은폐할 수 없게 되자 일방적으로 저를 다음카페에서 2015.7.18. 강제로 퇴출시킨 후에 사실이 아닌 인신공격을 하여 명예훼손을 하였다.

그러나 우리 입주자는 여러 차례 면죄부를 주었음에도 이행하지 않아 매우 유감스럽게 생각하며, 더 이상 기다리고만 있을 수 없어 2015.11.8.까지 자진사퇴하지 않을 경우에는 부득이 손해배상청구 및 재산압류, 명예훼손 등 민·형사상 모든 법적조치를 취할 수밖에 없음을 최종적으로 통보합니다.

참고로 귀하는 관리규약 제20조 제1항 제1호 및 제4호에 의거 해임사유에 해당되어 해임안을 45%서명 받았고, 앞으로 계속 받을 것이다. 살기 좋고 비리 없는 H아파트의 앞날을 위하여 현명한 결단을 기대합니다.

10. 2015.11.7. 더사모카페 「해임동의안 처리 상황」

입주자대표 해임안 서명을 받고 있는 중에 중대한 돌발변수가 발생하였다. 1403동 입주자대표 보궐선거에 단독후보가 출마하였는데, 입주자대표 및 관리사무소장, 선거관리위원 2명(박○식, 최○정)은 미소송자임으로 고의적으로 낙선시키려고 9월9일 부정선거를 실시하였다.

유권자 100세대에 대하여 찬반을 묻지 않고 22세대에게만 물은 후에 고의로 중단하고 과반수 미달이라며 낙선시키고 재선거를 하자며 당선자를 결정하지 않았다. 따라서 광진구청에 부정선거에 대한 감사를 의뢰하였고, 현재 감사가 진행 중에 있다.

또한 통장을 모함해 사퇴하게 한 후 H건설 퇴직자를 추천해 선임하도록 하였고, 관리업무에 관한 비리은폐를 확인하기 위해 서류를 열람하고 있는데 관리사무소장과 직원은 서류열람에 전혀 협조하지 않고 고의적으로 전부 교체해 확인을 할 수 없다.

따라서 이러한 돌발적인 중대한 상황임으로 입주자대표 해임안 서명이 당초 계획보다 늦어져 11월6일 현재 53%를 받았으며, 입주자총회(11월11일)때까지는 60%가 초과할 것으로 예상됩니다.

아직까지 서명을 못한 입주자께서는 서명에 참여해 살기 좋고 비리 없는 아파트를 만드는데 적극 협조해 주시기 바랍니다. 서명 작업이 완료되는 대로 입주자대표의 해임절차에 들어갈 예정입니다.

11. 2015.11.9. 더사모카페 「이○욱 입주자대표가 내용증명 수취 거절」

이○욱 입주자대표에게 2회에 걸쳐 내용증명을 보냈으며, 2015.11.8.까지 자진사퇴하지 않을 경우에는 우리 입주자들은 부득이 손해배상청구 및 재산압류, 명예훼손 등 민·형사상 모든 법적조치를 취할 수밖에 없음을 통보하였다. 그러나 모두 수취거절을 하였다.

분양초기부터 다음카페를 만들어 H건설이 부실공사를 많이 하기 때문에 똘똘 뭉쳐 방지하여야 한다고 수분양자들을 계획적으로 유인해 회원으로 모집하였고, 신뢰하도록 홍보한 후에 입주자대표가 되었다. 그리고 입주자들에게 손해를 배상받자고 소송으로 유인한 후 고의로 항소를 포기해 82억 원(1세대당 1천8백만 원)의 손해를 끼쳤습니다.

또한 카페운영자로서 소박사가 입주자의 이익을 위해 진실을 계속 알려주어 더 이상 비리를 은폐할 수 없게 되자 고의로 다음카페에서 2015.7.18. 강제로 퇴출시킨 후에 사실이 아닌 인신공격을 하며 명예를 심각하게 훼손하였고, 잘못에 대해 반성조차 않는 것은 좋은 이웃이기를 포기한 것으로 민·형사상 응분의 대가를 피할 수 없다.

12. 2015.11.9. 더사모카페 「입주자대표회의에서 알려드립니다. 에 대한 반박」

입주자대표는 엘리베이터 안에 「입주자대표회의에서 알려드립니다.」에 대한 글로 입주자 여러분에게 또 거짓말을 하고 있다. 우리 입주자들은 그들의 거짓말에 속아 넘어가는 바보가 아닙니다. 입주자대표는 입주자들에게 더 이상 피해를 주지 말고 착각에서 벗어나 잘못을 책임지고 스스로 물러나야 할 것이다. 그래야만 입주자들은 그나마 불상해 동정의 마음이라도 생길 것이다.

① 대법원확정판결로 1세대당 1천8백만 원을 배상받아야 하는데 입주자대표는 고의로 항소를 포기해 1/10만 받아 주었고, 미 소송자에게 3/10을 받아 주는 것도 소박사의 노력이며,

② 입주자대표는 자신의 비리를 은폐하려고 소박사가 관리업무서류를 못 보게 관리사무소 직원을 전원 교체한 후 어디에 있는지 모른다며 꼼수를 부리고 있고,

③ 비대위원이 1403동 입주자대표 보궐선거에 단독후보로 출마하였는데, 낙선시키기 위해 선거일에 관리소장을 일찍 조퇴시키고, 100세대 중 22세대에게만 찬반을 묻고 투표를 중단하였으며, 과반수에 미달되었다고 낙선시키고, 선거관리규정까지 위반해 재선거를 하자는 것은 부정선거입니다.

이런 나쁜 짓을 계속하는 것은 해임안을 62%서명 받았고, 앞으로 계속해 서명 받는 것에 대한 마지막 발악으로 생각한다. 우리 입주자들은 손해배상청구 등 민·형사상의 책임을 반드시 물을 것이며, 그들의 거짓말에 더 이상 현혹되지 않는다는 것을 재차 강조합니다. 입주자여러분! 11월11일(수) 20시 30분 커뮤니티센터에서 우리 입주자의 진정한 저력을 보여줍시다.

13. 2015.11.12. 더사모카페 「입주자총회 결과보고」

더사모 주관으로 2015년 11월 11일(오후 8시30분) 커뮤니티센터에서 개최한 입주자총회 결과를 다음과 같이 알려드립니다.

다　　　　음

① 입주자의 날 지정

살기 좋고 비리 없는 H아파트로 거듭나기 위해 동별 요일별로 입주자의 날로 지정해 매주 오후 8시30분 커뮤니티센터에서 입주자(소유자 및 세입자)간에 친교인사 및 의견교환, 현안문제 등을 서로 협의하기로 결정하였다.

1401동(월요일), 1402동(화요일), 1403동(수요일), 1404동 및 1405동(목요일)

* 운영하면서 동별 요일별로 순환 조정할 예정임

② 입주자대표 해임안 서명

대법원확정판결에 의한 손해액 10/10을 받아주지 않고 자진사퇴를 안하며 못 찾게 방해하고 있고, 관리규약 등을 명백히 위반하여 손해를 끼쳤기 때문에 해임시키고자 해임안에 63%를 서명 받았다. 앞으로 75%가 서명되는 대로 찬반투표를 실시할 것이다. 입주자대표에게는 손해배상 청구, 민·형사상 법적조치를 취할 수밖에 없음을 통보하였다.

③ 입주자대표, 관리사무소장, 선거관리위원의 비리 및 부정선거

- 입주자대표는 관리사무소장 등 직원에 대한 갑질로 4명이 그만둔 것이라고 거짓말을 하고 있는데, 이는 입주자대표, 관리사무소장, 선거관리위원 등이 1403동 입주자대표 보궐선거에 개입해 부정선거를 한 것이며, 소박사가

관리실 보관서류를 조사하던 중 관리소장 등이 비리를 감추기 위해 서류를 못 보게 방해하며 그만둔 것이다.

- 1403동 입주자대표 보궐선거가 2015년 9월 9일 있었는데, 입주자대표, 관리사무소장, 선거관리위원(박○식, 최○정)은 유권자 100세대 중 22세대에게만 방문해 투표한 후 고의로 중단해 부정선거를 실시하여 단독 입후보자를 낙선시키고 재선거를 하자며 억지 주장을 하고 있다(선거규정에는 재선거를 할 수 없도록 되어 있고, 중단한 투표를 계속 속행하여야 함).

- 입주자대표는 1세대당 1천8백만 원을 못 받는 것을 손해배상하기 위해 재산을 가압류하고 법적조치를 취하겠다는 협박성 내용증명을 받았다고 주장합니다. 이에 대해 입주자는 협박한 것이 아니며 피해를 최소화하기 위한 어쩔 수 없는 최선의 선택인 것이다. 또한 내용증명을 보냈는데 이○욱 대표는 2차례 수취거절을 하였고, 전○수 대표는 3차례 폐문부재로 반송하는 등 당당하지 못한 처신을 하고 있다.

(참고) 대법원확정판결로 사기 분양한 사실 확인

한원광장과 H건설은 분양당시 설계도, 모형, 카달로그에 토지 623.8㎡가 포함되지 않았고, 사용검사까지 그대로 승인받았음에도, 분양대금은 토지 623.8㎡가 포함된 82억 원을 몰래 받아갔습니다. 그리고 토지 623.8㎡ 중 90㎡는 한원광장이 슬쩍 가져갔고, 113㎡는 김○석에게 몰래 매각하였으며(등기부등본 확인), 420.8㎡는 고의로 담장을 출입과 사용을 하지 못하도록 설치해 매년 재산세만 납부하고 있다(대한지적공사 측량). 따라서 사기 분양한 것임으로 납부한 분양대금 1천8백만 원을 당연히 돌려받아야 합니다.

14. 2015.11.14. 더사모카페 「전○수 입주자대표회장도 내용증명 수취거절」

우리 입주자들은 전○수 입주자대표회장에게 7회에 걸쳐 내용증명을 보내 자진사퇴하지 않을 경우에 부득이 손해배상청구 및 재산압류, 명예훼손 등 민·형사상 모든 법적조치를 취할 수밖에 없다고 통보하였는데 답변하지 않고 수취거절까지 하며 비리를 은폐하는 것은 떳떳하지 못한 매우 부당한 처신으로 비난받아 마땅합니다.

분양초기부터 다음카페를 만들어 H건설이 부실공사를 많이 하기 때문에 똘똘 뭉쳐 방지하여야 한다고 수분양자들을 계획적으로 유인해 회원으로 모집하였고, 신뢰하도록 처신한 후에 입주자대표가 되었다. 그리고 입주자들에게 손해를 배상받자고 소송으로 유인한 후 고의로 항소를 포기해 82억 원(1세대당 1천8백만 원)의 손해를 끼쳤습니다.

또한 소박사가 입주자들에게 진실을 알려주어 더 이상 비리를 은폐할 수 없게 되자 고의로 다음카페에서 2015.7.18. 강제로 퇴출시킨 후에 다음카페에서 인신공격을 하며 명예를 심각하게 훼손하고, 잘못을 반성조차 안하며 거짓말을 하고 입주자에게 피해를 가중시키는 것은 좋은 이웃이기를 포기한 것임으로 당연히 민·형사상 응분의 처벌을 받아야 합니다.

15. 2015.11.24. 더사모카페 「입주자대표를 해임할 수밖에 없다.」

입주자 여러분! 비리 없는 H아파트에서 좋은 이웃과 함께 살고 싶으세요? 그렇게 만들기 위해 더사모 회원일동은 해임안에 서명 받고 있으며 73%가 서명했습니다. 그러나 입주자대표는 다음과 같은 놀랄만한 비리를 저지르고 반성은커녕 입주자의 귀와 입과 눈을 막고 거짓말로 비리를 은폐하며 자진사퇴도 안하고 입주자에게 갑질만 하고 있어 신뢰를 잃었습니다.

다　　　　음

① 입주자대표를 할 목적으로 분양초기 계획적으로 다음카페를 만들어 수분양자의 이익을 위한다고 회원을 모집해 정보를 수집하며 신뢰를 쌓고, 입주하여 자연스럽게 입주자대표가 된 후 관리사무소장과 공조해 항소를 포기하여 비리를 은폐하며 감쪽같이 완전범죄를 저지르려고 하였다.

② 내용증명 답변거부 및 수취거절, 관리직원 전원 퇴직해 비리은폐, 노인회 결성반대, 입주자총회 방해, 총회장소 사용료 징수, 안내문 게시 불허, 폭로 안내문 우편함 불법수거, 유언비어 유포, 음모해 통장사퇴, 새 통장에 H건설 퇴직자 임명 등 비리를 은폐하려고 수단과 방법을 가리지 않고 있다.

③ 소박사를 다음카페에서 강제로 퇴출시켜 입주자에게 비리를 폭로하지 못하도록 하였고, 손해배상금을 받아주지 않으며 자진사퇴도 안하고, 오히려 입주자에게 책임을 전가하며 인신공격하고 유언비어를 유포하며 방해하였다.

④ 아파트 발전을 위해서는 입주자대표회의, 노인회, 봉사회, 선관위, 통장이 상호 견제와 균형을 이루며 감시하여야 함에도, 입주자대표회의는 노인회 결성을 반대하고, 봉사회, 선관위, 통장까지 장악하였으며, 관리사무소장을 H그룹에 근무한 직원으로 임명하였고, 가을 음악회 개최, 공동전기료 과다부과 등 관리사무소 비리가 발생할 수밖에 없는 구조로써 입주자대표를 해임하고 새롭게 구성하지 않고서는 해결될 수가 없다.

⑤ 1403동 입주자대표(1호~4호라인) 보궐선거에 단독 입후보해 2015년 9월

9일 선거를 하였는데, 유권자 100명중 22명에게만 찬반을 묻고 고의로 투표를 중단한 후 과반수에 미달하였다며 선관위원과 공조해 선거관리규정을 위반하며 재선거하자고 당선인을 발표하지 않는 억지까지 부리고 있다.

⑥ 관리사무소장은 단독 후보자가 미 소송자라는 것을 사전에 알고 골치 아픈데 입주자대표를 포기하라고 종용해 안하니까, 투표를 1일(종전 3일간 실시)만 하였고, 선거일에 고의로 일찍 조퇴한 후 방문투표까지 중단시켰습니다.

⑦ 1401동 선거구(1~4호)는 1개로 편성하여 입주자대표를 1명만 선출하여야 함에도, 선거구를 고의로 1.2호 및 3.4호로 분리해 2명(1.2호 전○수 대표, 3.4호 이○욱 대표)을 부정선거로 선출해 연임까지 하였다.

⑧ 고의로 항소를 포기해 납부한 분양대금(1세대당 1천8백만 원) 중 소송자는 1/10(미 소송자는 3/10)만 받아주면서 소송비용까지 부담시켰고, 한원광장의 청산과 관계없이 소송 않고 손해액을 배상받을 수 있는데 못 받는다고 거짓말을 하였고, 하자보수는 조기 종결하여 손해를 끼쳤습니다.

⑨ 설계도, 모형, 카달로그에 토지 623.8㎡가 포함되지 않았고 사용검사도 그대로 승인받았는데, 분양대금은 토지 623.8㎡가 포함된 82억 원을 더 받아갔습니다. 따라서 입주자대표는 건설회사에 근무한 경험자임으로 토지 69.3㎡만 배상받으면 토지 554.5㎡(623.8㎡-69.3㎡)는 담장을 출입과 사용을 하지 못하도록 시공해 매년 재산세만 납부하고 민법상 소멸시효가 종료된 후에 소유권을 빼앗긴다는 것을 알고도 고의로 항소를 포기하였다.

따라서 비리 없고 살기 좋은 H아파트를 만들기 위해서는 반드시 입주자대표를 해임시키고 새롭게 조직을 재구성해 비리가 재발하지 않도록 하여야 합니다. 더사모카페의 글을 참고하여 주시고, 입주자총회(12월8일 화요일 20시30분 커뮤니티센터)에 반드시 참석해 주시기 바랍니다.

16. 2015.11.29. 더사모카페 「입주자대표회장의 비리은폐 현장 확보」

입주자대표(3명)는 2015.11.27. 엘리베이터와 게시판에 붙인 "**공지**"를 통해 자신의 잘못을 반성하기는커녕 양심까지 저버리고 우리 입주자를 바보로 취급해 계속 거짓말을 하며 속이고 있고, 소박사에게 비리의 근거를 제시하지 못하면 민·형사상 법적조치를 취하겠다고 공갈협박을 하였다.

따라서 저는 2015.11.28. 엘리베이터와 게시판의 "**공지**" 바로 옆에 "**공지에 대한 반박**"을 붙여 비리의 근거를 명확히 제시하였다. 왜냐하면 입주자대표(3명)와 입주자들이 함께 "**공지**"와 "**공지에 대한 반박**"을 서로 비교해 읽어보고 거짓말을 이제 그만하라고 알려주고 싶었기 때문이다.

그러나 입주자대표회장은 거짓말이 바로 탄로 날 것을 두려워한 나머지 경비를 시켜 "**공지에 대한 반박**"을 즉시 철거하였다. 입주자 여러분의 눈과 입과 귀를 막아 비리를 은폐하려는 철거장면을 2015.11.28. 16시40분부터(1시간) CCTV를 통해 비리현장을 명확히 확보하였다.

입주자대표(3명)는 자신의 잘못을 숨기고자 입주자를 위해 근무하는 경비에게 자신이 제시하라고 한 비리의 근거인 "**공지에 대한 반박**"까지 떼어내는 등 수단과 방법을 가리지 않고 입주자를 속이며 비리를 은폐한다면 입주자대표를 해임시키는 대로 반드시 민·형사상의 책임을 묻을 수밖에 없다.

17. 2015.12.1. 더사모카페 「입주자대표는 해임됩니다.」

입주자 여러분! 더사모 회원일동은 좋은 이웃과 비리 없는 H아파트에서 살기 위해 해임안에 74%가 서명하였다. 그러나 입주자대표는 다음과 같은 엄청난 비리를 저지르고 반성은커녕 입주자의 귀와 입과 눈을 막고 갑질만 하고 있어 자진사퇴를 안하면 해임시킬 수밖에 없다.

다　　　　음

① 분양초기부터 수분양자의 이익을 위한다며 계획적으로 다음카페를 만들어 회원을 모집해 정보를 수집하고 신뢰도 쌓아 입주해 자연스럽게 입주자대표가 된 후 H그룹에 근무한 관리사무소장과 공조하여 비리를 은폐하며 항소를 포기해 입주자 모르게 감쪽같이 비리를 저지르려고 하였다.

② 입주자에게 비리를 알리지 못하도록 소박사를 다음카페에서 2015.7.18. 강제로 퇴출시킨 후, 인신공격하며 유언비어를 유포해 비리를 저지르고 있고, 오히려 입주자에게 책임을 전가하고 손해배상금을 받지 못하게 방해하면서 손해액을 받아주지 않고 자진사퇴도 안하며 피해만 가중시키고 있다.

③ 내용증명 답변거부 및 수취거절, 비리근거 게시문 무단철거, 비리 은폐위해 관리직원 전원교체, 노인회 결성반대, 입주자총회 방해, 총회장소 사용료 징수, 우편함 안내문 불법수거, 유언비어 유포, 새 통장으로 H건설 퇴직자 추천 및 선임 등 수단과 방법을 가리지 않고 비리를 은폐하고 있다.

④ 입주자대표(3명)는 11.27. 엘리베이터와 게시판에 붙인 "공지"를 통해 양심

까지 속이며 입주자에게 거짓말을 하였고, 소박사가 공지 옆에 비리근거를 제시하는 "공지에 대한 반박"을 붙였는데 경비를 시켜 바로 철거하였다.

⑤ 입주자대표회의, 노인회, 봉사회, 선관위, 통장은 서로 견제와 균형을 이루며 감시해 아파트의 건전한 발전을 기하여야 함에도, 입주자대표회의는 노인회 결성을 반대하였고, 봉사회, 선관위, 통장을 장악하였으며, 가을 음악회 개최, 공동전기료 과다부과 등 관리비리가 발생할 수밖에 없는 구조임으로 입주자대표를 해임하지 않고는 해결이 불가능합니다.

⑥ 1401동 선거구(1~4호)는 1개로 편성해 입주자대표를 1명만 선출하여야 함에도, 고의로 선거구를 1.2호 및 3.4호로 분리해 2명(1.2호 전○수 대표, 3.4호 이○욱 대표)을 부정선거로 선출해 연임까지 하였다.

⑦ 1403동 입주자대표 보궐선거(2015.9.9.)에 단독후보자로 출마하였는데, 유권자 100명중 22명에게만 찬반을 묻고 고의로 투표를 중단한 후 과반수에 미달하였다며 선관위원(2명)과 공조해 선거관리규정을 위반하며 낙선시키고 재선거하자며 당선인 발표를 않는 등 부정선거를 하였다.

⑧ 입주자대표와 관리사무소장은 1403동 후보자가 미 소송자임으로 골치 아픈데 후보자를 포기하라고 종용해 안하니까, 투표를 1일(종전 3일간 실시)만 하였고, 투표일에 고의로 일찍 조퇴한 후 방문투표를 중단시켰습니다.

⑨ 분양당시 설계도, 모형, 카달로그에는 토지 623.8㎡가 포함되지 않았고 준공검사도 그대로 받았음에도, 분양대금은 토지 623.8㎡가 포함된 82억 원을 몰래 받아갔습니다. 따라서 입주자대표는 건설회사에 근무해 토지 69.3㎡만 배상받으면 554.5㎡(623.8㎡-69.3㎡)은 출입도 사용도 하지 못하도록 담장

을 시공해 불필요한 재산세만 부담하는 것을 알면서 항소를 포기하였다.

⑩ 항소포기로 인해 납부한 분양대금(1세대당 1천8백만 원) 중 소송자는 1/10(미 소송자는 3/10)만 받아주며 소송비용까지 부담시켰고, 한원광장의 청산과 관계없이 소송하지 않고 손해액을 배상받을 수 있는데도 못 받는다고 거짓말까지 하였으며, 하자보수는 신속히 종결해 받을 수 없다.

따라서 살기 좋고 비리 없는 H아파트로 만들기 위해서는 입주자대표(3명)를 해임시켜야만 합니다. 더사모카페를 참고하여 주시고, 입주자총회(12월8일 20시30분 커뮤니티센터)에 반드시 참석해 주시기 바랍니다.

18. 2015.12.3. 더사모카페 「언제까지 입주자를 속일 것인가?」

우리 아파트에 입주자대표가 5명인데 현재 3명(전○수, 이○욱, 김○복)만이 의사결정을 하고 있다. 왜냐하면 1명(전○정)은 이사를 갔고, 1명(김○섭)은 2015.11.19. 자진사퇴를 하였는데 선출하지 않았다. 남은 3명은 해임안에 74%가 서명해 불신을 하고 있는데도 자진사퇴를 하지 않고 버티며 잘못을 반성하기는커녕 양심까지 속이고 계속 입주자에게 거짓말만 하고 있다.

우리 입주자 중에서 입주자대표(3명)가 비리를 은폐하기 위해 수많은 거짓말을 하는 것을 모르는 입주자는 아무도 없다. 입주자총회(12월 8일)를 방해하기 위해 엘리베이터와 게시판에 "공지"를 붙여 공갈 협박하는 것, 더사모는 "공지" 옆에 "공지에 대한 반박"을 붙였는데 입주자대표회장이 지시해 경비가 뗀 것, 입주자에게 비리를 알리지 못하게 다음카페에서 소박사를 막아놓은 것, 소송자와 미소송자는 손해배상금 1천8백만 원(10/10)을 받아야 하는 것, 입주자대표는 내용증명에 답변을 않고 수취거절까지 한 것, 선거관리위원(2명)은 입주자대표 보궐선거에 선거관리규정을 위반해 부정선거를 한 것, 선거관리위원(2명)도 내용증명에 답변을 않고 수취거절까지 한 것, 관리소장은 보궐선거에 출마한 후보자에게 포기를 종용한 것, 가을 음악회집행(3천만 원) 및 공동전기료(1천만 원)부과 등 관리비리를 저지른 것, 관리소장을 수시로 바꿔 관리서류를 못 보게 방해하며 비리를 은폐한 것, 경비는 외부인 감시보다는 입주자 감시에 치중하는 것 등을 우리 입주자가 매우 잘 알고 있다.

입주자대표(3명)는 입주자를 위해 봉사한다고 하고서도 이러한 나쁜 짓들을 하여 입주자에게 환영받지 못하고 있다. 우리 입주자들은 해임안에 74%가 서명하였는데도 언제까지 비리를 은폐하며 자진사퇴를 하지 않고 버티려고 합니까? 더 이상 거짓말에 속지 않는다. 이제라도 입주자에게 깊이 사죄하고 반성하면 이웃으로 용서할 것이다. 그것만이 최선의 길이다. 입주자대표(3명)는 즉시 자진사퇴를 하십시오.

마지막으로 이것을 꼭 생각하십시오.

한원광장과 H건설은 분양당시 설계도, 모형, 카달로그에 토지 623.8㎡가 포함되지 않았고, 사용검사까지 그대로 승인받았음에도, 분양대금은 토지 623.8㎡가 포함된 82억 원을 몰래 받아갔습니다. 그리고 토지 623.8㎡ 중 90㎡는 한원광장이 슬쩍 가져갔고, 113㎡는 김○석에게 몰래 매각하였으며(등기부등본 확인), 420.8㎡는 고의로 담장을 출입과 사용을 하지 못하도록 설치해 매년 재산세만 납부하고 있다(대한지적공사 측량). 따라서 사기 분양한 것임으로 납부한 분양대금 1천8백만 원을 당연히 돌려받아야 합니다.

19. 2015.12.3. 더사모카페 「관리사무소장 계속 교체해 비리은폐」

입주자대표(3명)는 관리사무소장과 직원 모두를 교체하며 비리를 은폐하고 있다. 관리사무소장 최○현은 H그룹에 근무한 경력자로서 지난 10월31일 퇴직하였으며, 관리사무소장 배운석은 11월에만 근무하였고, 관리사무소장 윤여형은 12월1일부터 근무하고 있는 중입니다.

그런데 관리서류를 열람하려고 찾으면 최소장은 미루며 보여주지 않다가 퇴직하였고, 배소장은 업무파악이 안되어 어디에 있는지 모르니 다음에 보라고 하고는 퇴직하였으며, 윤소장도 역시 업무파악이 안되어 어디에 있는지 모르니 다음에 보시라고 하여 전임자가 편철해 놓은 것을 주면 혼자 보겠다고 하여도 보여주지 않아 못보고 있다(보면 볼수록 잘못이 발견됨).

이는 비리를 은폐할 목적으로 고의적으로 보여주지 않고 있는 것이다. 입주자대표는 비리가 있으면 증거를 대라고 엘리베이터와 게시판에 "**공지**"를 붙여 놓아서 더사모에서는 "**공지**" 옆에 "**공지에 대한 반박**"을 붙여 비리의 증거를 명확하게 제시하니까 입주자대표회장이 경비를 시켜 바로 떼었는데 그 장면을 목격해 증거를 확보하였다.

이제 입주자들은 입주자대표를 전혀 신뢰하지 않고 있다. 해임안에 74%가 서명하였고, 앞으로 계속 받을 것이다. 이렇게 입주자들의 의사가 확고함에도 자진사퇴를 않고 버티는 것은 비리를 은폐하기 위해 못하는 것이 아닌지 의혹이 증폭되고 있다. 봉사자로 출발하였다면 즉시 자진사퇴하고 입주자에게 용서를 구하는 것이 최선의 길인 것이다.

20. 2015.12.8. 더사모카페 「입주자총회 결과보고」

더사모 주관으로 12월8일 20시30분 커뮤니티센터에서 개최한 입주자총회 결과를 다음과 같이 알려드립니다.

다 음

① 입주자대표 해임안 75% 서명

- 입주자대표는 손해액(1천8백만 원)을 못 찾게 방해하며 사퇴를 안 함
- 소송자 1/10, 미 소송자 3/10만 받아주고 소송비용까지 부담함
- 관리규약 제20조 제1항에 의거 입주자대표 해임안에 75%가 서명함

② 입주자대표 견제와 감시기능 부재

- 아파트가 건전하게 발전하려면 입주자대표회의, 선거관리위원회, 노인회, 부녀회, 통장 등이 상호견제와 균형을 이루어 협조하고 감시하여야 함
- 그러나 입주자대표회의는 선거관리위원회, 부녀회, 통장을 완전 장악하고, 노인회는 결성조차 않고 있어 비리발생 소지가 심각함

③ 1403동 입주자대표 보궐선거 시 부정선거

- 관리소장은 2015년 9월 9일 단독후보에 대한 찬반투표에서 유권자 100세대 중 22세대만 방문투표한 후 선거관리위원(2명)과 공모해 과반수 미달이라며 선거관리규정을 위반해 재선거를 하자고 주장함
- 선거관리위원(2명)은 10월 28일 전체회의에서 중단한 투표를 실시하자고 합의하고도 이행하지 않으며 당선인을 선출하지 않고 있음(소박사 입회)
- 입주자대표(전○수, 이○욱, 김○복)는 자신들이 잘못한 것을 선거관리위원장에게 책임을 전가하고 있음

- 선거관리위원장은 입주자대표에게 공식 사과를 요구하였는데 하지 않음

④ 관리사무소 직원 전원교체

- 관리소장 등 직원전원을 교체하여 서류를 못 보게 방해하고 있음
- H건설은 입주 이전부터 관리업체인 국제경보산업(주) 및 관리소장을 선임해 입주자의 이익에 반하는 행동을 하였음
- 입주자대표와 관리소장은 소박사의 업무방해 및 명예훼손 등 법적대응을 위해 변호사 자문료(75만 원)를 관리비에서 부당지출함
- 입주자들이 원하지 않는 가을음악회(3천만 원) 실시, 9월분 공동전기료(1천만 원)를 부과함
- 민·형사재판서류 미공개, 문서목록 미 작성 및 일련번호 미부여

⑤ 입주자대표 및 선관위원에게 내용증명 발송

- 입주자대표(3명): 내용증명을 발송하였는데, 5회 답변 않고, 2회 수취거절
- 선관위원(2명): 내용증명을 발송(2회)하였는데, 1회 답변, 1회 수취거절

* 답변을 않고 수취 거절한 것 자체가 심각하게 문제가 있다는 것을 방증

⑥ 입주자의 날 변경

매주 화요일 20시30분 커뮤니티센터에서 입주자간의 친교인사 및 의견교환, 현안문제 협의

⑦ 향후대책

위임장 서명, 관리규약 및 선거관리규정 등 제 규정 전면개정, 입주자대표 해임안 입주자투표 실시, 새 입주자대표 선출 및 손해배상청구, 선관위원회,

노인회, 봉사회를 입주자가 원하는 대로 합의해 구성, 철저한 하자보수 등

⑧ 의결사항

- H아파트를 살기 좋고 비리 없게 만들기 위한 민·형사상의 모든 권한을 비대위원장에게 위임함
- 더사모카페를 H아파트 공식 카페로 승인함
- 소박사를 비대위원장 겸 더사모 회장으로 승인함

* 입주자총회 위임 및 승인사항 참조

(참고) 사기 분양한 사실 확인

분양당시 설계도, 모형, 카달로그에는 토지 623.8㎡가 포함되지 않았고 그대로 준공검사를 받았음에도, 분양대금은 토지 623.8㎡가 포함된 82억 원을 몰래 받아갔음. 그리고 토지 203㎡은 한원광장 및 김○석에게 불법 매각하였고, 토지 420.8㎡은 담장을 출입과 사용을 하지 못하도록 시공해 매년 재산세만 납부하고 있음. 이처럼 사기 분양한 것이 명백함으로 납부한 분양대금 1천8백만 원을 돌려받아야 함(입주자들은 대법원확정판결에 의거 손해액을 앞장서서 받아주어야 할 입주자대표가 못 받는다고 거짓말까지 하면서 방해하고, 사퇴도 안하는 것에 대하여 도저히 이해할 수 없다고 인식하고 있음).

21. 2015.12.13. 더사모카페 「비상대책위원장 겸 더사모 회장의 전달사항」

존경하는 입주자 여러분께!

2015년 을미년도 이제 얼마 남지 않았다. 어느덧 우리 H아파트에 입주한지도 4년 가까이 되었다. 그러나 입주자대표(전○수, 이○욱, 김○복)는 살기 좋

고 비리 없는 아파트로 만들지 못하였고, 사기 분양한 토지 623.8㎡를 못 찾았으며, 하자보수도 제대로 못 받고 소음과 먼지로 고통만 받았다.

H아파트가 건전하게 발전하려면 입주자대표회의, 노인회, 봉사회, 선관위, 통장이 상호 협조하고 견제하며 감시하도록 구성되어야 함에도 입주자대표(3명)가 봉사회, 선관위, 통장을 장악해 마음대로 조정하고 있고, 노인회는 방해하여 결성조차 못하고 있어 문제가 매우 심각합니다.

이로 인해 1403동 입주자대표 보궐선거(2015년 9월 9일)에서 입주자대표, 선관위원(박○식, 최○정), 관리소장이 공모해 단독후보자인데 찬반투표를 중단하고 재선거하자며 부정선거까지 하여 당선인을 결정하지 않았고, 통장을 모함하여 사퇴시키고 후임자로 H건설 퇴직자를 추천해 임명하였다.

또한 입주자는 입주자대표 해임안에 75%가 서명하였음에도 입주자대표가 사퇴를 않고 있다. 왜냐하면 입주자대표는 선관위원 3명 중 2명을 하수인처럼 앉혀 놓고 선거관리규정을 위반하며 자신의 주장에 무조건 동조하도록 하고, 입주자대표 선출 및 해임안 찬반투표 실시를 방해하려고 사전에 공작해 놓았기 때문이다.

관리소 직원 전원을 교체해 서류를 못 보게 방해하였고, 소박사를 업무방해 및 명예훼손으로 법적조치하려고 변호사 자문료(75만 원)를 관리비에서 부당 지출하였으며, 입주자들이 원하지 않는 가을음악회(3천만 원)실시, 9월분 공동전기료(1천만 원)를 부과하였고, 문서목록 미 작성 및 일련번호 미부여 등으로 비리를 은폐하고 있다.

이러한 관리업무비리 등과 관련해 입주자대표(3명) 및 선관위원(2명)에게 내용증명을 여러 차례 보내 해명을 요구하였음에도 답변을 않고, 수취거절까지 하였다(입주자대표회장은 제가 보낸 내용증명에는 답변하지 않고 수취거절하면서, 저에게 자신의 질문에 답변하라며 최근 내용증명을 2번 보내와 12월 10일 답변하였는데 이것도 수취거절까지 하였음). 이러한 상식 밖의 나쁜 짓을 하는 것만으로도 문제가 매우 심각하다는 것을 증명하고 남습니다.

따라서 지난 2015년 12월 8일 입주자총회에서 ① 살기 좋고 비리 없는 H아파트를 만들고, ② 사기 분양한 분양대금(1천8백만 원)을 돌려받으며, ③ 하자보수를 철저히 받기 위해 소박사를 비대위원장과 더사모 회장으로 추대하고 더사모카페를 H아파트의 공식카페로 동의 및 승인하며 입주자들이 가진 민·형사상의 모든 권한을 위임하였다.

앞으로 비대위원장과 더사모 회장으로서 입주자의 이익을 대변하기 위해 관리규약 및 선거관리규정 등 제 규정 전면개정, 입주자대표 해임안 입주자투표 실시 및 새 입주자대표 선출, 선관위원회, 노인회 등 관련단체 효율적 구성, 입주자의 이익과 화합에 반하는 행동을 하는 자의 이름과 동·호수 공개, 손해배상청구, 민·형사상 고발 등에 모든 역량을 집중할 것이다.

그리고 입주자의 날(매주 화요일 20시30분)에 친교인사 및 의견교환, 현안문제 협의 등을 위해 커뮤니티센터에서 매우 기쁜 마음으로 맞이할 것이다. 살기 좋고 비리 없는 H아파트를 만들기 위해서는 입주자 여러분의 관심과 협조가 반드시 필요하오니 진실만을 알려주는 더사모카페에서 진행사항 및 입주자대표의 거짓주장을 수시로 확인하고 많은 조언을 부탁드립니다.

입주자대표(전○수, 이○욱, 김○복)에게 마지막으로 간곡히 부탁한다. 입주자에게 봉사한다고 5명이 시작해 3명만 남았습니다. 사기 분양한 분양대금

(1천8백만 원)을 못 받은 것만으로도 무거운 책임을 통감하여야 하며, 입주자 75%가 입주자대표 해임안에 서명한 것은 사퇴하라는 명령입니다. 그물 안에 있는 물고기 및 뇌사상태의 중환자와 같은 상황임으로 즉시 사퇴하십시오. 그러면 입주자들은 넓은 마음으로 용서하고 이웃으로 맞아줄 것이다.

아무쪼록 얼마 남지 않은 2015년 을미년을 잘 마무리 하시고 다가오는 2016년 병신년에는 입주자 여러분의 가정에 건강과 행운이 가득하고 살기 좋고 비리 없는 H아파트가 되기를 간절히 기원합니다.

22. 2015.12.26. 더사모카페 「입주자대표 비리전모 및 향후대책」

더사모카페에 입주자대표(3명)가 저지른 비리(100편의 글)를 실었습니다. 비리정도가 매우 대담하고, 수법도 계획적 지능적 집단적 입체적이며, 다음카페까지 이용해 거짓 선동하여 완전범죄를 시도하려다 실패한 것이오니 읽어 보시기 바랍니다.

① H건설(한원광장)은 토지 623.8㎡에 대한 분양대금 82억 원을 받아갔음에도, 설계도, 모형, 카달로그에 토지 623.8㎡를 빼고 표시하고 사용검사까지 승인받아 감쪽같이 속였다. 토지 623.8㎡중 ① 90㎡은 한원광장이 슬쩍 가져갔고, ② 113㎡은 김○석에게 몰래 매각하였으며, ③ 420.8㎡은 담장을 출입조차 못하게 설치해 매년 재산세만 납부하게 하였다. 그러나 입주자대표는 H건설(한원광장)만 대변하며 다음과 같이 입주자에게 분양대금 82억 원(1세대당 1천8백만 원)을 돌려받지 못하게 손해를 끼친 비리를 저질렀습니다.

㉮ 입주자대표는 H건설(한원광장)이 사기 분양한 것을 애당초부터 은폐할

목적으로 항의방문을 한 번도 하지 않았고, 소박사가 소송해 배상받자고 제안하니까 거절할 수 없어 마지못해 법원에 소송을 제기하였다.

㉯ 그런 후 적극대처하지 않고, 재판(1심)에서 토지 69.3㎡만 배상하라고 잘못된 판결이 나오자, 고의로 항소를 포기하였고, 형사재판까지 적극 대처하지 않아 무죄로 선고받게 하였다. 특히, 소박사의 조언을 듣지 않고, 토지 69.3㎡(또는 203㎡)만 배상받고 나머지는 공유부지임에도 민·형사상 책임을 묻지 않겠다는 포기각서를 써준 것은 직무유기임으로 변상하여야 합니다. 또한 미소송자는 소송을 하지 않았는데 소송비용(약 40만원)을 공제한 것도 즉시 돌려주어야 합니다.

㉰ 결론적으로 사기 분양한 것을 받아주겠다고 속여 입주자에게 전권을 위임받고, 관리소장, H건설, 한원광장과 공조해 받지 못하게 속였으며, 잘못을 반성하기는커녕 오히려 비대위에 사과하라고 공갈 협박까지 하였고, 입주자 75%가 입주자대표 해임안에 서명하였는데 사퇴하지 않고 있다.

② 1403동 대표 보궐선거에 단독 입후보자를 부정선거로 낙선시키고 선거관리규정을 위반하며 재선거하자고 하였고, 이를 선관위원장이 잘못한 것처럼 책임까지 전가하였다. 또한 주택법 및 관리규약상 입주자대표는 최소 4명이상 있어야 함에도 3명만이 입주자의 의견에 반해 중요사항을 심의 및 의결하고 있다. 즉 봉사받기 싫다는 입주자의 뜻을 짓밟고 소박사를 다음카페에 못 들어오게 막고 비방하는 것이야말로 파렴치한 위법행위이다.

③ 입주자대표는 비리를 은폐하고자 입주자가 원하지 않는 가을음악회 개최, 변호사 자문료 지출, 공동전기료 과다부과, 소송비용 부과 등 경비집행서류를 열람하지 못하게 방해하며 보여주지 않고 비리가 없다고 억지주장만 합

니다. 또한 2015.12월에는 공동전기료 및 공동시설관리비를 전혀 부과조차 않는 등 주먹구구식으로 집행하였고, 관리직원 및 경비원을 자신의 비리를 방어하기 위해 비대위의 활동을 감시하는데 동원하며 활용합니다.

④ 관리소장의 밀실 방을 공개적으로 개조, 입주자대표회의 입주자참석 및 회의장면 공개, 봉사회장 투명한 경비집행 및 회계보고, 노인회에 경로당 개방 및 열쇠인계, 선관위원 사퇴 및 증원(3명을 7명으로), 다음카페 실명 표시, 철저한 하자보수, 분양계약위반 시정 등을 제대로 하도록 바로잡아야 합니다.

⑤ H아파트를 살기 좋고 비리 없게 만들기 위해서는 입주자대표(3명)를 해임하고, 관리규약 등을 공정하고 투명하게 개정해 진정으로 입주자를 위하여 봉사할 수 있는 새로운 입주자대표, 선관위원, 봉사회원, 통장으로 구성하여야 합니다. 비상대책위원회에서는 입주자대표와 선관위원이 사퇴하지 않으면 중앙선관위에 의뢰해 해임투표를 공정하게 실시할 것이다. 또한 입주자의 정당한 권리를 찾기 위해 관리사무소 회계감사를 하는데 필요한 위임장 서명 및 입주자의 날(매주 화요일) 행사에 적극 동참해 주실 것을 부탁드립니다.

23. 2015.12.29. 더사모카페 「관리소장이 경로당을 못 열게 민원제출」

경로당을 입주한지 4년이 되도록 열지 않은 이유는 입주자대표(3명)가 자신의 비리를 은폐할 목적인 것으로 명확하게 밝혀졌습니다. 입주자대표의 지시를 받고 있는 관리소장이 경로당을 못 열게 허가하지 말라고 광진구청에 민원을 제출하였다. 이는 입주자를 위해 일해야 할 관리소장이 본분을 망각해 입주자의 의사에 반하는 행위를 한 것임으로 이유여하를 불문하고 도저히 용서할 수 없는 매우 나쁜 짓이다.

그 동안 입주자대표는 경로당을 원하시는 어르신이 20명이상이 안 되어 못 열고 있다고 거짓 주장하였다. 그래서 어르신들은 관리소장에게 입주자카드에 있는 어르신의 명단을 주면 직접 파악하겠다고 하였는데 명단을 주지 않았다(입주초기 60명이상이라고 들었음). 하는 수 없이 어르신들께서 수소문해 20명이상 확보하여 관리소장에게 통보하였다. 이번에는 임원하실 분이 안 계시기 때문에 못 열어준다고 핑계를 대었습니다. 그래서 임원을 하겠다는 어르신이 계시다고 얘기하자, 이제는 입주자대표의 승인을 받아야 한다며 차일피일 계속 미루었습니다.

따라서 더사모에서는 회칙제정 및 임원선출 등 노인회구성을 도와드려 대한노인회에 등록을 마쳤고, 광진구청에 허가 신청하였다. 그런데 관리소장은 광진구청에 인원이 20명이 안 되며, 회의를 개최하지 않았다는 등 실제와 전혀 다르게 거짓말을 하며 경로당을 허가해 주면 안 된다고 민원을 제출하였다. 광진구청에서는 노인회장님에게 사실여부를 조사하러 나왔습니다.

조사과정에 비대위원장(소박사)이 참석하였고, 관리소장이 민원을 낸 것이 사실임을 직접 확인하였다. 아파트에 사시는 어르신들은 60명이 넘는데 관리소장이 명단을 안 주어 수소문하여 33명을 확보하였고, 회의를 개최해 임원을 선출한 것이 사실인데, 거짓이라고 민원을 제출한 것은 입주자대표의 비리를 은폐하기 위해 경로당을 열지 못하게 방해한 꼼수입니다.

설령 관리소장은 자신이 주장한대로 인원이 20명이 안 된다고 하더라도 이를 된다고 하여 경로당을 허가해 달라고 하여야 도리일 것이다. 그런데 진실인 것을 거짓이라고 민원을 낸 것은 도저히 용납할 수 없는 매우 나쁜 행위인 것이다. 입주자대표(3명)와 관리소장은 경로당을 열지 못하게 방해하여 4년 동안 매월 40만원과 쌀 1포대를 받지 못한 금전적 피해(3천만 원 이상) 및 안락한 쉼터를 이용 못한 것에 대하여 책임을 지고 어르신께 정중하게 사과한 후 사퇴하기 바랍니다.

24. 2016.1.31. 더사모카페 「경로당을 못 열게 방해한 대표와 관리소장」

입주자대표와 관리소장은 자신들의 비리를 은폐하려고 경로당을 4년 동안 열지 않았는데, 어르신들은 더사모(소박사)의 도움을 받아 정식절차를 거쳐 대한노인회에 등록을 하였고, 광진구청에 허가를 신청해 실사까지 마쳤습니다.

따라서 광진구청에서 허가를 내주려고 하는데, 관리소장은 어르신이 20명이 안되며, 회의도 개최하지 않았고 허위 주장하며 허가를 내주지 말라고 구청에 민원을 제출하였다. 대한노인회와 광진구청에서는 이와 같이 입주자대표와 관리소장이 허가를 내주지 말라고 민원을 제출한 사례가 처음이며 상식밖의 행동이라고 의심하고 있다.

특히, 광진구청에서는 관리사무소에 보관한 입주자카드로 입주자여부를 확인하겠다고 하였는데, 관리소장이 전혀 협조하지 않아 부득이 어르신들에게 동사무소에서 발급한 주민등록등본을 제출해 줄 것을 부탁하는 것임으로 매우 죄송하다고 사정하였다.

즉 관리소장이 거주한다고 얘기만 해주면 생략하는 것을 불필요하게 주민등록등본을 제출하라고 한 것이다. 이는 입주자대표와 관리소장이 봉사자임을 망각하고 비리를 은폐하기 위해 불필요하게 입주자를 괴롭히며 갑질하고 있는 매우 나쁜 행위인 것이다.

또한 입주자대표와 관리소장은 이러한 나쁜 짓을 하면서도 입주자를 위해 열심히 봉사한다고 거짓말로 계속 속이고 있다. 거짓말쟁이는 거짓말을 하고 나서도 끝까지 안했다고 거짓말을 하는 것이다. 현명하신 우리 입주자들은 더 이상 입주자대표의 거짓말에 절대로 속지 않는다.

입주자대표(3명)와 관리소장은 경로당을 4년 동안 열지 못해 매월 40만원과 쌀 1포대를 받지 못한 금전적 손해(3천만 원 이상) 및 안락한 쉼터를 이용하지 못한 것에 대하여 책임을 지고 어르신께 정중하게 사과하고 사퇴하기 바랍니다.

25. 2016.2.11. 더사모카페 「경로당 열쇠를 강제로 받는 현장」

입주자대표와 관리소장은 비리를 은폐하려고 경로당을 4년 동안 열지 않아 3천만 원 이상의 손해를 끼쳤고, 어르신들은 회원 33명이 회의를 개최해 임원선출을 하는 등 정식절차를 거쳐 대한노인회에 등록하고 광진구청에 신고필증을 받으려고 신고하였다.

그런데 관리소장은 광진구청에 신고필증을 주지 말라고 민원을 제출하였다. 회원이 20명이 안되며, 회의를 개최하지 않았다고 거짓말을 한 것이다. 대한노인회와 광진구청에서는 입주자대표와 관리소장이 민원을 낸 것은 처음이라며 도저히 이해할 수 없다고 하였다.

특히, 광진구청과 대한노인회에서는 관리소장이 입주자라고 얘기만 하면 주민등록등본을 제출할 필요가 없다고 하여도 전혀 협조하지 않았다. 이는 입주자대표와 관리소장이 봉사자임을 망각하고 비리를 은폐하기 위해 경로당을 열지 않으려고 방해를 한 것이다.

한편, 어르신은 광진구청에서 받은 신고필증을 보여주며 경로당 열쇠를 달라고 하였는데 주지 않았다. 어르신은 관리소장과 실랑이를 하는 사이에 관리직원 임○석은 죽고 싶으냐고 욕을 하면서 주먹을 휘저었고, 어른신은 분을 삭이지 못하였다. 결국 강제로 열쇠를 받았지만 주먹을 휘저으며 욕을 한 것은 용납할 수 없다. 아파트 값이 떨어지지 않게 관리소장과 직원 임○석은 우리 아파트에서 조용히 살아지기 바랍니다.

26. 2016.2.14. 더사모카페 「입주자에게 거짓말이 끝까지 통할까?」

입주자대표는 입주자의, 입주자에 의한, 입주자를 위한 아파트운영을 하지 않고 비리만 감추었습니다. 그동안 다음카페를 악용하여 계획적 지능적 조직적 입체적으로 입주자를 속였고, 손해배상, 분양계약위반, 하자보수를 못 받게 하였으며, 비리를 알리지 못하게 소박사를 다음카페에서 강제로 퇴출시키고 인신공격만 하였다.

① 토지 623.8㎡에 대한 분양대금 82억 원(1세대당 1천8백만 원)을 배상받지 못하게 하였다. 입주자대표는 ㉮ 처음에 손해배상을 받지 못하게 하다가, ㉯ 소송하자고 하고는 항소 포기해 1/10만 받아 주었으며, ㉰ 미소송자에게 3/10을 받아주면서 포기각서까지 써주게 하였고, ㉱ 다른 분은 10/10을 받게 하는 등 상이한 손해배상금을 받게 하였다.

② H건설(한원광장)은 사기죄 및 배임죄로 처벌받아야 타당함에도, 입주자대표가 무죄로 선고받게 하였고, 분양계약위반 및 하자보수를 못 받게 하여 막

대한 손해만 끼쳤습니다.

③ 관리소장은 선관위원(박○식, 최○정)과 공조해 1403동 대표 보궐선거에서 비대위원(단독후보자)에게 사퇴하라고 종용하여 안하니까 유권자 100명 중 22명에게만 찬반투표를 묻고 과반수미달이라며 부정 선거해 낙선시켰고, 입주자대표 해임안에 75%가 서명하였는데 선관위원은 입주자대표를 해임시키지 않으려고 해임투표를 못하게 방해하였다.

④ 봉사회장은 입주자대표에게 지원받은 운영자금, 광진구청에서 지원받은 보조금, 자체 활동에 의한 수익금에 대하여 회계장부, 통장, 영수증을 투명하게 관리하지 않았고 공개하지도 않았으며, 입주자대표는 이를 묵인해 비리를 은폐하도록 하였다.

⑤ 경로당을 4년 동안 못 열게 방해하였고, 어른들은 대한노인회에 등록 및 광진구청에 신고필증을 신청하였는데, 관리소장은 광진구청에 신고필증을 주지 말라고 민원을 제출하였다. 특히, 받은 신고필증을 보여주어도 경로당 열쇠를 주지 않아 실랑이를 하는데, 직원 임○석이 죽여 버리겠다며 주먹을 휘두르는 등 매우 나쁜 행동까지 하였다.

⑥ 사기분양에 대한 손해배상금을 받아달라고 내용증명을 보냈는데, 입주자대표는 답변을 거부하다가 나중에 수취거절까지 하였다. 또한 선관위원장 및 후보자(비대위원)는 1403동 대표 보궐선거에서 부정 선거한 것에 관해 선관위원(박○식, 최○정)에게 내용증명을 보냈는데 답변을 거부하다가 나중에 수취거절까지 하였다.

⑦ 입주자대표는 비리를 은폐하기 위해 지금까지 관리소장 7명을 교체하였

고, 직원과 경비원도 수시로 교체하였으며, 관리소장의 밀실 방을 공개적으로 개조, 입주자대표회의 장면 공개, 선관위원 증원(현재 3명을 7명으로), 아파트 다음카페 실명표시 등을 시정해 투명한 아파트관리를 하여야 합니다. 특히, 관리소장은 비리가 없다고 주장하면서 가을음악회 개최, 변호사 자문료 지출, 공동전기료 과다부과, 소송비용 부과 등 경비집행서류를 열람하지 못하도록 방해하였다.

⑧ 꼬리가 길면 밟히고, 민심을 외면하면 큰 화를 입는 법입니다. 입주자의 정당한 권리를 찾고 내 재산을 지키며 관리사무소 회계감사를 하기 위한 위임장 서명 및 입주자의 날(매주 화요일 20시30분) 모임에 동참해 주시기 바랍니다.

27. 2016.2.16. 더사모카페 「선관위원장께서 입주자대표회장에게 답변한 내용증명」

수 신: 입주자대표회장 전○수(광진구 아차산로 537-17, H아파트 1401동 802호)

제 목: 내용증명에 대한 회신

귀하께서 보내준 서울광나루취급국 제3140502013992(2016.1.26.)와 관련입니다. 그동안 여러 차례 보내드린 내용증명을 참고해 주시기 바라며, 다만 동대표를 공정하게 선출해야 하는 선관위원장으로서 오로지 입주자를 위해 봉사하였으며, 귀하가 주장하는 책임회피나 말장난하는 것을 가장 싫어하고 있음을 강조합니다.

지난해 1403동 입주자대표 보궐선거에 민○규 후보가 단독 출마하였는데, 최○현 관리소장은 사퇴를 권유하였고, 고의로 유권자 100세대 중 22세대에 계만 찬반투표를 한 후에 과반수미달이라며 재선거를 하여야 한다고 주장하였으며, 이에 선관위원 박○식과 최○정이 동조하여 부정선거를 하였다. 그러나 선관위원장으로서 올바로 잡고자 중단한 찬반투표를 속행해 당선인을 결정하려고 고심하였다.

선관위원장으로서 입주자대표의 지시를 받는 관리소장 및 선관위원이 한 부정선거를 올바르게 잡으려고 노력하였는데, 책임을 전가하는 것은 진실을 왜곡한 매우 나쁜 짓이다. 이제라도 진실과 여론에 직시하라고 조언하며, 선관위원장의 신뢰가 회복되도록 여러 차례 요구했던 사과문을 즉시 정중히 붙이기 바랍니다.

또한 진정한 봉사자라면 입주자 75%가 사퇴해 달라고 해임안에 서명하였고, 임기도 얼마 남지 않았기 때문에 미련 없이 사퇴하는 것이 정석입니다. 또한 사퇴를 원하는 입주자가 입주자대표 3명(전○수, 이○욱, 김○복)이 계속 버티고 있는 것을 환영하겠는지 생각해 보기 바랍니다. 입주자가 원하는 대로 따르는 것이 진정으로 입주자를 위하는 것이며, 환영받는 길이다. 지혜롭게 욕심을 버린다면 훨씬 더 편안하고 행복할 것이다.

끝으로 사기 분양한 것에 대하여 소송자는 1/10만 받았고, 미소송자는 3/10만 받았으며, 다른 분은 10/10을 받겠다고 합니다. 손해배상금을 동일하게 못 받은 입주자의 깊은 상처를 생각해 봉사자로서 용단을 내리는 것만이 현명한 선택이라고 조언합니다. 우리 아파트의 문제점이 하루빨리 해결되고, 귀하의 가정에 건강과 행운이 가득하시길 기원합니다.

선거관리위원장 정○임

(광진구 아차산로 537-17, H아파트 1401동 1205호)

28. 2016.2.21. 더사모카페 「진정한 봉사를 하였는지 반성하기 바랍니다.」

입주자대표는 입주자를 위하여 약속한대로 진정한 봉사를 하였는지 반성하기 바랍니다. 다음카페를 이용하여 계획적 지능적 조직적 입체적으로 입주자의 귀와 입과 눈을 막고 소박사를 다음카페에 못 들어오게 막아놓고 감쪽같이 비리를 저질렀습니다.

① 분양대금 82억 원(1세대당 1천8백만 원)을 배상받지 못하게 하였다. 처음에는 손해배상금을 못 받는다고 하다가, 소송으로 유도한 후 항소를 포기해 소송자에게 1/10만 받게 하였고, 미소송자에게 소송자처럼 1/10만 받고 민·형사상 포기각서를 써주고 나서 다시 수정해 3/10을 받고 민·형사상 포기각서를 써주었으며, 미 수령자는 10/10을 배상받게 하는 등 동일한 사건에 대해 1/10, 3/10, 10/10을 서로 상이하게 받도록 피해를 주었다.

② H건설(한원광장)이 사기 분양한 것에 관해 사기죄 및 배임죄로 처벌받아야 하는데 무죄로 선고받게 하였고, 분양계약위반 및 하자보수를 못 받게 피해를 주었다.

③ 입주자대표는 최소 4명이상으로 구성하여야 하는데 3명(전○수, 이○욱, 김○복)이 남아서 입주자의 이익에 반하며 원하지 않게 의사결정을 하고 피해를 주었다.

④ 입주자들은 손해배상금을 받아달라고 내용증명을 보냈는데, 입주자대표들이 답변하지 않았고 수취거절까지 하며 피해를 주었다. 또한 선관위원 2명(박○식, 최○정)도 부정선거에 관한 내용증명에 답변하지 않았고 수취거절까지 하며 피해를 주었다.

⑤ 관리사무실에 비리가 없다고 주장하면서도 가을음악회 개최, 공동전기료 과다부과, 소송비용 집행, 변호사 자문료 지출 등의 경비집행서류를 보지 못하게 방해하며 피해를 주었다(비리가 없다면 오히려 보도록 적극적으로 협조하였을 것임).

⑥ 1403동 대표 보궐선거에 출마한 단독후보자(비대위원)에게 출마를 포기하라고 권유하였는데 안 하니까 부정선거로 낙선시켰고, 입주자 75%가 입주자대표 해임안에 서명하였는데 사퇴하지 않으며 해임투표도 못하게 방해하였고, 오히려 선관위원장에게 책임을 떠넘기며 피해를 주었다.

⑦ 경로당을 4년 동안 못 열게 방해하였고, 어른들이 노인회 등록 및 광진구청에서 신고필증을 받으려고 하자 경로당을 열어주지 말라고 민원을 제출하였으며, 경로당 열쇠를 안 주려고 승강이 하는 등 피해를 주었다.

⑧ 봉사회장은 봉사회의 공금에 대한 회계장부, 통장, 영수증을 공개하지 않는 등 투명하게 관리하지 않았는데도 묵인하고 은폐하여 피해를 주었다.

⑨ 통장은 입주자를 위해 열심히 봉사하였는데 손해배상금을 정당하게 받아야 한다는 이유로 모함하여 사퇴하게 한 후 H건설 퇴직자를 후임 통장으로 선임하도록 피해를 주었다.

이와 같이 입주자의 이익에 반해 피해만 보도록 업무를 수행하였다. 따라서 입주자대표는 전혀 신뢰를 받지 못하고 있음에도 불구하고 사퇴하지 않고 있다.

이러한 비리는 입주자의 무관심에 의해 발생하고 있다. 입주자의 날(매주 화요일 20시30분)에 참석해 비리를 척결하는데 적극 협조해 주시기 바랍니다.

29. 2016.3.11. 더사모카페 「우리 아파트 비리수준은? .....전국에서 1등」

최근 언론에서 아파트비리에 관해 집중적으로 보도하고 있다. 그러면 내가 살고 있는 우리 아파트비리는 어느 정도일까요? 결론부터 얘기하면 전국 1등입니다. 솔직히 말씀드려 언론에서 공개협조를 받았는데 아파트 가격에 어떤 영향을 미칠까 해서 결정을 않고 생각 중에 있다.

① 분양당시 토지 623.8㎡에 대한 분양대금 82억 원을 지급하였는데, 토지 623.8㎡를 사용할 수 없다. 따라서 토지 623.8㎡를 돌려받던지 아니면 82억 원(1세대당 1천8백만 원)을 배상받아야 합니다. 그런데 입주자대표는 받지 못하게 방해하였다.

② 관리사무실 회계장부를 열람하려고 하여도 보여주지 않았다. 그러면서 비리가 없다고 주장합니다. 입주자대표와 관리소장은 비리가 없다면 가을음악회, 공동전기료, 소송비용, 변호사 자문료 등 요구하는 회계서류를 보여주어야 합니다. 입주자들은 비리가 있기 때문에 감사전문가인 소박사에게 보여주지 않는다고 밖에 볼 수 없다.

③ 입주자대표의 의문사항에 대해 내용증명을 보내 해명을 요구하였는데 답변하지 않고 수취거절까지 하였다. 봉사자로서 매우 나쁜 짓을 한 것이다. 따라서 입주자들은 입주자대표 해임안에 75%가 서명하였는데 입주자대표 3명(전○수, 이○욱, 김○복)은 여전히 사퇴하지 않고 있다.

④ 1403동 입주자대표에 단독후보자가 출마하였으므로 당연히 당선되었어야 합니다. 그러나 출마를 포기하라고 권유해 안하니까 입주자대표, 선관위원, 관리소장은 비리를 은폐할 목적으로 공모해 부정선거로 낙선시켰습니다.

⑤ 선관위원은 공정하게 선거관리업무를 수행하여야 합니다. 그러나 1403동 입주자대표로 단독 출마한 후보자(비대위원)를 부정선거로 낙선시켰고, 입주자대표 해임안에 75%가 서명하였는데 해임을 반대하며 해임투표를 실시하지 않아 해임을 못시켰습니다.

⑥ 입주자대표와 관리소장은 경로당을 4년 동안 방해하여 개방하지 못했다. 또한 대한노인회에 등록 및 광진구청에 신고필증을 신청하였는데 구청에 민원을 제출해 신고필증을 내주지 말라고 방해하였다. 더구나 신고필증을 받았는데 열쇠를 주지 않았고, TV 냉장고 소모품을 마련해 주지 않았으며, 토요일과 일요일에 난방조차 넣어주지 않았다. 경로당을 4년 동안 열지 않아 정부 지원금(3천만 원)을 못 받았고, 시설도 이용하지 못했다.

⑦ 봉사회장은 입주자대표에게 매년 봉사회 운영자금을 받아 집행하였다. 그런데 봉사회 자금을 집행한 회계장부, 통장, 영수증을 투명하게 공개하지 않았고, 보관조차 하지 않았다. 이는 공금관리를 구멍가게처럼 관리한 것임으로 입주자대표 및 관리소장과 공동책임을 지어야 하는 것이다.

⑧ 입주자대표는 주민총회에서 사기 분양한 손해배상금을 받자고 발언한 전임 통장을 동장에게 모함하여 사퇴하게 하였다. 그리고 H건설의 퇴직자인 성○남씨(전 봉사회 부회장)를 통장으로 선임하도록 하였다. 이는 입주자의 이익에 반해 자신들의 비리가 노출될 것을 두려워하며 매우 나쁜 짓을 한 것이다.

⑨ 입주자대표는 2016.6.21. 임기가 만료됨으로 자신들의 비리를 계속 은폐할 후임 입주자대표를 물색하고 있다. 이는 살기 좋고 비리 없는 아파트를 만들자는 입주자들의 소망에 반하는 매우 나쁜 짓을 하는 것이다. 손해배상금을 못 찾게 방해한 것도 모자라 비리를 계속 은폐하여 입주자들에게 더 큰 피해를 입히려는 것이다.

⑩ 입주자대표는 다음카페를 분양초기부터 운영하며 여론을 조작하고 비리를 은폐하는데 악용하였다. 입주자의 눈과 입과 귀를 막고 거짓말로 댓글을 달며 계획적 조직적 지능적 집단적 입체적으로 입주자에게 막대한 손해를 끼친 것이다. 더사모카페와 다음카페를 비교해 읽어보면 거짓이라는 것을 확실하게 알 수 있다. 이외에도 입주자대표는 많은 비리를 저질렀고 증거를 확보하고 있기 때문에 반성하지 않고 입주자의 이익에 반하는 행동을 계속 한다면 한방에 날려 보낼 것이다. 입주자대표와 관리소장은 입주자들이 참는 것도 한계가 있다는 것을 명심하기 바랍니다.

범죄일람표(2)

1. 2015.9월 초순경(입주자대표는 해임됩니다)

입주자 여러분! 더사모 회원일동은 좋은 이웃과 비리 없는 H아파트에서 살기위해 해임안에 74%가 서명하였다. 그러나 입주자대표는 다음과 같은 엄청난 비리를 저지르고 반성은커녕 입주자의 귀와 입과 눈을 막고 갑질만 하고 있어 자진사퇴를 안하면 해임시킬 수밖에 없다.

다 음

① 분양초기부터 수분양자의 이익을 위한다며 계획적으로 다음카페를 만들어 회원을 모집해 정보를 수집하고 신뢰도 쌓아 입주해 자연스럽게 입주자대표가 된 후 H그룹에 근무한 관리사무소장과 공조하여 비리를 은폐하며 항소를 포기해 입주자 모르게 감쪽같이 비리를 저지르려고 하였다.

② 입주자에게 비리를 알리지 못하도록 소박사를 다음카페에서 2015.7.18. 강제로 퇴출시킨 후, 인신공격하고 유언비어를 유포해 비리를 저지르고 있고, 오히려 입주자에게 책임을 전가하면서 손해배상금을 받지 못하게 방해하며, 손해액을 받아주지 않고 자진사퇴도 안하며 피해만 가중시키고 있다.

③ 내용증명 답변거부 및 수취거절, 비리근거 게시문 무단철거, 비리 은폐위해 관리직원 전원교체, 노인회 결성반대, 입주자총회 방해, 총회장소 사용료 징수, 우편함 안내문 불법수거, 유언비어 유포, 새 통장으로 H건설 퇴직자 추천 및 선임 등 수단과 방법을 가리지 않고 비리를 은폐하고 있다.

④ 입주자대표(3명)는 11.27. 엘리베이터와 게시판에 붙인 "공지"를 통해 양심까지 속이며 입주자에게 거짓말을 하였고, 소박사가 공지 옆에 비리근거를 제시하는 "공지에 대한 반박"을 붙였는데 경비를 시켜 바로 철거하였다.

⑤ 입주자대표회의, 노인회, 봉사회, 선관위, 통장은 서로 견제와 균형을 이루며 감시해 아파트의 건전한 발전을 기하여야 함에도, 입주자대표회의는 노인회 결성을 반대하였고, 봉사회, 선관위, 통장을 장악하였으며, 가을 음악회 개최, 공동전기료 과다부과 등 관리비리가 발생할 수밖에 없는 구조임으로 입주자대표를 해임하지 않고는 해결이 불가능합니다.

⑥ 1401동 선거구(1~4호)는 1개로 편성해 입주자대표를 1명만 선출하여야 함에도, 고의로 선거구를 1.2호 및 3.4호로 분리해 2명(1.2호 전○수 대표, 3.4호 이○욱 대표)을 부정선거로 선출해 연임까지 하였다.

⑦ 1403동 입주자대표 보궐선거(2015.9.9.)에 단독후보자로 출마하였는데, 유권자 100명중 22명에게만 찬반을 묻고 고의로 투표를 중단한 후 과반수에 미달하였다며 선관위원(2명)과 공조해 선거관리규정을 위반하며 낙선시키고 재선거하자며 당선인 발표를 않는 등 부정선거를 하였다.

⑧ 입주자대표와 관리사무소장은 1403동 후보자가 미 소송자임으로 골치 아픈데 후보자를 포기하라고 종용해 안하니까, 투표를 1일(종전 3일간 실시)만 하였고, 투표일에 고의로 일찍 조퇴한 후 방문투표를 중단시켰습니다.

⑨ 분양당시 설계도, 모형, 카달로그에는 토지 623.8㎡가 포함되지 않았고 준공검사도 그대로 받았음에도, 분양대금은 토지 623.8㎡가 포함된 82억 원을 몰래 받아갔습니다. 따라서 입주자대표는 건설회사에 근무해 토지 69.3㎡만 배상받으면 554.5㎡(623.8㎡-69.3㎡)은 출입도 사용도 하지 못하도록 담장을 시공해 불필요한 재산세만 부담하는 것을 알면서 항소를 포기하였다.

⑩ 항소포기로 인해 납부한 분양대금(1세대당 1천8백만 원) 중 소송자는 1/10(미 소송자는 3/10)만 받아주며 소송비용까지 부담시켰고, 한원광장의 청산과 관계없이 소송하지 않고 손해액을 배상받을 수 있는데도 못 받는다고 거짓말까지 하였으며, 하자보수는 신속히 종결해 받을 수 없다.

따라서 살기 좋고 비리 없는 H아파트로 만들기 위해서는 입주자대표(3명)를 해임시켜야만 합니다. 더사모카페를 참고하여 주시고, 입주자총회(12월8일

20시30분 커뮤니티센터)에 반드시 참석해 주시기 바랍니다.

2. 2015.9월 초순경(입주자대표 비리전모 및 향후대책)

더사모카페에 입주자대표(3명)가 저지른 비리(100편의 글)를 실었습니다. 비리정도가 매우 대담하고, 수법도 계획적 지능적 집단적 입체적이며, 다음카페까지 이용해 거짓 선동하여 완전범죄를 시도하려다 실패한 것이오니 읽어 보시기 바랍니다.

① H건설(한원광장)은 토지 623.8㎡에 대한 분양대금 82억 원을 받아갔음에도, 설계도, 모형, 카달로그에 토지 623.8㎡를 빼고 표시하고 사용검사까지 승인받아 감쪽같이 속였다. 토지 623.8㎡중 ① 90㎡은 한원광장이 슬쩍 가져갔고, ② 113㎡은 김○석에게 몰래 매각하였으며, ③ 420.8㎡은 담장을 출입조차 못하게 설치해 매년 재산세만 납부하게 하였다. 그러나 입주자대표는 H건설(한원광장)만 대변하며 다음과 같이 입주자에게 분양대금 82억 원(1세대당 1천8백만 원)을 돌려받지 못하게 손해를 끼친 비리를 저질렀습니다.

㉮ 입주자대표는 H건설(한원광장)이 사기 분양한 것을 애당초부터 은폐할 목적으로 항의방문을 한 번도 하지 않았고, 소박사가 소송해 배상받자고 제안하니까 거절할 수 없어 마지못해 법원에 소송을 제기하였다.

㉯ 그런 후 적극대처하지 않고, 재판(1심)에서 토지 69.3㎡만 배상하라고 잘못된 판결이 나오자, 고의로 항소를 포기하였고, 형사재판까지 적극 대처하지 않아 무죄로 선고받게 하였다. 특히, 소박사의 조언을 듣지 않고, 토지 69.3㎡(또는 203㎡)만 배상받고 나머지는 공유부지임에도 민·형사상 책임을 묻지

않겠다는 포기각서를 써준 것은 직무유기임으로 변상하여야 합니다. 또한 미소송자는 소송을 하지 않았는데 소송비용(약 40만원)을 공제한 것도 즉시 돌려주어야 합니다.

㉰ 결론적으로 사기 분양한 것을 받아주겠다고 속여 입주자에게 전권을 위임받고, 관리소장, H건설, 한원광장과 공조해 받지 못하게 속였으며, 잘못을 반성하기는커녕 오히려 비대위에 사과하라고 공갈 협박까지 하였고, 입주자 75%가 입주자대표 해임안에 서명하였는데 사퇴하지 않고 있다.

② 1403동 대표 보궐선거에 단독 입후보자를 부정선거로 낙선시키고 선거관리규정을 위반하며 재선거하자고 하였고, 이를 선관위원장이 잘못한 것처럼 책임까지 전가하였다. 또한 주택법 및 관리규약상 입주자대표는 최소 4명이상 있어야 함에도 3명만이 입주자의 의견에 반해 중요사항을 심의 및 의결하고 있다. 즉 봉사받기 싫다는 입주자의 뜻을 짓밟고 소박사를 다음카페에 못 들어오게 막고 비방하는 것이야말로 파렴치한 위법행위이다.

③ 입주자대표는 비리를 은폐하고자 입주자가 원하지 않는 가을음악회 개최, 변호사 자문료 지출, 공동전기료 과다부과, 소송비용 부과 등 경비집행서류를 열람하지 못하게 방해하며 보여주지 않고 비리가 없다고 억지주장만 합니다. 또한 2015.12월에는 공동전기료 및 공동시설관리비를 전혀 부과조차 않는 등 주먹구구식으로 집행하였고, 관리직원 및 경비원을 자신의 비리를 방어하기 위해 비대위의 활동을 감시하는데 동원하며 활용합니다.

④ 관리소장의 밀실 방을 공개적으로 개조, 입주자대표회의 입주자참석 및 회의장면 공개, 봉사회장 투명한 경비집행 및 회계보고, 노인회에 경로당 개방 및 열쇠인계, 선관위원 사퇴 및 증원(3명을 7명으로), 다음카페 실명 표시,

철저한 하자보수, 분양계약위반 시정 등을 제대로 하도록 바로잡아야 합니다.

⑤ H아파트를 살기 좋고 비리 없게 만들기 위해서는 입주자대표(3명)를 해임하고, 관리규약 등을 공정하고 투명하게 개정해 진정으로 입주자를 위하여 봉사할 수 있는 새로운 입주자대표, 선관위원, 봉사회원, 통장으로 구성하여야 합니다. 비상대책위원회에서는 입주자대표와 선관위원이 사퇴하지 않으면 중앙선관위에 의뢰해 해임투표를 공정하게 실시할 것이다. 또한 입주자의 정당한 권리를 찾기 위해 관리사무소 회계감사를 하는데 필요한 위임장 서명 및 입주자의 날(매주 화요일) 행사에 적극 동참해 주실 것을 부탁드립니다.

3. 2015.9월 초순경(입주자대표를 해임시킬 수밖에 없다)

입주자 여러분! 비리 없는 H아파트에서 좋은 이웃과 함께 살고 싶으세요? 그렇게 만들기 위해 더사모 회원일동은 해임안에 서명받고 있으며 73%가 서명했습니다. 그러나 입주자대표는 다음과 같은 놀랄만한 비리를 저지르고 반성은커녕 입주자의 귀와 입과 눈을 막고 거짓말로 비리를 은폐하며 자진사퇴도 안하고 입주자에게 갑질만 하고 있어 신뢰를 잃었습니다.

다 음

① 입주자대표를 할 목적으로 분양초기 계획적으로 다음카페를 만들어 수분양자의 이익을 위한다고 회원을 모집해 정보를 수집하며 신뢰를 쌓고, 입주하여 자연스럽게 입주자대표가 된 후 관리사무소장과 공조해 항소를 포기하여 비리를 은폐하며 감쪽같이 완전범죄를 저지르려고 하였다.

② 내용증명 답변거부 및 수취거절, 관리직원 전원 퇴직해 비리은폐, 노인회 결성반대, 입주자총회 방해, 총회장소 사용료 징수, 안내문 게시 불허, 폭로 안내문 우편함 불법수거, 유언비어 유포, 음모해 통장사퇴, 새 통장에 H건설 퇴직자 임명 등 비리를 은폐하려고 수단과 방법을 가리지 않고 있다.

③ 소박사를 다음카페에서 강제로 퇴출시켜 입주자에게 비리를 폭로하지 못하도록 하였고, 손해배상금을 받아주지 않으며 자진사퇴도 안하고, 오히려 입주자에게 책임을 전가하며 인신공격하고 유언비어를 유포하며 방해하였다.

④ 아파트 발전을 위해서는 입주자대표회의, 노인회, 봉사회, 선관위, 통장이 상호 견제와 균형을 이루며 감시하여야 함에도, 입주자대표회의는 노인회 결성을 반대하고, 봉사회, 선관위, 통장까지 장악하였으며, 관리사무소장을 H그룹에 근무한 직원으로 임명하였고, 가을 음악회 개최, 공동전기료 과다부과 등 관리사무소 비리가 발생할 수밖에 없는 구조로써 입주자대표를 해임하고 새롭게 구성하지 않고서는 해결될 수가 없다.

⑤ 1403동 입주자대표(1호~4호라인) 보궐선거에 단독 입후보해 2015년 9월 9일 선거를 하였는데, 유권자 100명중 22명에게만 찬반을 묻고 고의로 투표를 중단한 후 과반수에 미달하였다며 선관위원과 공조해 선거관리규정을 위반하며 재선거하자고 당선인을 발표하지 않는 억지까지 부리고 있다.

⑥ 관리사무소장은 단독 후보자가 미 소송자라는 것을 사전에 알고 골치 아픈데 입주자대표를 포기하라고 종용해 안하니까, 투표를 1일(종전 3일간 실시)만 하였고, 선거일에 고의로 일찍 조퇴한 후 방문투표까지 중단시켰습니다.

⑦ 1401동 선거구(1~4호)는 1개로 편성하여 입주자대표를 1명만 선출하여

야 함에도, 선거구를 고의로 1.2호 및 3.4호로 분리해 2명(1.2호 전○수 대표, 3.4호 이○욱 대표)을 부정선거로 선출해 연임까지 하였다.

⑧ 고의로 항소를 포기해 납부한 분양대금(1세대당 1천8백만 원) 중 소송자는 1/10(미 소송자는 3/10)만 받아주면서 소송비용까지 부담시켰고, 한원광장의 청산과 관계없이 소송 않고 손해액을 배상받을 수 있는데 못 받는다고 거짓말을 하였고, 하자보수는 조기 종결하여 손해를 끼쳤습니다.

⑨ 설계도, 모형, 카달로그에 토지 623.8㎡가 포함되지 않았고 사용검사도 그대로 승인받았는데, 분양대금은 토지 623.8㎡가 포함된 82억 원을 더 받아갔습니다. 따라서 입주자대표는 건설회사에 근무한 경험자임으로 토지 69.3㎡만 배상받으면 토지 554.5㎡(623.8㎡-69.3㎡)은 담장을 출입과 사용을 하지 못하도록 시공해 매년 재산세만 납부하고 민법상 소멸시효가 종료된 후에 소유권을 빼앗긴다는 것을 알고도 고의로 항소를 포기하였다.

따라서 비리 없고 살기 좋은 H아파트를 만들기 위해서는 반드시 입주자대표를 해임시키고 새롭게 조직을 재구성해 비리가 재발하지 않도록 하여야 합니다. 더사모카페의 글(64편)을 참고하여 주시고, 입주자총회(12월8일 화요일 20시30분 커뮤니티센터)에 반드시 참석해 주시기 바랍니다.

Ⅱ. 2018.10.8. 및 2019.3.14. 고소(2019고정1168)

범죄일람표(1)

1. 2016.10.17. H아파트(소송비용을 즉시 환입시켜야 한다)

입주자대표는 소송비용을 즉시 환입시켜야 한다. 왜냐하면 이번 부정선거는 주민들이 원하지 않는 매우 나쁜 짓이며 손해배상금을 못 찾게 방해하여 막대한 손해까지 끼쳤다. 또한 부정 선거해 H건설을 대변하려고 관리비에서 변호사비용(5,500,000원)을 지출한 것은 절대로 용납할 수 없는 매우 부당한 짓이므로 입주자대표(유○운, 공○미, 임○익)가 개인적으로 지출하여야 한다.

1. 입주자대표는 토지 623.8㎡(분양대금 82억 원)을 못 찾게 하였고, 하자보수도 제대로 못 받게 하였다. 즉 처음에 사기분양하지 않았다며 H건설을 대변하였고, 거짓임이 밝혀지자 소송을 하자고 유도한 후에 토지 69.3㎡만 받고 항소를 포기해 손해배상금을 못 찾게 하였다. 이와 같이 주민들에게 손해배상금을 1/10만 받아주면서 소송비용 57백만 원까지 부담시켰다.

2. 미소송자는 토지 623.8㎡에 대한 손해배상금을 당연히 받아야 함에도 불구하고 거짓으로 속여 토지 203㎡만 받아주며 민·형사상 포기각서(7/10)까지 써주었다. 이와 같이 손해배상금을 3/10만 받아주었고, 소송을 하지 않았는데 소송비용 45백만 원까지 부담시켰다.

3. 비대위원장은 더사모카페에서 토지 623.8㎡에 대한 손해배상금을 받자고

주민들에게 알려주었다. 그런데 입주자대표는 변호사비용 75만원을 관리비에서 지급하며 업무방해와 명예훼손에 해당하는지 자문까지 받았다. 이와 같이 주민의 의사에 반하는 변호사 자문료 75만원을 관리비에서 지출한 것은 매우 부당한 짓이다(부정선거 소송비용 5,500,000원도 법무법인 인○에 지급함).

4. 한편 전 입주자대표 회장(전○수)은 10월10일 이사를 갔다. 입주자대표회장으로서 고의로 나쁜 짓을 하려고 부인명의로 등기를 하였고, 비위사실이 밝혀지자 6월13일 아파트를 팔았다. 이사를 가면서 부동산중계수수료도 안 주고 도망을 갔다니 이러한 소문이 퍼져 우리 H아파트의 이미지가 흐려질까 매우 걱정된다.

5. 입주자대표 3명(유○운, 공○미, 임○익)은 그동안 H건설의 이익만 대변하고 전○수 입주자대표회장을 주둔하였다. 더 이상 나쁜 소문이 퍼지지 않도록 즉시 부동산중계수수료를 지급하라고 전회장에게 전달해 주길 바란다. 그리고 입주자대표 3명은 주민의 의사에 반하는 소송비용(5,500,00원)을 즉시 환입하고, 한 점의 의혹도 없이 선거인명부를 공개한 후 사퇴하기 바란다.

2. 2016.10.23. H아파트(입주자대표가 사퇴하기 바랍니다)

입주자대표, 선관위원장, 관리소장은 주민을 위해 봉사한다고 말한다. 그러나 주민들은 봉사해주기는커녕 H건설(한원광장)만 대변한다며 분노하고 있다. 오로지 비대위원장만이 주민을 위하여 열심히 봉사하고 있다고 생각한다.

왜냐하면 H건설(한원광장)은 주민들에게 분양당시 토지 623.8㎡에 대한 분양대금 82억 원을 받아갔는데 토지 623.8㎡를 빼고 설계하여 출입도 사용도 못한다. 분양당시 토지 623.8㎡가 필요 없는 것인데 82억 원을 몰래 받아갔다.

비대위원장은 대법원확장판결에 의거 토지 623.8㎡(82억 원)을 찾자고 하였다. 그러나 입주자대표, 선관위원장, 관리소장은 부정선거까지 하며 못 찾게 방해하였고 소송비용조차 관리비에서 지출하였음으로 주민들이 신뢰하지 않는다.

입주자대표, 선관위원장, 관리소장은 토지 623.8㎡(82억 원)을 찾아오고 하자보수를 제대로 받아주던지, 능력이 안 되면 방해하는 것을 포기하고 주민들이 스스로 찾게 즉시 자진사퇴하는 것이 진정으로 봉사하는 것이라고 생각한다.

전 입주자대표회장(전○수)은 6.13. 부인명의로 등기된 아파트를 팔았는데 10.10. 부동산수수료를 안주고 이사 갔다. 이것만 보아도 주민들은 봉사하였다는 것이 거짓이라고 밝혀졌다. 정의를 이기고 진실을 숨기려는 것은 바보짓이라고 생각한다.

3. 2018.4.25. H아파트(명예훼손 민사재판 진행보고)

명예훼손 민사재판이 2018.4.25.(수) 14시에 서울동부지법에서 진행되었다. 제1기, 제2기 입주자대표(전○수, 이○욱, 김○복)와 선관위원(최○정, 박○식)은 비대위원장이 다음카페와 더사모카페에서 올린 글들이 명예훼손을 하였다며 손해배상금 1억 원을 청구하였다.

한편, 고소인들은 비대위원장이 개인적으로 대법원에서 확정판결을 받고, 대한지적공사에서 측량을 하여 분양대금 82억 원을 납부한 토지 623.8㎡를 찾아야 한다고 다음카페와 더사모카페에서 알린 글들이 자신들의 명예를 심각하게 훼손하였다고 형사고소를 하였고, 이에 대하여 서울동부지검에서 약식기소(벌금 5백만 원)한 바 있다.

그러나 비대위원장은 분양대금을 납부한 623.8㎡를 찾아야 한다는 것을 대법원확정판결과 대한지적공사의 측량에 의거 객관적으로 증명한 후에, 공공의 이익을 위해 진실을 입주자들에게 알려준 것이며 명예훼손을 한 사실이 없다고 정식재판을 청구하였다.

1심 재판에서는 검사의 기소에 대하여 선고유예의 판결을 하였고, 2심 재판에서는 검사의 항소에 대하여 기각하였으며, 3심 재판에서는 비대위원장이 무죄를 주장하였지만 경미한 사건임으로 심리대상이 아니라는 이유로 기각하였다. 따라서 비대위원장은 법원의 결정에 따라 벌금을 납부하지 않게 되었고, 객관적인 진실을 공공의 이익을 위해 알려주었다고 공식적으로 인정받았다.

그러나 고소인들(5명)은 비대위원장이 형사사건에서 선고유예를 받아 벌금을 납부하지 않았지만, 자신들의 명예를 심각하게 훼손하였다며 손해배상금 1억 원을 지급하라고 서울동부지법에 민사소송을 제기하였으며, 조정관이 조정을 시도하였다.

비대위원장은 고소인들이 623.8㎡를 찾아주어야 할 막중한 책임과 의무가 있는데도 분양계약을 위반하지 않았다며 거짓말을 하였고, 거짓이 탄로 나자 소송으로 유도해 69.3㎡만 찾아주었으며, 미소송자에게 203㎡만 찾아주고 420.8㎡를 포기하는 각서를 써주게 하였는데, 이는 623.8㎡를 찾아야 하는 것을 인정한 것이라고 설명하였다.

또한 입주자들의 이익을 위해 현장보존이 그대로 되어 있는 623.8㎡를 찾아주려고 한 순수한 마음이었다고 설명하면서 고소인들에게 같은 아파트에서 서로 화해하고 화목하게 지내는 것을 간절히 원하고 있으며, 최선을 다해 623.8㎡를 찾아줄 테니까 고소인들도 적극 협조해 주면 고맙겠다고 하였다.

만약, 비대위원장이 고소인들에게 손해배상금을 지급한다고 하더라도 입주자들이 이를 절대로 용납하지 않을 것이며, 서로 화목하게 지내는 것에 저해요인이 될 것임으로 청구를 철회하는 것이 좋겠다고 설명하였다. 따라서 고소인들의 수용여부에 따라서 앞으로 재판이 진행될 것이다.

결론적으로 고소인들은 비대위원장이 623.8㎡를 찾아주는 것을 원하고 있는지 명확히 밝혀야 할 것이며, 입주자들이 고소인의 임기가 만료되고 자격이 상실된 후에 제3기 입주자대표를 선출하였음에도, 제3기 선관위원장(최○호)을 불법 지명하였고, 제3기 선관위원장은 부정 선거한 선거인명부, 세대별 투표현황, 관리규약 개정 동의서를 확인해 주지 않았으며, 현재 제4기 입주자대표 선거까지 불법 실시하고 있는데, 이를 즉시 중단하고 정중히 사과한 후 사퇴하여야 할 것이다.

(댓글)

비대위원장은 사기 분양한 623.8㎡를 찾아주고 관리비리를 척결하는데 최선을 다하였다. 그러나 앞장서서 찾아주어야 할 입주자대표, 선관위원, 관리소장은 못 찾게 방해하였다. 찾으면 자신들도 좋을 텐데 무조건 못 찾게 방해한 것이다. 그리고 부정선거로 입주자대표, 선관위원, 관리소장을 계속 승계하면서, 선거인명부, 세대별 투표현황, 관리규약 개정 동의서를 무조건 안 보여주고 속였다.

특히, 전 입주자대표회장 전○수는 아파트를 몰래 팔고 도망쳤는데도, 다음카페에서 비대위원장을 막고 비방하였고, 다음카페에 글과 댓글을 못 올리도록 비대위원장을 강퇴시켰습니다. 차라리 더사모카페에서 마음대로 글과 댓글을 달며 비방하라고 하였는데도 하지 않고 있다. 입주자들은 전○수 회장이 도망치고도 매우 비겁하며 유치한 나쁜 짓을 하는 것에 대하여 대꾸할 가치조차 없다고 생각한다.

범죄일람표(2)

1. 2018.7.12. H아파트(입주자대표 등에게 통보⑪)

입주자대표회장, 선거관리위원장, 관리소장은 지난 7년 동안 정보전달수단인 게시판, 엘리베이터 공지, 유인물, 안내방송, 다음카페를 독점하며 입주자들의 입과 귀를 막고 불법 및 부정선거로 계속 승계하며 사기 분양한 토지 623.8㎡를 찾아야 한다는 진실을 전혀 알려주지 않았다.

처음에는 사기분양을 안했다고 거짓말을 하였고, 거짓이 탄로 나자 소송해 찾자며 유인해 항소를 포기하고 69.3㎡만 찾아주며 소송비용까지 부담시켰습니다. 입주자들이 토지 623.8㎡를 찾아오던지 또는 분양대금 82억 원을 돌려받아야 정당함에도 못 찾게 하자보수까지 종결하였다.

더구나 입주자대표 해임안에 75%가 서명하였는데 사퇴하지 않았고, 토지 623.8㎡를 못 찾게 방해하였으며, 입주자들의 의사에 반해 전자투표로 부정선거를 하려고 관리규약을 개정하였기 때문에, 입주자들이 55%가 서명해 입주자대표, 선거관리위원, 관리소장에게 선거관리업무에 일체 관여하지 말라고 내용증명으로 통보하였고, 비대위원장에게 관리규약에 불구하고 선거관리업무 일체를 수행하라고 위임하였다.

위와 같이 입주자들은 입주자대표, 선거관리위원, 관리소장이 사기 분양한 토지 623.8㎡를 못 찾게 계속 방해하였기 때문에, 토지 623.8㎡를 찾기 위하여 입주자들의 55%가 서명하여 임기가 2016.6.21. 만료되면 더 이상 방해하지 못하도록 모든 권한을 중지시켜 놓았던 것이다.

또한 입주자들은 제2기 입주자대표회장(전○수)의 임기가 만료된 후, 2016.6.26. 제3기 입주자대표를 선출해 제3기 입주자대표회의를 구성하였다. 그러나 제2기 입주자대표회장은 새로 구성된 제3기 입주자대표회의에 업무를 인계하지 않았고, 더구나 제3기 선거관리위원장(최○호)까지 지명하여 못 찾게 방해하였다.

이는 제2기 입주자대표회장이 임기 만료된 후, 입주자들의 의사와 명령을 어기고 선거관리위원장을 지명한 것이며, 최○호는 입주자들이 새로 제3기 입주자대표회의를 구성하였음에도 입주자들의 의사에 반해 선거관리위원장을 수락하여 선거관리업무를 수행한 것이다.

더구나 최○호는 입주자들이 부정선거를 우려해 강력히 반대한 전자투표를 실시하였고, 선거인명부를 20%만 확인하고 80%나 허위 휴대폰번호로 작성하여 불법 및 부정선거로 제3기 및 제4기 입주자대표를 선출하였는데, 입주자들에게 선거인명부를 검증해 주지 않았다.

결론적으로 전○수와 최○호는 입주자들이 분양대금 82억 원을 납부한 토지 623.8㎡를 찾아주기는커녕 찾지 못하게 방해하기 위하여, 입주자들의 의사에 반해 불법 및 부정선거로 추종자를 입주자대표 및 선거관리위원으로 선출해 계속 승계하였고, 이로 인해 입주자들에게 막대한 손해를 끼쳤습니다.

입주자대표, 선거관리위원, 관리소장은 불법 및 부정선거로 승계하여 입주자들에게 업무를 수행할 권한을 위임받지 못하였다. 입주자들이 대법원확정판결 및 대한지적공사의 측량에 의거 토지 623.8㎡가 사기분양된 것을 증명하였고, 서쪽경계 담장(펜스)밖에 현장이 그대로 보존되어 있음으로 이를 찾아야 종결이 되기 때문에 사과한 후 사퇴하는 것이 최선의 선택이라고 조언합니다.

2. 2018.8.20. H아파트(최○호, 임○익 등에게 3차 통보)

우리 입주자들은 대법원에서 확정판결을 받고 대한지적공사에서 측량하여 H건설(한원광장)이 토지 623.8㎡를 사기 분양한 것을 증명하였다. 그런데도 제2기 입주자대표(전○수, 이○욱, 김○복)와 선거관리위원(박○식, 최○정)이 집단적으로 방해하여 못 찾았다.

더구나 입주자대표, 선거관리위원, 관리소장은 정보전달수단을 독점하며 통제하고 속이며 입주한 이후 7년 동안 서쪽 담장(펜스)밖에 현장이 보존되어 있는 623.8㎡를 찾자고 단 한 번도 알려주지 않았고, 불법 및 부정선거로 승계한 선거인명부를 검증해 주지 않았으며, 69.3㎡만 찾고 나머지를 못 찾게 집단적으로 방해하였다.

불법 및 부정선거로 승계 받은 제3기 입주자대표(유○운, 공○미, 임○익), 선거관리위원장(최○호), 관리소장은 전임자와 동일한 수법으로 정보전달수단을 독점하며 통제하고 하자보수를 종결하여 623.8㎡를 못 찾게 하였으며, 불법 산책로까지 다시 설치해 방해하였다.

특히, 피해자인 비대위원장을 가해자로 바꾸었고, 인간이 아닌 행동을 하고 있는 입주자로 매도하며 못 찾게 집단적으로 방해하였다. 지금까지 구청, 경찰, 검찰, 법원, 변호사에게 거짓진술로 감쪽같이 속인 증거자료들이 방증을 하고 있다. 즉 비대위원장은 고소장, 판결문, 수사자료, 준비서면, 탄원서, 정보전달수단의 공지문, 더사모카페, 다음카페 등의 자료를 보관하고 있다.

비대위원장은 여러분들을 9년 동안 밀착 감시하였다. 감사업무를 40년 동안 수행한 경험으로 볼 때 어느 누구도 여러분들의 무조건적인 위법행동을 바로 잡을 수 없다고 판단한 후에, 수법을 수집해 전국 아파트비리까지 척결할 각오로 모든 재판을 계속하였으며, 하늘이 생애 최고의 봉사정신을 발휘할 좋은 기회를 주셨다고 생각한 것이다.

결론적으로 입주자대표, 선거관리위원, 통장, 봉사회원들은 정보전달수단을 통제하며 입주자들의 의사와 이익에 반하는 행동만 하였고, 사기 분양한 623.8㎡를 찾아주지 않았으며, 불법 및 부정선거로 승계한 선거인명부까지 검증해 주지 않고 위법행위를 집단적으로 계속 저질렀음으로 책임을 깊이 반성하고 8월22일(수)까지 사퇴하기 바랍니다.

만약, 여러분들이 잘 못한 것이 없으면 비대위원장이 더사모카페에서 계속 통보한 질문에 즉시 답변하기 바랍니다. 사퇴하지 않으면 입주자들을 집단적으로 속이며 피해를 입힌 모든 위법행위에 대하여 사법당국에 고소하는 등 반드시 책임을 물을 것임을 통보합니다.

3. 2018.8.31. H아파트(명예훼손 민사재판 판결보고)

명예훼손 관련 민사재판결과를 2018.8.31(금) 서울동부지법에서 선고하였다. 제1기, 제2기 입주자대표(전○수, 이○욱, 김○복)와 선관위원(최○정, 박○식)은 비대위원장이 다음카페와 더사모카페에서 사기 분양한 토지 623.8㎡를 찾자고 올린 글들이 명예훼손 및 업무방해를 하였다고 형사 고소하여 선고유예의 판결을 하였는데, 이에 대하여 1억 원의 손해배상을 하라며 민사소송을 청구하였다.

한편, 입주자들은 분양당시 H건설(한원광장)에게 623.8㎡에 대한 분양대금 82억 원을 납부하였는데 69.3㎡만 찾았다. 왜냐하면 H건설(한원광장)은 토지 623.8㎡를 설계도, 모형, 카달로그에 빼고 표시하여 시공한 후, 90㎡를 한원광장이 몰래 가져갔고, 113㎡를 김○석에게 매각하였으며, 420.8㎡를 한원광장과 김○석이 사용하도록 위 203㎡(90㎡+113㎡)을 제척한 후의 경계에서 4m 안쪽에 담장(펜스)을 설치해 입주자들이 출입조차 하지 못하며 매년 재산세만 납부하게 하였다.

따라서 비대위원장은 623.8㎡를 찾기 위해 대법원에서 확정판결을 받아 203㎡가 매각되었다고 증명하였고, 대한지적공사에서 측량하여 위 203㎡와 담장(펜스)사이에 있는 불용토지 420.8㎡가 출입과 사용을 하지 못하게 잘못 시공하였다고 증명하였다. 그런 후에 고소인들에게 623.8㎡를 찾아달라고 하였는데 찾아주지 않았다.

<u>고소인들이 처음에는 623.8㎡를 제외한 모형, 카달로그, 준공도면을 보여주며 사기 분양한 것이 아니라며 속였고, 세대별로 소수점이하는 정산하지 않는다고 속였으며, 거짓이 탄로 나자 소송을 유도한 후 69.3㎡만 찾고 항소 포기</u>

하였고, 담장(펜스)을 경계에 설치하지 않았는데도 하자보수를 종결하였다.

비대위원장은 고소인들이 623.8㎡를 찾아주지 않고 있어 공공의 이익을 위해 다음카페에서 찾자고 알려주었는데 고소인들이 알려주지 못하게 강제로 퇴출시켰고, 하는 수 없이 더사모카페를 개설하여 진실을 알려주었는데 형사 고소하여 선고유예의 판결을 받았으며, 고소인들이 손해를 배상(1억 원)하라고 동부지방법원에 민사소송을 제기하였다.

고소인들은 불법 및 부정 선거한 선거인명부를 검증해 주지 않았고, 입주자대표와 선거관리위원을 계속 승계하며 입주자들의 이익을 대변해 주지 않았으며, 정보전달수단인 게시판, 엘리베이터 공지, 유인물, 안내방송, 다음카페, 개인정보(휴대폰번호, e메일, 동·호수)를 독점하고 통제하며 입주한 이후 7년 동안 사기 분양한 토지 623.8㎡를 찾아야 한다는 것을 단 한 번도 알려주지 않고 속였다.

더구나 비대위원장은 고소인들이 입주자들에게 토지 623.8㎡를 찾아주지 않았기 때문에 더사모카페에서 공익을 위해 진실을 알려주며 정당방위 및 정당행위를 하였다고 진술하였다. 재판장님은 현재 토지 623.8㎡를 찾기 위하여 서울중앙지법에 소송이 진행 중인 것을 요구하여 관련 자료를 제출한바 있다.

결론적으로 전 입주자대표(전○수, 이○욱, 김○복)와 선거관리위원(박○식, 최○정)은 각 2천만 원씩 1억 원을 청구하였는데 재판부에서는 전○수, 이○욱, 김○복에게 각 2백만 원씩, 박○식, 최○정에게 각 1백만 원씩 손해배상을 하는 한편, 고소인이 소송비용의 9/10을 부담하라고 함으로써 서로 정산할 것이 없게 선고하였다. 따라서 비대위원장은 판결문을 받는 대로 담당변호사님과 협의하여 항소할 계획입니다.

입주자대표, 선거관리위원, 관리소장은 사기 분양한 623.8㎡중에서 69.3㎡만 찾고 나머지를 못 찾았고, 서쪽경계 담장(펜스)밖에 현장보존이 그대로 되어 있으며, 재건축할 때까지 증거를 인멸할 수도 없어 입주자들이 계속 지켜보고 있고, 불법 및 부정선거로 승계하며 은폐할 수 없다. 비대위원장은 입주자들이 사기 분양한 623.8㎡를 찾을 때까지 진실을 파헤칠 수밖에 없다는 것을 강조해 알려드립니다.

범죄일람표(3)

1. 2018.11.30. H아파트(봉사자에게 통보⑭)

대법원에서 2018.11.29(목) 선거무효소송에 대하여 기각결정을 하였다. 따라서 지금까지 입주자들이 사기 분양한 토지 623.8㎡를 찾기 위한 4건의 재판이 종결되었고, 2건이 진행 중에 있다(서울중앙지법에 623.8㎡를 찾기 위한 재판 및 명예훼손에 관한 8백만 원 손해배상의 항소심이 진행 중임).

제2기 입주자대표와 선거관리위원은 2016.6.21. 임기가 만료되었고, 입주자들은 623.8㎡를 찾기 위해 비밀투표에 52%가 참여하여 제3기 입주자대표(5명)를 입주자들의 의사에 따라 선출해 입주자대표회의가 구성되었다. 그러나 제2기 입주자대표와 선거관리위원이 623.8㎡를 못 찾게 방해하며 업무를 인계하지 않았다.

더구나 제2기 입주자대표와 선거관리위원은 임기 만료된 후에 입주자들이 해임안(75%서명)과 위임장(55%서명)에 의거 권한을 전혀 위임하지 않았는데도 2016.7.14. 제3기 선거관리위원을 측근으로 지명해 선거관리위원회를 구성하였고, 그 선거관리위원회(위원장 최○호)가 불법 및 부정선거로 제3기 입주자대표를 다시 선출한 선거인명부를 검증해 주지 않았다.

선거관리위원장은 입주자들이 당선자발표직후 선거인명부의 검증을 요구하였는데 도망치며 검증해 주지 않았다. 선거관리전담요원(관리과장)은 선거인명부 및 입주자카드와 동일한 것이라며 복사한 USB을 비대위원장에게 제출하면서 검증해 주겠다고 확인서까지 써주며 약속하였다. 그 후 선거관리위원장과 선거관리전담요원은 검증해 주지 않았기 때문에 검증하기 위해 선거무효소송을 한 것이다.

당시 선거인명부의 휴대폰번호를 20%만 확인한 후에 선거를 하였는데 62%가 투표에 참여하였다는 선거인명부를 검증하지 않았음에도 대법원이 확인하지 않고 기각 판결한 것이다. 따라서 입주자들은 정확한 진실을 밝히기 위하여 선거인명부의 검증 등 사기 분양한 것에 대한 모든 위법행위를 수사요청할 것이다.

결론적으로 입주자들은 선거인명부를 검증하지 못해 서쪽경계 펜스 밖의 사기당한 623.8㎡를 못 찾았고, 봉사자들이 입주자들의 의사에 반해 못 찾게 계속 방해하며 관리업무를 불법 수행하고 있는 것이다. 그런데도 대법원에서는 선거인명부를 검증하지 않고 기각결정을 하였기 때문에 사기 분양한 623.8㎡를 찾기 위해 수사의뢰를 할 수밖에 없는 것이다.

2. 2018.12.4. H아파트(봉사자에게 내용증명 통보⑦)

수 신: 관리사무소장(서○태)

참 조: 입주자대표회장(김○연), 선관위원장(최○호), 힐사모회장(조○영), 통장(성○남) 등 봉사자 전원

발 신: 비상대책위원장

제 목: 선거인명부 검증 및 사기분양 토지환수 등 현안문제 해결 재촉구(7차)

서울광진우체국 제3101831052260(2018.9.27), 제3101831052314, 제310184207395, 제3101831052372, 제3101858014176, 제3101842074159호 등 7회에 걸쳐 보낸 내용증명과 관련된 사항입니다. 2018.11.9. 새로 온 서○태 센터장 등 봉사자 여러분은 자진해서 봉사한다며 약속하고 관리업무를 수행하기 때문에 입주자들의 의사와 이익을 위하여 대변할 막중한 책임과 의무가 있다.

그런데도 법과 원칙을 어기며 불법 및 부정선거로 승계해 갑질을 하였고, 사기분양한지 10년이 지났는데도 아파트의 정보전달수단을 통제하며, 현안문제를 해결하지 않고 집단적으로 방해하였으며, 내용증명에 답변조차 하지 않았다.

입주자들은 여러분에게 선거인명부 및 동의서 검증, 사기 분양한 623.8㎡환수, 비대위원장의 회계감사 수검, 수직옹벽 설치, 힐사모 및 통장 등의 위법행위를 중단하라고 요구하였는데 찾지 못하게 집단적으로 방해하며 피해만 주었다.

더구나 임기 만료된 2016.6.21.이후부터 무자격자임에도 사퇴하지 않고 비대위원장의 집 앞뒤와 옆에 불법 계단(산책로), 파라솔, 책상, 의자를 설치해

입주자이외의 놀이터가 되어 소음, 공해, 프라이버시 침해만 입는데 시정하지 않았다.

(댓글) 봉사자들은 불법 및 부정 선거한 선거인명부를 검증해 주지 않았고, 사기 분양한 토지 623.8㎡를 못 찾게 집단적으로 방해하며 완전범죄로 숨기려고 하였으며, 찾아주려는 비대위원장을 형사고소와 민사고소를 하였고, 불법 산책로와 파라솔, 책상, 의자를 설치해 이웃주민들의 놀이터로 만들어 소음, 공해, 프라이버시가 침해되게 하였다. 더구나 주민들의 현안문제에 대한 내용증명에 답변하지 않았고, 진실을 알려주지 못하게 더사모카페를 폐쇄해 달라고 네이버와 방송통신심의위원회에 민원을 제출해 주민들에게 진실을 알려주지 못하게 차단하려고 하였다.

3. 2018.12.10. H아파트(봉사자에게 통보⑮)

우리 입주자들은 분양대금 82억 원을 납부한 서쪽경계 담장(펜스)밖의 토지 623.8㎡를 사기 분양한지 10년이 지났는데도 돌려받지 못했다. 따라서 입주자들은 봉사자에게 찾아달라고 수없이 내용증명, 더사모카페, 구두, 유선 등을 통해 부탁하였는데 찾아주기는커녕 정보전달수단을 통제하며 속이고 집단적으로 방해하며 못 찾게 하였다.

입주자들이 스스로 찾을 테니까 사퇴를 해달라고 하여도 임기가 만료된 후에 불법 및 부정선거로 승계한 선거인명부를 검증해 주지 않았고, 찾아주려는 비대위원장을 명예훼손과 업무방해를 하였다고 민·형사고소를 하였으며, 사기 분양한 진실을 알려주는 더사모카페를 폐쇄해 달라고 네이버와 방송통신심의위원회에 민원까지 제출하였다.

봉사자들은 분양계약상 수직옹벽을 설치하여야 하는 곳에 입주자들이 원하지 않는데 원한다고 속이고 비대위원장의 집 옆에 계단, 파라솔, 책상, 의자를 설치해 다른 단지 주민들의 놀이터로 만들었다. 입주자들은 이곳을 '사기분양전망대'라고 부른다. '사기분양전망대'에서 보면 담장(펜스)밖에 623.8㎡를 자세히 확인할 수 있다.

사기 분양한 토지 623.8㎡는 거짓말을 못한다. 현장보존이 잘 되어 있고 재건축할 때까지 숨길수도 없기 때문에 증거인멸을 할 수 없다. 따라서 토지를 가지고 사기를 치는 것은 바보짓이다. 봉사자들은 대기업이 고의로 입주자들에게 사기분양을 하였기 때문에 H건설에게 623.8㎡를 돌려주던지 분양대금을 반환하라고 독촉하여 해결하여야 한다.

결론적으로 우리 입주자들은 사기 분양한 623.8㎡를 찾을 때까지 봉사자의 위법행위와 갑질을 주시할 것이다. 사기 분양한지 10년이 지났는데 623.8㎡를 찾지 못한 입주자들의 심정을 생각해 보기 바란다. 더구나 앞장서서 찾아주어야 할 봉사자가 못 찾게 집단적으로 방해하는 것은 심각한 위법행위이며, 이웃 주민들에게 하면 절대로 안 되는 나쁜 짓이다.

(댓글) 봉사자들은 사기 분양한 623.8㎡를 못 찾게 집단적으로 방해하였다. 봉사자들은 찾아주면 자신들에게 혜택이 돌아가는데도 못 찾게 방해한 것을 입주자들이 이해할 수 없다. 비대위원장은 찾아주려고 하는데 봉사자들이 고소를 하였고 내용증명에 수취 거절하였으며, 더사모카페에 답변하지 않았고, 진실을 알려주지 못하게 더사모카페를 폐쇄하려고 민원을 제출하였다. 더구나 봉사자들은 비대위원장이 왜 찾아주지 않느냐는 올바른 질문에 답변을 못하며 도망 다닌다. 찾도록 협의하게 연락처를 알려달라고 하면 알려주지 않고 도망친다. 관리서류를 열람해 주지 않는 등 잘 못한 짓이라는 것을 알

면서도 계속 주민들에게 피해만 입힌다.

4. 2018.12.15. H아파트(봉사자에게 통보⑯)

우리 입주자들은 '사기분양 전망대'에서 서쪽경계의 담장(펜스)밖으로 사기분양한 토지 623.8㎡를 매일 쳐다보며 기도하고 있다. 그러나 봉사자들은 찾아주면 자신들에게 이익이 되는데 H건설과 한원광장의 이익만 대변하며 사기분양한지 10년이 지났는데도 못 찾게 집단적으로 방해하고 있다.

더구나 봉사자들은 입주자들이 찾을 테니까 사퇴해 달라고 하여도 불법 및 부정선거로 계속 승계하며 방해하고 있고, 어렵게 밝혀내 찾아주려는 비대위원장을 민·형사 고소하였으며, 진실만 알려주는 더사모카페를 폐쇄해 달라고 네이버와 방송통신심의위원회에 민원을 제출하였다.

또한 입주자들은 봉사자에게 찾아달라고 수없이 구두, 유선, 내용증명, 더사모카페를 통해 요구하였는데도 찾아주기는커녕 정보전달수단인 게시판, 엘리베이터 공지, 다음카페, 안내방송, 유인물, 개인정보(휴대폰번호, 동·호수, e메일), 관리비부과 내역서 등을 악용해 거짓으로 속였고, 관리소장과 직원들을 교체해 못 찾게 방해하였다.

그러나 일부 입주자들은 봉사자들이 광진구청과 수사기관 및 법원에 거짓으로 진술하며 사기 분양한 것을 은폐하고 찾아주지 않았기 때문에 서울중앙지법에 623.8㎡를 찾기 위하여 소송을 제기하였고, 지난 11월 30일(금) 양쪽 변호사, 토지 감정인, 건축 감정인이 현장에서 감정을 하였다.

우리 측 변호사님은 사기 분양한 623.8㎡에 대하여 분양당시 설계도, 모형, 카달로그에 빼고 표시해 공지하여 시공하였으며, 90㎡를 한원광장이 몰래 가져갔고, 113㎡를 김○석에게 매각하였으며, 한원광장과 김○석이 사용하도록 담장(펜스)을 경계안쪽 4m지점에 설치해 입주자들이 출입도 못하며 매년 재산세만 납부하고 있는 것을 설명해 주었다.

그런데도 상대측 변호사는 사기 분양한 623.8㎡를 직접 확인하면서도 거짓말을 계속하며 토지 감정인과 건축 감정인을 속이려고 하여 참관한 입주자들과 우리 측의 변호사님이 증거인멸을 할 수 없고 현장보존이 잘 되어 있는데도 계속 거짓으로 속이려고 한다며 비웃기도 하였다.

결론적으로 우리 입주자들은 분양대금 82억 원을 납부한 토지 623.8㎡를 찾을 수밖에 없고 찾을 때까지 봉사자의 위법행위와 갑질, 광진구청의 잘 못을 주시하며 관계당국에 고소와 고발을 할 것이다. 사기 분양한지 10년이 지났는데도 H건설과 한원광장이 해결하지 않고 있고, 봉사자들도 찾아주지 않고 계속 못 찾게 방해하고 있다. 그러나 진실과 정의는 반드시 성공한다는 결과를 곧 보게 될 것이다.

(댓글) 봉사자들은 현안문제를 해결해 주지 않았고, 내용증명에 대해 답변조차 안했으며, 입주자들이 해결하지 못하게 집단적으로 방해하였다. 더구나 비대위원장이 해결하려고 연락처를 물어보아도 알려주지 않았고, 해결하기 위해 상의를 하자고 하여도 도망치었다. 사기 분양한지 10년이 지나도록 623.8㎡를 못 찾았고, 찾으면 자신들에게 도움이 되는데 왜 못 찾게 집단적으로 방해하느냐고 물어보면 답변을 못하고 있다. 봉사자들은 입주자들을 위해 진정으로 봉사를 하여야 환영받을 것이다.

5. 2018.12.21. H아파트(봉사자에게 내용증명 통보⑧)

수 신: 관리사무소장(서○태)

전 달: 입주자대표회장(김○연), 선거관리위원장(최○호), 힐사모회장(조○영), 통장(성○남) 등 모든 봉사자에게 꼭 전달해 주십시오.

발 신: 비상대책위원장

제 목: 사기분양 토지환수 및 선거인명부 검증 등 현안문제 해결 재촉구(8차)

귀 센터에 서울광진우체국 제3101831052260(2018.9.27), 제3101831052314, 제3101842073951, 제3101858014176, 제3101842074159, 제3101856016538호 등 8회에 걸쳐 보낸 내용증명과 관련된 사항입니다. 2018.11.9. 새로 온 서○태 센터장 등 모든 봉사자는 자진해서 봉사한다며 약속하고 관리업무를 수행하고 있기 때문에 입주자들의 의사와 이익을 위하여 대변할 막중한 책임과 의무가 있다.

그런데도 불법 및 부정선거로 승계해 법과 원칙을 어기며 갑질을 하였고, 사기분양한지 10년이 지났는데도 아파트의 정보전달수단을 통제하며, 현안문제를 해결하지 않고 집단적으로 방해하였으며, 내용증명에 답변조차 하지 않았다.

입주자들은 여러분에게 선거인명부 및 관리규약 개정 동의서 검증, 사기 분양한 623.8㎡환수, 비대위원장의 회계감사 수검, 수직옹벽 설치 등의 위법사항을 시정하라고 요구하였는데 이행하지 않고 집단적으로 방해하며 피해만 주었다.

더구나 임기 만료된 2016.6.21.이후부터 무자격자임에도 사퇴하지 않고 비대위원장의 집 앞뒤와 옆에 불법계단(산책로), 파라솔, 책상, 의자를 설치해 입주자이외의 놀이터로 변해 소음, 공해, 프라이버시 침해를 당하는데도 시정하지 않았다.

(댓글) 봉사자들에게 강조해 재차 알려드립니다. 여러분은 아파트의 정보전달수단을 통제하고 거짓으로 알려주며 입주자들을 속였다. 우리 아파트에 진실을 알려주는 곳은 유일하게 더사모카페뿐입니다. 그러나 봉사자들은 네이버와 방송통신심의위원회에 더사모카페를 폐쇄해 달라고 민원을 제출하였고, 광진경찰서에 명예훼손을 하였다며 또 고소를 하였다. 이는 더사모카페를 폐쇄하여 진실을 알려주지 못하게 아파트 언론을 통제하려는 매우 나쁜 짓이다. 비대위원장은 명예훼손을 하지 않았고, 할 필요가 전혀 없다. 오직 사기분양한 토지 623.8㎡를 찾아줄 목적으로 진실만 알려주고 있다. 더구나 비대위원장은 봉사자들에게 언제든지 더사모카페에 들어와 글과 댓글을 달며 진실을 반박할 기회까지 주었는데 전혀 반박조차 못하고 있다. 이는 더사모카페가 진실을 정확히 알려주고 있다는 방증인 것이다.

6. 2018.12.25. H아파트(봉사자에게 통보ⓐ)

우리 입주자들은 사기 분양한지 10년이 지나도록 서쪽경계 펜스 밖에 토지 623.8㎡를 찾지 못했다. 왜냐하면 봉사자들이 아파트의 정보전달수단인 게시판, 엘리베이터 공지, 안내방송, 다음카페, 유인물, 개인정보(휴대폰번호, 동·호수, e메일), 관리비부과 내역서를 통제하며 단 한번도 623.8㎡를 찾자고 진실을 알려주지 않았기 때문이다.

우리 아파트에서 유일하게 입주자들의 이익을 대변하며 사기 분양한 623.8

㎡를 찾자고 진실을 알려준 것은 더사모카페뿐이다. 그런데도 봉사자들은 알려주지 못하게 할 목적으로 네이버에 더사모카페를 폐쇄해 달라고 민원을 제출하였고, 방송통신심의위원회에 더사모카페를 폐쇄해 달라고 민원을 제출하였으며, 광진경찰서에 더사모카페에서 명예훼손을 했다며 또 고소하였다.

그러나 비대위원장은 내용증명, 더사모카페, 문자 등을 통해 여러 차례 설명하였지만 입주자들의 요구에 따라 623.8㎡를 찾아줄 책임과 의무를 성실히 수행하면서 더사모카페에 진실을 알려주었고, 명예훼손을 하지 않았으며, 할 필요가 전혀 없다. 오직 사기 분양한 토지 623.8㎡를 찾아 주기 위하여 부여된 임무를 실행하며 찾으면 종료할 것이다.

결론적으로 봉사자들은 자진해서 입주자들의 이익을 위해 봉사를 하겠다고 약속하였음에도 623.8㎡를 찾아주지 않았고, 불법 및 부정선거로 승계한 선거인명부를 검증해 주지 않았으며, 불법 계단과 산책로를 설치한 동의서를 검증해 주지 않았고, 관리서류를 열람해 주지 않으며 투명한 관리업무를 수행하지 않아 입주자들이 막대한 피해를 입었다.

비대위원장은 다음카페에서 강제로 퇴출을 당해 진실을 알려줄 수 없었지만, 봉사자에게 더사모카페에 들어와 언제든지 진실을 알려주도록 반박할 기회를 주었고, 피해자인데 가해자라고 잘못을 뒤집어쓰는 억울한 일도 당했다. 하지만 서쪽경계 펜스 밖의 토지 623.8㎡는 재건축할 때까지 증거인멸을 할 수 없어 진실을 정확히 증명할 수 있다. 봉사자들은 623.8㎡를 보면서 숨겨진 진실을 스스로 반성하길 간절히 바란다.

(댓글) 봉사자들은 H건설과 한원광장에서 토지 623.8㎡를 사기 분양한 사실이 대법원확정판결과 대한지적공사의 측량에 의거 명확히 밝혀졌고, 서쪽경

계 펜스 밖에 현장보존이 잘 되어 있으며, 재건축할 때까지 증거인멸을 할 수 없는데도 아파트의 정보전달수단을 통해 속이고 집단적으로 방해하며 못 찾게 하였다. 더구나 불법 및 부정 선거한 선거인명부를 검증해 주지 않고 계속 승계하며 막대한 피해를 입혔다. 찾아주려는 비대위원장을 형사 고소하였고, 진실을 알려주지 못하게 더사모카페를 폐쇄해 달라고 네이버와 방송통신심의위원회에 민원을 제출하였다. 이러한 잘못을 계속하면 할수록 그 결과가 봉사자들에게 돌아갈 것이다.

7. 2018.12.31. H아파트(2019년 신년사)

새해 기해년 황금돼지의 해를 맞이하여 입주자 여러분의 가정에 건강과 행운이 가득하시길 진심으로 기원합니다. 우리 입주자들은 사기 분양한지 10년이 지났지만 아직까지 토지 623.8㎡를 찾지 못했고, 관리업무를 투명하고 공정하게 실행하지 못했다.

그러나 입주자 여러분의 아낌없는 관심과 성원으로 서쪽경계 펜스 밖에 분양대금 82억 원을 납부한 토지 623.8㎡를 찾아야 한다고 확인하였고, 현장보존이 잘 되어 있으며, 재건축할 때까지 증거인멸을 할 수도 없어 입주자대표 등의 거짓이 모두 증명되었다.

비대위원장은 그동안 사기 분양한 토지 623.8㎡를 찾기 위해 입주자들의 의사와 이익을 대변하였고, 관리업무를 투명하고 공정하게 실현하기 위해 최선을 다했다. 그렇지만 입주자대표 등은 불법 및 부정선거로 계속 승계하며 못 찾게 집단적으로 방해하였고, 관리서류를 열람해 주지 않으며 잘 못을 은폐하였다.

또한 입주자대표 등은 아파트의 정보전달수단인 게시판, 엘리베이터 공지, 안내방송, 다음카페, 유인물, 개인정보(휴대폰번호, 동·호수, e메일), 관리비부과 내역서 등을 통제하며 못 찾게 속였지만 입주자들은 더사모카페에서 진실을 확인하였고, 살기 좋고 비리 없는 아파트로 만들기를 간절히 소망하고 있다.

앞으로 입주자대표 등은 삼인성호하며 위법행위와 갑질을 저지르고 입주자들에게 계속 피해를 입힌다면 가중처벌이 기다리는 것을 되새겨야 할 것이다. 입주자들은 입주자대표 등이 첫 단추부터 잘못 끼운 것을 알고 있고, 숙원사업이 이루어질 것을 확신하고 있다.

새해 기해년에는 우리 H아파트가 더사모카페를 통해 우수한 아파트로 변모할 수 있다는 것을 의심치 않는다. 입주자 여러분께서도 황금돼지의 해에 간절히 소망하시는 모든 일들이 하나도 빠짐없이 이루어지시기를 기원하며, 새해 복 많이 받으시기 바랍니다.

(댓글) 입주자들은 사기 분양된 서쪽경계 펜스 밖의 토지 190평(623.8㎡)의 현장이 잘 보존되어 있고, 재건축할 때까지 증거인멸을 할 수도 없어 찾을 수 밖에 없다. 그러나 입주자대표 등은 아파트의 정보전달수단을 통제하며 거짓으로 속여 못 찾게 방해하였다. 입주자들에게 속여 못 찾게 방해한 것은 위법행위임으로 정중히 사과하고 사퇴하는 것이 용서를 구하는 최선의 선택이다.

8. 2019.1.3. 모든 국민이 피해자인 아파트 비리에 대한 적폐청산을 해주세요. (청와대 국민청원)

다음 청와대 국민청원 사이트를 클릭하면 "모든 국민이 피해자인 아파트 비리에 대한 적폐청산을 해주세요."의 전문을 확인할 수 있다.

http://www1.president.go.kr/petitions/485986)

[청원2쪽]

~더구나 광진구청은 사기분양을 묵인하며 건축허가, 제척승인, 사용검사승인을 하였고, 입주자대표가 불법 및 부정선거로 승계하도록 승인해 주었다. 특히, 입주자대표 등은 아파트의 정보전달수단인 게시판, 엘리베이터 공지, 안내방송, 다음카페, 유인물, 개인정보(휴대폰번호, 동·호수, e메일)를 통제하고 불법 및 부정선거로 승계하며 못 찾게 방해하였다.

~더구나 입주자대표 등은 토지 623.8㎡를 앞장서서 찾아주어야 함에도 못 찾게 집단적으로 방해하였고, ……오히려 찾아주려는 비대위원장에게 명예훼손과 업무방해를 하였다고 잘못을 뒤집어씌워 계속 형사고소를 하였으며, 불법 및 부정선거로 승계하며 못 찾게 방해하였다. 입주자들은 입주자대표 등에게 임기 만료된 2016.6.21. 이후 어떤 권한도 위임하지 않았는데 위탁관리회사를 선정하고 관리소장을 선임해 못 찾게 방해하였으며, 관리서류를 열람해 주지 않고 입주자들의 의사와 이익에 반해 불법으로 업무를 수행하고 있다.

[청원3쪽]

~입주자대표 등은 입주자들의 이익을 대변하며 623.8㎡를 찾아야 타당함에도 H건설과 한원광장, 광진구청의 주장을 편들면서 아파트의 정보전달수단인 게시판, 엘리베이터 공지, 안내방송, 다음카페, 유인물, 개인정보(휴대폰번호, 동·호수, e메일)를 독점하고 통제하며 사기 분양한지 10년이 지나도록 단 한 번도 623.8㎡를 찾아야 한다고 알려주지 않고 속이며 못 찾게 집단적으로 방해하였다.

~그러나 입주자대표 등은 입주자들에게 비대위원장이 개인적으로 서울고법에

항소를 제기한 사실과 담당변호사가 개별적으로 항소를 제기할 수 있다는 조언을 고의로 알려주지 않고 속이며 박수부대를 동원해 집단적으로 항소를 포기하게 결정해 사기 분양한 623.8㎡를 못 찾게 방해하였다.

~입주자대표 등은 H건설과 한원광장을 형식적으로 형사고소를 하면서 비대위원장을 제외하고 입주자대표 2명(전○수와 유○운)만 하였고, 수사과정에서도 중대한 위법행위를 진술하지 않았으며, 법정에 출석을 전혀 하지 않았다.

그 결과 H건설과 한원광장이 서울중앙지법에서 무죄를 선고받게 되었고, 서울고법에서도 기각되어 무죄를 받게 되었다. 이와 같이 입주자대표 등은 623.8㎡를 찾지 못하도록 집단적으로 방해를 하였다.

~입주자대표 등은 비대위원장이 2015.7월 중순 다음카페에서 입주자들에게 623.8㎡를 찾아야 한다고 알려주었는데 알려주지 못하게 비대위원장을 강제로 퇴출시켰다.

~입주자들은 2015.9.9. 623.8㎡를 찾기 위하여 비대위원을 1403동 입주자대표 보궐선거에 단독후보로 출마시켰는데 입주자대표 등이 고의로 22%에게만 찬반을 묻고 중단하며 과반수에 미달되었다고 낙선시켰다. 또한 입주자들은 2015.10.15. 입주자대표 해임안에 75%가 서명하였음에도 입주자대표가 사퇴하지 않았고, 선거관리위원이 해임투표를 하지 않았다.

~입주자들은 제2기 입주자대표 등에게 임기만료(2016.6.21)된 후, 입주자대표 해임안과 위임장에 의거 선거관리업무를 수행할 권한을 전혀 위임하지 않았다. 그러나 입주자대표 등은 무자격자인데 2016.7.14. 선거관리위원을 측근으로 지명해 제3기 선거관리위원회를 구성하였다. ……그러나 선거관리위원장은 휴대폰번호를 20%만 확인하고 80%나 허위 휴대폰번호로 선거인명부를 작성해 전자투표를 하였고, 선거에 62%가 참여해 제3기 입주자대표가 당선되었다고 발표하였다. ~입주자들은 이때 사기 분양한 623.8㎡를 찾아줄 비대위원에게 모두 투표를 하였는데 제2기 입주자대표 등이 못 찾게 방해한 측근들이 당선되었다고 거짓 발표하여 선거인명부의 허위 휴대폰번호를 검증해 달라고 요구하였다. 선거관리위원장이 피신하였고, 선거관리전담요원

(관리과장)은 비대위원장에게 추후 검증해 주겠다는 확인서와 USB(선거인명부와 입주자카드의 원본과 동일한 복사본)을 제출해 주었는데 도망치고 검증해 주지 않았다.

~비대위원장은 사기 분양한 623.8㎡를 찾아주려고 하는데 입주자대표 등이 고소, 고발, 수사, 재판을 하면서 거짓진술과 위법행위와 갑질을 저질러 광진경찰서, 서울동부지검, 서울동부지법, 서울중앙지법, 서울고등법원, 대법원을 감쪽같이 속이며, 비대위원장이 피해자인데 가해자로 뒤바꾸었다. 또한 입주자들이 권한을 전혀 위임하지 않았는데도 입주자대표 등이 임기가 만료(2016.6.21)된 후 불법 및 부정선거로 승계한 선거인명부를 검증해 주지 않고 관리업무를 수행하며 623.8㎡를 못 찾게 방해하였다.

~비대위원장은 623.8㎡가 사기분양된 것을 입주자대표 등이 운영하는 다음카페에서 2015.7월 중순 공공의 이익을 위해 623.8㎡를 찾아야 한다고 진실을 알려주었는데 입주자대표 등이 알려주지 못하게 강제로 퇴출시켰다.

~입주자대표 등은 623.8㎡를 못 찾게 집단적으로 방해하기 위하여 불법 및 부정선거로 승계한 선거인명부를 검증해 주지 않았고, 무자격자인 입주자대표 등이 관리업무를 수행하는 비리를 은폐할 목적으로 입주자들이 관리서류를 열람 신청하였는데 무조건 보여주지 않으며 감쪽같이 속였다.

9. 2019.1.4. H아파트(봉사자에게 통보ⓑ)

비상대책위원장은 그동안 입주자대표 등에게 현안문제를 해결하여 달라고 내용증명을 여러 차례 보냈는데 수취거절하며 답변하지 않았다. 하는 수 없이 더 사모카페를 통해 계속해서 통보하였는데도 역시 답변하지 않았고 현안문제를 전혀 해결하지 않았다.

따라서 비대위원장은 2019.1.3. 문제인 대통령님에게 현안문제를 해결하여 달라고 국민청원을 하였다. 입주자 여러분께서 청와대 홈페이지에 들어가시면 H아파트에 대한 억울한 청원내용을 자세하게 확인하실 수 있다.

청와대 홈페이지 '국민소통광장', '국민청원 및 제안'의 검색란에 '모든 국민이 피해자인 아파트비리에 대한 적폐청산을 해 주세요.' 검색하시면 청원내용을 읽을 수 있다. 읽은 후에 "동의"에 클릭해 주시면 됩니다. 전국의 아파트비리에 대한 적폐청산을 척결하기 위해 가족, 친지, 친구에게 권유해 주세요 (아래를 크릭해도 됩니다).

http://www1.president.go.kr/petitions/485986)

<u>우리 입주자들은 물론 다른 아파트에서도 발생하는 심각한 수법임으로</u> 가족들과 친지들이 함께 읽어보시면 아파트비리를 정확하게 파악할 수 있고, 앞으로 비리를 효율적으로 대처할 수 있다. 또한 다른 아파트에서 동일한 문제가 발생할 수 있음으로 사전에 예방할 수 있다.

비대위원장은 사기 분양한지 10년 동안 서쪽경계 펜스밖에 있는 토지 623.8㎡를 찾고 투명한 관리업무를 위하여 억울한 수사와 조사를 10번 이상 받았고, 재판을 20번 이상하였으며, 현재 진행 중에 있다. 재판은 한번 제기하면 대법원까지 진행하여야 최종 결과가 나오기 때문이다.

<u>이런 힘든 과정을 통해 아파트비리의 수법을 모두 찾아내었다</u>. 앞으로 거짓으로 속일 수 없게 마침표를 찍겠습니다. 아파트의 정보전달수단인 게시판, 엘리베이터 공지, 안내방송, 다음카페, 유인물, 개인정보(휴대폰번호, 동·호수, e매일), 관리비부과 내역서를 통해 속이지 못하게 하겠습니다.

입주자대표 등은 네이버와 방송통신심의위원회에 더사모카페를 폐쇄해 달라고 민원을 제출하고, 광진경찰서에 명예훼손을 하였다고 비대위원장을 또 고소하였다. 그러나 비대위원장은 명예훼손을 하지 않았으며 623.8㎡를 찾고 투명한 관리업무를 위해 진실만 알려주었다.

결론적으로 비대위원장은 사기 분양한지 10년이 지났지만 623.8㎡를 찾고 투명한 관리업무를 위해 진실만 알려 주었고, 비대위원장의 임무를 성실히 수행한 결과 유종의 미를 거둘 수 있게 되었다. 여러분께서 보내준 과분한 성원과 변함없는 격려를 영원히 기억하겠습니다.

(댓글) 입주자들에게 자진해서 봉사한다고 약속한 제1기~제4기 입주자대표, 선거관리위원, 봉사회원, 통장, 관리소장은 아파트의 정보전달수단을 통제하며 거짓으로 속였고, 사기 분양한 토지 623.8㎡를 못 찾게 집단적으로 방해하였으며, 불법 및 부정 선거한 선거인명부를 검증해 주지 않고 승계하며 관리업무를 수행해 막대한 피해를 주고 있다. 이는 함께 사는 주민들에게 절대로 해서 안 되는 위법행위와 갑질이다. 즉시 사퇴하는 것이 잘못을 반성하고 최소화시키는 최선의 길이다.

10. 2019.1.9. H아파트(봉사자에게 내용증명 통보⑨)

수 신: 관리사무소장(서○태)

참 조: 입주자대표회장(김○연), 선거관리위원장(최○호), 힐사모회장(조○영), 통장(성○남) 등 봉사자 전원에게 반드시 전달하고 회신하기 바랍니다.

발 신: 비상대책위원장

제 목: 사기분양 623,8㎡환수 및 선거인명부 검증 등 현안문제 해결 재촉구(9차)

귀 센터에 서울광진우체국 제3101831052260(2018.9.27), 제3101831052314, 제3101842073951, 제3101856016538, 제3101858014806(2018.12.20)호 등 9회의 내용증명 및 더사모카페의 수많은 통보에 대해 답변을 안했다. 서○태 센터장 등 모든 봉사자는 자진해서 봉사한다고 약속하고 관리업무를 수행하면서 입주자의 의사와 이익을 위해 대변하지 않았고 책임과 의무를 이행하지 않았다.

더구나 2016.6.21.임기 만료되어 자격이 상실되었는데 불법 및 부정선거로 승계해 위법행위와 갑질을 일삼고, 사기 분양한지 10년이 지나도록 아파트의 정보전달수단을 통제하며, 현안문제를 해결하지 않고 못 찾게 방해하고 있다.

입주자들은 여러분에게 선거인명부 및 관리규약 개정 동의서 검증, 사기 분양한 623.8㎡환수, 비대위원장의 회계감사 수검, 관리서류 열람, 수직옹벽 설치 등 시정을 요구하였는데 전혀 이행하지 않고 못 찾게 방해하여 피해만 주었다.

이와 같이 입주자들에게 위임받지 못한 무자격자인데 불법을 저지르며 비대위원장의 집 앞뒤와 옆에 불법계단(산책로), 파라솔, 책상, 의자를 설치해 소음, 공해, 프라이버시 침해 및 놀이터로 변해 피해를 입혔는데도 시정을 안했다.

(댓글) 봉사자들은 아파트의 정보전달수단인 게시판, 엘리베이터 공지, 안내방송, 다음카페, 유인물, 개인정보(휴대폰번호, 동·호수, e매일), 관리비부과내역서를 통제하며 거짓으로 알려주며 막대한 피해를 주는 것은 위법행위이다. 입주자들의 의사와 이익을 위하여 내용증명과 더사모카페의 통보에 성실하게 답변하는 것만이 신뢰를 회복하는 최선의 길이다.

비대위원장은 입주자대표 등에게 아파트의 정보전달수단을 통제하며 속이지 말고, 사기 분양한 토지 623.8㎡를 찾고, 불법 및 부정 선거한 선거인명부를 검증해 주며, 관리서류를 투명하게 열람해 달라고 84회에 걸쳐 내용증명 및 더사모카페를 통해 통보하였다. 그러나 입주자대표 등은 수취거절하고 답변을 전혀 하지 않으며 막대한 피해를 입혔다.

11. 2019.1.18. H아파트(봉사자에게 통보ⓒ)

우리 입주자들은 봉사자들이 불법 및 부정선거로 승계한 선거인명부를 검증해 주지 않았고, 관리서류를 열람해 주지 않았으며, 내용증명에 전혀 답변하지 않는 등 은밀하게 조직적으로 저질러지는 아파트비리로 인해 막대한 피해를 입고 있다. 이런 악질적인 아파트비리를 척결해 달라고 청와대에 청원을 하였다. 관심을 갖고 동의하고 가족과 지인에게 알려주기 바랍니다.

http://www1.president.go.kr/petitions/485986

H건설은 H아파트 분양당시, 사업부지에 포함된 서쪽경계 펜스 밖의 토지 623.8㎡(190평)에 대하여 토지대금 82억 원을 받아갔는데, 이를 빼고 설계해 시공한 후, 분할하여 매각하였고, 부실공사를 한 하자보수를 해주지 않았다.

비대위원장은 개인적으로 대법원에서 확정판결을 받고 대한지적공사에서 측량한 것을 근거로 사기분양을 한 토지 623.8㎡를 찾고자 하였다. 그러나 입주자대표와 관리소장이 정보전달수단인 게시판, 엘리베이터 공지, 안내방송, 다음카페, 유인물, 개인정보(휴대폰번호, 동·호수, e매일), 관리비부과 내역서를 통제하며 진실을 알려주지 않았고, 관리서류를 안 보여주며 못 찾게 방해하였다.

또한 입주자들에게 진실을 알려주는 더사모카페를 폐쇄하여 달라고 네이버와 방송통신심의위원회에 민원을 제출해 못 찾게 방해하였고, 사기 분양한지 10년이 지나도록 서쪽경계 펜스 밖의 토지 623.8㎡를 못 찾았고 하자보수를 제대로 못 받았다.

더구나 불법 및 부정선거로 승계한 선거인명부를 검증해 주지 않았고, 비대위원장을 회유, 공갈과 협박, 관계없는 고소와 소송을 하며 괴롭혔고, 토지 623.8㎡가 현장보존이 잘 되어 있는데도 사법농단으로 못 찾게 방해한 악질적인 아파트비리이다.

결론적으로 입주자대표 등은 입주자들의 의사와 이익을 대변하여야 함에도 불구하고 불법 및 부정선거로 승계한 선거인명부를 검증해 주지 않았고, 정보전달수단을 통제하며 진실을 전혀 알려주지 않고 속였으며, 토지 623.8㎡를 못 찾게 방해하였고, 관리서류를 열람해 주지 않는 등 막대한 피해를 입혔음으로 사과하고 사퇴하여야 할 것이다.

(댓글) 봉사자들은 서쪽경계 펜스밖에 토지 623.8㎡가 현장보존이 잘 되어 있고, 재건축할 때까지 증거인멸을 할 수도 없는데 사기 분양한지 10년이 지나도록 집단적으로 방해하여 못 찾았다. 더구나 불법 및 부정선거로 승계한 선거인명부를 검증해 주지 않고 위법행위와 갑질을 하며 막대한 피해를 입혔다. 입주자들이 찾도록 정중히 사과하고 사퇴하는 것만이 최선의 방법이다.

입주자들은 토지 623.8㎡에 대한 분양대금 82억 원을 납부하였는데 입주해 토지 623.8㎡를 받지 못했다. 왜냐하면 623.8㎡를 빼고 설계하고 모형과 카달로그를 빼고 보여주었기 때문이다. 분양당시 불필요한 토지대금을 받아가고 몰래 매각한 것이다. 더구나 입주자대표 등은 못 찾게 집단적으로 방해하였다. 서쪽경계 펜스밖에 사기 분양한 623.8㎡가 현장보존이 잘 되어 있고 입주자들이 수시로 쳐다보고 있는데도 무조건 못 찾게 방해하여 사기 분양한지 10년이 지나도록 못 찾았다. H아파트에서 도저히 있을 수 없는 위법행위와 갑질이 저질러지고 있다.

12. 2019.1.25. H아파트(봉사자에게 통보ⓓ)

우리 입주자들은 분양대금 82억 원을 납부한 서쪽경계 펜스 밖의 토지 623.8㎡를 못 찾았다. 왜냐하면 입주자대표 등이 불법 및 부정선거로 승계하였고, 관리서류를 안 보여 주었으며, 내용증명과 더사모카페의 통지에 전혀 답변하지 않고 못 찾게 방해하였기 때문이다.

따라서 입주자대표 등의 악질적인 아파트비리를 척결해 달라고 청와대에 국민청원을 하였고, 국민신문고에 신고하였다.

http://www1.president.go.kr/petitions/485986

입주자대표 등은 현장보존이 잘 되어 있는 토지 623.8㎡를 사기 분양한지 10년이 지나도록 못 찾게 하였고, 하자보수를 못 받게 하였다. 더구나 비대위원장이 더사모카페에서 진실을 알려주지 못하게 네이버와 방송통신심의위원회에 폐쇄하여 달라고 민원을 제출하였고, 광진경찰서에 명예훼손을 하였다고 또 고소해 계속 방해하고 있다.

결론적으로 입주자대표 등은 토지 623.8㎡를 찾아야 하고, 불법 및 부정선거로 승계한 선거인명부를 검증해 주어야 하며, 정보전달수단에서 진실만 알려주어야 하고, 관리서류를 열람해 주며 투명하게 관리하여야 한다. 또한 지금까지 잘 못한 것에 대하여 정중히 사과하고 사퇴해 입주자들의 의사대로 관리하도록 적극 협조하여야 할 것이다.

(댓글) 봉사자들은 제1기~제4기 입주자대표, 선거관리위원, 봉사회원, 통장, 관리소장을 말한다. 비대위원장은 봉사자들에게 서쪽경계 펜스 밖의 사기 분양한 토지 623,8㎡를 찾지 않고 선거인명부를 검증해 주지 않는 등 현안문제를 해결하지 않느냐고 물어보면, 자신들이 안했다고 한다. 그 말은 자신들이 잘 못을 안했다고 책임을 회피하는 것이다. 그럼 잘 못한 것을 지금이라도 시정하지 않느냐고 하면 그냥 도망친다. 이것은 위법행위와 갑질로 못 찾게 방해한 것을 증명하는 것이다.

13. 2019.1.29. H아파트(봉사자에게 내용증명 통보⑩)

수 신: 관리사무소장(서○태)

참 조: 입주자대표회장(김○연), 선거관리위원장(최○호), 힐사모회장(조○영), 통장(성○남) 등 모든 봉사자에게 반드시 전달하고 즉시 회답하기 바랍니다.

발 신: 비상대책위원장

제 목: 사기분양 623,8㎡환수 및 선거인명부 검증 등 현안문제해결 재촉구(10차)

귀 센터에 서울광진우체국 제3101831052260(2018.9.27), 제3101831052314, 제3101842073951, 제3101858014806, 제3101831052812(2019.1.8)호 등 내용증명(10회) 및 더사모카페(85회)를 통해 통보하였는데 회답이 전혀 없다. 서○태 센터장 등 모든 봉사자는 무자격자인데 위법행위와 갑질을 저지르며 관리업무를 수행하였고, 입주자의 의사와 이익에 반한 의사결정을 하며 대변하지 않았다.

더구나 2016.6.21.임기 만료되어 자격이 상실되었는데 불법 및 부정선거로 승계한 선거인명부를 검증해 주지 않았고, 사기 분양한지 10년이 지나도록 아파트의 정보전달수단을 통제하며 속이고, 현안문제를 전혀 해결해 주지 않았다.

입주자들은 여러분에게 선거인명부 및 관리규약 개정 동의서 검증, 사기 분양한 623.8㎡환수, 비대위원장의 회계감사 수검, 관리서류 열람, 수직옹벽 설치 등 시정을 요구하였는데 전혀 이행하지 않고 위법행위를 하여 피해만 주었다.

비대위원장은 모든 봉사자들에게 그동안 센터장님을 통해 지속적으로 내용증명과 더사모카페의 공지사항을 전달했음에도 현안문제가 전혀 시정되지 않고 있는데, 구체적인 이유, 전달경위, 해결방안을 꼭 회신해 줄 것을 간곡히 부탁한다.

(댓글) 입주자들은 서쪽경계 펜스 밖의 사기 분양한 토지 623.8㎡를 10년이 지나도록 지켜보고 있다. 그러나 봉사자들은 H건설의 이익만 대변하며 못 찾게 방해하였다. 더구나 불법 및 부정선거로 승계하였고, 내용증명에 답변하지 않으며 못 찾게 집단적으로 방해하였다. 계속적인 위법행위와 갑질이 통하지 않으니 즉시 사퇴하기 바랍니다. 토지대금을 받아가고 돌려주지 않는 바보들의 수법이 우리 입주자들에게 통하지 않는다.

14. 2019.2.6. H아파트(봉사자에게 통보ⓔ)

우리 입주자들은 분양대금 82억 원을 납부한 서쪽경계 펜스 밖의 토지 623.8㎡를 10년이 지나도록 못 찾았다. 왜냐하면 H건설이 623.8㎡를 빼고 설계하고, 모형과 카달로그에도 빼고 표시해 시공한 후에 매각하거나 경계안쪽 4m지점에 펜스를 설치해 사용과 출입을 하지 못하게 사기분양을 하였고, 광진구청이 묵인하며 승인하였기 때문이다.

더구나 봉사자들(입주자대표, 선거관리위원, 봉사회원, 통장, 관리소장)은 사기분양한 토지 623.8㎡를 찾아야 할 막중한 책임과 의무가 있음에도, 정보전달수단인 게시판, 엘리베이터 공지, 안내방송, 다음카페, 유인물, 개인정보, 관리비부과 내역서를 악용해 입주한 이후에 단 한 번도 623.8㎡를 찾아야 한다고 알려주지 않으며 거짓으로 속이고 못 찾게 방해하였다.

그러나 비대위원장은 개인적으로 대법원에서 확정판결을 받고, 대한지적공사에서 측량하여 토지 623.8㎡가 사기분양된 것을 증명한 후에 봉사자들에게 찾아달라고 하였는데, 봉사자들은 불법 및 부정선거로 계속 승계하였고, 비대위원장이 명예훼손을 하였다고 광진경찰서에 3차례 고소하였으며, 피해자인데 가해자로 뒤바꾸며 못 찾게 방해하였다.

결론적으로 사기 분양한 토지 623.8㎡가 서쪽경계 펜스밖에 현장보존이 잘 되어 있고, 재건축할 때까지 증거인멸을 할 수 없는데도 봉사자들이 못 찾게 방해한 것이다. 이는 악질적인 위법행위와 갑질이므로 경찰, 검찰, 법원, 구청, 국토교통부, 국민권익위원회. 청와대 등에 알리기 위해 국민청원과 국민신문고에 올렸다. 봉사자들은 입주자들의 이익을 위하여 내용증명에 답변을 하고, 잘못한 고소를 취하하며, 사퇴하는 것이 최선의 선택인 것이다.

http://www1.president.go.kr/petitions/485986

(댓글) H건설은 토지 623.8㎡를 빼고 설계해 시공하였는데 분양대금 82억 원을 받아가는 사기분양을 하였다. 또한 광진구청은 건축허가, 제척승인, 사용검사승인을 해주며 사기분양을 묵인하였다. 더구나 봉사자들은 고의로 항소를 포기해 못 찾게 방해하였고, 불법 및 부정선거로 승계하며 악질적인 위법행위와 갑질을 하였다. 지금이라도 봉사자들은 입주자들이 찾도록 내용증명에 정중히 답변하고 사퇴하기 바랍니다.

봉사자들은 불법 및 부정선거로 승계해 사기 분양한 서쪽경계 펜스 밖의 토지 623.8㎡를 10년이 지나도록 찾아주지 않았다. 더구나 비대위원장이 찾아주려고 하는데 명예훼손을 하였다고 광진경찰서에 3차례나 고소하였다. 그러나 비대위원장은 명예훼손을 하지 않았고 할 필요가 전혀 없다. 왜냐하면 분양대금 82억 원을 납부한 623.8㎡를 입주자들에게 찾아주는 것이 목적이기 때문이다. 오히려 봉사자들이 다음카페에서 비대위원장을 명예훼손을 하며 못 찾게 방해하였다.

15. 2019.2.12. H아파트(관리서류 즉시 공개)

우리 입주자들은 관리업무가 투명하고 비리 없게 실천되기를 간절히 원하고 있다. 따라서 관리서류 열람을 신청하면 즉시 공개하여야 한다. 담당자가 관리서류를 직접 보관하고 있다가 입주자들이 열람을 신청하면 즉시 볼 수 있도록 공개해 주어야 한다.

관리업무를 투명하고 비리 없게 수행하고 있다면 즉시 공개하지 못할 하등의 이유가 없다. 그러나 관리서류 열림을 신청하면 관리소장이 모든 서류를 보관하고 있고, 일일이 검토한 후에 보여주기 때문에 많은 시일이 걸리고 그것도 전부 보여주지 않는다.

더구나 대부분의 관리서류를 전혀 보여주지 않고 계속 은폐한다. 이는 투명하고 비리 없게 H아파트를 만들려는 입주자들의 의사와 정반대로 관리업무를 수행하는 것이다. 담당자는 입주자들이 관리서류 열람을 신청하면 즉시 공개해 주어야 한다.

지금까지 부정 선거한 선거인명부(USB), 관리규약 개정 동의서, 하자보수 종결 동의서, 산책로 설치 동의서와 지출내역, 민·형사 재판서류, 회계감사를 실시할 관리서류 등 비대위원장이 열람을 신청한 서류를 전혀 공개해 주지 않았다. 이는 아파트를 투명하고 비리 없게 만들려는 입주자들의 의사에 반하는 위법행위와 갑질인 것이며, 즉시 공개하여야 한다.

(댓글) 입주자들은 토지 623.8㎡를 사기 분양한지 10년이 지나도록 못 찾았다. 왜냐하면 봉사자들이 불법 및 부정선거로 승계해 못 찾게 방해하였기 때문이다. 더구나 비대위원장이 623.8㎡를 찾아주려고 더사모카페에서 알려주었는데 명예훼손을 하였다고 광진경찰서에 고소해 대법원에서 선고유예의 판결을 받았다. 그런데 봉사자들은 623.8㎡를 찾아주지 않고 비대위원장이 명예훼손을 하였다고 또 고소하였다. 따라서 광진경찰서에 명예훼손을 하지 않았고, 할 필요조차 없다고 방증서류를 제출하였다. 더사모카페를 읽어보면 진실을 알 수 있다.

16. 2019.2.20. H아파트(광진경찰서 수사진행 보고①)

입주자분들께서 수사진행사항이 궁금하니 공지해 달라고 요청하여 알려드립니다. 우리 H아파트 제1기와 2기 입주자대표(전○수, 이○욱, 김○복) 및 선거관리위원(박○식, 최○정)은 비대위원장이 더사모카페에서 명예훼손을 하였다고 광진경찰서에 2016.3.14. 고소하였는데, 대법원에서 2018.3.9. 공공의 이익을 위하여 623.8㎡를 찾기 위해 입주자들에게 알려준 것을 인정하여 선고유예의 확정판결을 하였다.

그러나 고소인들은 네이버와 방송통신심의위원회에 더사모카페를 폐쇄해 달라고 민원을 제출하였는데 공공의 이익을 이유로 들어주지 않자, 2018.10.8. 비대위원장이 명예훼손을 하였다고 광진경찰서에 또 고소하였고, 사이버수사팀에서 2019.2.13.부터 수사하고 있다. 비대위원장은 우리 측 변호사님의 입회하에 수사관님(3명)에게 분양대금 82억 원을 납부한 서쪽경계 펜스 밖의 623.8㎡를 사기 분양한지 10년이 지나도록 못 찾았다고 설명하며 현장을 직접 확인시켜 드렸습니다.

아울러 H건설은 2009.10.12. 분양당시 623.8㎡를 빼고 설계하여 시공한 후에, 몰래 203㎡를 제척해 매각하거나 420.8㎡를 불용토지로 만들어 사용과 출입을 하지 못하게 623.8㎡를 사기 분양하였는데, 고소인들이 사기분양을 안 했다고 속였고, 소송자에게 69.3㎡만 찾아주고 554.5㎡를 못 찾게 하였으며, 미소송자에게 203㎡만 찾아주며 420.8㎡를 못 찾게 포기각서를 써주었고, 미수령자들이 623.8㎡를 찾기 위해 서울중앙지법에 소송을 진행하고 있다고 진술하였다.

더구나 광진구청은 623.8㎡를 사기 분양하도록 묵인하며 사업허가, 제척승인,

사용검사승인을 해주었는데, 입주자들은 623.8㎡를 찾기 위해 해임안(75%서명)과 위임장(55%서명)에 의거, 고소인들의 임기가 2016.6.21. 만료된 후에, 2016.6.26. 공정하게 입주자대표를 선출하여 제3기 입주자대표회의를 구성하였음에도, 고소인들이 업무를 인계하지 않고 방해하여 못 찾았다고 진술하였다.

그런데도 고소인들은 623.8㎡를 못 찾게 방해할 목적으로 2016.8.11. 입주자대표를 불법 및 부정선거로 다시 선출하였고, 더구나 부정 선거한 선거인명부(비대위원장에게 제출한 원본과 동일하다는 USB)를 검증해 주지 않았으며, 청와대 국민청원과 신문고 청원의 내용에 대해 철저하게 조사하여 달라고 진술하였다.

봉사자들(입주자대표, 선거관리위원, 봉사회원, 통장, 관리소장)은 아파트의 정보전달수단에서 623.8㎡를 찾아야 한다고 알려주어야 함에도, 2012.3.30. 입주한 이후 단 한 번도 알려주지 않으며 속였고, 전자투표를 실시한 관리규약 개정 동의서, 하자보수 종결 동의서, 산책로 설치 동의서, 회계감사를 실시할 관리서류 등을 열람해 주지 않았으며, 현안문제에 대한 내용증명을 보냈는데 전혀 답변을 하지 않았고 해결하지도 않았다며 자세하게 진술하였다.

이와 같이 비대위원장은 사기 분양한 623.8㎡를 찾기 위한 목적으로 더사모카페를 개설하여 운영한 반면에 봉사자들은 못 찾게 방해할 목적으로 찾아주려는 비대위원장을 다음카페에서 강제로 퇴출시킨 후에 인신공격과 명예훼손을 하였고, 광진경찰서에 고소를 한 것이라며 진술하였다.

결론적으로 고소인들이 사기 분양한 토지 623.8㎡를 찾아주지 않았기 때문에 비대위원장이 부득이 623.8㎡를 찾기 위한 목적으로 더사모카페를 개설하였고, 명예훼손을 할 목적이 전혀 아니며, 623.8㎡를 찾기 위해 진행 중인 소송이 종결되면 폐쇄하겠다고 진술하였다. 수사관님께서 현장을 직접 확인해 사건을 정확히 파악하였음으로 623.8㎡를 찾게 조치할 것이라고 판단되기 때문에 입주자 여러분께서는 걱정을 안 하셔도 될 것이다.

(댓글) 입주자들은 봉사자들에게 사기 분양한 623.8㎡를 찾아달라고 90회에 걸쳐 요구하였는데 찾아주지 않아 더사모카페에 게시하였다. 즉 입주자대표회장에게 보낸 내용증명(5회), 봉사자에게 보낸 내용증명(10회), 선거관리위원장에게 통보(13회), 입주자대표 등에게 통보(39회), 봉사자에게 통보(23회)를 하였는데도 답변하지 않으며 찾아주지 않았고, 오히려 불법 및 부정 선거한 선거인명부를 검증해 주지 않고 승계하며 못 찾게 방해하였다. 더사모카페는 623.8㎡를 찾기 위한 생명수이다.

H건설은 623.8㎡를 빼고 설계하였고, 모형과 카달로그에도 빼고 표시해 사용검사를 승인받았다. 광진구청은 사기분양을 묵인하며 사업허가, 제척승인, 사용검사승인을 해주었다. 봉사자들은 사기분양을 안했다고 속였고, 거짓이 탄로 나자 불법 및 부정선거로 승계해 소송자에게 69.3㎡를, 미소송자에게 203㎡만 찾아주었고, 비대위원장을 고소해 못 찾게 방해하였다. 봉사자들은 입주자들이 펜스밖에 현장보존이 잘 되어 있는 623.8㎡를 찾도록 즉시 사퇴하여야 합니다.

17. 2019.2.26. H아파트(봉사자에게 통보ⓕ)

우리 입주자들은 고소인에게 관리서류를 투명하게 공개하라고 요구하였음에도, 지금까지 관리서류를 투명하게 공개하지 않았고, 분양대금 82억 원을 납부한 서쪽경계 펜스 밖의 토지 623.8㎡를 찾아주지 않았기 때문에 관리업무수행에 대한 의문사항이 전혀 풀리지 않고 있다.

따라서 우리 입주자들은 고소인을 해임하기 위한 입주자대표 해임안에 75%가 서명하였고, 관리서류를 감사하고 선거관리업무를 공정하게 수행하는 위임장에 55%가 서명하였다. 그러나 고소인이 입주자들의 의사에 반해 사퇴를 하지 않았고 관리서류를 감사받지 않았다.

오히려 고소인은 입주자들이 623.8㎡를 찾기 위해 주민총회에서 제3기 선거관리위원을 선출하였고, 비밀투표로 입주자대표를 선출하여 제3기 입주자대표회의를 구성하였음에도 업무를 인계하지 않고 못 찾게 방해까지 하였다. 그때 고소인이 업무를 인계하였으면 사기 분양한 토지 623.8㎡를 찾았다.

더구나 고소인은 불법 및 부정선거로 입주자대표를 선출하여 승계하였는데도 선거인명부를 검증해 주지 않았고, 찾아주려는 비대위원장을 광진경찰서에 고소하여 대법원에서 선고유예를 받도록 괴롭혔다. 이로 인해 우리 입주자들은 623.8㎡를 못 찾았고, 관리서류를 감사하지 못했다.

또한 우리 입주자들은 외부에 의뢰하여 형식적으로 감사하는 것을 전혀 원하지 않았는데도 고소인이 외부에서 감사를 실시하고 감사수수료를 관리비에서 지출하였다. 이는 우리 입주자들의 의사와 이익에 반하는 것이며, 투명한 관리업무를 실행하는데 역행하는 것이라고 생각한다.

고소인과 봉사자들은 입주자들의 의사와 이익을 위해 비대위원장이 관리서류를 투명하게 감사할 수 있도록 협조하여 공정한 관리업무가 수행되었는지 검증을 받아야 할 것이다. 그러면 고소인은 비대위원장의 감사결과에 따라 그동안 관리업무를 투명하게 수행하였는지 자동적으로 검증될 것이다.

(댓글) 봉사자들은 2016.6.21. 임기가 만료되었고, 입주자들이 623.8㎡를 찾을 봉사자를 선출하였으며, 입주자들에게 권한을 전혀 위임받지 못하였기 때문에 2016.6.21.이후부터 무자격자이다. 그런데도 봉사자들은 불법 및 부정선거로 승계한 선거인명부를 검증해 주지 않았고 서쪽경계 펜스 밖의 623.8㎡를 못 찾게 집단적으로 방해하였다. 이는 입주자들의 의사와 이익에 반하는 위법행위와 갑질인 것임으로 찾도록 사퇴를 하여야 한다.

18. 2019.3.6. H아파트(봉사자에게 통보⑧)

우리 입주자들은 서쪽경계 펜스 밖의 토지 623.8㎡를 사기 분양한지 10년이 지나도록 못 찾았다. 왜냐하면 봉사자들이 2016.6.21. 임기 만료된 후에 입주자들에게 어떠한 권한을 위임받지 못했음에도, 불법 및 부정선거로 승계하였고, 선거인명부(비대위원장에 제출한 USB)를 검증해 주지 않는 등 관리서류를 투명하게 공개하지 않고 못 찾게 방해하였기 때문이다.

특히, 봉사자들은 정보전달수단인 게시판, 엘리베이터 공지, 안내방송, 다음카페, 유인물, 개인정보(휴대폰번호, 동·호수, e메일), 관리비부과 내역서를 통해 사기 분양한 것을 정확하게 알려주어야 함에도, 통제하고 거짓으로 속이며 입주한 이후 단 한 번도 623.8㎡를 찾아야 한다고 알려주지 않았다.

더구나 비대위원장은 봉사자들이 사기분양을 안했다고 속이고 못 찾게 방해하였기 때문에, 개인적으로 대법원에서 확정판결을 받고 대한지적공사에서 측량해 623.8㎡가 사기분양된 것을 확실하게 증명하여 찾아달라고 하였다. 그러나 봉사자들이 비대위원장을 다음카페에서 강제로 퇴출시키고 인신공격과 유언비어를 퍼트리며 명예훼손을 하였다고 고소하는 등 찾아주지 않고 위법행위와 갑질을 하며 괴롭혔다.

사기 분양한 623.8㎡ 중 90㎡를 한원광장이 몰래 가져갔고, 113㎡를 김○석에게 매각하였으며, 420.8㎡를 한원광장과 김○석이 사용하도록 경계안쪽 4m지점에 펜스를 설치해 입주자들이 사용과 출입을 하지 못하고 매년 재산세만 납부하며 민법상 소멸시효가 지나면 자동적으로 빼앗기게 됩니다.

따라서 비대위원장은 2015.8.24. 더사모카페를 개설한 목적은 다음카페에서 2015.7.18. 강제로 퇴출을 당한 후에 공공의 이익을 위하여 사기 분양한 토지 623.8㎡를 찾을 수 있도록 진실을 정확하게 알려주기 위한 것이다. 즉 봉사자들에게 명예훼손을 하지 않았고, 할 필요가 전혀 없는 것이며, 봉사자들이 입주자들의 의사와 이익을 대변하지 않고 못 찾게 방해하여 공공의 이익을 위해 밝고 맑은 사회를 만들기 위하여 알려준 것이다.

비대위원장은 봉사자들에게 토지 623.8㎡를 찾아달라고 내용증명을 보냈는데도 수취거절하며 답변하지 않았기 때문에 관리소장에게 내용증명을 보내 꼭 전달해 찾아달라고 하였다. 즉 입주자대표회장에게 내용증명 5회, 봉사자에게 내용증명 10회, 선거관리위원장에게 통보 13회, 입주자대표 등에게 통보 39회, 봉사자에게 통보 23회 등(총 90회)을 보냈고 더사모카페에 올려놓았다.

그러함에도 불구하고 봉사자들은 답변하지 않고 찾아주지 않으며 비대위원장이 명예훼손을 하였다고 고소를 하였다. 따라서 우리 입주자들은 봉사자들이 찾아주면 자신에게 이익이 돌아가고 입주자들의 이익을 위해 반드시 찾아주어야 타당함에도 위법행위와 갑질을 하며 못 찾게 방해한 것에 대해 도저히 이해할 수 없는 일이라고 생각한다.

결론적으로 입주자들은 봉사자들의 임기가 2016.6.21. 만료되었기 때문에 623.8㎡를 찾기 위해 2016.6.26. 비밀투표로 52%가 참여해 제3기 입주자대표를 공정하게 선출하여 입주자대표회의를 구성하였음에도 봉사자들이 못 찾게 방해할 목적으로 업무를 인계하지 않았다.

더구나 입주자들은 입주자대표 해임안에 75%가 서명하고, 위임장에 55%가 서명하여 임기만료(2016.6.21)된 후에 봉사자들에게 권한을 위임하지 않았다. 그러나 봉사자들은 못 찾게 방해할 목적으로 위법행위를 하며 선거관리위원(위원장 최○호)을 지명하였고, 선거관리위원장이 부정선거로 제3기 입주자대표, 제4기 입주자대표를 선출하였고, 선거인명부(비대위원장에게 제출한 USB)를 검증해 주지 않았다.

또한 입주자들은 관리서류를 비대위원장에게 감사하라고 55%가 서명하여 위임하였다. 그러나 봉사자들은 감사를 받지 않았고, 관리서류를 투명하게 공개하지 않으며 속였다. 봉사자들은 입주자들의 명령에 따라 비대위원장에게 감사를 받아야 하고, 그 결과에 따라서 그동안 관리업무를 투명하게 수행하였는지 자동적으로 증명될 것이며, 봉사자들은 입주자들의 이익을 위해 즉시 사퇴해야만 올바른 행동이라고 생각한다.

19. 2019.4.29. H아파트(변호사에게 내용증명 통보③)

수 신: 변호사 최○웅 (전○수 등 5명 대리인)

서울 강남구 강남대로 442 7층 (역삼동, 흥국생명빌딩) 법무법인 덕수

제 목: 전○수 등 5명에 대한 부당변론 중단요청

귀하께서는 역삼우체국 제3110303026448(2019.3.18)와 3110306125085(2019.4.2)로 내용증명을 보내 압류 등 조치를 한다고 통보하였다. 따라서 본인과 우리 입주자들은 광진우체국 제3101842074804(2019.3.27)와 3101810004858(2019.4.5)로 답변하면서 전○수 등 5명이 경찰, 검찰, 법원에서 허위 진술해 왜곡된 판결에 기인하여 법정에서 선거인명부를 검증하지 못하였기 때문에 물질적 정신적 시간적인 막대한 피해를 입었는바, 선거인명부를 검증해 주면 소송비용을 지급하겠다고 하였다.

우리 입주자들은 전○수 등 5명(입주자대표와 선거관리위원)으로 인해 분양대금 82억 원을 납부한 서쪽경계 펜스 밖의 토지 623.8㎡를 사기 분양한지 10년이 지나도록 못 찾았고, 찾기 위해 서울중앙지법에서 소송을 진행하고 있다. 전○수 등은 그동안 H아파트 입주자들의 이익에 반한 위법행위와 갑질을 하면서 명예훼손 고소 및 소송, 손해배상소송, 선거무효 확인소송, 더사모카페 폐쇄사건(네이버 및 방송통신심의위원회의 민원) 등을 야기하였고, 귀하께서는 이들의 거짓 진술에 속아서 변론해 승소하였다.

H건설(한원광장)은 서쪽경계 펜스 밖의 토지 623.8㎡를 빼고 설계하였고, 모형과 카달로그에도 빼고 표시해 시공한 후 203㎡를 매각하거나 420.8㎡를 출입과 사용을 하지 못하게 불용토지로 만들어 매년 재산세만 납부하게 사기 분양하였는데 귀하께서는 이와 관련된 사건들을 수임하여 수사와 재판과정에서 진실을 왜곡하도록 변론하였다.

더구나 전○수 등과 관리소장은 정보전달수단을 통제하고 속이며 H건설의 이익만 대변해 623.8㎡를 못 찾게 방해하였기 때문에 비대위원장이 개인적으로 2015.2.10. 서울고법에서 판결을 받고(2015.6.23. 대법원에서 확정), 대한지적공사에서 측량해 사기분양된 것을 증명하였다. 그러나 전○수 등은 623.8㎡를 못 찾게 방해할 목적으로 불법과 부정선거로 승계한 선거인명부를 검증해 주지 않으며 피해를 입혔다.

더구나 입주자들은 623.8㎡를 찾기 위해 비상대책위원회를 결성하여 합법적으로 활동한 반면, 전○수 등은 위법행위와 갑질을 저지르며, 입주자들의 이익을 대변하지 않았고, 사기 분양한지 10년이 지나도록 못 찾게 방해하였으며, 공익을 위해 찾아주려는 비대위원장을 피해자인데 가해자로 뒤바꾸었고, 비대위원장이 준법정신을 철저히 지키며 623.8㎡를 찾기 위한 유종의 미를 거두려는데 끈질기게 방해하였다.

이 사건은 기업윤리를 어긴 사법농단에 기인한 것이다. H건설은 고의로 토지 623.8㎡를 빼고 설계해 시공한 후 203㎡를 매각하고, 420.8㎡를 불용토지로 만들었습니다. 그런데도 광진구청은 사업허가, 제척승인, 사용검사승인을 해주었다. 전○수 등은 위법행위와 갑질을 저질러 정보전달수단을 통제하며 불법 및 부정선거로 승계하였고, 수사와 재판으로 유도한 후 거짓 진술로 사법당국이 오판하도록 속인 사건이다.

결론적으로 전○수 등은 623.8㎡를 찾으면 자신은 물론 입주자들에게 이익이 되는데도 못 찾게 방해하였고, 비대위원장이 찾자고 내용증명을 보냈는데 수취거절하며 답변조차 않고 방해하였다. 입주자들은 입주자대표 해임안(75%)과 위임장(55%)에 서명하였고, 제3기 입주자대표회의를 구성(52%투표)하였는데 전○수 등이 임기 만료된 후 업무를 인계하지 않았으며, 수많은 증거를 확보하고 있다. 귀하께서는 전○수 등이 거짓으로 속인 것을 잘 알고 있으면서도 법과 양심과 공익에 반하는 변론을 함으로써 막대한 피해를 입혔는바 변론을 중단하시길 간곡히 부탁드립니다.

수신: 입주자대표회장 전○수

(광진구 아차산로 537-17, H아파트 **관리사무소 내)**

참조: 관리사무소장 최○현

발신: 더불어 사는 이웃을 위한 모임(박사 소○영)

(광진구 아차산로 537-17, H아파트 **1404동 104호)**

제목: 분양계약위반 향후대책 및 총회개최 재촉구(5차)

서울광진우체국 제3101858000329(2015.8.3), 제3101805065529(2015.8.10), 제3101842066368(2015.8.17), 제3101805065705(2015.8.24)로 보낸 내용증명과 관련해 입주자대표 전○수, 김○복, 이○옥, 김○섭씨에게 전달하는 것입니다. 우리 소유자분은 분양계약위반으로 인해 82억원의 손해를 보았습니다(소송자분의 경우 1세대당 평균 손해액이 1천8백만원인데 1백8십만원만 받았음). 소유자분의 이익을 위해서 향후대책 및 소유자총회 개최를 4회에 걸쳐 요구하였음에도 불구하고 이행하지 않고 있어 재촉구합니다.

1. 소송자분은 불법 매각한 토지 203㎡(62평)에 대한 손해액 27억원을 전액 배상 받을 수 있습니다. 그러나 입주자대표는 항소하면 전액 배상받을 수 있다는 것을 알고도 고의로 항소를 포기해 소송자분에게 1/3(9억원)만 배상받도록 하였습니다. 따라서 **입주자대표는 어떻게 책임을 질 것이며, 향후대책을 말씀해 주십시오**?

2. 소유자분은 분양당시 토지 421㎡(128평)에 대해 55억원을 지급하였습니다. 그러나 불법 매각한 토지 203㎡(62평)과 연결된 토지 421㎡(128평)를 출입도 사용도 못하게 담장을 시공하였습니다. 따라서 소유자분은 토지 421㎡를 출입도 사용도 못해 55억원을 손해보고 매년 재산세까지 납부하고 있습니다(반면 한원광장외 1인은 토지 203㎡를 매수하여 추가로 토지 421㎡까지 사용할 수 있습니다). 또한, 토지 421㎡를 포함한 경계에 경계표시를 명확히 하도록 규정되어 있음에도, 토지 421㎡를 제외하고 경계표시를 하여 출입도 사용도 못하게 한 것은 건축법, 수로측량·수로조사 및 지적에 관한 법률, 대법원판례 등을 명백하게 위반한 것입니다. 그러나 입주자대표는 이에 대하여 시정해 달라는 요구조차 않고 고의로 방치하고 있습니다. 따라서 **입주자대표는 어떻게**

책임을 질 것이며, 향후대책을 말씀해 주십시오?

3. 소유자분은 위 1호 및 2호의 분양계약위반으로 인해 토지 624㎡(190평)를 이용할 수 없게 됨으로써 정문도로 4차선이 3차선으로 축소되었고, 1404동 앞 중앙공원의 화단면적이 현격히 축소되었습니다. 그러나 입주자대표는 고의로 손해배상을 받지 못하도록 저의 조언을 전혀 듣지 않고 피하며 항소를 포기하였습니다. 따라서 **입주자대표는 어떻게 책임을 질 것이며, 향후대책을 말씀해 주십시오**?

4. 입주자대표 전○수, 유○운은 피고를 형사고발하였는데, 입주자대표는 형사재판이 시작되기 직전에 미 소송자분에게 각서와 확약서(피고에게 손해액 1/10만 받고 민.형사상 어떠한 책임을 묻지 않겠음)를 받았습니다. 또한, 각서와 확약서를 받고나서 형사재판에 출석하지 않는 등 적극 대처하지 않아 사기와 배임죄로 처벌받아야 함에도 무죄를 선고받게 하였고, 피고에게 당연히 받아올 수 있는 소송비용 7천만원까지 지출하였습니다. 따라서 **입주자대표는 어떻게 책임을 질 것이며, 향후대책을 말씀해 주십시오**?

5. 입주자대표는 미 소송자분에게 "항소하면 반드시 승소한다"는 사실을 알려주지 않고 피고에게 제출하려고 각서와 확약서를 받았습니다. 저는 각서와 확약서를 받기 전에는 받으면 안 된다고 강력히 조언하였고, 받은 뒤에도 제출하면 안 된다고 강력히 항의하였습니다. 그렇지 않았다면 이미 손해액의 1/10만 받았을 것입니다(입주자대표는 1/10만 받아주겠다고 하였음으로 앞으로 완전히 손을 떼고 저에게 이관하십시오. 제가 대법원 확정판결을 받은 것을 근거로 미 소송자분에게 약속한대로 전액을 배상받아 주겠습니다). 따라서 **입주자대표는 어떻게 책임을 질 것이며, 향후대책을 말씀해 주십시오**?

6. 위 1호~3호의 분양계약위반은 토지 203㎡을 불법 매각하여 발생한 것입니다. 왜냐하면, 토지 203㎡을 불법매각하지 않고 분양계약대로 이행하였다면 토지 624㎡까지 화단으로 조성되며, 정문도로는 4차선으로 시공되고, 1404동 앞 중앙공원의 화단도 제대로 시공되기 때문입니다[토지 203㎡에 대해 27억원을 지급하였음으로 토지 203㎡을 돌려받던지 아니면 27억원을 배상받아야함에도, 9억원(토지 69.3㎡)만 받고 고의로 항소를 포기한 것은 매우 중대한 잘 못입니다]. 따라서 **입주자대표는 어떻게 책임을 질 것이며, 향후대**

책을 말씀해 주십시오?

7. 저는 입주자대표에게 위 사항들을 소유자분께서 자세히 알 수 있도록 향후대책 등을 알려주고 피해를 최소화할 것을 조언하였는데 전혀 이행되지 않았습니다. 하는 수 없이 소유자분의 이익을 보호할 목적으로 카페(회원은 소유자 및 세입자임)에 사실대로 글을 올렸습니다. 그러나 입주자대표(카페지기 이○옥)는 자신의 비리를 은폐할 목적으로 저를 카페에서 강제로 탈퇴시키고 나서 저에 관한 사실과 전혀 다른 비방의 글을 올려 카페회원에게 알리며 명예를 훼손시키고 있습니다. 하지만 카페에 들어갈 수도 없어 사실이 아니라는 댓글조차 달 수 없는 심각한 피해를 입고 있습니다. 따라서 입주자대표는 어떻게 책임을 질 것이며, 향후대책을 말씀해 주십시오?

결론적으로 소유자분들은 대법원 확정판결에 의거 손해액 82억원을 배상받을 수 있습니다. 왜냐하면 한원광장과 H건설은 재판 전부터 분양계약을 전혀 위반하지 않았다고 거짓말을 함으로써 재판을 하였고, 재판에서도 거짓으로 일관해 1심 재판결과가 잘 못되었으며, 이에 대해 입주자대표는 고의로 항소를 포기하였기 때문입니다. 따라서 입주자대표는 자신의 잘 못을 은폐할 목적으로 계속 내용증명에 답변하지 않고 소유자 총회도 개최하지 않고 있어, 하는 수 없이 향후대책을 강구하기 위해 소유자 스스로 총회를 개최하려는데 협조하지 않으며 방해하고 있습니다.

입주자대표 및 관리사무소장께서는 소유자분의 이익을 위해 총회가 원만하게 개최될 수 있도록 다음사항을 적극 협조해 주시기 바랍니다.

첫째, 아파트 모든 게시판에 "소유자총회 소집공고"를 부착하고, 이를 매일 2회 이상 안내 방송하여 주시기 바라며,

둘째, 총회개최를 알려줄 소유자(소송자, 미소송자) 주소 및 연락처, 소송자별 수령금액, 재판경비집행내역을 알려주시기 바라고,

셋째, 총회장 정리(의자, 방송시설, 컴퓨터 설치 등), 총회 시 녹음 및 사진촬영 등의 철저한 사전준비를 하여 주시기 바랍니다.

만약, 입주자대표 및 관리소장께서 협조하지 않아 총회개최를 못해 손해액 82억원을 되돌려 받지 못할 경우에는 부득이 입주자대표 및 관리소장에게

손해액을 청구할 수 있음을 알려드립니다. 또한 카페에서 입주자분에게 알리는 글을 통제하고, 저를 강제로 탈퇴시켜 입주자분의 귀와 입과 눈을 막고 입주자대표의 비리를 은폐하며 총회개최를 방해하고 있는데, 입주자분들의 이익을 대변하는 봉사자로서 할 정당한 행위가 아님으로 시정하기 바랍니다.

그리고 입주자대표는 고의 또는 중대하게 업무를 잘 못 수행하였습니다.

① 토지 421㎡에 대한 경계표시가 없는데도 방치하여 손해를 끼친 것

② 내용증명을 보낸 것에 답변 않고 총회개최를 방해하여 손해를 끼친 것

③ 입주자의 피해 최소화 및 향후대책을 강구하지 않아 손해를 끼친 것

④ 입주자의 권리를 위해 카페에 사실대로 알렸는데 강퇴시켜 손해를 끼친 것

⑤ 대법원확정판결로 피해액을 받을 수 있는데 못 받게 하여 손해를 끼친 것

⑥ 토지 69.3㎡만 인정(1/10만 수령)받고 항소를 포기해 손해를 끼친 것

⑦ 미소송자에게 민·형사상 책임을 묻지 않는다는 각서와 확약서를 받은 것

⑧ 형사재판에 출석하지 않는 등 적극 대처하지 않아 무죄판결을 받은 것

이는 입주자대표의 해임사유에 해당합니다(H아파트 관리규약 제20조 제1 및 4호에 해당). 그러나 명예를 보호하는 차원에서 자진사퇴를 권유하였던 것임을 알려드립니다.

관리규약 제20조(동별 대표자 등의 해임 및 결격사유 등)

1. 주택법령 및 공동주택관리에 관계된 법령을 위반한 때

4. 고의 또는 중대한 과실로 공용시설물을 없어지게 하거나 훼손 또는 부수어 입주자에게 손해를 끼친 때

제가 거듭 강조하지만 소유자분께서 납부한 분양대금 82억원을 받아주던지 아니면 자진사퇴해 다른 분께서 대신 받아주게 하든지 양자택일하고 앞으로 더불어 사는 이웃을 위한 모임에 동참하기를 간절히 기원합니다.

2015.8.28.

더불어 사는 이웃을 위한 모임(박사 소○영) 올림

이 우편물은 2015-08-28
제 3101805065863호에 의하여
내용증명우편물로 발송하였음을 증명함
서울광진우체국장

수 신: 관리소장 임○화

(서울 광진구 아차산로 537-17 H아파트 관리사무소)

참 조: 입주자대표회장 김○연, 선거관리위원장 최○호, 힐사모회장 조○영,

통장 성○남 등 봉사자 전원

발 신: 비상대책위원장 소○영

(서울 광진구 아차산로 537-17 H아파트 1404동 104호)

제목: 선거인명부 검증 및 사기분양 토지환수 등 현안문제 관련

여러분들은 입주자들에게 자진해서 봉사하겠다며 약속한 후 관리업무를 수행합니다. 따라서 입주자들의 의사와 이익을 대변할 막중한 책임과 의무가 있습니다. 그러나 법과 원칙을 어겼고 갑질을 하였으며, 입주한 후 7년간 아파트의 정보전달수단인 게시판, 엘리베이터 공지, 다음카페, 안내방송, 유인물, 개인정보(핸드폰번호, e메일, 동·호수)를 독점하고 통제하며 진실을 전혀 알려주지 않고 거짓으로 속였습니다.

아울러 H 건설(한원광장)은 사기 분양한 토지 623.8㎡을 빼고 설계하였고, 모형, 카달로그에도 빼고 표시하였는데 분양대금 82억원을 받아갔습니다. 그런 후 몰래 203㎡을 제척해 ① 90㎡는 한원광장이 가져갔고, ② 113㎡는 제3자에게 매각하였음은 물론, 420.8㎡는 고의로 담장(펜스)을 경계안쪽 4m지점에 설치하여 사용과 출입을 못하며 매년 재산세만 납부하게 불용토지로 방치하였습니다.

더구나 비대위원장은 모델하우스에서 1404동 104호에 대한 분양계약을 체결할 때 설명을 듣고 확인한 결과, 어린이 집 뒤쪽에는 설계, 모형, 카달로그에 표시한대로 623.8㎡와 연결하여 수직옹벽을 시공해 사람들이 출입하지 않고, 3면이 화단으로 둘러싸여 프라이버시의 침해가 전혀 없으며, 전원주택과 같이 조용한 분위기에서 살 수 있다는 것을 점검한 후에 당첨 포기를 접고 계약하였습니다.

이 우편물은 2018-09-27
제 3101831052260호에 의하여
내용증명우편물로 발송하였음을 증명함
서울광진우체국장

그러나 봉사자(제1기, 제2기 입주자대표와 선거관리위원)와 H건설은 분양계약을 위반하여 준공당시 계단과 산책로를 설치하였는데 비대위원장이 지적하자, 계단은 2단 산벽을 설치하였고, 산책로는 철거하였습니다. 따라서 비대위원장은 분양계약대로 수직옹벽 설치를 요구하였고, 일부 입주자들도 623.8㎡을 찾기 위한 서울중앙지법의 소송에서 분양계약대로 수직옹벽 설치를 요구한 것입니다.

이와 같이 봉사자는 사기 분양한 623.8㎡에 대하여 ① 입주초기 분양계약을 위반하지 않았다며 속였고, ② 분양면적과 등기면적의 차이가 소수점이하로써 정산하지 않는다고 속였으며, ③ 거짓이 탄로 나자 소송하여 찾자고 유도한 후 한원광장에 69.3㎡만 손해배상책임이 있고, H건설에는 전혀 손해배상책임이 없다고 잘 못된 판결을 하였음에도 고의로 항소를 포기하였으며, ④ 미소송자에게는 203㎡에 대한 손해배상금만 받아주며 420.8㎡에 대하여 민.형사상의 포기각서를 받았고, ⑤ 미 수령자에게는 623.8㎡를 못 찾게 방해한 것입니다.

더구나 봉사자는 2016.6.21. 임기 만료되어 자격이 상실되었고, 입주자들이 2016.6.26. 제3기 입주자대표회의를 구성하였음에도 623.8㎡를 못 찾게 하기 위해 불법 및 부정선거로 다시 선거관리위원을 위촉하였으며, 2016.8.11. 제3기 입주자대표를 선출한 선거인명부를 검증해 주지 않았습니다. 그 후 불법선거로 승계해 623.8㎡와 수직옹벽을 해결할 수 없게 방해하고 있는 것입니다.

우리 입주자들은 2016.4.경 위임장과 입주자대표 해임안에 근거해 선거관리업무 일체를 비대위원장에게 위임하였고, 고소인의 임기만료(2016.6.21) 이후에 봉사자에게 선거관리업무를 위임한 사실이 전혀 없습니다. 따라서 봉사자는 선거인명부 검증, 623.8㎡ 환수, 비대위원장의 회계감사 수검, 수직옹벽 설치를 하여 주시기 바라며, 자세한 사항은 '더사모카페'를 참고해 답변하시기 바랍니다. 끝.

수 신: 관리소장 임○화

(서울 광진구 아차산로 537-17 H아파트 관리사무소)

참 조: 입주자대표회장 김○연, 선거관리위원장 최○호, 힐사모회장 조○영, 통장 성○남 등 봉사자 전원

발 신: 비상대책위원장 소○영

(서울 광진구 아차산로 537-17 H아파트 1404동 104호)

제목: 선거인명부 검증 및 사기분양 토지환수 등 현안문제 관련

서울광진우체국 제3101831052260(2018.9.27)와 관련된 사항입니다. 여러분들은 자진해서 봉사하겠다며 약속하고 관리업무를 수행하여 입주자들의 의사와 이익을 대변할 막중한 책임과 의무가 있습니다. 그러나 법과 원칙을 어기며 갑질을 하였고, 입주한 후 7년간 정보전달수단을 독점하고 통제하며 거짓으로 속였습니다.

1. 선거인명부(핸드폰번호) 및 동의서(원본) 검증 관련

입주자들은 사기 분양한 토지 623.8㎡을 찾기 위해 2016.6.21. 이후 관리규약에 불구하고 선거관리업무 일체를 비대위원장에게만 위임하였고, 2016.6.26. 제3기 입주자대표를 선출하였는데 업무를 안계 받지 못했습니다. 더구나 여러분은 불법 및 부정선거한 선거인명부 및 동의서를 검증해 주지 않았습니다.

2. 사기 분양한 623.8㎡ 환수 관련

입주자들은 서쪽 담장(펜스)밖에 토지 623.8㎡을 빼고 설계하였고, 모형, 카달로그에도 빼고 표시한 것에 대해 분양대금 82억원을 납부하였습니다. 그러나 봉사자들은 69.3㎡만 찾았고 나머지는 현장이 보존되어 있는데 못 찾고 있습니다.

이 우편물은 2018-10-04
제 3101831052314호에 의하여
내용증명우편물로 발송하였음을 증명함
서울광진우체국장

3. 비대위원장의 회계감사 수검 관련

입주자들은 55%가 서명하여 관리서류 일체를 감사해 달라고 비대위원장에게 위임하였습니다. 그러나 봉사자들은 입주자들의 명령을 어기고 감사를 받지 않았고, 더구나 실익이 없는 회계감사를 외부에 의뢰하여 관리비를 지출하였습니다.

4. 수직옹벽 설치 관련

어린이 집 뒤쪽에는 분양당시 설계, 모형, 카달로그에 수직옹벽으로 사기 분양한 623.8㎡와 연결하게 표시되어 있고, 비대위원장이 직접 설명을 듣고 확인해 계약을 체결하였습니다. 더구나 준공당시 계단과 산책로를 설치하여 계약위반을 지적하자, 2단산벽 설치와 산책로 철거를 하였지만, 계약대로 수직옹벽 설치를 요구하였습니다. 그런데 봉사자들은 2018.9.21. 계단과 산책로를 설치한 것입니다. 이건 분양계약을 위반해 설치한 경위 및 적법성과 효과, 절차와 과정, 세대별 설문내역, 공사비용 및 부담액, 계약위반에 대한 대책을 알려주기 바랍니다.

5. 힐사모 및 통장 관련

힐사모와 통장은 입주자들의 의사와 이익을 위해 봉사하여야 함에도 반하는 활동만 하여 피해를 입혔습니다. 힐사모 회장(조○영)과 총무(최○정)는 선거관리위원으로 불법 및 부정 선거한 선거인명부를 검증해 주지 않았고, 통장(성○남)은 힐사모 회원과 통장을 하며 입주자들에게 피해를 입혔으며, 이들은 알뜰시장을 개최하는데 개입 및 623.8㎡을 못 찾게 집단적으로 방해를 하였습니다.

봉사자들은 자진해서 입주자들의 의사와 이익을 위하여 봉사하겠다고 약속하였습니다. 따라서 '위 사항을 이행해 주던지' 또는 '입주자들이 스스로 찾도록 사퇴를 하던지' 결정해 주기 바라며, 위법행위에 대해서는 반드시 책임을 물을 수밖에 없음으로, 자세한 사항은 '더사모카페'를 참고해 즉시 답변하시기 바랍니다. 끝.

수 신: 관리소장 임○화

(서울 광진구 아차산로 537-17 H아파트 관리사무소)

참 조: 입주자대표회장 김○연, 선거관리위원장 최○호, 힐사모회장 조○영, 통장 성○남 등 봉사자 전원

발 신: 비상대책위원장 소○영

(서울 광진구 아차산로 537-17 H아파트 1404동 104호)

제목: 부정선거한 선거인명부 검증 및 사기분양 토지환수 등 현안문제 해결

서울광진우체국 제3101831052260(2018.9.27) 및 제3101831052314(2018.10.4) 관련 사항입니다. 여러분은 자진해서 관리업무를 수행하였고, 봉사한다며 약속하였기 때문에 입주자들의 의사와 이익을 대변할 막중한 책임과 의무가 있습니다. 그런데도 법과 원칙을 어기며 갑질을 하였고, 입주한 후 7년간 정보전달수단을 독점하며 통제하고 감쪽같이 속이며 입주자들에게 막대한 피해만 주고 있습니다.

1. 선거인명부(핸드폰번호) 및 동의서(원본) 미 검증

우리 입주자들은 사기 분양한 토지 623.8㎡을 찾기 위해 2016.6.21. 이후 관리규약에 불구하고 선거관리업무 일체를 비대위원장에게만 위임하였고, 제3기 입주자대표를 2016.6.26. 선출하였음에도 업무를 안계 받지 못했습니다. 더구나 봉사자는 불법 및 부정선거한 선거인명부와 동의서를 검증해 주지 않았습니다.

2. 사기 분양한 623.8㎡ 미 환수

서쪽 담장(펜스)밖에 토지 623.8㎡을 빼고 설계하였고, 모형, 카달로그에도 빼고 표시한 것에 대하여 입주자들이 분양대금 82억원을 납부하였습니다. 그런데도 봉사자들은 69.3㎡만 찾아주었고 나머지는 못 찾게 집단적으로 방해하였습니다.

이 우편물은 2018-10-16
제 3101842073951호에 의하여
내용증명우편물로 발송하였음을 증명함
서울광진우체국장

3. 비대위원장 회계감사 방해

입주자들은 55%가 서명하여 비대위원장에게 관리서류 일체를 감사해 달라고 위임하였습니다. 그러나 봉사자들은 입주자들의 명령을 어기고 감사를 받지 않았고, 더구나 도움도 않되는 회계감사를 외부에 의뢰해 관리비를 지출하였습니다.

4. 수직옹벽 불법 설치

분양당시 설계, 모형, 카달로그에는 어린이 집 뒤쪽에 사기 분양한 623.8㎡와 수직옹벽으로 연결하도록 표시되어 있고, 비대위원장이 설명을 듣고 확인하였습니다. 더구나 준공당시 계단과 산책로를 설치한 것을 비대위원장이 위반하였다고 지적하자 인정하여 철거한 것입니다. 그런데도 봉사자들은 2018.9.21. 불법 계단과 산책로를 다시 설치한 것임으로 피해가 없도록 즉시 시정하기 바랍니다.

5. 힐사모 및 통장 위법행위

힐사모와 통장은 자진해서 봉사를 하겠다고 약속하였음에도 입주자들의 의사와 이익에 반하는 활동만 하며 피해를 입혔습니다. 힐사모 회장(조○영)과 총무(최○정)는 선거관리위원으로 부정 선거한 선거인명부를 검증해 주지 않았고, 통장(성○남)은 입주자들이 전혀 원하지 않는 봉사활동을 하며 피해를 입혔습니다. 더구나 입주자들은 관리비를 지출해 실시하기 때문에 원하지 않는데 이들은 녹색장터를 개최하였고 623.8㎡을 못 찾게 집단적으로 방해하였습니다.

이와 같이 봉사자들은 자진해서 집단적으로 봉사하겠다고 하였음으로, '위 사항 등을 이행해 주던지' 또는 '입주자들이 스스로 찾도록 사퇴를 하던지' 결정하기 바랍니다. 더구나 봉사자들은 사기분양 등 위법행위인 것을 알면서 방해하는데 '더사모카페'를 참고하여 피해가 없도록 시정을 요구하였음에도 회신조차 하지 않았습니다. 원상회복을 안 해주면 부득이 법적절차를 밟을 수밖에 없습니다. 끝.

수 신: 관리소장 임○화

(서울 광진구 아차산로 537-17 H아파트 관리사무소)

참 조: 입주자대표회장 김○연, 선거관리위원장 최○호, 힐사모회장 조○영, 통장 성○남 등 봉사자 전원

발 신: 비상대책위원장 소○영

(서울 광진구 아차산로 537-17 H아파트 1404동 104호)

제목: 선거인명부 검증 및 사기분양 토지환수 등 현안문제 해결 재촉구

서울광진우체국 제3101831052260(2018.9.27), 제3101831052314(2018.10.4), 제3101842073951(2018.10.16)와 관련사항입니다. 여러분은 자진해서 봉사한다며 약속하고 관리업무를 수행하기 때문에 입주자들의 의사와 이익을 대변할 막중한 책임과 의무가 있습니다. 그런데도 법과 원칙을 어기며 갑질을 하였고, 입주한 후 7년간 정보전달수단을 장악하고 속이며 현안문제에 관한 내용증명에 대하여 답변조차 않고 입주자들이 스스로 해결하지도 못하게 집단적으로 방해하였습니다.

1. 선거인명부(핸드폰번호) 및 동의서(원본) 검증 요구

우리 입주자들은 사기 분양한 토지 623.8㎡을 찾기 위해 2016.6.21. 이후 관리규약에 불구하고 선거관리업무 일체를 비대위원장에게만 위임하였고, 제3기 입주자대표를 2016.6.26. 선출하였음에도 업무를 안계 받지 못했습니다. 더구나 봉사자는 불법 및 부정선거한 선거인명부와 동의서를 검증해 주지 않았습니다.

2. 사기 분양한 623.8㎡ 환수 요구

서쪽 담장(펜스)밖에 토지 623.8㎡을 빼고 설계하였고, 모형, 카달로그에도 빼고 표시한 것에 대하여 입주자들이 분양대금 82억원을 납부하였습니다. 그런데도 봉사자들은 69.3㎡만 찾아주었고 나머지는 집단적으로 방해하여 못 찾았습니다.

이 우편물은 2018-10-24
제 3101831052372호에 의하여
내용증명우편물로 발송하였음을 증명함
서울광진우체국장

05049

3. 비대위원장의 회계감사 수검 요구

입주자들은 55%가 서명해 비대위원장에게 관리서류 일체를 감사하라고 위임하였습니다. 그러나 봉사자들은 입주자들의 명령을 어기며 비대위원장의 감사를 받지 않았고, 도움이 안 되는 회계감사를 외부에 의뢰해 관리비까지 지출하였습니다.

4. 수직옹벽 설치 요구

어린이 집 뒤쪽에는 분양당시 설계, 모형, 카달로그에 사기 분양한 623.8㎡와 수직옹벽으로 연결하게 표시되었고, 비대위원장이 확인해 계약하였습니다. 더구나 준공당시 계단과 산책로를 설치하였다가 위반한 것을 인정하고 철거하였습니다. 그런데도 봉사자들은 2018.9.21. 불법 계단과 산책로를 다시 설치하였고, 입주자들의 동의서를 검증해 주지 않았으며, 설치비용 3천만원을 지출하였습니다.

5. 힐사모 및 통장의 위법행위 금지

힐사모와 통장은 자진해서 봉사를 하겠다고 약속하였음에도 입주자들의 의사와 이익에 반하는 활동을 하였습니다. 힐사모 회장(조○영)과 총무(최○정), 통장(성○남)은 부정 선거한 선거인명부를 검증해 주지 않는 등 입주자들이 원하지 않는 위장된 봉사를 하며 피해만 입혔습니다. 더구나 입주자들은 관리비가 지출되기 때문에 전혀 원하지 않은 녹색장터를 개최하였고, 사기분양 전망대에서 보면 서쪽경계 펜스밖의 623.8㎡을 집단적으로 방해하여 못 찾았습니다.

이와 같이 봉사자들은 자진해서 봉사하겠다고 약속하였음으로, '위 현안문제 등을 해결하여 주던지' 또는 '입주자들이 스스로 찾게 사퇴를 하던지' 결정하기 바랍니다. 더구나 봉사자들은 사기분양 등 위법행위인 것을 알면서 방해하고 있는데 '더사모카페'를 참고해 피해가 없도록 시정을 요구하였음에도 회신조차 하지 않았습니다. 원상회복을 안 해주면 부득이 법적절차를 밟을 수밖에 없습니다. 끝.

수 신: 관리소장 임○화

(서울 광진구 아차산로 537-17 H아파트 관리사무소)

참 조: 입주자대표회장 김○연, 선거관리위원장 최○호, 힐사모회장 조○영, 통장 성○남 등 봉사자 전원

발 신: 비상대책위원장 소○영

(서울 광진구 아차산로 537-17 H아파트 1404동 104호)

제목: 선거인명부 검증 및 사기분양 토지환수 등 현안문제 해결 재촉구(5차)

서울광진우체국 제3101831052260(2018.9.27), 제3101831052314(2018.10.4), 제3101842073951(2018.10.16), 제3101831052372(2018.10.24)로 보낸 내용증명과 관련된 사항입니다. 여러분은 봉사한다며 자진해서 약속하고 관리업무를 수행하기 때문에 입주자들의 의사와 이익을 위해 대변할 막중한 책임과 의무가 있습니다.

그러나 불법 및 부정선거로 계속 승계하고 법과 원칙을 어기며 갑질을 하였고, 입주한 후 7년간 아파트의 정보전달수단을 독점하며 진실을 숨기고 속였으며, 입주자들이 현안문제를 해결하려고 하였는데 집단적으로 방해하였고, 5회에 걸쳐 보낸 내용증명에 대해 전혀 답변조차 하지 않고 막대한 피해만 입혔습니다.

우리 입주자들은 여러분에게 선거인명부 및 동의서 검증, 사기 분양한 623.8㎡ 회수, 비대위원장의 회계감사 수검, 수직옹벽 설치, 힐사모 및 통장의 위법행위 금지 등을 요구하였는데 이행하지 않으며 못 찾게 집단적으로 방해하였습니다.

더구나 임기 만료된 2016.6.21. 이후에 무자격자임에도 찾아주려는 비대위원장의 집 앞뒤와 옆에 불법 계단(산책로), 의자와 파라솔까지 설치해 다른 단지의 어른과 아이들의 놀이터로써 소음, 공해, 프라이버시 침해를 입도록 하였습니다. 끝.

이 우편물은 2018-11-01
제 3101856014176호에 의하여
내용증명우편물로 발송하였음을 증명함
서울광진우체국장

수 신: 관리소장 서○태

(서울 광진구 아차산로 537-17 H아파트 관리사무소)

참 조: 입주자대표회장 김○연, 선거관리위원장 최○호, 힐사모회장 조○영,

통장 성○남 등 봉사자 전원

발 신: 비상대책위원장 소○영

(서울 광진구 아차산로 537-17 H아파트 1404동 104호)

제목: 선거인명부 검증 및 사기분양 토지환수 등 현안문제 해결 재촉구(6차)

서울광진우체국 제3101831052260(2018.9.27), 제3101831052314(2018.10.4), 제3101842073951(2018.10.16), 제3101831052372(2018.10.24), 제3101858014176(2018.11.1)로 보낸 내용증명과 관련된 사항입니다. 2018.11.9. 새로 온 서○태관리소장등 여러분은 자진해서 봉사한다며 약속하고 관리업무를 수행하기 때문에 입주자들의 의사와 이익을 위해 대변할 막중한 책임과 의무가 있습니다.

그런데도 법과 원칙을 어기며 불법 및 부정선거로 승계해 갑질을 하였고, 입주한 후 7년간 아파트의 정보전달수단을 통제하고 속였으며, 현안문제를 해결하지 못하게 집단적으로 방해하였고, 6회에 걸친 내용증명조차 답변하지 않았습니다.

입주자들은 여러분에게 선거인명부 및 동의서 검증, 사기 분양한 623.8㎡ 환수, 비대위원장의 회계감사 수검, 수직옹벽 설치, 힐사모 및 통장 등 위법행위를 금지할 것을 요구하였는데 집단적으로 방해하며 피해만 주고 이행하지 않았습니다.

더구나 임기 만료된 2016.6.21.이후 무자격자임에도 해결하려는 비대위원장의 집 앞뒤와 옆에 불법 계단(산책로), 파라솔, 책상, 의자를 설치해 다른 단지의 어른과 아이들의 놀이터로 만들어 소음, 공해, 프라이버시 침해만 입고 있습니다. 끝.

이 우편물은 2018-11-15
제 3101842074159호에 의하여
내용증명우편물로 발송하였음을 증명함
서울광진우체국장

수 신: 관리소장 서○태

(서울 광진구 아차산로 537-17 H아파트 관리사무소)

참 조: 입주자대표회장 김○연, 선거관리위원장 최○호, 힐사모회장 조○영,

통장 성○남 등 봉사자 전원

발 신: 비상대책위원장 소○영

(서울 광진구 아차산로 537-17 H아파트 1404동 104호)

제목: 선거인명부 검증 및 사기분양 토지환수 등 현안문제 해결 재촉구(7차)

서울광진우체국 제3101831052260(2018.9.27), 제3101831052314, 제3101842073951, 제3101831052372, 제3101858014176, 제3101842074159호 등 7회에 걸쳐 보낸 내용증명과 관련된 사항입니다. 2018.11.9. 새로 온 서○태 관리소장 등 봉사자 여러분은 자진해서 봉사한다며 약속하고 관리업무를 수행하기 때문에 입주자들의 의사와 이익을 위하여 대변할 막중한 책임과 의무가 있습니다.

그런데도 법과 원칙을 어기며 불법 및 부정선거로 승계해 갑질을 하였고, 사기분양한지 10년이 지났는데도 아파트의 정보전달수단을 통제하며, 현안문제를 해결하지 않고 집단적으로 방해하였으며, 내용증명에 답변조차 하지 않았습니다.

입주자들은 여러분에게 선거인명부 및 동의서 검증, 사기 분양한 623.8㎡ 환수, 비대위원장의 회계감사 수검, 수직옹벽 설치, 힐사모 및 통장 등의 위법행위를 중단하라고 요구하였는데 찾지 못하게 집단적으로 방해하며 피해만 주었습니다.

더구나 임기 만료된 2016.6.21.이후 무자격자임에도 사퇴하지 않고 비대위원장의 집 앞뒤와 옆에 불법 계단(산책로), 파라솔, 책상, 의자를 설치해 입주자이외의 놀이터가 되어 소음, 공해, 프라이버시 침해만 입는데 시정하지 않았습니다. 끝.

이 우편물은 2018-12-03
제 3101856016538호에 의하여
내용증명우편물로 발송하였음을 증명함
서울광진우체국장

대한민국 KOREA

수 신: 관리소장 서○태

(서울 광진구 아차산로 537-17 H아파트 관리사무소)

전 달: 입주자대표회장 김○연, 선거관리위원장 최○호, 힐사모회장 조○영, 통장 성○남 등 모든 봉사자에게 꼭 전달해 주십시요.

발 신: 비상대책위원장 소○영

(서울 광진구 아차산로 537-17 H아파트 1404동 104호)

제목: 사기분양 토지환수 및 선거인명부 검증 등 현안문제 해결 재촉구(8차)

귀 센터에 서울광진우체국 제3101831052260(2018.9.27), 제3101831052314, 제3101842073951, 제3101858014176, 제3101842074159, 제3101856016538호 등 8회에 걸쳐 보낸 내용증명과 관련된 사항입니다. 2018.11.9. 새로 온 서○태 관리소장 등 모든 봉사자는 자진해서 봉사한다며 약속하고 관리업무를 수행하고 있기 때문에 입주자들의 의사와 이익을 위하여 대변할 막중한 책임과 의무가 있습니다.

그런데도 불법 및 부정선거로 승계해 법과 원칙을 어기며 갑질을 하였고, 사기분양한지 10년이 지났는데도 아파트의 정보전달수단을 통제하며, 현안문제를 해결하지 않고 집단적으로 방해하였으며, 내용증명에 답변조차 하지 않았습니다.

입주자들은 여러분에게 선거인명부 및 관리규약개정 동의서 검증, 사기 분양한 623.8㎡ 환수, 비대위원장의 회계감사 수검, 수직옹벽 설치 등의 위법사항을 시정하라고 요구하였는데 이행하지 않고 집단적으로 방해하며 피해만 주었습니다.

더구나 임기 만료된 2016.6.21.이후 무자격자임에도 사퇴하지 않고 비대위원장의 집 앞뒤와 옆에 불법계단(산책로), 파라솔, 책상, 의자를 설치해 입주자외의 놀이터로 변해 소음, 공해, 프라이버시 침해를 당하는데도 시정하지 않았습니다. 끝.

이 우편물은 2018-12-20
제 3101858014806호에 의하여
내용증명우편물로 발송하였음을 증명함

서울광진우체국장

광진
'19. 01. 28.
KOREA
GWANGJIN

수 신: 관리소장 서○태

(서울 광진구 아차산로 537-17 H아파트 관리사무소)

참 조: 입주자대표회장(김○연), 선거관리위원장(최○호), 힐사모회장(조○영), 통장(성○남) 등 모든 봉사자에게 반드시 전달하고 즉시 회답해주기 바랍니다.

발 신: 비상대책위원장 소○영

(서울 광진구 아차산로 537-17 H아파트 1404동 104호)

제목: 사기분양 623.8㎡환수 및 선거인명부 검증 등 현안문제해결 재촉구(10차)

귀 센터에 서울광진우체국 제3101831052260(2018.9.27), 제3101831052314, 제3101842073951, 제3101858014806, 제3101831052812(2019.1.8)호 등 내용증명(10회) 및 더사모카페(85회)를 통해 통보하였는데 회답이 전혀 없습니다. 서○태관리소장등 모든 봉사자는 무자격자인데 불법행위와 갑질을 지지르며 관리업무를 수행하였고, 입주자의 의사와 이익에 반한 의사결정을 하며 대변하지 않았습니다.

더구나 2016.6.21.임기 만료되어 자격이 상실되었는데 불법 및 부정선거로 승계한 선거인명부를 검증해 주지 않았고, 사기분양한지 10년이 지나도록 아파트의 정보전달수단을 통제하며 속이고, 현안문제를 전혀 해결해 주지 않았습니다.

입주자들은 여러분에게 선거인명부 및 관리규약개정 동의서 검증, 사기 분양한 623.8㎡ 환수, 비대위원장의 회계감사 수검, 관리서류 열람, 수직옹벽 설치 등 시정을 요구하였는데 전혀 이행하지 않고 불법행위를 하여 피해만 주었습니다.

비대위원장은 모든 봉사자들에게 그동안 관리소장을 통해 지속적으로 내용증명과 더사모카페의 공지사항을 전달했음에도 현안문제가 전혀 시정되지 않고 있어, 구체적인 이유, 전달경위, 해결방안을 꼭 회신해 줄 것을 간곡히 부탁합니다. 끝.

이 우편물은 2019-01-28
제 3101810004178호에 의하여
내용증명우편물로 발송하였음을 증명함

서울광진우체국장

수 신: 관리소장 서○태

(서울 광진구 아차산로 537-17 H아파트 관리사무소)

참 조: 입주자대표회장(김○연), 선거관리위원장(최○호), 힐사모회장(조○영), 통장(성○남) 등 봉사자들에게 반드시 전달하고 즉시 회답하시기 바랍니다.

발 신: 비상대책위원장 소○영

(서울 광진구 아차산로 537-17 H아파트 1404동 104호)

제목: 사기분양 623.8㎡환수, 선거인명부 검증 등 현안문제 해결 재촉구(11차)

귀 센터에 서울광진우체국 제3101831052260(2018.9.27), 제3101831052314, 제3101842073951, 제3101858014806, 제3101810004178(2019.1.28)호 등 내용증명(11회) 및 더사모카페를 통해 수없이 통보하였는데 회답이 전혀 없습니다. 서○태관리소장 등 봉사자들은 무자격자임에도 불법행위와 갑질을 저지르며 관리업무를 수행하였고, 입주자들의 의사와 이익에 반해 의사결정을 하며 대변하지 않았습니다.

더구나 2016.6.21.임기 만료되어 무자격자임에도 불법 및 부정선거로 승계하였고, 선거인명부를 검증해 주지 않았으며, 사기분양한지 10년이 지나도록 아파트의 정보전달수단을 통제하며 속이고, 현안문제를 해결하여 주지 않았습니다.

입주자들은 봉사자들에게 선거인명부 및 관리규약개정 동의서 검증, 사기 분양한 623.8㎡ 환수, 비대위원장의 회계감사 수검, 관리서류 열람, 수직옹벽 설치 등 시정을 요구하였음에도 이행하지 않고, 불법행위를 하며 피해만 주었습니다.

바대위원장은 관리소장을 통해 봉사자들에게 지속적으로 내용증명과 더사모카페의 공지사항을 전달하였음에도 현안문제가 시정되지 않았습니다. 구체적인 전달경위 및 이유, 해결방안에 관해 회신을 요구하였는데 회답도 전혀 없습니다. 끝.

울 광 진
19. 03. 11.
KOREA
WANGJIN

이 우편물은 2019-03-11
제 3101810004591호에 의하여
내용증명우편물로 발송하였음을 증명함
서울광진우체국장

서울광진
2019. 05. 15.
KOREA
GWANGJIN

수 신: 관리소장 서○태

(서울 광진구 아차산로 537-17　H아파트 관리사무소　)

발 신: 비상대책위원장 소○영

(서울 광진구 아차산로 537-17　H아파트　1404동 104호)

제목: 사기 분양한 623.8㎡환수, 선거인명부 검증 등 현안문제해결 재촉구(12차)

이 내용증명은 모든 입주자들이 해결을 원하는 현안문제이오니 입주자대표회장(김○연), 선거관리위원장(최○호), 힐사모회장(조○영), 통장(성○남) 등 봉사자들에게 꼭 전달하고 즉시 회답함은 물론 게시판에 공지해 주시기 바랍니다.

귀 관리사무소에 서울광진우체국 3101831052260(2018.9.27), 3101831052314, 3101842073951, 3101858014806, 3101810004178, 3101810004591(2019.3.11)호 등 내용증명(12회) 및 더사모카페(7백회)를 통해 현안문제를 해결하여 달라고 지속적으로 통보하였는데 해결하지 않았고, 회답조차 않으며 방해하였습니다.

더구나 비대위원장은 개인적으로 대법원에서 확정판결을 받고 대한지적공사에서 측량하여 입주자들이 서쪽경계 펜스밖의 토지 623.8㎡에 대한 분양대금 82억원을 납부하였는데 출입과 사용을 못하며 매년 재산세만 납부한다고 확실히 증명하였음에도 봉사자들이 찾아주기는커녕 못 찾게 집단적으로 방해한 것입니다.

따라서 입주자들은 봉사자들이 2016.6.21.임기 만료된 후, 주민총회와 비밀투표에 의거 제3기 입주자대표회의와 선거관리위원회를 합법적으로 구성하였음에도 봉사자들이 623.8㎡을 못 찾게 방해할 목적으로 업무를 인계하지 않았고, 불법 및 부정선거로 승계한 선거인명부를 검증해 주지 않았으며, 정보전달수단을 통제하고 속이며 입주한 이후 단 한 번도 찾아야 한다고 알려주지 않았습니다.

이 우편물은 2019-05-15
제 3101831053963호에 의하여
내용증명우편물로 발송하였음을 증명함

서울광진우체국장

- 1 -

관리소장 서○태 등 봉사자들은 입주자들의 의사와 이익에 반하는 불법 및 부정선거로 선출되었거나 선임된 무자격자임에도 위법행위와 갑질로 관리업무를 수행하며 입주자들의 이익을 전혀 대변하지 않았고, 입주자들의 의사에 반하는 막대한 피해만 입혔습니다.

봉사자들은 입주자들의 의사를 존중하고 이익을 대변한다며 자진해서 봉사하겠다고 약속하였습니다. 그러나 비대위원장에게 제출한 선거인명부(USB) 및 관리규약개정 동의서(원본) 검증, 사기 분양한 토지 623.8㎡ 환수, 비대위원장에게 회계감사 수검, 관리서류 열람, 분양계약대로 수직옹벽 설치 등의 현안문제를 해결하여 주어야 함에도 전혀 해결하여 주지 않으면서 오히려 방해만 하였습니다.

또한, 비대위원장은 623.8㎡을 찾아야 한다고 다음카페에서 알려주었는데 봉사자들이 알려주지 못하게 강제로 퇴출시켰습니다. 비대위원장은 공공의 이익을 위해 더사모카페를 개설하여 623.8㎡을 찾아야 한다고 알려주었는데 명예훼손을 하였다고 광진경찰서에 고소하였습니다. 그러나 법원에서는 공공의 이익을 위해 알려주었다며 선고유예의 판결을 하였는데도 2차례 더 고소한 것입니다.

그러함에도 봉사자들은 네이버와 방송통신심의위원회에 더사모카페를 폐쇄해 달라고 하였지만 공공의 이익을 위해 알려주었다고 거절하였습니다. 더구나 법정에서 선거인명부(USB)를 개인정보보호를 위해 검증할 수 없다고 하였다가, 광진경찰서에서 수사를 하자 비밀번호를 잊어먹었다고 하였지만 입주자들은 623.8㎡가 현장보존이 되어 있고, 증거 인멸할 수 없어 찾을 수밖에 없습니다.

비대위원장은 봉사자들에게 내용증명을 보냈는데 수취거절하고 방해하였기 때문에 내용증명을 관리소장을 통해 보내며 더사모카페에서 공지하고 있음에도 모든 봉사자들이 숙원사업인 현안문제들을 해결하지 않았습니다. 봉사자들은 현안문제에 대한 구체적인 경위와 이유, 해결방안을 즉시 회답하여 주시기 바랍니다. 끝.

- 2 -

수 신: 관리소장 서○태

(서울 광진구 아차산로 537-17 H아파트 관리사무소)

발 신: 비상대책위원장 소○영

(서울 광진구 아차산로 537-17 H아파트 1404동 104호)

제목: 불법 및 부정선거한 선거인명부 검증 등 현안문제해결 재촉구(13차)

이 내용증명은 모든 입주자들이 해결을 원하는 현안문제이오니 입주자대표회장(김○연), 선거관리위원장(최○호), 힐사모회장(조○영), 통장(성○남) 등 봉사자 전원에게 전달하고 즉시 회답함은 물론 게시판에 공지해 주시기 바랍니다.

귀 관리사무소에 서울광진우체국 3101831052260(2018.9.27), 3101831052314, 3101842073951, 3101810004178, 3101810004591, 3101831053963(2019.5.15)호 등 내용증명(13회) 및 더사모카페(7백회)를 통해 현안문제를 해결하여 달라고 계속 통보하였음에도 고의로 회답조차 안했고, 해결하지도 아니한 사항입니다.

따라서 비대위원장은 공공의 이익을 위하여 개인적으로 대법원에서 확정판결을 받고 대한지적공사에서 측량하여 623.8㎡에 대한 분양대금 82억원을 납부하였는데 출입과 사용을 못하며 매년 재산세만 납부하는 것을 증명하였음에도 봉사자들이 불법 및 부정선거로 계속 승계하며 위법행위를 저질러 못 찾았습니다.

더구나 봉사자들이 2016.6.21.임기 만료된 후, 입주자들은 합법적으로 주민총회와 비밀투표에 의거 제3기 입주자대표회의와 선거관리위원회를 구성하였음에도 봉사자들이 623,8㎡을 못 찾게 방해할 목적으로 업무를 인계하지 않았고, 이후에도 불법 및 부정선거로 승계한 선거인명부를 검증해 주지 않았으며, 정보전달 수단을 통제하고 입주한 이후 단 한 번도 찾아야 한다고 알려주지 않았습니다.

이 우편물은 2019-07-04
제 3101858018261호에 의하여
내용증명우편물로 발송하였음을 증명함
서울광진우체국장

- 1 -

관리소장 서○태 등 봉사자들은 입주자들의 이익과 정반대로 불법 및 부정선거에 의거 선출되었거나 선임된 무자격자임에도 불법으로 계속 관리업무를 수행하면서 입주자들의 이익을 전혀 대변하지 않았고, 관리서류를 열람과 공개를 하지 않으며 속이고 있습니다.

봉사자들은 불법 및 부정선거로 계속 승계하였음에도, 선거인명부(USB) 및 관리규약개정 동의서 검증, 사기 분양한 토지 623.8㎡ 회수, 비대위원장에게 회계감사 수검, 관리서류 열람 및 공개, 1404동 뒤 수직옹벽 설치, 파라솔 및 책상과 걸상 철거 등 현안문제를 해결해 주지 않았고 해결을 못하게 방해를 하였습니다.

또한, 비대위원장은 공공의 이익을 위해 623.8㎡을 찾아야 한다고 다음카페에서 알려주었는데 봉사자들이 알려주지 못하게 강제로 퇴출시켰기 때문에, 더사모 카페를 개설해 알려주었는데 명예훼손을 하였다고 광진경찰서에 3차례 고소하였고, 법원에 소송해 1억원의 손해배상을 청구하며 못 찾게 방해하였습니다.

더구나 봉사자들은 비대위원장이 더사모 카페에서 진실을 알려주지 못하게 할 목적으로 네이버와 방송통신심의위원회에 폐쇄해 달라고 민원을 제출하였고, 청와대 및 국민신문고에 청원을 못하게 하려고 광진경찰서에 고소하였습니다.

봉사자들은 법정에서 선거인명부를 개인정보보호를 위해 검증해 줄 수 없다고 한 반면, 광진경찰서에서 수사를 하자 비밀번호를 모른다며 검증해 주지 않았고, 1404동 놀이터에 책걸상을 비치해 외부인의 놀이터로 바꾸어 놓았습니다..

바대위원장은 내용증명을 보냈는데 봉사자들이 수취 거절하여 관리소장을 통해 보냈고, 더사모 카페에 공지까지 하였음에도 답변하지 않고 해결하지 않았습니다. 봉사자들은 현안문제에 대한 구체적인 경위, 해결방안을 회답하고, 입주자들이 스스로 해결하도록 정중히 사과한 후에 사퇴할 것을 진정으로 조언합니다. 끝.

- 2 -

수 신: **관리소장 서○태**

(서울 광진구 아차산로 537-17 H아파트 관리사무소)

발 신: **비상대책위원장 소○영**

(서울 광진구 아차산로 537-17 H아파트 1404동 104호)

제목: **불법 및 부정선거에 의한 승계 등 현안문제해결 재촉구(14차)**

이 내용증명은 모든 입주자들이 간절히 원하는 현안문제이오니 입주자대표회장(김○연), 선거관리위원장(최○호), 힐사모회장(조○영), 통장(성○남) 등 모든 봉사자에게 전달하고 즉시 회답함은 물론 게시판에 공지해 주시기 바랍니다.

귀 관리사무소에 서울광진우체국 3101831052260(2018.9.27), 3101831052314, 3101842073951, 3101810004591, 3101831053963, 3101858018261(2019.9.16)호 등 내용증명(14회) 및 더사모카페(7백회)를 통해 현안문제를 해결하여 달라고 통보하였음에도 고의로 회답조차 안하면서 해결을 못하게 방해하였습니다.

따라서 비대위원장은 공공의 이익을 위하여 개인적으로 대법원에서 확정판결을 받고 대한지적공사에서 측량하여 623.8㎡에 대한 분양대금 82억원을 납부하였는데 출입과 사용을 못하며 매년 재산세만 납부하는 것까지 증명하였음에도 봉사자들이 불법 및 부정선거로 승계하면서 위법행위를 저질러 못 찾았습니다.

더구나 입주자들은 봉사자들이 2016.6.21.임기가 만료된 후에, 합법적으로 제3기 입주자대표회의와 선거관리위원회를 구성하였음에도 봉사자들이 사기분양한 623,8㎡을 못 찾게 방해하였고, 이후에도 불법 및 부정선거로 승계한 선거인명부를 검증해 주지 않았으며, 정보전달수단을 통제하고 2012.3.30. 입주한 이후에 단 한 번도 찾아야 한다며 알려주지 않고 방해하였습니다.

이 우편물은 2019-09-16
제 3101831055005호에 의하여
내용증명우편물로 발송하였음을 증명함
서울광진우체국장

- 1 -

관리소장 서○태 등 봉사자들은 입주자들의 이익과 정반대로 불법 및 부정선거에 의거 선출되었거나 선임된 무자격자임에도 불구하고 불법 및 부정선거로 관리업무를 지속적으로 수행하며 입주자들의 이익을 전혀 대변하지 않았고, 관리서류를 열람하거나 공개를 해주지 않으며 잘못한 것을 은폐하였습니다.

봉사자들은 불법행위로 승계하였음에도, 선거인명부(USB) 및 관리규약개정 동의서 검증, 사기 분양한 623.8㎡ 회수, 비대위원장에게 회계감사 수검, 관리서류 열람 및 공개, 1404동 뒤 수직옹벽 설치, 파라솔 및 책상과 걸상 철거 등 현안문제를 해결하지 않았고 입주자들이 해결하려는데 방해하였습니다.

또한, 비대위원장은 공공의 이익을 위해 623.8㎡을 찾아야 한다고 다음카페에서 알려주었는데 봉사자들이 알려주지 못하게 강제로 퇴출시켰기 때문에 더사모 카페를 개설해 알려주었는데 명예훼손을 하였다고 광진경찰서에 3차례 고소하였고, 법원에 소송해 1억원의 손해배상을 청구해 못 찾게 방해하였습니다.

더구나 봉사자들은 비대위원장이 더사모 카페에서 진실을 알려주지 못하게 할 목적으로 네이버와 방송통신심의위원회에 폐쇄하라고 민원을 제출하였고, 청와대 및 국민신문고에 청원을 못하게 광진경찰서에 고소해 방해하였습니다.

봉사자들은 법정에서 선거인명부를 개인정보보호를 위하여 검증해 줄 수 없다고 하다가, 광진경찰서에서 수사하자 비밀번호를 모른다며 검증해 주지 않았고, 1404동 놀이터에 책상과 의자를 비치해 외부 놀이터로 바꾸어 놓았습니다.

바대위원장은 내용증명을 보냈는데 봉사자들이 수취 거절하였기 때문에 관리소장을 통해 보냈고, 더사모 카페에 공지까지 하였음에도 해결하지 않고 못 찾게 방해하였습니다. 봉사자들은 현안문제에 대한 구체적인 경위, 해결방안을 회답하고, 입주자들에게 정중히 사과한 후에 사퇴할 것을 강력하게 통보합니다. 끝.

- 2 -

수 신: **관리소장 서○태**

(서울 광진구 아차산로 537-17 H아파트 관리사무소)

발 신: **비상대책위원장 소○영**

(서울 광진구 아차산로 537-17 H아파트 1404동 104호)

제목: **불법 및 부정선거로 승계해 못 찾게 방해한 현안문제 해결 재촉구**(15차)

이 내용증명은 모든 입주자들이 623.8㎡를 찾고자 간절히 원하는 현안문제이오니 입주자대표회장(김○연), 선거관리위원장(최○호), 힐사모회장(조○영), 통장(성○남) 등에게 반드시 전달하고 게시판 등에 공지해 알려주시기 바랍니다.

귀 관리사무소에 서울광진우체국 3101831052260(2018.9.27), 3101842074159(2018.11.15.), 3101831065006(2019.9.16.)로 보낸 내용증명(15회) 및 더사모카페(750회)를 통해 현안문제를 해결하여 달라고 요구하였는데, 입주자대표 등은 고의로 회답하지 않았고, 해결하지 못하게 조직적으로 방해까지 하였습니다.

따라서 비대위원장은 공공의 이익을 위하여 개인적으로 대법원에서 확정판결을 받고 대한지적공사에서 측량하여 분양대금 82억원을 납부한 서쪽경계 펜스 밖의 토지 623.8㎡가 사기분양된 것을 확실히 증명한 후에 입주자대표 등에게 출입과 사용을 못하는데 매년 재산세만 납부하므로 찾아달라고 요구하였습니다.

그런데도 입주자대표 등은 다음 카페 등 정보전달수단을 완전히 통제하며 사기분양을 안했다고 감쪽같이 속였고, 불법 및 부정선거로 계속 승계하면서 불법으로 관리업무를 수행하였으며, 고소, 고발, 재판을 유도하고 변호사를 앞세워 거짓의 진술, 준비서면, 증거자료, 탄원서를 제출하여 광진경찰서, 서울동부지검, 서울고검, 서울동부지법, 서울중앙지법, 서울고법, 대법원이 오판하도록

이 우편물은 2019-12-10
제 3101842076215호에 의하여
내용증명우편물로 발송하였음을 증명함
서울광진우체국장
대한민국 KOREA

- 1 -

조직적으로 사법농단을 저질러 10년이 지나도록 623.8㎡를 못 찾고 있습니다.

더구나 입주자들은 제2기 입주자대표 등이 2016.6.21.임기 만료된 후에, 합법적으로 제3기 선거관리위원회를 구성해 2016.6.26. 제3기 입주자대표회의를 선출하였음에도 불구하고, 제2기 입주자대표 등이 업무를 인계하지 않았습니다. 오히려 제2기 입주자대표 등은 불법 및 부정선거로 제3기 선거관리위원회를 다시 구성하였고, 2016.8.11. 제3기 입주자대표회의를 다시 선출한 후에 사기 분양한 623,8㎡을 못 찾게 불법으로 계속 방해하고 있습니다.

이와 같이 입주자대표 등은 정보전달수단을 완전히 통제하고 속이면서 불법 및 부정선거로 승계해 관리소장을 불법으로 선임하며 관리서류를 열람해 주지 않았고, 입주자들의 55%가 요구한 비대위원장의 회계감사를 수검하지 않았습니다. 특히, 관리소장 서○태 등은 비대위원장이 내용증명 및 더사모 카페를 통해 게시판 등 정보전달수단에 내용증명을 공지해 달라고 요구하였는데 이행을 하지 않았고, "감춰진 아파트비리 완전해부"를 수취 거절하였습니다.

입주자대표 등은 불법 및 부정선거로 선출된 무자격자임에도 관리업무를 불법으로 계속 수행하면서 선거인명부(USB) 및 관리규약개정 동의서 미 검증, 사기 분양한 623.8㎡ 미 회수, 비대위원장의 회계감사 미 수검, 관리서류 미공개, 1404동 뒤 수직옹벽 미 설치, 파라솔 및 책·걸상 미 철거 등 현안문제를 해결하지 않았고, 오히려 입주자들이 해결하지도 못하게 방해하였습니다.

관리소장 서○태 등은 입주자대표 등에게 내용증명을 전달하지도 않았고, 게시판 등 정보전달수단에 공지해 알려주지도 않았으며, 현안문제에 대한 구체적인 경위, 해결방안을 제시하여 주지도 않았습니다. 이와 같이 그동안 입주자들의 이익을 위해 현안문제를 전혀 해결하지 못한 책임을 지고 사퇴하기 바랍니다. 끝.

- 2 -

수 신: **관리소장 서○태**

(서울 광진구 아차산로 537-17　H아파트 관리사무소　)

발 신: **비상대책위원장 소○영**

(서울 광진구 아차산로 537-17　H아파트　1404동 104호)

제목: **불법선거로 승계한 선거인명부 검증 등 현안문제 해결 재촉구(16차)**

이 내용증명은 입주자대표 등이 불법선거로 승계한 선거인명부 검증, 사기 분양한 636.8㎡ 회수, 1404동 뒤 수직옹벽 설치, 관리서류 회계감사 및 열람, 파라솔 및 책·걸상 철거 등의 현안문제가 아직까지도 실행되지 않았기 때문에 입주자대표회장(김○연), 선거관리위원장(최○호), 힐사모회장(조○영), 통장(성○남) 등에게 꼭 전달하고 게시판 등에 공지하여 조속히 실행되도록 조치해 주시기 바랍니다.

귀 관리사무소에 서울광진우체국 3101831052260(2018.9.27.)호 등 내용증명(16회) 및 더사모카페(760회)를 통해 현안문제를 반드시 해결하여 달라고 계속 요구하였는데 입주자대표 등은 고의로 회답하지 않았고, 정보전달수단을 완전히 통제하면서 진실을 은폐하였으며, 고소 고발 수사 재판을 야기하고 변호사를 앞세워 거짓의 진술, 준비서면, 증거자료, 탄원서를 제출해 경찰, 검찰, 법원이 속아서 오판하도록 악질적인 사법농단을 저지르며 해결하지도 못하게 방해까지 하였습니다.

더구나 입주자들은 입주자대표 등의 임기가 2016.6.21. 만료되어 권한이 상실되었기 때문에 2016.6.26. 입주자대표 해임안, 위임장, 관리규약에 의거 비밀투표로 52%가 참여해 제3기 입주자대표회의를 선출하였음에도 입주자대표 등이 업무를 인계하지 않았고, 2016.8.11. 불법선거로 제3기 입주자대표회의를 다시 선출해 승계한 선거인명부조차 검증해 주지 않았습니다. 이후에도 전자투표로 제4기 입주자대표회의를 선출한 선거인명부를 검증해 주지 않고 진실을 은폐하였습니다.

관리소장 서○태 등은 입주자대표 등에게 내용증명을 전달하지도 않았고, 게시판 등 정보전달수단에 공지해 알려주지도 않았으며, 현안문제에 대한 해결방안을 제시해 주지도 않았습니다. 반면에 비대위원장은 현안문제를 해결하고자 진실을 정확히 알리기 위해 2016.8.24. 더사모 카페를 개설하여 실천하고 있습니다. 그런데도 입주자대표 등은 다음 카페, 게시판, 엘리베이터 공지, 안내방송 등 정보전달수단을 통해 진실을 속이며 현안문제를 해결하지 못한 책임을 지고 사퇴하시기 바랍니다. 끝.

이 우편물은 2020-03-17
제 3101842076635호에 의하여
내용증명우편물로 발송하였음을 증명함
서울광진우체국장
대한민국 KOREA

울 광 진
.04. 27.
REA
NGJIN

수 신: **관리소장 서○태**

(서울 광진구 아차산로 537-17 H아파트 관리사무소)

발 신: **비상대책위원장 소○영**

(서울 광진구 아차산로 537-17 H아파트 1404동 104호)

제 목: **불법선거를 즉시 중지하고 사퇴할 것을 재촉구(17차)**

이 내용증명은 입주자대표 등이 불법선거로 승계한 선거인명부 검증, 사기 분양한 636.8㎡ 회수, 1404동 뒤 수직옹벽 설치, 관리서류 회계감사 및 열람, 파라솔 및 책·걸상 철거 등의 현안문제가 아직까지도 이행되지 않았기 때문에 입주자대표회장(김○연), 선거관리위원장(최○호), 힐사모회장(조○영), 통장(성○남) 등에게 꼭 전달하고 게시판 등에 공지하며 불법선거를 즉시 중지한 후 사퇴하기 바랍니다.

귀 관리사무소에 서울광진우체국 3101831052260(2018.9.27.)호 등 내용증명(17회) 및 더사모카페(760회)를 통해 현안문제를 해결하여 달라고 수없이 요구하였는데도 입주자대표 등은 전혀 해결하지 않았고, 불법선거로 계속 승계한 선거인명부(USB)를 검증해 주지 않았으며, 정보전달수단을 완전히 통제하면서 진실을 속였고, 고소 고발 수사 재판을 야기하며 변호사를 앞세워 거짓의 진술, 준비서면, 증거자료, 탄원서를 제출해 경찰, 검찰, 법원이 속아서 오판하도록 악질적인 사법농단을 저지르고 사기 분양한 토지 636.8㎡를 못 찾게 방해하며 막대한 손해를 입혔습니다.

따라서 입주자들은 입주자대표 해임안, 위임장, 관리규약에 의거, 입주자대표 등의 임기가 2016.6.21. 만료되어 권한이 상실되었기 때문에, 2016.6.26. 52%가 참여해 비밀투표로 제3기 입주자대표회의를 선출하였음에도 입주자대표 등이 업무를 인계하지 않았습니다. 더구나 불법 선출된 최○호는 2016.8.11. 제3기 입주자대표회의를 다시 선출하고도 선거인명부를 검증해 주지 않았고, 불법으로 제4기 입주자대표회의를 선출하였으며, 현재 불법으로 제5기 입주자대표회의를 선출하고 있습니다.

입주자들은 입주자대표 해임안 및 위임장에 서명해 관리규약에 의거 선거관리업무의 일체를 비대위원장(소○영)에게 위임하였습니다. 따라서 선거관리위원장(최○호)와 관리소장(서○태)는 2016.6.21. 권한이 상실된 입주자대표 등에 의해 불법으로 선출되어 무자격자이므로 선거관리업무를 수행할 권한이 전혀 없습니다. 그런데도 불법으로 제5기 입주자대표 선거를 수행하고 있으므로 즉시 중지하고 사퇴하기 바랍니다. 끝.

이 우편물은 2020-04-27
제 3101831057126호에 의하여
내용증명우편물로 발송하였음을 증명함
서울광진우체국장
대한민국 KOREA

수 신: **관리소장 서○태**

(서울 광진구 아차산로 537-17 H아파트 관리사무소)

발 신: **비상대책위원장 소○영**

(서울 광진구 아차산로 537-17 H아파트 1404동 104호)

제 목: **무자격자인 선거관리위원은 불법선거를 즉시 중지하고 사퇴할 것(18차)**

이 내용증명은 입주자대표 등이 불법선거로 승계한 선거인명부 검증, 사기 분양한 토지 636.8㎡ 회수, 1404동 뒤 수직옹벽 설치, 관리사무소 회계감사 실시, 파라솔 및 책·걸상 철거 등의 현안문제를 현재까지 전혀 이행하지 않고 있기 때문에 **선거관리위원장(유○운), 선거관리위원(김○섭, 권○화, 유○라, 장○희)에게 꼭 전달하고 게시판 등에 공지함은 물론 불법선거를 즉시 중지하고 사퇴하기 바랍니다.**

귀 관리사무소에 서울광진우체국 3101831052260(2018.9.27.)호 등 내용증명(18회) 및 더사모카페(760회)를 통해 현안문제를 해결하여 달라고 수차례 요구하였는데도 입주자대표 등은 전혀 해결하지 않았고, 불법선거로 승계한 선거인명부(USB)를 검증해 주지 않았습니다. 또한 정보전달수단을 완전히 통제하고 진실을 속이며 고소 고발 수사 재판을 야기하고 변호사를 앞세워 거짓의 진술, 준비서면, 증거자료, 탄원서를 제출해 경찰, 검찰, 법원이 속아서 오판하도록 악질적인 사법농단을 저질러 사기 분양한 토지 636.8㎡를 못 찾게 방해하며 막대한 손해를 입혔습니다.

따라서 입주자들은 관리규약, 입주자대표 해임안, 위임장에 의거, 입주자대표 등의 임기가 2016.6.21. 만료되어 권한이 상실되었기 때문에, 2016.6.26. 52%가 참여한 비밀투표로 제3기 입주자대표(5명)를 선출하였음에도 입주자대표 등이 업무를 인계하지 않았습니다. 더구나 2016.8.11. 불법선거로 제3기 입주자대표회장에 선출된 유근운은 불법선거한 선거인명부를 검증해 주지 않았고, 이번에 제5기 선거관리위원장에 불법으로 지명되었음에도 불법으로 제5기 입주자대표를 선출하고 있습니다.

입주자들은 관리규약, 입주자대표 해임안 및 위임장에 의거 선거관리업무 일체를 비대위원장(소박사)에게만 위임하였습니다. 이처럼 선거관리위원장(유○운)과 관리소장(서○태)은 2016.6.21. 이후 불법으로 지명된 무자격자이기 때문에 선거관리업무를 수행할 권한이 없습니다. 그런데도 불법으로 제5기 입주자대표 선거를 수행하는 것이므로 "숨겨진 아파트 비리 완전정복"을 읽고 즉시 중지한 후 사퇴하기 바랍니다. 끝.

이 우편물은 2020-07-27
제 3101831057871호에 의하여
내용증명우편물로 발송하였음을 증명함
서울광진우체국장

수 신: 변호사 최○웅

서울 강남구 강남대로 442 7층 (역삼동, 흥○생명빌딩) 법무법인 덕○

제 목: 소송비용 청구에 대한 답변

서울역삼우체국 제 3110303026448(2019.3.18)와 관련된 시항입니다. 귀하께서는 우리 H 아파트 입주자대표회의 담당변호사로서 선거무효확인의 소 시건에 대한 소송비용 청구를 위임받았다고 하면서 2019.3.30.까지 소송비용 2,360.880원을 송금해 달라고 통보하였습니다.

그러나 그동안 H아파트와 관련한 선거무효 확인시건, 명예훼손 고소사건(2건), 더사모 카페 폐쇄사건(네이버 및 방송통신심의위원회의 민원) 등을 담당한 변호사로서 입주자대표회의와 선거관리위원회의 잘못을 대변하였기 때문에 비대위가 공공의 이익을 위해 사기 분양한 토지 623.8㎡을 찾기 위한 목적으로 봉사할 수밖에 없는 것을 잘 이해하실 것입니다.

H 건설은 623.8㎡을 빼고 설계하고, 모형과 카달로그에도 빼고 표시해 시공하였는데 분양대금 82억원을 받아갔습니다. 그리고 203㎡는 제척한 후 90㎡을 한원광장이 슬쩍 가져갔고, 113㎡을 제3자에게 매각하였습니다. 또한 420.8㎡는 한원광장과 제3자가 사용하게 펜스를 경계안쪽 4m지점에 설치하였고, 비대위원장의 빌라 뒤에 수직옹벽을 설치해야 함에도 계단과 산책로를 설치하였습니다.

따라서 비대위원장은 입주자대표회의 등에게 623.8㎡을 찾아달라고 하였는데 사기분양을 안했다고 속였습니다. 따라서 비대위원장은 사기분양을 증명하기 위해 개인적으로 소송을 제기하였고, 2015.6.23. 대법원에서 확정판결을 받고 대한지적공사에서 측량하여 623.8㎡가 사기분양된 것을 입증하였는데 부정선거로 승계해 못 찾게 하였습니다.

입주자대표회의 등은 불법 및 부정선거한 선거인명부를 검증해 주지 않았고, 위법행위와 갑질을 저질러 623.8㎡을 못 찾게 방해하였습니다. 입주초기에는 사기분양을 안했다고 속였고, 등기면적이 분양면적보다 69.3㎡가 적다고 밝혀지자 세대별로 소수점이

- 1 -

하로써 정산하지 않는다고 속였으며, 203㎡을 제척해 한원광장이 슬쩍 가져가고 제3자에게 매각한 것이 밝혀지자 못 찾게 방해하였고, 비대위원장이 2015.6.23. 사기분양된 것을 증명하였는데 위법행위와 갑질을 저질러 부정선거를 실시하고 명예훼손을 하였다며 비대위원장을 고소하였습니다(더사모카페 7백편의 글 참조).

더구나 비대위원장이 다음카페에서 623.8㎡을 찾자고 알려주었는데 강제로 퇴출시킨 점, 공공의 이익을 위하여 더사모카페를 개설해 찾고자 알려주었는데 명예훼손을 하였다며 2회에 걸쳐 광진경찰서에 고소한 점, 고소사건이 대법원에서 공공의 이익을 위해 알려주었다고 선고유예의 판결을 하였는데 민사소송을 제기(손해배상금 1억원 청구)한 점, 입주자들이 2015.10.경. 입주자대표 해임안에 75%가 서명하였는데 사퇴하지 않은 점 2016.4.경 입주자대표회의 등에 선거관리업무 일체를 관여하지 말라고 통보하였고, 비대위원장에게 관리규약에 불구하고 선거관리업무 일체를 수행하라고 위임해 2016.6.26. 제3기 입주자대표회의를 구성하였는데 업무를 인계하지 않은 점, 선거인명부의 핸드폰번호를 20%만 확인하고 80%를 허위로 작성했는데 2016.8.11. 62%가 투표해 제3기 입주자대표로 당선되었다고 발표한 점, 비대위원장에게 USB(원본과 동일)을 제출하고 추후 검증해 주겠다는 약속을 이행하지 않은 점, 법정에서조차 선거인명부를 검증해 주지 않았습니다.

결론적으로 입주자대표회의 등은 사기 분양한 623.8㎡을 못 찾게 방해할 목적으로 불법 및 부정선거한 선거인명부를 검증해주지 않았고, 법정에서조차 검증해 주지 않았는바, 검증해주면 소송비용을 지급할 것입니다. 법과 양심과 공익을 위해 변론하는 담당변호사로서 선거인명부를 꼭 검증해 주실 것을 부탁드립니다.

2019.3.27.

서울 광진구 아차산로 537-17 1404동 104호 (광○동, H아파트)

비대위원장 소○영 올림

- 2 -

수 신: 변호사 최○웅 (전○수 등 5명 대리인)

서울 강남구 강남대로 442 7층 (역삼동, 흥○생명빌딩) 법무법인 덕○

제 목: 소송비용 청구에 대한 답변(2차)

귀하께서는 서울역삼우체국 제3110303026448(2019.3.18)로 보낸 내용증명에 광진우체국 제3101842074804(2019.3.27)로 답변하였는데 제3110306125085(2019.4.2)로 내용증명을 보내 압류 등 조치를 한다고 통보하였습니다. 그러나 비대위원장은 입주자들이 분양대금 82억원을 납부한 펜스밖의 토지 623.8㎡을 사기분양한지 10년이 지나도록 못 찾았는 데도 선거인명부를 검증해 주지 않았기 때문에 검증해 주는 대로 지급하였습니다.

고소인 전○수 등 5명(입주자대표와 선거관리위원)은 그동안 H아파트 입주자들의 이익에 반해 명예훼손 고소 및 소송, 손해배상소송, 선거무효 확인소송, 더샤모카페 폐쇄 사건(네이버 및 방송통신심의위원회의 민원) 등을 발생하게 하였고, 귀하께서는 이를 변론한 변호사로서 H건설(한원광장)이 623.8㎡을 빼고 설계, 모형, 카달로그에 표시해 시공한 후 203㎡을 매각하거나 420.8㎡을 출입과 사용을 못하게 하고 매년 재산세만 납부하게 사기 분양한 것과 이와 관련해 발생된 사건들을 수임한 것을 잘 알고 있습니다.

따라서 비대위원장은 고소인과 관리소장이 정보전달수단을 통제하고 속여 H 건설의 이익을 대변하며 623.8㎡을 못 찾게 방해하였기 때문에 개인적으로 2015.2.10. 서울고법에서 판결을 받고(2015.6.23. 대법원 확정) 대한지적공사에서 측량하여 사기분양된 것을 증명한 것입니다. 그러나 고소인은 토지 623.8㎡을 못 찾게 방해할 목적으로 입주자들의 의사에 반해 불법 및 부정선거한 선거인명부를 검증해 주지 않은 것입니다.

그렇지만 입주자들은 623.8㎡을 찾기 위해 비상대책위원회를 결성하여 합법적으로 활동한 반면에 고소인과 관리소장은 입주자들의 이익을 대변하지 않고 못 찾게 방해할 목적으로 위법행위와 갑질을 저지르며 정보전달수단을 통제하고 사기분양한 후 10년 동안 못 찾게 하였으며, 공익을 위해 찾아주려는 비대위원장을 피해자에서 가

- 1 -

해자로 바꾸어 놓았습니다. 하지만 비대위원장은 인내심을 최대한 발휘하고 준법정신을 철저히 지키며 623.8㎡을 찾기 위해 유종의 미를 거두려고 노력한 것입니다.

이 사건은 기업윤리에 반한데서 발생한 사건입니다. H건설은 서쪽경계 펜스밖의 토지 623.8㎡을 출입과 사용을 못하게 시공한 후 203㎡을 제척해 매각하였고, 420.8㎡을 한원광장과 제3자가 사용하게 불용토지로 만든 잘못이 있고, 광진구청은 감독을 않고 사업승인, 제척승인, 사용검사승인을 해준 잘못이 있으며, 고소인과 관리소장은 불법 및 부정선거로 승계하며 정보전달수단을 통제하고 H건설의 이익만 대변해 623.8㎡을 못 찾게 방해한 잘못뿐만 아니라 고소, 수사, 재판을 하며 거짓진술로 사법당국을 감쪽같이 속여 판단을 잘못하게 유도한 중대한 잘못이 있습니다.

더구나 고소인과 관리소장은 자진해서 봉사한다고 하였고, 623.8㎡을 찾으면 자신에게 이익이 되고 입주자들에게 이익이 돌아가는데도 불구하고 비대위원장이 찾아주자고 내용증명을 보내면 수취 거절하였고, 더사모카페를 통해 통보를 하여도 답변조차 않고 못 찾게 방해한 것입니다. 또한, 봉사자들은 입주자들이 서명한 해임안(75%)과 위임장(55%), 제3기 입주자대표회의를 구성(52%투표)하였음에도 2016.6.21. 임기만료된 후 무자격자로서 입주자들의 의사에 반해 관리업무를 수행합니다. 비대위원장은 위법행위와 갑질에 관한 증거를 확보해 보관하고 있습니다. 입주자들은 고소인 등이 위법행위와 갑질로 속이며 피해를 주고 있는데도 변호사로서 전○수 등 5명의 변론을 법과 양심과 공익에 반해하시면 적극 대처할 것입니다. 입주자들이 사기 분양한 623.8㎡을 찾도록 고소인들의 부당한 변론을 더 이상 안 하시길 부탁드립니다.

2019.4.5.

서울 광진구 아차산로 537-17 1404동 104호 (광○동, H아파트)

비대위원장 소○영 올림

- 2 -

수 신: 변호사 최○웅 (전○수 등 5명 대리인)

서울 강남구 강남대로 442 7층 (역삼동, 흥○생명빌딩) 법무법인 덕○

제 목: 전○수 등 5명에 대한 부당변론 중단요청

귀하께서는 역삼우체국 제3110303026448(2019.3.18)와 3110306125085(2019.4.2)로 내용증명을 보내 압류 등 조치를 한다고 통보하였습니다. 따라서 본인과 우리 입주자들은 광진우체국 제3101842074804(2019.3.27)와 3101810004858(2019.4.5)로 답변하면서 전○수 등 5명이 경찰, 검찰, 법원에서 허위 진술해 왜곡된 판결에 기인하여 법정에서 선거인명부를 검증하지 못하였기 때문에 물질적 정식적 시간적인 막대한 피해를 입었는바, 선거인명부를 검증해 주면 소송비용을 지급하겠다고 하였습니다.

우리 입주자들은 전○수 등 5명(입주자대표와 선거관리위원)으로 인해 분양대금 82억원을 납부한 서쪽경계 펜스밖의 토지 623.8㎡을 사기분양한지 10년이 지나도록 못 찾았고, 찾기 위해 서울중앙지법에서 소송을 진행하고 있습니다. 전○수 등은 그동안 H 아파트 입주자들의 이익에 반한 위법행위와 갑질을 하면서 명예훼손 고소 및 소송, 손해배상소송, 선거무효 확인소송, 더사모카페 폐쇄사건(네이버 및 방송통신심의위원회의 민원) 등을 야기하였고, 귀하께서는 이들의 거짓 진술에 속아서 변론해 승소하였습니다.

H 건설(한원광장)은 서쪽경계 펜스밖의 토지 623.8㎡을 빼고 설계하였고, 모형과 카달로그에도 빼고 표시해 시공한 후 203㎡을 매각하거나 420.8㎡을 출입과 사용을 못하게 불용토지로 만들어 매년 재산세만 납부하게 사기 분양하였는데 귀하께서는 이와 관련된 사건들을 수임하여 수사와 재판과정에서 진실을 왜곡하도록 변론하였습니다.

더구나 전○수 등과 관리소장은 정보전달수단을 통제하고 속이며 H 건설의 이익만 대변해 623.8㎡을 못 찾게 방해하였기 때문에 비대위원장이 개인적으로 2015.2.10. 서울고법에서 판결을 받고(2015.6.23. 대법원에서 확정), 대한지적공사에서 측량해 사기분양된 것을 증명하였습니다. 그러나 전○수 등은 623.8㎡을 못 찾게 방해할 목적으로

이 우편물은 2019-04-29
제 3101842074996호에 의하여
내용증명우편물로 발송하였음을 증명함
서울광진우체국장

불법과 부정선거로 승계한 선거인명부를 검증해 주지 않으며 피해를 입혔습니다.

그러나 입주자들은 623.8㎡을 찾기 위해 비상대책위원회를 결성하여 합법적으로 활동한 반면, 전○수 등은 위법행위와 갑질을 저지르며 입주자들의 이익을 대변하지 않았고, 사기분양한지 10년이 지나도록 못 찾게 방해하였으며, 공익을 위해 찾아주려는 비대위원장을 피해자인데 가해자로 바꾸었고, 비대위원장이 준법정신을 철저히 지키며 623.8㎡을 찾기 위한 유종의 미를 거두려는데 끈질기게 방해하였습니다.

이 사건은 기업윤리를 어긴 사법농단에 기인한 것입니다. H건설은 고의로 623.8㎡을 빼고 설계해 시공한 후 203㎡을 매각하고, 420.8㎡을 불용토지로 시공한 것입니다. 광진구청은 사업승인, 제척승인, 사용검사승인을 해주었습니다. 전○수 등은 위법행위와 갑질을 저질러 정보전달수단을 통제하며 불법 및 부정선거로 승계하였고, 수사와 재판으로 유도한 후 거짓 진술로 사법당국이 오판하도록 속인 사건입니다.

결론적으로 전○수 등은 623.8㎡을 찾으면 자신은 물론 입주자들에게 이익이 되는데도 못 찾게 방해하였고, 비대위원장이 찾자고 내용증명을 보냈는데 수취거절하며 답변조차 않고 방해하였습니다. 입주자들은 입주자대표 해임안(75%)과 위임장(55%)에 서명하였고, 제3기 입주자대표회의를 구성(52%투표)하였는데 전○수 등이 임기만료된 후 업무를 인계하지 않았으며, 수많은 증거를 확보하고 있습니다. 귀하께서는 전○수 등이 거짓으로 속인 것을 잘 알고 있으면서도 법과 양심과 공익에 반하는 변론을 함으로써 막대한 피해를 입혔는바 변론을 중단하시길 간곡히 부탁드립니다.

2019.4.29.

서울 광진구 아차산로 537-17 1404동 104호 (광○동, H아파트)

비대위원장 소○영 올림

- 2 -

수 신: 변호사 최○웅 (전○수 등 5명 대리인)

서울 강남구 강남대로 442 7층 (역삼동, 흥○생명빌딩) 법무법인 덕○

제 목: 부당변론 중단 및 압류집행 철회 요청

귀하께서는 역삼우체국 제3110303026448(2019.3.18), 3110306125085(2019.4.2)로 내용증명을 보내 압류 등 조치를 한다고 통보하였습니다. 따라서 저와 입주자들은 귀하에게 광진우체국 제3101842074804(2019.3.27), 3101810004858(2019.4.5), 3101842074996(2019.4.29)로 답변하였고, 전○수 등 5명이 경찰, 검찰, 법원에서 허위진술하여 왜곡된 판결로 선거인명부를 검증하지 못한데 기인해 발생하였는바, 선거인명부를 검증하면 소송비용을 즉시 지급하겠고, 부당한 변론을 중단해 달라고 답변하였습니다.

H 건설(한원광장)은 서쪽경계 펜스밖의 토지 623.8㎡을 빼고 설계하였고, 모형과 카달로그에도 빼고 표시해 시공한 후 203㎡을 매각하거나 420.8㎡을 출입과 사용을 못하게 경계안쪽 4m지점에 펜스를 설치해 매년 재산세만 납부하게 사기 분양하였습니다. 광진구청은 사업승인, 제척승인, 사용검사승인을 해주었고, 입주자들의 의사에 따른 제3기 입주자대표회의를 구성하였는데 신고서를 고의로 접수하지 않고 거부했습니다.

입주자들은 토지 623.8㎡을 찾기 위해 서울중앙지법에서 소송을 진행하고 있는데, 전○수 등 5명(입주자대표와 선거관리위원)과 관리소장은 입주자들이 분양대금 82억원을 납부한 623.8㎡을 사기분양한지 10년이 지나도록 못 찾게 방해하였고, 그동안 입주자들의 이익에 반한 위법행위와 갑질을 저지르며 명예훼손 고소 및 소송, 손해배상소송, 선거무효 확인소송, 더사모카페 폐쇄사건(네이버 및 방송통신심의위원회의 민원) 등을 유발시키면서 방해하였고, 귀하께서는 이들의 거짓 진술에 속아 변론하여 승소하였습니다.

더구나 전○수 등과 관리소장은 정보전달수단을 통제하고 속이며 2012.3.30. 입주한 이후 단 한 번도 623.8㎡을 찾아야 한다고 알려주지 않았습니다. 그러나 저는 비대위원장으로서 개인적으로 2015.2.10. 서울고법에서 판결을 받고(2015.6.23. 대법원에서 확정),

대한지적공사에서 측량해 사기분양된 것을 증명하였으며, 입주자대표 해임인(75%)과 위임장(55%)에 의거 2016.6.26. 제3기 입주자대표회의를 구성(52%투표)하였는데 전○수 등이 623.8㎡을 못 찾게 방해할 목적으로 임기만료(2016.6.21)된 무자격자임에도 2016.8.11. 불법과 부정선거로 승계한 선거인명부를 검증해 주지 않았습니다.

이와 같이 입주자들은 623.8㎡을 찾고자 비상대책위원회를 결성하여 합법적으로 활동한 반면, 전○수 등은 위법행위와 갑질을 저지르며 입주자들의 이익을 전혀 대변하지 않았고, 사기분양한지 10년이 지나도록 못 찾게 방해하였으며, 공익을 위해 찾아주려는 비대위원장을 피해자인데 가해자로 바꾸었고, 비대위원장이 준법정신을 지키며 623.8㎡을 찾아 주려고 하는데 다음카페에서 강퇴를 시켰으며, 하는 수 없이 더사모카페를 개설해 찾아주려고 하는데 방송통신심의위원회에 폐쇄하라고 청원하였지만 2019.4.12. 비대위원장이 공공의 이익을 위해 알려주었다고 의결하였습니다.

위 사건은 기업윤리를 어긴 사법농단에 기인합니다. 전○수 등은 정보전달수단을 통제하며 위법행위를 저질러 불법 및 부정선거로 승계하면서 거짓 진술로 사법당국을 오판하도록 속였습니다. 더구나 623.8㎡을 찾으면 자신은 물론 입주자들에게 이익이 되는데도 찾아주지 않았고, 비대위원장이 찾자고 내용증명을 보냈는데 수취 거절하였으며, 더사모카페를 통해 통보하였는데도 답변조차 하지 않았습니다. 또한, 광진경찰서에서 압수수색영장을 발부받아 선거인명부를 수사하면서 검증하고 있으며, 검증을 마치는 대로 소송비용 2.300.000원을 지급하겠다고 통보하였음에도 623.8㎡을 못 찾게 집행관을 시켜 압류하려고 시도하는데 즉시 철회해 줄 것을 간곡히 부탁드립니다.

2019.5.3.

서울 광진구 아차산로 537-17 1404동 104호 (광○동, H아파트 .)

비대위원장 소○영 올림

수 신: 변호사 최○웅

서울 강남구 강남대로 442 7층 (역삼동, 흥○생명빌딩) 법무법인 덕○

제 목: 판결문 청구에 대한 회신

귀하께서는 전○수 등 5명(입주자대표 및 선거관리위원)의 사건을 수임한 담당변호사로서 역삼우체국 제3110315050611(2020.1.13)로 판결금을 청구하였습니다. 우리 입주자들은 분양대금 82억 원을 납부한 토지 623.8㎡을 돌려받지 못해 사용과 출입을 못하고 있습니다. 이와 관련한 명예훼손 형사 및 민사사건, 불법 및 부정선거사건을 수임해 대법원까지 변론하였기 때문에 전○수 등이 잘못한 것을 잘 알고 있습니다.

전○수 등은 입주자들의 이익을 대변하여야 함에도 사기 분양한 623.8㎡을 못 찾게 방해할 목적으로 H 건설과 광진구청의 잘못을 대변하면서 고소, 고발, 수사, 재판을 야기하고, 거짓의 진술, 준비서면, 증거서류, 탄원서를 제출해 경찰, 검찰, 법원이 속아서 오판하도록 악질적인 사법농단을 저질러 비대위원장과 입주자들을 선량한 피해자에서 가해자로 뒤바꿔 놓으며 623.8㎡을 못 찾게 방해하였습니다.

돌이켜보면, 비대위원장이 대법원에서 확정판결을 받고 대한지적공사에서 측량하여 623.8㎡가 사기분양된 것을 증명한 후에 찾아달라고 하였는데 전○수 등은 못 찾게 방해할 목적으로 비대위원장을 다음 카페에서 강제로 탈퇴를 시켰습니다. 따라서 비대위원장은 공공의 이익을 위하여 더사모 카페를 개설해 623.8㎡를 찾아야 한다고 알려준 것에 대해 명예훼손을 하였다고 고소하였는데 선고유예의 판결을 하였습니다. 그런데도 전○수 등이 1억원의 손해배상금을 청구하였는데 서울동부지방법원은 비대위원장이 전○수 등에게 8백만원을 배상하고 전○수 등이 비대위원장에서 소송비용의 9/10를 지급하라고 판결하였습니다(대법원에서 그대로 확정). 따라서 귀하께서는 판결금을 청구하며 송금하라고 통보하였습니다.

본인은 법원의 판결문에 의거 당연히 지급하겠습니다. 다만, 판결문에서 소송비용의 9/10를 전○수 등에게 부담하라고 결정하였으므로 소송비용을 공제하고 송금하겠습니다. 따라서 **<u>귀하께서는 본인이 지급할 판결금(기 통보함)에서 전○수 등이 부담할 소송비용을 공제하여 청구하시면 알려준 구좌번호로 송금하겠습니다</u>**.

이 사건을 살펴보면, H 건설은 623.8㎡을 사용과 출입을 못하게 빼고 설계하였고, 모형과 카달로그에도 623.8㎡을 빼고 표시해 시공하였는데 분양대금 82억원을 받아갔습니다. 그리고 623.8㎡중에서 203㎡는 제외해 90㎡를 한원광장이 편취하였고, 113㎡를 김○석에게 558백만 원에 매각하였습니다. 또한, 420.8㎡는 한원광장과 김○석이 사용과 출입을 하도록 203㎡를 제외한 경계의 안쪽 4m지점에 펜스를 시공해 입주자들이 사용과 출입을 못하면서 매년 재산세만 납부하게 끼워 팔기식의 수법으로 사기 분양하였습니다. 광진구청은 사기 분양하도록 사업허가, 제척승인, 사용검사승인을 해주었고, 전○수 등은 623.8㎡를 못 찾게 방해할 목적으로 불법 및 부정선거로 승계한 선거인명부를 검증해 주지 않았으며, 비대위원장이 명예훼손을 하였다며 고소, 고발, 수사, 재판을 야기하고, 거짓의 진술, 준비서면, 증거자료, 탄원서를 제출해 경찰, 검찰, 법원이 오판하도록 악질적인 사법농단을 하였습니다.

그렇지만 비대위원장은 623.8㎡가 서쪽경계 펜스 밖에 현장보존이 잘 되어 있고, 재건축할 때까지 증거인멸을 할 수도 없기 때문에 찾고자 소송을 하고 있습니다. 아울러 **'감춰진 아파트비리 완전해부'**를 정리해 책을 완성하였습니다. 이는 H 건설이 사기분양을 하였고, 광진구청이 묵인해 사업허가, 제척승인, 사용검사승인을 해주었으며, 전○수 등은 불법 및 부정선거로 승계하면서 정보전달수단을 완전히 통제하며 속였고, 경찰, 검찰, 법원이 거짓에 속아서 오판한 악질적인 적폐임으로 반드시 척결되어야 할 중대한 사건이며 공수처의 첫 번째 사건인 것입니다.

2020.1.20.

서울 광진구 아차산로 537-17 1404동 104호 (광○동, H아파트)

비대위원장 소○영 올림

이 우편물은 2020-01-20
제 31018580200028호에 의하여
내용증명우편물로 발송하였음을 증명함
서울광진우체국장
대한민국 KOREA

- 2 -

수 신: **변호사 최○웅**

서울 강남구 강남대로 442 7층 (역삼동, 흥○생명빌딩) 법무법인 덕○

제 목: 판결문 청구에 대한 회신(2차)

귀하께서는 전○수 등 5명의 사건을 수임해 역삼우체국 제3110315050611(2020.1.13)로 판결금을 청구하였습니다. 따라서 본인은 광진우체국 제3101858020028(2020.1.20.)로 회신하면서 판결문에 의거 손해배상금과 소송비용을 상계한 후 지급하겠다고 통보하였습니다.

이후에도 본인의 담당변호사님은 귀하에게 연락하였는데 전○수 등과 협의한다고 하고는 정산금액을 확정하지 않았습니다. 또한, 본인도 귀하에게 내용증명을 보냈는데 회신이 없습니다. 따라서 **귀하는 2020.1.23. 까지 송금을 해달라고 한 후에 확정을 안 해주고 있어 '소송비용 계산서'와 같이 알려준 구좌번호로 송금합니다**.

이 사건과 관련해 귀하께서는 본인이 더사모 카페에서 명예훼손을 하였다는 형사 및 민사사건, 전○수 등이 불법 및 부정선거를 한 사건을 수임해 대법원까지 변론하였고, 네이버와 방송통신심의위원회에 더사모 카페의 폐쇄를 요구하는 민원을 제출한 사건 등을 변론하였는데, 입주자들이 전○수 등의 위법행위로 인한 방해로 억울하게 분양대금 82억 원을 납부한 623.8㎡을 돌려받지 못한 것을 알고 있습니다.

전○수 등은 불법 및 부정선거로 승계하고 정보전달수단을 완전히 통제하며 광진구청과 공모하여 경찰, 검찰, 법원이 감쪽같이 속아서 진실을 오판하도록 사법농단을 저질러 비대위원장과 입주자들에게 막대한 피해를 입혔습니다. 이런 불법행위는 정의롭고 공정한 사회를 심각히 저해하므로 귀하께서 알려 주시기 바랍니다.

2020.1.23.

서울 광진구 아차산로 537-17 1404동 104호 (광○동, H아파트)

비대위원장 소○영 올림

이 우편물은 2020-01-23
제 3101856017335호에 의하여
내용증명우편물로 발송하였음을 증명함
서울광진우체국장
대한민국 KOREA

저자소개

소주영 蘇周永

- 국민대학교(경영학 박사)
- 연세대학교(경제학 석사)
- 한국방송통신대학교(경제학 학사)
- 덕수상업고등학교(졸업)
- 콜로라도대학교(경제학 수료)
- 서울대학교(경영대학 AMP수료)

- 품격아파트문화연구원장
- 금융감독원국장
- H아파트 비상대책위원장
- 금융연구원 초빙연구위원
- 한화그룹 및 현대자동차그룹 고문

- 경영지도사·손해사정사·신용분석사·법정관리사·경영분석사
- 우수감사원 표창(금융감독원 원장 및 기획재정부 장관)

「숨겨진 아파트 비리 완전정복」 저자

더사모카페 http://cafe.naver.com/withneighbors

✉ jyso417@naver.com

모든 국민들이 공수처에 보낸 숙제 -공정과 정의-

발행일. 2021년 7월 17일 발행 | **지은이.** 소주영

발행인. 윤진영 | **발행처.** 도서출판 대학서림

주소. 03076 서울특별시 종로구 혜화로2길 8

전화. 02.745.1220 02.763.1220 | **팩스.** 02.744.1210

홈페이지. http://www.daihaks.com | **등록번호.** 제1-88호

정가. 25,000원

ISBN. 978-89-6940-265-3 13320